形而上学

[古希腊] 亚里士多德 著

李 真 译

人民出版社

亚里士多德像

英国科学院院徽

英国剑桥大学达尔文学院徽章

英国剑桥大学三一学院徽章

ARISTOTELIS
OPERA

EDIDIT

ACADEMIA REGIA BORUSSICA.

VOLUMEN SECUNDUM.
ARISTOTELES GRAECE EX RECOGNITIONE IMMANUELIS BEKKERI.
VOLUMEN POSTERIUS.

BEROLINI

APUD GEORGIUM REIMERUM

A.1831.

=

EX OFFICINA ACADEMICA.

伊曼努尔·贝克尔校编古希腊文《亚里士多德全集》第二卷书名页
（普鲁士皇家科学院 1831 年版）

ΤΩΝ ΜΕΤΑ ΤΑ ΦΥΣΙΚΑ Α.

贝克尔本古希腊文《形而上学》A卷首页

CONSPECTUS SIGLORUM

E   Codex Parisinus graecus 1853 saeculi x

J   Codex Vindobonensis phil. graecus 100 saeculi x

Π   Consensus codicum E et J

A^b Codex Laurentianus 87, 12 saeculi xii

Al   Alexandri Aphrodisiensis Commentarius in Aristotelis
        Metaphysica

Al^c Alexandri citatio

Al^l Alexandri lemma

Al^p Alexandri interpretatio vel paraphrasis

Syr   Syriani commentarius

Ascl   Asclepii commentarius

Simpl Simplicii commentarius in Physica

Them Themistii commentarius

Lat   Guilelmi de Moerbeka translatio latina saeculi xiii

S   Codex Laurentianus 81, 1 saeculi xiii

T   Codex Vaticanus graecus 256 saeculi xiv

A   Metaphysicorum liber A

M   Metaphysicorum liber M

Φ   Aristotelis Physica

γρ   == γράφεται

numeri ^{1} et ^{2} siglo codicis additi manum primam et secundam
    distinguunt

ΤΩΝ ΜΕΤΑ ΤΑ ΦΥΣΙΚΑ Α

Πάντες ἄνθρωποι τοῦ εἰδέναι ὀρέγονται φύσει. σημεῖον δ' 980ᵃ
ἡ τῶν αἰσθήσεων ἀγάπησις· καὶ γὰρ χωρὶς τῆς χρείας
ἀγαπῶνται δι' αὐτάς, καὶ μάλιστα τῶν ἄλλων ἡ διὰ τῶν
ὀμμάτων. οὐ γὰρ μόνον ἵνα πράττωμεν ἀλλὰ καὶ μηθὲν
μέλλοντες πράττειν τὸ ὁρᾶν αἱρούμεθα ἀντὶ πάντων ὡς εἰπεῖν 5
τῶν ἄλλων. αἴτιον δ' ὅτι μάλιστα ποιεῖ γνωρίζειν ἡμᾶς
αὕτη τῶν αἰσθήσεων καὶ πολλὰς δηλοῖ διαφοράς. φύσει
μὲν οὖν αἴσθησιν ἔχοντα γίγνεται τὰ ζῷα, ἐκ δὲ ταύτης
τοῖς μὲν αὐτῶν οὐκ ἐγγίγνεται μνήμη, τοῖς δ' ἐγγίγνεται.
καὶ διὰ τοῦτο ταῦτα φρονιμώτερα καὶ μαθητικώτερα τῶν 980ᵇ
μὴ δυναμένων μνημονεύειν ἐστί, φρόνιμα μὲν ἄνευ τοῦ
μανθάνειν ὅσα μὴ δυνατὰ τῶν ψόφων ἀκούειν (οἷον μέ-
λιττα κἂν εἴ τι τοιοῦτον ἄλλο γένος ζῴων ἔστι), μανθάνει
δ' ὅσα πρὸς τῇ μνήμῃ καὶ ταύτην ἔχει τὴν αἴσθησιν. τὰ 5
μὲν οὖν ἄλλα ταῖς φαντασίαις ζῇ καὶ ταῖς μνήμαις, ἐμ-
πειρίας δὲ μετέχει μικρόν· τὸ δὲ τῶν ἀνθρώπων γένος καὶ
τέχνῃ καὶ λογισμοῖς. γίγνεται δ' ἐκ τῆς μνήμης ἐμπειρία
τοῖς ἀνθρώποις· αἱ γὰρ πολλαὶ μνῆμαι τοῦ αὐτοῦ πράγμα-
τος μιᾶς ἐμπειρίας δύναμιν ἀποτελοῦσιν. καὶ δοκεῖ σχεδὸν 981ᵃ
ἐπιστήμη καὶ τέχνη ὅμοιον εἶναι ἡ ἐμπειρία, ἀποβαίνει δ'

Titulus Ἀριστοτέλους τῶν μετὰ τὸ φυσικὰ ᾱ E: Ἀριστοτέλους τῶν μετα-
φυσικῶν ᾱ Aᵇ: non ab Aristotele ortus sed a Peripateticis additus, vetustus
tamen est et ad editionem Eudemi Rhodii quae e X libris constabat redire
videtur; cf. titulum in ind. libr. Ar. τὰ πρὸ τῶν τόπων vel τοπικῶν et similia.
Liber A ab Ar. scriptus est dum Platone mortuo fundamenta emendatae
doctrinae Platonicae iacit; cf. Euss. d. Met. 28. Multa in cap. I e suo
Protreptico ad hunc usum convertit.

980ᵃ 26 γνωρίζειν τι Aᵇ, sed cf. fragm. Protreptici p. 37. 19; 38. 1
W(alzer)   28 ταύτης] τῆς αἰσθήσεως E; cf. 985ᵇ27   29 δὲ
γίγνεται E   980ᵇ 21 ταῦτα ... μαθητικώτερα Aᵇ Alᶜ: τὰ μὲν φρόνιμα
τὰ δὲ μ. E Ascl᠎ᶜ   25 δύναται Aᵇ, sed cf. Protr. quem Ar. hic sequitur
p. 28. 3 et 19; 19. 11 W   1; ὅσα E Ascl: ὁ Aᵇ   981ᵃ 2 ἡ] καὶ Aᵇ

· I

维纳·耶格尔校订古希腊文《形而上学》A卷首页（牛津，1957 年）

ΑΡΙΣΤΟΤΕΛΟΥΣ
ΤΩΝ ΜΕΤΑ ΤΑ ΦΥΣΙΚΑ Α

980 a 22 I. Πάντες ἄνθρωποι τοῦ εἰδέναι ὀρέγονται φύσει. σημεῖον δ' ἡ τῶν αἰσθήσεων ἀγάπησις· καὶ γὰρ χωρὶς τῆς χρείας ἀγαπῶνται δι' αὑτάς, καὶ μάλιστα τῶν ἄλλων ἡ διὰ τῶν ὀμμάτων. οὐ γὰρ μόνον ἵνα
25 πράττωμεν ἀλλὰ καὶ μηθὲν μέλλοντες πράττειν τὸ ὁρᾶν αἱρούμεθα ἀντὶ πάντων ὡς εἰπεῖν τῶν ἄλλων. αἴτιον δ' ὅτι μάλιστα ποιεῖ γνωρίζειν τι ἡμᾶς αὕτη τῶν αἰσθήσεων, καὶ πολλὰς δηλοῖ διαφοράς.   Φύσει μὲν οὖν αἴσθησιν ἔχοντα γίγνεται τὰ ζῷα, ἐκ δὲ ταύτης[1] τοῖς μὲν αὐτῶν οὐκ ἐγγίγνεται μνήμη
980 b 22 τοῖς δ' ἐγγίγνεται. καὶ διὰ τοῦτο ταῦτα φρονι-μώτερα καὶ μαθητικώτερα τῶν μὴ δυναμένων μνημονεύειν ἐστί, φρόνιμα μὲν ἄνευ τοῦ μανθάνειν ὅσα μὴ δύναται τῶν ψόφων ἀκούειν, οἶον μέλιττα, καὶ εἴ τι τοιοῦτον ἄλλο γένος ζῴων ἔστι· μανθάνει
25 δ' ὅσα πρὸς τῇ μνήμῃ καὶ ταύτην ἔχει τὴν αἴσθη-σιν.   Τὰ μὲν οὖν ἄλλα ταῖς φαντασίαις ζῇ καὶ ταῖς μνήμαις, ἐμπειρίας δὲ μετέχει μικρόν· τὸ δὲ τῶν ἀνθρώπων γένος καὶ τέχνῃ καὶ λογισμοῖς. γί-

---

[1] ταύτηι : τῆς αἰσθήσεως ΕΓ Asclepius.

2

哈佛大学"勒布丛书"希腊文—英文对照本《形而上学》A卷首页

(康布里奇，麻省，1993 年)

ARISTOTLE
THE METAPHYSICS

BOOK I

I. All men naturally desire knowledge. An indication of this is our esteem for the senses; for apart from their use we esteem them for their own sake, and most of all the sense of sight. Not only with a view to action, but even when no action is contemplated, we prefer sight, generally speaking, to all the other senses. The reason of this is that of all the senses 2 sight best helps us to know things, and reveals many distinctions.

Now animals are by nature born with the power of sensation, and from this some acquire the faculty of memory, whereas others do not. Accordingly the former are more intelligent and capable of learning than those which cannot remember. Such as cannot 3 hear sounds (as the bee, and any other similar type of creature) are intelligent, but cannot learn; those only are capable of learning which possess this sense in addition to the faculty of memory.

Thus the other animals live by impressions and memories, and have but a small share of experience; but the human race lives also by art and reasoning.

Book I
What is Metaphysics?
Universal desire for knowledge.

Degrees of intelligence: (a) sense-perception,

(b) memory,

(c) experience,

再版序言

　　自从本书首次出版（1999 年中国台北正中书局）以来，已经 20 余年了。而中文简体本出版(2005、2006 年上海人民出版社）也已 14 年了。现在人民出版社将出版此书的新版本，必将惠及广大读者朋友，实属令人十分欣慰之盛事。

　　本书自出版以来，历经多次校订，改进了一些误排以及标准页码的标注，质量均有所改进。特别是近几年来在我撰写《亚里士多德'形而上学'解说》这部专著时，更仔细地反复阅读了我的《形而上学》中译文，令人高兴的是我查阅我的译文，虽不敢说已达到严复老先生提出的"信达雅"的译文标准中的"雅"的要求，不敢说已经达到；但自信"信"、"达"两项要求，自信是已经达到了。特别是在多次校订过程中，已不断校订了误排，特别是在我写《亚里士多德〈形而上学〉解说》一书过程中改正了源于贝克尔希腊文标准版中的一处错误，这是一项重大的改进和成就（详见《解说》中关于第十三卷 1038^{b}3 处）。可以说，人民出版社的这个新版本是一个"精校版"。这是实至名归的。

　　这个版本中的希腊文，均由北京大学哲学系教授吴飞推荐的北大哲学系学生洪哲泓和黄秋怡同学仔细校订一遍，为本版增色不少；这个版

本的版式设计等方面得到责任编辑张伟珍同志的精心安排，我谨向他们
表示衷心感谢。

李　真

北京大学燕北园寓所

2020 年 9 月

译 者 序 言

    古希腊哲学家亚里士多德（公元前384—前322年）的《形而上学》一书，是西方哲学的一部奠基性经典著作。古希腊哲学是西方哲学乃至整个西方文化的根基，就像中国的先秦哲学是中国哲学与中国文化的根基一样。亚里士多德的《形而上学》，是古希腊哲学典籍中，全面、深入、详尽地探讨了哲学中的各种根本性问题的著作。由此，不难理解，亚里士多德的哲学思想，特别是这部《形而上学》，在西方哲学史上的地位是何等的重要了。可以毫不夸张地说：凡是要对西方哲学和西方文化有所了解的人，都不可不阅读这部著作；凡是要对西方哲学和西方文化进行研究的人，不论是专业的哲学家或哲学史家，或者是非专业的从事其他文化工作的学者，都必须下一定功夫，比较深入地研究这部著作。

    但是，另一方面，《形而上学》又是一部有名的很不容易阅读和研究的书。它像古代的其他经典著作一样，要想读懂它、研究它，存在着两方面的困难，一是文字方面的，二是义理方面的。先就文字方面说。亚里士多德及其同时代人使用的古希腊语，距离我们已经2000多年了。古希腊语不仅变化极其复杂，而且现在它已经是不在日常口头应用的"死语言"了。它与现代希腊语的差距，远比古代汉语和现代汉语的差距要大得多。此书虽然后来陆续翻译成拉丁文、阿拉伯文和各种现代的欧洲语文，而得以广为流传，但各种译本与它原来的古希腊文本之间，总会产生某些歧异。而要从古希腊文本来研究，除了要求掌握古希腊文之外，还必须正确解决各种不同古代手抄本中不可避免地存在的一些歧义与讹误。西方历代学者在这方面下了很大的功夫来作校勘、考订的工作，他们的努力为后来的读者渡过这道古文字难关提供了宝贵的帮助。在这方面值得特别称道的，是19世纪普鲁士皇家科学院一批学者的努力和贡献。由伊曼努尔·贝克尔（Immanuel Bekker）主持进行的研究考订工作，历时半个多世纪。从1831年至1870年由普鲁士皇家科学院陆续出版了经过他们整理校勘的亚里士多德著作希腊文本的全集（第1、2卷，1831，柏林）和它的拉丁文译本（第3卷）；由著名学者布兰第斯（C.A.Brandis）汇编校订的《对亚里士多德著作的注释》（第4卷，1836，柏林），汇集了自亚历山大里亚时代起的多种希腊文的注释；以及由著名学者赫尔曼·博尼茨（Hermann Bonitz）编制的详尽的《亚里士多德著作索引》（第5卷，1870，柏林）。此后，学术界在研究和援引亚里士多德著作时，均以贝克尔版本的页码作为标准页码（博尼茨编的亚里士多德著作《索引》即应用这个标准页码）。这为学习和研究亚里士多德著作，提供了极大的便利。此后，不少学者所做的进一步校勘和翻译工作，都是在这个基础上进行的。比如，就《形而上学》而论，德国学者波尼茨的《原文文本和注释》（两卷本，1848—1849，波恩），英国学者大卫·罗斯（W.D.Ross）的《亚里士多德〈形而上学〉的文本和注释》（两卷本，1924，牛津），以及德国学者维纳·耶格尔（W.Jaeger）的校订本（作为"牛津古典文本丛书"［Oxford Classical Text，简写为OCT］之一，1957年于牛津出版），就是著名的代表。在现代西方语文的译本方面，由多位学者合作并由大卫·罗斯主编的《英译亚里士多德全集》（共12卷，1910—1952，牛津），在英语圈的学者中颇具影响，被公认为是一部较好的英译本。哈佛大学出版社的"勒布文库"（Loeb Classical Library）中的亚里士多德全集（64 开本，分作 23 册，至 1991 年已经全部出齐），采用了古希腊文与英译文对照排版的形式，也给阅读和研究亚里士多德的原著，提供了很大便利，因而也受到学术界的欢迎。至于亚里士多德《形而上学》一书，英、德、法、俄等文字的译本也有多种版本，足以供学习的人相互参照。不同的译者也都有自己的某些特殊见解，这种"百家争鸣"的态势，也为研究亚里士多德著作提供了良好的条件。在这方面，近年来一批英语国家的学者，特别是一批逐步脱颖而出的青年学者十分活跃。牛津大学出版社出版的，由阿克里尔教授（Prof. J.A.Ackrill，F BA）主编的"克拉伦登亚里士多德丛书"（Clarendon Aristotle Series），就是很好的样板。它们对于亚里士多德多种重要著作的重要篇章，重新翻译并作出评注和解说。就《形而上学》来说，就有克利斯托弗·柯万（Christopher Kirwan）的《形而上学 Γ、Δ、E 卷》（1971，牛津），朱利亚·安娜斯（Julia Annas）的《形而上学 M 卷与 N 卷·译文及导言与注释》（1976，牛津）。他们都力求突破一些沿用已久的，从拉丁文译文衍生而来的专门术语的译法，力求用清新、平实的现代英语译出新的译文，并在注释中阐明自己的一些新见解。这套丛书目前仍在继续出版新著，很值得注意和借鉴。另外，牛津大学的乔纳森·巴恩斯（Jonathan Barnes）教授，也组织一批学者对罗斯的牛津版《英译亚里士多德全集》进行修订（其中《形而上学》英译本，原为大卫·罗斯译，这次由巴恩斯负责校订），并于 1984 年由普林斯顿大学出版社用薄的防酸纸分成两大册出版。这自然又为查阅亚里士多德的著作进一步提供了方便。

以上的情况说明，经过不少学者的努力，为我们研究亚里士多德的著作创造了极为有利的条件。但是，文字难关的克服，仍有待我们自己的努力。在这方面，除了可以借助各种现代文字的译文之外，根本上还要求我们最好能尽可能地掌握一点古希腊语，以便能与亚里士多德的原著有一定的沟通。这对于专门的研究人员当然是不言而喻的；即使对于一般的学习者，如果能够做到对古希腊语有一定的了解，其效用之大也是十分显然的。

这里就涉及我们中文圈的一般读者和学者的状况了。大体说来，使用中文的读者，学习、阅读亚里士多德的《形而上学》，基本上是依靠中文译本和英文译本（当然，掌握更多语种的人，也会阅读德、法、俄文译本甚至日文的译本）。所以，我们通常说到读亚里士多德的"原著"，实际上是指读亚里士多德著作的英文译本或其他现代西方语文译本。这就大大局限了我们的眼界和理解的程度。这就使得"望文生义"的情况容易产生，从而一定程度的"隔靴搔痒"、"不识庐山真面目"也就难以避免了。因为大家都知道，翻译不可能绝对准确地传达原文的全部意蕴。这不但对于文学著作是如此，对于哲学著作也是如此。人们论诗，常说"诗无达诂"。其实我们也可以说"文难达译"。虽然严复先生提出了译文的"信、达、雅"三项要求，但真正要做到"达"，确实是大不易的事情。这就是为什么重要的经典著作，总有许多版本的译文，而且还会不断涌现新的译本的道理。比如《老子》这部书，在现代西方语文中，就有许多的译本。在一定意义上，我们可以说，每一次翻译都是一次再创作，即在翻译中融入了译者的某种理解。有人曾经把阅读古典著作的注释、解说、笺注一类，比作是"吃别人嚼过的馍"，亦即不是自己直接品味，而是借助别人的帮助来获得第二手的了解。这当然就难以品尝出美味佳肴的"原汁原味"了。这并不是完全反对吸取和借鉴别人的看法和研究的成果，而是要强调独立钻研进而获得自己独立的见解的极端重要性。如果说，由现代西方文字上溯到中世纪和古代的拉丁文，再上溯到古希腊文，由于它们之间的密切的历史渊源及文化传统的联系，现代西方语文比起中文来说，更加靠近古希腊文一点，故能保留较多的古希腊文原文的韵味的话，那么，用中文来翻译亚里士多德著作，就必然更多地受到不同语言系统与文化传统方面的阻碍了。这一点，正如将中国先秦典籍译成现代汉语，比译成现代西方语言，更能贴近古汉语的意蕴的状况一样。加之，就译者所知，至今很令人满意的亚里士多德《形而上学》的中译本还很少有。这不能不说是中国学术界的一桩憾事。造成这种状况的根源之一，是我国的学术研究和高等教育，在对西方古典哲学和文化的教学和研究工作中，采取了一条"绕开困难走"的路线。在大学教学中几乎没有培养掌握古希腊文和拉丁文人才的课程；在研究工作方面，也基本上满足于使用英译本、德译本或法译本；就是不鼓励、不提倡、不创造条件，让人们去接近古希腊文本。这就不难理解，在20世纪的中国学者中，研究古希腊哲学的学者，能运用古希腊文使研究工作达到世界一流水平者，实属凤毛麟角。这种状况与西方学者中一批治"汉学"的学者所取得的不少成就相比，反差之大是不难看出的。看清了这一点，我们就应当下定决心，在这个领域加倍努力，迎头赶上。办法很简单，就是在高等学校中，创造条件，开设古希腊语以及拉丁语等古典语文课程，培养人才；在西方哲学的教学中，创造条件，让学习者逐步与古希腊语接触、认识，并逐渐熟悉起来，改变我们在教学中与古希腊语"老死不相往来"的隔绝状况。这当然有一定难度，但也是经过努力可以办到的。

克服了文字方面的困难，还有义理方面的困难。这二者是有一定的联系的。文字是思想的载体。懂得了文字，就创造了由字面理解进入实质性理解的良好条件。当然，在这个方面，过去的学者已写下了大量的对亚里士多德著作的注释和解说之类。从亚历山大里亚时代起至今，这类著作可以说是"汗牛充栋"。但真正要获得比较正确的理解，还是要靠每个人自己刻苦钻研原著，从而获得自己的独立的见解。

以上的一些浅见，都是译者在长期学习、教学和研究工作的过程中，逐步形成的看法；借此机会提出来与大家交流、探讨，并借以说明我翻译《形而上学》这本书的一些情况。

我在北京大学哲学系学习的时候（1956—1960），就深感古希腊哲学在研究西方哲学与西方文化中的重要地位，也深感不懂得古希腊语，对于学习和研究古希腊哲学，实在是极大障碍。这就好像研究中国先秦时期的哲学著作，而不懂得古汉语，只能借助现代汉语的译文一样。20世纪60年代起我在北大哲学系讲授逻辑课程，较多地接触了亚里士多德的逻辑著作，这种障碍再一次深深地触动了我。随后，在我翻译波兰著名数理逻辑学家扬·卢卡西维茨的《亚里士多德的三段论》一书时（1980年由商务印书馆出版了我和李先焜教授合作译出的中文本），发现该书虽系卢卡西维茨在英国作研究工作时用英语写成，但他的分析、论述则根据亚里士多德《工具论》的古希腊文本（也是根据贝克尔本），并从这一角度提出了一系列不同于流俗的创见。这使我深受启发。70年代中期，我转而从事西方哲学史的教学与研究工作。1979年至1980年，我做了很大努力得到机会，以访问学者的身份前往杭州大学师从严群教授，学习了一年古希腊语及拉丁语。虽然仅仅是入门性课程，又系个别指导，颇有私淑情趣，但严群师的循循教导，使我受益匪浅、终生难忘。1982—1983年我有幸在哈佛大学哲学系做了一年半关于西方古典哲学的研究工作，并得到了在古典学系选修古希腊语的机会。1983年至1986年间我在北京大学哲学系为本科高年级的学生及研究生讲授"古希腊哲学专题"、"亚里士多德《形而上学》"及"柏拉图哲学"等课程。在教学中，我力求做到根据古希腊原文来分析《形而上学》一书中的专门术语、哲学问题以及一些相关的难点。与此相联系，我和我的同事们一道促成了一个"古希腊语选修班"的教学活动，聘请了顾寿观教授主讲。我希望引导同学培养这一方面的兴趣。在这个教学过程中，我深感一部能让学生读懂的《形而上学》中译文本的必要性。我决心将《形而上学》译为中文，并着手进行了一部分。1990—1991年，我荣幸地得到英国科学院（British Academy）的资助和英国剑桥大学达尔文学院（Darwin College）院长杰弗里·劳埃德（Geoffrey Lloyd）教授的帮助，在剑桥大学古典学系做了一年的研究工作。我的课题就是研究亚里士多德的《形而上学》一书。我的计划是首先完成《形而上学》一书的中译本，并在此基础上写出一部专著：《亚里士多德〈形而上学〉解说》。在这个过程中，又得到了剑桥大学三一学院（Trinity College）的特别资助，并推荐我为该学院的访问研究员。在剑桥的一年研究工作，时间虽属短暂，但却是极为珍贵和令人难忘的。我不仅获得了进一步学习古希腊语的机会，而且得到了向剑桥大学古希腊哲学同行们请教和相互讨论、交流的机会，并得到了他们的热诚帮助。值此本书出版之际，我要感谢这些朋友们。他们是：伯恩耶特教授（Prof.M.F.Burnyeat，FBA）、塞德利博士（Dr.N.N.Sedley）、斯科菲尔德博士（Dr.M.Schofield）、沃德博士（Dr.R.Wardy）、德尼尔先生（M r.N.C.Denyer）。我感谢他们诚挚友好的帮助。在这期间，我有机会到牛津大学访问，并与牛津的同行们交换意见，也获益良多。他们是巴恩斯教授、阿克里尔教授、凯尔万先生、伍兹先生（M r.M.J.Woods）。我对他们的帮助表示衷心的感谢。我要特别感谢杰弗里·劳埃德教授。在我们长达半年多的每周一次的定期讨论中，我们依次地一周讨论亚里士多德的《形而上学》古希腊文本，另一周讨论王充的《论衡》一书。他在讨论中的宝贵意见，给了我启发与亲切的帮助。我还要感谢三一学院的同仁们给予我的友好的接待，特别是三一学院院委会秘书伊斯特林先生（M r.H.J.Easterling）的盛情关怀与周到的安排。没有上述这一切的友好帮助与支持，本书的翻译工作及另一本专著的写作是难以完成的。为了表达我的感谢以及标志中国和英国学者在学术上的合作，我建议并得到他们的同意，将英国科学院院徽、达尔文学院及三一学院的盾形纹章的图案，印在本书的扉页上，以志纪念。

这个译本是根据贝克尔本古希腊原文（1961 年柏林重印本）并参照罗斯的牛津版英译文、特里德尼克"勒布文库"的英译文，以及耶格尔的牛津古典文本。重要名词术语都将古希腊原文写出，以便与大家比较熟悉的英译文对照。书末的索引部分亦系根据博尼茨的《亚里士多德著作索引》并参照罗斯与耶格尔的索引编制而成。为便于查阅，暂不按汉语拉丁字母拼音次序排列，仍按大家较熟悉的英译本英文字母次序排列，并将古希腊文原文及中文译名列出，以资对照。由于本书系译著，除作必要的注解说明，并附古希腊文字母发音表以供读者参考之外，不能作更多的解说。这项工作将在另一部拙著《亚里士多德〈形而上学〉解说》中，逐章展开作较为详尽的注释、解说与评述。

另外，关于本书中译文对于古希腊文本的页、栏、行数的标示，在这里作一点简短的说明。古希腊时代的学术著作，颇类似于我国先秦诸子的著作，多属不分段落，一气写来，标点也十分简单。这给后人的阅读和研究工作，造成了不少困难。经过不少学者的努力，才逐步清理出更清晰的脉络。比如亚里士多德著作，除了分卷外，在一章之内也没有分段，文字都是"一气呵成"的样子。后来学者的校勘工作的重要任务之一，就是分段与标点。对于现代读者来说，幸运的是这项工作已经达到了很高的学术水平。前面已说到德国学者贝克尔等人划时代的工作。他编定的古希腊文亚里士多德全集的页码，后来成了学术界普遍接受的一个标准。该书为大 16 开本，每页分 a，b 两栏，每栏以 5，10，15……，35，……等数字标明每栏文字的行数。如 1005^b10，即 1005 页，b 栏第 10 行。这为查阅亚里士多德原著提供了一个很科学、很精确的标准。此后，各种文字的译本均据此标明有关页、栏、行数，但不同文字在语法表达上的差异，不同的编译者在文字校勘、分段等方面的歧义，等等，使得各种现代文字译本的页、栏、行数的标明，很难达到与贝克尔本比较严格的一致。本中译本有鉴于此，特别用"*"号置于贝克尔本每行的首字之前来表示贝克尔本原文的准确行数的起止处。在每章首句并非在 5，10，15 等行者，亦标明其首句准确行数，如第九卷第 1 章即从 1046 页 b 栏 27 行开始（标为 1046^b27；贝克尔本第九卷第 1 章接着第八卷第 6 章排下来，并未标明这个行数）。这对于希望能进一步检查原文并接触古希腊原文的读者，将会有一定的帮助。因为严格性与科学性在人文科学中，也是有一定的诉求的。当然，由于不同文字系统的差异，本中译文的这个数码，也不可能做到与原本完全无差异；但可以说在这个中译本中，已经努力使之做到"庶几"显示贝克尔本的面貌了。

一部好的译著，需要经过长时间的琢磨与锤炼，始可期其有成。我深知，我的水平有限，译文一定有不少有待进一步校订和改进之处。我只希望这个译本能引起更多读者对亚里士多德这部重要著作的阅读和研究兴趣，并能从中有所收获。如果它能起到在阅读和研究亚里士多德著作时，提供一个新的有益的视角和参考系的作用，那我就感到满足了。如果广大读者朋友及专家学者能不吝赐教，指正谬误与不足之处，我将非常感谢。这种学术上有益的切磋，正是我衷心欢迎和期待的。

李　真

1999 年 4 月

于北京大学燕北园

中文简体本序言

　　我所翻译的亚里士多德《形而上学》一书中译本，曾于1999年由台北正中书局出版。这是时隔数十年后，继商务印书馆1959年出版的由吴寿彭先生翻译的《形而上学》中译本后，又一新的中文译本。此外，于1993年由中国人民大学出版社出版了苗力田先生翻译的《形而上学》中译本。这样，在中国广大读者面前，已经有了几个不同的《形而上学》一书的中译本，可供选择、比较以及相互参照。这对于学习和研究西方古典哲学的读者来说，应当说是一件好事。这也反映了我国学术界在研究西方古典哲学方面的逐步深入的可喜局面。

　　但是在目前，台北版的图书，难得在祖国大陆书店中一见。这对于这个译本在广大读者中的传布，是一个不利因素。加之，台北版又是用的在台湾使用的中文繁体字，这对祖国大陆广大读者来说，也在使用方面造成一些不便。为此，商得正中书局同意，并承上海人民出版社鼎力支持，出版了这个中文简体本的版本。这应当说也是我国出版界和学术界的一项"嘉行善举"。对此，我向海峡两岸的两个出版社的同仁致以衷心的感谢。

　　关于这个中文简体本，它基本上按台北版原译文排印，只是在个别地方校改了一些误排和错漏的地方，也校正了少数古希腊文的拼写错误。所以，在一定意义上，它是一个新的校订本。同时，它弥补了台北版出版时，由于缺乏必要的沟通而出现的一些情况，比如，原计划加入一些插页，展示亚里士多德在《形而上学》一书的权威版本（贝克尔本）的古希腊文原貌，以及某些重要的古希腊文版本及古希腊文—英文对照版本和英译文版本等等的原貌，以供读者参考；另外，为表达对英国科学院以及英国剑桥大学达尔文学院和三一学院的学术合作与支持，将它们的院徽刊于扉页，以志中英学术界合作之盛事。以上这些均已在本书台北版《译者序言》中写明，但均未能在该版书中实现。这些缺陷和遗憾，现在，在这个"中文简体本"中，得到了弥补。这是令人欣慰的事，它也将使读者受惠。

此外，关于本译文，有两个关于专门名词的翻译方面的问题，作一点简要说明，以供读者参考。

第一，是关于 ἐπιστήμη 一字的翻译，这个字在古希腊文中主要有两个意义：一个是"认识"、"知识"，另一个是"科学"、"科学知识"（它是与"意见"[δόξα]相反的）。在亚里士多德的学术著作中，特别是在《形而上学》中，它经常与"经验"与"技艺"相联系的"科学知识"。所以，在英译文中通常将它译作"科学"（science），意为保持系统的、严格的某种科学知识或学科分支，而与一般意义上的不甚严格与系统的、基于经验的对事物的认识或知识相区别。因此，在大多数情况下，在本译本中均译作"科学"。当然，亚里士多德时代的"科学"概念，与现代的"科学"，特别是基于实验基础上的现代"科学"，是有所区别的。但是，它们的基本内核还是一致的。我们知道，亚里士多德本人分别专门研究过许多门学科，写了一系列对现实世界某一特定领域的系统深入研究的科学著作。涉猎领域十分宽广，诸如天文学、物理学、气象学、植物学、动物学、政治学、伦理学、逻辑学、修辞学，以至于研究最一般的"作为存在的存在"的哲学，等等。他的百科全书式的广泛的知识，以及在此基础上对于科学的分类，都是对人类文化的重大贡献，尽管从字源学上说，我们现代所谓"认识论"（epistemology）

一字的字源，就是 ἐπιστήμη，而近代西方"科学"（science）一词的字源，则出自拉丁文的动词 sico（知道，认识）和名词 scientia（知识、科学）。其实，它们在内涵上都是有联系的。亚里士多德在《形而上学》中所讨论的 ἐπιστήμη，绝不是一般的、普通的知识，而是系统的、深入的科学知识。

第二，是关于"种"和"属"这两个词。这是在翻译界困扰了我们多年的一个问题。根源是由于历史的进展，它们的意涵有所变化之故。在亚里士多德的时代，特别是在《形而上学》一书中，以及在他的逻辑学著作《工具论》中，在分类和划分方面，他经常使用的两个词是 εἶδος 和 γένος，用来指相对小一些的类 εἶδος 和大一些的类 γένος，我们通常把它们分别译作"属"和"种"，在英译中则为 species 和 genus。它们是相对的名词。例如一类事物（如"亚洲人"）相对于比它宽泛而包含它的一类事物（如"人"）时，则它是 εἶδος（属），而"人"是 γένος（种）；但如"人"与"动物"相对而言，则"人"为"属"，而"动物"就是"种"了。因此，亚里士多德常举例的人的定义是"人是两足无毛的动物"，就将"人"看作小类（"属"），将动物看作大类（"种"），所以他规定定义是"种加属差"。

但是，近代以来在动植物的分类学上，比亚里士多德更进一步的精确化、严密化，提出了界（kingdom）、门（phylesm）、纲（class）、目（order）科（family）、属（genus）、种 (species) 等层次，还可增设亚纲（sub-class）、亚目（sub-order）、亚属（sub-genus）、亚种（sub-species）或变种（variety）。这样，species 就是最低的种类了，而且 genus 和 species 的高下、宽窄的地位也随之而固定了。这样，属和种的含义与亚里士多德的用法刚好相反了。

于是，这就出现了亚里士多德在《形而上学》和《工具论》中的用语与现代动植物分类学上的差异。这种差异是由历史的变迁造成的。我国翻译界与逻辑学界有鉴于此，一直希望设法解决这个矛盾。有一种意见认为，将《形而上学》和《工具论》中使用的 genus 和 species 与近代生物学分类中的 genus 与 species 统一起来。这是一个很有诱惑力而又简便的想法。

但是，实际上这不可行。因为如果这样一改的话，那么亚里士多德在《形而上学》中的有些话，就变得不可理解了。因为它不仅是一个名词或译名的问题，而是它们在不同语境中的不同意涵的问题。

所以，在本书中，仍按亚里士多德原意将 εἶδος（species）译为"属"，指相对较小些的类，将 γένος（genus）译为"种"，指相对较大的类。关键是要理解：它们和近代生物分类学上的这两个名词的使用是不同的。这一点，希望读者加以注意。

我曾在《译者序言》中说过：一部经典著作的好的译本，是要经历时日，不断琢磨改进，始能期其有成的。我有幸呈献给广大读者一个新的译本，当然期望获得批评与指正，如蒙海内外专家学者及广大读者朋友赐教，则不胜企盼之至。

李 真

2004 年 12 月

于北京大学燕北园

目　录

———————— 第一卷（A）————————

———————— 第五卷（△）————————

—————— **第八卷（H）** ——————

—————— **第九卷（Θ）** ——————

第十卷（I）

第十一卷（K）

—————— **第十二卷（Λ）** ——————

—————— **第十三卷（M）** ——————

──────── 第十四卷（N）────────

第一卷（A）

第一章

980ª21 　　* 所有人在本性上都愿求知。其标志就是我们对感觉的爱好；因为除了它们的用处之外，它们本身就被喜爱；在诸感觉中，尤其喜爱视

25 觉。因为不仅着眼于行动，即使我们不打算 * 进行任何活动，比之于任何事情，我们也更喜欢观看。其理由是，在所有感觉中，视觉最能帮助我们认识事物并揭示事物之间的差别。

　　动物由于本性都生而具有感觉能力，而且它们之中有一些就从感觉

980ᵇ21 产生记忆，而另一些则没有记忆。* 因而与不能记忆的比较，前者更为聪明而易于学习；那些不能听到声音的尽管是聪明的，但它们不能被教导，例如蜜蜂以及任何可能与之相似的其他族类的动物；但是，那些在记忆之外还具有这个听觉的动物则可以被教导。

25 　　* 除了人之外，动物都凭表象与记忆而生活，只有很少有联系的经验；但是，人类的生活还凭技术与推理。人们从记忆产生出经验；因为对同样事物的多次记忆，* 最后产生出关于某一单个经验的能力。经验

981ª 似乎极其像科学与技艺，其实，人们是通过经验而获得科学与技艺的。

981ª5 因为正如波鲁斯（Πῶλος / Polus）所说：*"经验造就技艺，而无经验则造就机遇。"当其由经验获得的许多概念得出一个关于一类对象的一般判断时，技艺就出现了，因为我们有一个判断断定：卡里亚（Καλλία /

2

Callias）患这种病时，这个东西对他有益，并且在苏格拉底以及许多其 10
他个别的人患这种病时也是如此，这是经验；*但是，断定对于所有某
种类型的人（标志出一个类）当他们患这种病时，例如黏液质的人或胆
汁质的人发烧时，这个东西对于他们都有益处，这就是技艺了。

就从事活动来说，经验似乎并不亚于技艺，而且有经验的人*比起 15
那些有理论而无经验的人更能获得成功。（理由在于经验是个别的知识，
技艺是普遍的知识，而行动和生产都是涉及个别事物的；因为医生并不
是给人看病，而是给卡里亚或苏格拉底或者某个别的*具有这类个别名 20
称的人治病，而他们恰好都是人。这样，如果一个人有理论而无经验，
认识普遍而不知道包含于其中的个别，他就会经常在治病时失败；因为
他治疗的恰恰是个别的人。）然而，我们认为，知识与理解*属于技艺 25
更甚于属于经验，并且我们设想技艺家比有经验的人更有智慧（这意味
着智慧在所有情况下都依赖于知识）。这是由于前者知道原因，但是后
者却不知道。因为有经验的人认识事情是这样的，但并不知道为什么，
而另外的人知道这个"为什么"*及其原因。由此，我们也认为在每一 30
项手艺中，匠师比之一般工匠更为可敬，知道得更多，*而且更有智慧， 981ᵇ
因为他们知道他们从事的工作的原因。（我们认为工匠像某种无生命的
东西，的确，他们在活动，但是他们活动而不知他们在做什么，正如火
在燃烧，——但是，无生命的东西以一种自然趋势演示它们的每一种功
能，而工匠*是依据习惯来活动的。）① 这样，我们把他们看作更有智慧， 5
不是由于能够行动，而是由于他们具有理论和知道原因。一般说来，一
个人知道或不知道［原因］的一个标志，是前者能够教别人，因而我们
认为技艺比之经验是更加真的知识；因为技艺家能教别人，而仅仅有经
验的人则不能。

*再有，我们并不把任何感觉看作智慧，然而肯定地这些感觉提供 10
了特殊东西的最权威的知识。但是它们不能告诉我们任何事物的"为什

---

① 罗斯认为括号内这一段话可能是后来的增添。

3

么"（τò διà τí / Why），——例如，火为什么是热的；它们仅仅说，它是热的。

那个最先发明了无论何种技艺，超过了人的普通知觉的人，自然地
15　受到人们 * 的崇敬，不仅由于其发明中有某种有用的东西，而且由于他被认为是有智慧的并优于其他的人。但是当更多的技艺被发明时，其中有些是直接指向生活的必需的，另一些是为了娱乐的，后者的发明者自然地总是被看作比前者的发明者更加聪明，因为他们的知识的分支并不
20　是指向实用的。* 因此，当所有那样的发明都已建立起来时，那种并不为了提供愉悦或为了生活必需的科学就被发现了，并且是在那些人们最先有了闲暇的地方，这就是为什么数学技艺首先在埃及被发现；因为那里的祭司等级被允许享有闲暇。

25　　　* 我们在《伦理学》中说过①，在技艺与科学以及其他类似能力之间的差别是什么；但是，我们现在讨论它的理由是，所有人都假定那被
30　称为智慧的东西处理事物的第一原因和原理；所以，如前面所说，* 一个有经验的人被认为比拥有无论什么感觉知觉的人更有智慧，技艺家比
982ª1　有经验的人更有智慧，匠师比机械地工作的人更智慧，* 而理论性的知识比起生产知识来，具有更多的智慧本性。那么显然，智慧是关于某种原理和原因的知识。

---

①　参看《尼各马可伦理学》Ⅵ.3—7，1139ᵇ14—1141ᵇ8。

第二章

　　*因为我们正在寻求这种知识，*我们必须研究什么种类的原因和　982ᵃ4
原理的知识是智慧（σοφία / Wisdom）。如果我们采用我们关于智慧的人　5
的概念，这也许会使得答案更为明白。这样，我们首先假定智慧的人知
道所有的事物，尽可能地广泛，尽管他没有关于每一事物的细节的知
识；*其次，那些能够学习困难的、一般人不容易懂得的事物的人，是　10
智慧的（感觉—知觉对于所有人都是共同的，因此是容易的而非智慧的
标志）；再次，在知识的每一个分支中，那些能够更确切、更有能力教
导原因的人是更为智慧的；而且在*各门科学中，由于其本身的缘故以　15
及为了认识它而加以追求的科学，比之于为了它的结果而加以追求的科
学，更具有智慧的本性，而高级的科学比之于辅助的科学，更具有智慧
的本性；因为智慧的人不应接受命令而应发出命令，而且他不应服从别
人，相反，较少智慧的人应当服从他。

　　*这就是我们所有的关于智慧以及智慧的人的这样一些概念。现　20
在，在这样一些特征中，知道所有的事物必定属于那有着最高程度的普
遍知识的人；因为在一种意义上他知道归属于普遍的所有事例。并且这
些事物，这些最普遍事物，总的来说，都是人们最难认识的；*因为它　25
们都是离感觉最遥远的。并且那些最严格的科学几乎都是处理第一原理

5

的；因为那包含较少原理的知识比之于那些包含附加原理的是更为严格的，例如算术较几何学更严格。而且毫无疑问，研究原因的知识也是更加有能力教导的，因为那教导的人都是 * 述说每一事物的原因的人。并且由于其自身缘故而加以追求的理解和知识大多在最可知的知识之中（因为为了认识的缘故而选择认识的人将会最确定地选择 * 最真实的知识，而那就是最可知的知识），而第一原理和原因就是最可知的知识，因为通过它们以及从它们出发，所有其他事物都得以认识，而不是借助于从属于它们的事物而认识它们。那知道 * 每一事物应当达到的目的的知识是知识中最有权威性的，比任何辅助性的知识更具有权威性；这个目的就是每一事物的善（τὰγαθὸν εκάδον），整个说来就是在整个自然中的最高的善（τὸν ἄριστον）。于是，从我们所说的所有的考虑来判断，我们所研究的项目就属于同一门知识；它必定是一门研究第一原理和原因的知识；* 因为善，亦即为了它缘故的那个东西，乃是诸原因中的一个。

30

982ᵇ

5

10

　　它不是一门生产的科学，即使从最早的哲学家的历史来看也是很清楚的。因为人们是由于惊奇（διὰ γὰρ τὸ θαυμάζειν/Oweing to their wonder），才从现在开始并且也从最初开始了哲学思考（φιλοσοφεῖν/Philosophize）。他们最初惊奇于明显的困难，然后一点一点逐步进展 * 并陈述关于较重大问题的困难，例如关于月亮、太阳和星辰的现象，以及关于宇宙的生成的问题。而且一个人在困惑和惊奇的时候，认为他自己是无知的（因而即使是神话的爱好者，在一种意义上也是智慧的爱好者，因为神话是由惊奇组成的）；因此，因为他们 * 是为了免除无知而进行哲学思考，显然他们是为了认识而追求科学，而不是为了任何实用的目的。并且这一点是由事实加以确证的；因为那是在几乎所有的生活必需品以及提供舒适和娱乐的事物都已得到保障时，才开始寻求那样的知识的。那么，很明显，我们 * 不是为了任何其他利益的缘故而寻求它；而是当人们自由的时候，人们是为了自己的缘故而不是为了别的人而存在时，所以我们追求这门作为唯一自由的科学，因为它只是为了它

15

20

25

自身的缘故而存在的。

也由于这个缘故，拥有它可以公正地被认为是超出人类的能力的；因为在许多方面人的本性＊是受束缚的，所以正如西蒙尼德（Σιμωνίδης/Simonides）所说，"只有神能有此特权"，[1] 并且人们应当不满足于寻求适于他们的知识，则是不恰当的。如果诗人们的确说出了某些［道理］，＊而对于神的权能来说，妒嫉是自然的话，那么它也许首先会发生在这个情况下了，而所有在这种知识中超越了的人将会是不幸的，但是神的权能不可能是妒嫉的（的确，如谚语[2] 所说，"行吟诗人说了许多谎"），任何其他科学也必定不会被认为比这样一门科学更为荣誉＊。因为最神圣的科学也是最荣耀的，而唯有这门科学在两种方式中是最神圣的。因为最适合于神具有的科学是一门神圣的科学，因而任何处理神圣对象的科学也是如此；而只有这门科学具有这两种性质；因为（1）神被认为是在所有事物的原因中间，并且是一个第一原理，而且（2）这样一门科学或者只有＊神能具有，或者是在所有事物中神首先具有。的确，所有科学都比这门科学更必需，但是没有任何科学比它更好。

然而对它的掌握必定在某一种意义上终止于某种与我们原来的探索相对立的东西。因为正如我们所说，所有人以惊奇于事物是它们那样的而开始，如像他们惊奇于自动的牵线木偶，＊或关于冬至、夏至的至点，或者关于四边形的对角线与其一边的长度的不可通约性的惊奇；因为对于所有还没有看到原因的人来说，它显得是令人惊奇的，竟然有一种东西，即使用最小的单位也不能度量。但是，我们必须终止于相对立的状态，正如谚语所说，较好的状况就是（在这些事例中也是如此）当人们学习到原因的时候；因为没有什么事情＊比对角线如果变得可以通约会更加使几何学家吃惊的了。

这样我们就陈述了我们寻求的科学的本性是什么，而且我们的寻求以及我们整个的研究必须达到的目标是什么。

---

① 残篇 3（Hiller 版本）。

② 参看梭伦，残篇 26（Hiller 版本）。

第三章

983ª24、25　　　　　　* 显然我们必须寻求原初的原因（ἀρχή αἴτια/Original Cause）* 的
知识，因为只有在我们认为我们认识了事物的第一原因（τήν πρώτην
αἰτίαν/First cause）时，我们才说我们认识了该事物。原因在四种意
义上被述说，其一是指实体，亦即本质（εἶναι τὴν οὐσίαν καὶ τὸ τί ἦν
εἶναι）（因为这个"为什么"最终可还原为定义，而终极的"为什么"
30　　即是一个原因和原理）；另一个意义是指质料 * 或基质（τὴν ὕλην καὶ τὸ
ὑποκείμενον）；第三个意义是变化的来源（ἡ ἀρχὴ τῆς κένεσεως）；第四个
意义是与此相对立的原因，即目的与"善"（τὸ οὖ ἕνεκα καὶ τἀγαθόν）（因
为这是所有生成和变化的目的 [τέλος]）。在我们的论自然的著作中①，
983ᵇ　　我们已经充分地研究了这些原因，* 不过，还是让我们利用那些在我们
之前研究过实在并对真理进行过哲学思考的人们的看法作为证据吧。因
为他们显然也谈到某些原理和原因；那么，重温他们的看法，对于目前
5　　的研究将会是有益的，* 因为我们或者会发现另一类原因，或者对于我
们现在主张的那些原因的正确性会更加确信。

　　　　在第一批哲学家中间，大多数认为质料性的本原是所有事物的唯

---

　　① 参看《物理学》，Ⅱ.3,7。

8

一本原。所有事物由之构成，它们最先从它产生，最后它们又消融于
它（* 实体保持着，但是在它的变形中变化着），他们说，这就是元素
（στοιχεῖον/Element），这就是事物的本原（ἀρχήν）。因此，他们认为
既没有什么东西被生成，也没有什么东西被摧毁，因为这类自然物永远
保存着。这正像我们说，当苏格拉底变得漂亮和有教养时，我们不说他
绝对地生成出来，* 而当他失去这些特性时，我们也不说他停止存在了，
因为其基质，即苏格拉底自身保持着。正因为如此，他们说没有什么东
西生成出来或不复存在；因为有某种自然物（φύσις）——或一种或多
于一种——永远持续存在，所有其他事物都从它产生出来。

　　然而，关于这些本原的数目和性质，* 他们并不完全一致。泰勒斯
（Θαλῆς / Thales）是这种类型的哲学的创始人。他说，本原是水（由于
这个理由，他宣称大地浮在水上）。他得到这个概念也许是由于看到所
有事物的营养物都是潮湿的，而且热本身是从湿气中产生出来，并且生
命也依靠它而得以保持（而那个它由之产生的东西 * 就是所有事物的本
原）。他从这个事实并且从所有事物的种子都具有潮湿的性质这个事实，
以及水是潮湿的事物的性质的来源，得出他的概念。

　　有人① 认为甚至那些生活于距现代很久以前的古人，以及编订诸
神的传闻的古代人，也曾具有关于自然的相似的观点；* 因为他们使
奥克安诺斯（Ὠκειανός/Ocean）和德蒂斯（Τηθύς/Tethys）成为创世的
双亲②，而且描写众神皆以水起誓③，并且称之为"斯蒂克斯"（Στύξ/
Styx）④；因为最古老的就是最受尊敬的，而最受尊敬的东西就是一个人
以之起誓的东西。* 这个关于自然的看法究竟是否原始的和古老的，也
许是不确定的，但是无论如何据说泰勒斯宣称他本人主张这样的第一原

10

15

20

25

30

984ᵃ

---

① 也许是指柏拉图（参看《克拉底鲁篇》，402B ;《泰阿泰德篇》152E, 162D, 180C）。
② 奥克安诺斯和德蒂斯为希腊神话中的海洋之神和海洋女神，参看荷马:《伊里亚
　特》XIV. 201, 204。
③ 参看荷马:《伊里亚特》II. 755, XIV. 271, XV. 37。
④ 据希腊神话，斯蒂克斯为冥界的一条河，Στύξ 意为"可恨"，因此意为恨河。据神
　话，亡灵饮此水则前事尽忘。

因，没有人认为希波（Ἵππων/Hippo）宜于列入这些思想家中间，因为他的思想微不足道。

＊阿那克西美尼和第欧根尼使气先于水，认为气是简单物体中最基本的，而墨达蓬梯的希巴索和爱菲斯的赫拉克利特（Ἡράκλειτος ὁ Ἐφέσιος）说它是火，恩培多克勒（Ἐμπεδοκλῆς）则说它乃四种元素，即在已经说过的那些之外加上第四种［即土］。因为他说，这些元素永远保持而不是被产生出来，＊只是它们变得多些或少些，即聚集为一和从一分离出来。

克拉佐美尼的阿那克萨哥拉（Ἀναξαγόρας ὁ Κλαζομένιος）虽然年长于恩培多克勒，但其哲学活动则晚于后者。他说，本原在数目上是无限的；因为他说几乎所有事物都是由与其自身相同的微粒（τὰ ὁμοιομερῆ /Homoeomerous）构成的，就像水或火一样，并且仅仅在这种方式中生成和消灭，＊即通过结合和分散，而并非在任何其他意义上生成和消灭，而是永恒地保持着。

从这些事实，人们可能认为唯一的原因就是这类所谓的质料因；但是当着人们这样向前进展时，许多事实为他们开辟了道路，并一起迫使他们进一步研究。＊所有的生成和消灭从某一个或者（对于那种质料说）从更多的元素开始进行，无论这可以是怎样的真实，那么，为什么这会发生而且它的原因是什么呢？因为至少基质自身并不造成自身的变化。我的意思是，即不是木头也不是铜引起它们各自的变化，木头不会造出一张床，铜也不会造成一座雕像，＊而是别的某种东西是这个变化的原因，而寻求这个原因就是寻求另一种原因，即我们应当问：——运动的源泉从何而来。现在那些最早从事这类研究，并且主张基质是一个的①，对于这个问题没有什么疑虑；但是至少＊他们中的有些人，主张其［基质］是一②——似乎被这个关于第二个原因的研究所困扰了——他们说这一［个基质］和自然作为一个整体是不变的，不仅就生成和坏

---

① 指泰勒斯、阿那克西美尼和赫拉克利特。
② 指埃利亚派。

灭来说（因为这是一个原始的信念，而且所有人都同意），而且也是就
所有其他变化说的。* 这个观点是他们所特有的。那些说宇宙是一的人　　984ᵇ
当中，没有人继续探寻这类原因，也许巴门尼德是个例外，因为只有他
假设不仅有一种［原因］，而且在某种意义上有两种原因。* 但是对于　　5
那些主张有多种元素的人① 来说，更有可能陈述第二种原因，例如，那
些把热和冷，或火和土作为元素的人就是这样。因为他们把火当作具有
适合于推动事物的性质，而水和土之类的事物，则是相反的。

　　在这些人以及这一类的本原之后，因为它们不能充分地揭示事物本
性的生成，* 人们被真理所迫（如我们已经说过的②），重新研究另一类　　10
的原理。因为火或者土或者任何这样的元素应当是事物在其存在和在
其生成方面均表现为善和美的理由；或者这些思想家应该假定它是这样
的；这似乎都不妥当。再有，把这样重大的问题委之于自发性和机遇，
* 也是不对的。于是，当有一个人说理性（νοῦς/Reason）表现为——　　15
正如在动物中一样，它充斥于整个自然界——秩序和所有安排的原因
时，他与那些随意谈论的他的先辈比较，似乎是一位严肃的人。我们知
道阿那克萨哥拉肯定地采取了这个观点，但是 * 克拉佐美尼的赫尔摩提　　20
谟（Ἑρμότιμος ὁ Κλαζομένιος）被认为表述这个观点更为早些。那些像
这样思考的人陈述说：有一个诸事物的本原，它同时就是美的原因，而
且从这一类原因中，事物因之而获得运动。

---

① 大约是指恩培多克勒。
② 参看984ᵃ18。

11

第四章

984ᵇ23　　　* 人们可能猜想赫西俄德（Ἡσίοδος/Hesiod）是最早寻求这样的事物的人——或者别的什么人把爱或愿望（ἔρωτα ἢ ἐπιθυμίαν）置于存在

25　的诸事物之中作为一个本原（ἀρχή），* 正如巴门尼德也这样做，因为在构造宇宙的创生时，他说①：

　　　　　她设计的众神首先就是爱。

　　而赫西俄德说：②

　　　　　在所有事物中首先造成混沌，
　　　　　然后是胸怀宽广的大地，……
　　　　　还有爱，在众神之中位于最前列。

30　　　　* 这蕴含着这样的意思：在存在的诸事物中，必定有一个原因，它推动并联结事物。就这些思想家的发现的先后，应该如何来排列他们，

---

①　残篇 13（第尔士辑）。
②　参看《神谱》116—120。

让我们以后来决定。① 但是，因为与各种形式的善相对立的东西也呈现
于自然界中，——不仅有有秩序的和 * 美的东西，而且有混乱的和丑恶　985ª
的东西，而且坏的东西比善的东西多，卑劣的东西比美好的东西多，因
而另外的思想家提出了友爱与争斗（φιλία καί νεῖκος），二者中的每一
个相应地是两类事物中的每一类的原因。如果我们贯彻恩培多克勒的观
点，并且根据它的 * 意义而不是它的含混的表达来解释它的话，我们会　5
发现友爱是善的事物的原因，而争斗是坏的事物的原因。因此，如果我
们说恩培多克勒在一种意义上同时说到恶与善是本原，并且是最早这样
说的，那么我们也许会是对的，因为所有的善的事物的原因就 * 是善　10
本身。

正如我们所说，这些思想家明显地抓住了（而且在这种程度上抓住
了）原因中的两个（我们在论自然的著作中② 区分过这些原因）——质
料以及运动的源泉——然而它是粗略的，并且没有明晰性，但是，正如
没有经过训练的人在战斗中的表现一样；因为他们 * 围绕他们的对手，　15
而且经常打出漂亮的一击，但他们并没有按知识的原则来战斗，同样
地，这些思想家似乎并不知道他们说的是什么；因为很显然，好像一条
规则，他们并没有运用他们的多种原因（除了在很小程度上的使用外）。
因为阿那克萨哥拉使用理性来造成世界秩序就像使用人为的机关装置
（μηχανῆ）一样，当他难以说明 * 出于什么原因某事物必然如是时，这　20
时他才引入理性。但是在所有其他场合，他都将事件归之于别的任何事
物而不是归之于理性。③ 恩培多克勒尽管在更大程度上使用了原因，但
对它们的使用既不是充分的，也没有达到一致性。至少在许多场合，他
让友爱分离事物而让争斗聚集它们。* 因为无论什么时候宇宙由于争斗　25
而分解为它的诸元素，火被聚集为一体，每一个其他的元素也是如此；
但是无论何时，在友爱的影响下它们重新会合在一起成为一个整体时，

---

① 这个诺言，后来亚里士多德并未实现。
② 参看《物理学》，II.3，7。
③ 参看柏拉图：《斐多篇》，98B，C ；《法律》，967B—D。

它的部分必定重新从每一个元素中分离出来。

30　　　这样，恩培多克勒同他的先辈比较，* 是最先引用这种原因的划分的。他不是提出运动的一个来源，而是提出不同的和相反的［两个］来源。再有，他是第一个谈到四种物质元素的人；然而他没有使用四个元985ᵇ 素，而是仅仅把它们当作两个部分：* 他把火本身作为一类，而把它的对立物——土、气和水——看作另一类事物。我们可以从研究他的诗句① 知道这一点。这样，如我们所说，这位哲学家以这种方式论说了诸本源并使之有这样的数目。

5　　　留基伯及其追随者 * 德谟克利特（Λεύκιππος καὶ ὁ ἑταῖρος αὐτοῦ Δημόκριτος）说，"实"和"空"是元素。他们把一个叫作存在（τὸ ὄν），把另一个叫作非存在(τὸ μὴ ὄν)（因此他们说存在并不比非存在更实在些，因为物体并不比虚空更实在些）；他们把这些作为事物的质料原因。* 正10 如有些人把底层实体（ὑποκειμένην οὐσίαν）看作一，它通过变形而产生出所有其他事物，并且设想稀疏与密集是变形的泉源，这两位哲学家以同样的方式说，元素的差别是所有其他性质的原因。他们说，这些差异有三个——形状、次序和 * 位置。因为他们说存在的差异仅仅由于韵律、15 接触和转动，其中韵律是形状，接触是次序，转动是位置；因为 A 不同于 N 在于形状，AN 不同于 NA 在于次序，I 不同于 H 在于位置。② 运动20 的问题——它从何而来以及 * 怎样属于事物——这些思想家像其他思想家一样轻易地给忽略了。

　　　这样，关于两类原因的研究，如我们所说，在早期哲学家那里，似乎已推进到这样的程度。

---

① 残篇 62（第尔士辑）。
② I 为古希腊字母 ζ 的一种大写形式，现在有的英译本为便于英语读者的理解改为 Z，与古希腊文原文的有些版本略有差异。

第五章

    * 与这些哲学家同时甚至早于他们，有所谓毕达哥拉斯派最早从事 985ᵇ23

于数学的研究。他们不仅推进了这方面的研究，而且也 * 在这种研究中 25

受到培育。他们认为它的原理就是所有事物的原理。因为在这些原理中

数目在本性上是最先的，而且在数目中他们似乎看到了许多与存在着的

和产生出来的事物的相似之处，——比起在火、土和水中看到的更多些，

（如此这般的数的性质即是正义，* 另外一个即是灵魂或理性，另一个 30

即是机会——与此相似，几乎所有其他事物都可由数来表达 ①）；再有，

因为他们看到音阶的变化和比例是可以由数表示的；——这样，由于所

有其他事物的整个本性，似乎都是按照数来塑造的，* 而数似乎是整个 986ᵃ

自然中的第一位的东西，他们设想数的元素就是所有事物的元素，而整

个的天就是一个和谐音阶和数目。他们能够表明数和和谐音阶的所有性 5

质 * 符合于天体的属性和部分以及天体的整个排列，他们对这些性质都

加以收集并放进他们的框架中；如果在什么地方有缺口，他们就立即加

以弥补以使其整个理论保持一贯，例如，因为数目 10 被认为是完善的

并包含着数的全部本性，* 所以他们说在天空运行的天体也是十个；但 10

---

    ①   参看第尔士：《前苏格拉底哲学家》第 3 版，Ⅰ.303,15—19。

是可见到的天体只有九个，为了弥合这一点，他们发明了第十个——即"对地"（ἀντίχθονα/Counter-earth）①。我们已经在别的地方更确切地讨论过这些问题。②

但是，我们考察的目的是，我们也可以从这些哲学家那里了解到什么是他们假设的 * 本原，以及这些怎样合于我们已经命名的诸原因。很显然，这些思想家也认为数是本原，既作为事物的质料，也形成它们的变形和它们的永久状态，并且主张数的元素是偶数和奇数，而它们中的后者是限定的，前者是不限定的；一贯串于这两者 *（因为它既是偶数，又是奇数），而数是从一引出来的，还有，正如已经说过的，整个天就是数。

这同一学派的其他成员说，有十项原理，并把它们排列为相应的两栏——有限与无限，奇数与偶数，一与多，左与右，* 男与女，静与动，直与曲，光明与黑暗，好与坏，正方形与长方形。克罗顿的阿尔克迈昂（Ἀρκμαίων ὁ Κροτωνιάτης /Alcmaeon of Crorton）似乎也以同样的方式思考这个问题。要么是他从他们得到这个看法，* 要么是他们从他得到这个看法；因为他表达的他的看法与他们是相似的。因为他说人类的事务是成双出现的，意指的不仅是有限的对立物，如像毕达哥拉斯派所说的那样，而且是任何可以任意举出的对立物，如白与黑、甜与苦、好与坏、大与小。他提出了关于其他对立物的不限定的建议，* 但是毕达哥拉斯派则宣称有多少对立物以及它们是哪一些。

从这两个学派，我们可以得到这样一些 [看法]，即对立是事物的原理，而且从这两个学派中的一个，我们还可以知道这些原理有多少以及它们是哪些。但是这些原理怎么能够 * 集合在一起而置于我们命名的那些原因之下，他们并没有明确和连贯地陈述，然而他们似乎把这些元素列入质料这一项之下，因为他们说实体是由这些作为内在部分的元素构成和塑造的。

---

① 用拉丁字母音译为 antichthon；即设想为一个绕"中心火"（即太阳）运行的行星，其位置永远与地球相反。

② 参看《论天》，Ⅱ.13。

　　从这些事实我们可以充分地看出这些古人的意思，他们说自然界的
元素 * 多于一；但是也有一些人谈论万物好像它是一个实在，尽管在其　　10
陈述的卓越方面或者在其与自然界的事实的符合方面，他们并不全都一
样。他们的讨论绝不适合于我们目前对于原因的研究，因为他们并不像
某些自然哲学家那样，假定一个统一体，* 并且同时使存在从这个统一　　15
体中产生出来就像从质料中产生出来一样；他们作出另外的解释。那些
另外的人［自然哲学家］加上了变化，因为宇宙是生成出来的；但是这
些思想家说宇宙是不能变化的。然而，这与我们目前的研究是密切相关
的。巴门尼德似乎专注于作为定义的一，梅里梭（Μέλισσος /Melissus）　　20
* 则注意于作为质料的一，由此之故，前者说它是有限的，而后者则说
它是无限的。① 而关于一的这派人中的最早者是色诺芬尼（Ξενοφάνης/
Xenophanes）（据说巴门尼德是他的学生）。他没有作出明确的陈述，也
似乎没有抓住这两种统一中的任何一个；但是他注意到整个的天界，他
说一就是 * 神（τὸ ἓν εἶναί φησι τὸν θεόν）。正如我们所说，为了我们目　　25
前的研究的目的，必须略去这些思想家——完全忽略其中的两位，即色
诺芬尼与梅里梭，因为他们有点太天真了；但是巴门尼德似乎在有些地
方说出了更为有洞察力的见解。因为在存在之外，宣称没有非存在存
在，他认为一个事物存在是必然的，亦即存在而 * 并非别的什么东西　　30
（关于这一点，在我们论自然的著作中我们已经说得更加清楚）②，但是
迫于要与观察到的事实符合，并且假定那存在的是作为定义中的一，但
根据我们的感觉则多于一，于是他设置了两个原因和两个本原，把它们
叫作热和冷，即火和土；而且 * 他把热列为存在，而把另一个列为非存　　987ª
在。

　　于是，从我们已经说过的以及从那些已经争论过这些问题的思想家
们的思考中，我们得到了这么多——一方面从最早的哲学家那里，我们
知道了他们把第一本原看作是有形体的（因为水、* 火以及这样的事物　　5

_____

① 参看《物理学》，185ª32—ᵇ3，207ª15—17。
② 《物理学》，I.3。

都是有形体的），他们中有些人假设一个有形体的本原，另外的人假设
本原多于一，但他们都把这些本原置于质料之下；另一方面，有的人既
设置这个原因，又在此之外设置了运动的来源，这个来源有人主张是一
个，另一些人则主张有两个。

10   这样，一直到 * 意大利学派，并且除了他们之外，其他哲学家对这
个问题的处理是相当模糊的，如我们所说，除了他们在事实上采用了两
类原因之外，而其中之一——运动的来源——有人认为是一个，另外的
15   人认为是两个。但是毕达哥拉斯派以同样的方式说过有两个本原，并且
* 进一步作了补充（这是他们所特有的）；他们认为有限和无限不是某个
其他分离的事物，如像火或土，或任何别的这类事物，而是无限本身和
一自身是它们所表述的事物的实体。因而数是所有事物的实体。在这个
20   * 问题上，他们是这样表达他们的看法的；而关于事物"是什么"（περὶ
τοῦ τί ἐστιν）他们也开始论述和加以界定，但对这问题处理得太简单。
因为既是表面地加以规定，又认为一个给定的定义第一个适用的主语就
25   是定义的事物的实体，正如"倍"和"2"被认为是相同的，因为 *"2"
是"倍"首先适用的数。但是，"是倍"和"是2"是不相等的；否则，
一就会是多了——这是他们实际上得出的结论。这样，从早期哲学家以
及他们的后继者，我们能够学到的就是这一些。

第六章

　　* 在我们说过的这些哲学之后，接下来是柏拉图 * 的哲学。这种哲 987ª29、30
学在大多数方面追随这些思想家，但是也有把它与意大利学派的哲学区
别开来的特点。因为在他的青年时代，他首先熟悉克拉底鲁还有赫拉克
利特的学说，即所有感性事物永远处于流动的状态，而且没有关于它们
的知识，甚至在他的晚年他也持有这些看法。* 苏格拉底则正忙于讨论 987ᵇ
伦理问题而忽略了作为整体的自然界，他在这些伦理问题中寻求普遍
性，并且第一个把思想专注在定义上。柏拉图接受了他的教导，* 但是 5
主张把它不是应用于可感觉的事物，而是应用于另外一类实在，理由是
永远变动的感性事物不能有一般定义，于是，他把这另一类的事物叫作

理念(ιδέα/Idea)。① 他说所有可感觉的事物都是根据这些理念来命名的，并且都依赖于与这些理念的关系，因为许多存在的东西由于分有（καὰ
10　μέθεξιν/Participation）*"形式"（εἶδος/Form）② 就获得了它们具有的同一个名称。仅仅"分有"这个词是他改变了的，因为毕达哥拉斯派说事物由于摹仿数而存在，而柏拉图则说它们由于分有而存在，仅仅是一个词的改变。至于这个形式的"分有"或"摹仿"究竟是什么，他们留下了一个悬而未决的问题。

15　　　　再有，在可感觉的事物和*"形式"之外，他说还有数学对象，它处于中间位置。它以其永恒和不变化区别于可感觉事物；它区别于"形式"之处则为它有许多个相同的，而"形式"本身在每个场合都是唯一的。

　　　　因为"形式"是所有其他事物的原因，他认为它们的元素就是其他
20　事物的 * 元素，因而作为质料，大和小就是本原，作为实体，"一"就是本原；因为大和小，通过分有一，产生出数。在把一看作是实体而不是别的什么事物的谓语这一点上，他与毕达哥拉斯派是相似的，并且同
25　意他们所说的数是 * 其他事物的实体的原因。但是他设置一个"二"，并且从大和小构造出不定，而不是把不定看作"一"，则是他所特有的。

----

① ιδέα 和 εἶδος 均出于动词 εἶδω（意为"观看"、"认识"、"知道"），在柏拉图的著作中是通用而无区别的。在现代欧洲语言译文中，有均译作 idea 者，晚近更多的学者将 εἶδος 译作 Form。但在亚里士多德著作中，除专指柏拉图学说时，这二者仍通用外，后者还是一般意义上的形式。中文无西方语词用大写字母以示某特殊含义之便，故只得加引号以"形式"表示其与 Idea 之通用含义。Idea 一字之中译争议颇多，一般作"理念"，陈康主张译作"相"，吴寿彭则译作"意式"（另将 εἶδος 译作"通式"）。我仍主张把它译作"理念"。这不仅因为它已在中译文中流行开来，并普遍被接受，而且因为在内容上是贴切的。因柏拉图之 ιδέα 实乃非指具体形象（相），而为一观念之抽象，为理论观念之表达，即柏拉图所谓用"心灵的眼睛"观看者。故在西方思想史上，Idea 流传两千多年而与形象无直接关系。这并非曲解柏拉图原意，而实系其学说之真实内容也；若一定强调字源之观看，形状之意，则反而陷于舍其本而逐其末之弊矣！至于亚里士多德用 εἶδος 时除有与柏拉图共同处，亦有其独特处，中译文除将 εἶδος 用引号标出的方法以提示外，未加引号处仍有普通的形式的含义，望读者注意区分。至于西方有些学者主张将二字一概译作"形式"，则有与主张一概译为"相"或"式"等之同样弊端矣。

② 见前页 [1]。

所以，在他看来数离开了可感觉的事物而存在，而他们①说事物本身就是数，而并不把数学对象置于形式和可感觉的事物之间。他与毕达哥拉斯派的分歧在于使"一"与＊数和事物相分离，以及他引进"形式"，都是由于他对定义问题的研究（因为早期思想家对于辩证法是不熟悉的）。他造成另一个东西"二"是由于相信除了素数之外，其他数都可以简易地从"二"产生出来，②就像从某种可塑物质中产生出来一样。

30

　　＊但是在事实上结果却相反；这个理论不是一个好的理论。因为他们使得许多事物出自质料，而形式的生成作用仅仅一次；但是我们看到的却是：一张桌子是用一件材料做成的，而将形式赋予它的人，尽管是一个人，却做出许多桌子。＊雄性对雌性的关系也是如此；因为后者由于一次交媾而受孕，但是雄性使许多雌性受孕；这些都与那些原理是类似的。

988ª

5

　　这就是柏拉图对于这些问题的看法。从已经说过的，很明显他只使用了两种原因，＊即本质的原因和质料的原因（因为形式是所有其他事物的本质的原因，而"一"是在诸形式之中的本质的原因）；并且他也告诉我们，在可感觉事物的场合，什么是形式表述的作为基质的质料，而在"形式"的场合，什么是"一"，——那就是这个"二"，即"大和小"。再有，他把好的原因和坏的原因归之于这些＊元素，每个原因归于这两个元素中的一个。我们说过③，有些早于他的哲学家也这样探索过，如恩培多克勒和阿那克萨哥拉。

10

15

---

① 此处的"他们"，指"毕达哥拉斯派"。

② 此说不完全准确。实际上只有 2 及其乘方可以从 1 与不定的 2 产生出来。参看 N.1091ª9—12。在《巴门尼德篇》143C—144A 中，3 是从 1 和 2（数目 2，而非亚里士多德所说的不定的 2）相加得出，而大于 3 的数是从 2 和 3 借助乘法得出的，素数在那里也不例外；柏拉图说似乎所有大的数都可由乘法得出。在柏拉图著作中没有严格地与亚里士多德此处所说的相当的东西。

③ 参看 984ᵇ15—19,32—ª10。

第七章

988ᵃ18　　　* 对于那些谈论过本原与实在的哲学家以及他们如何处理这些问

20　　题，我们仅仅作了简明的和提要式的考察，* 然而我们已从他们那里了

解到这么多。那些谈论本原及原因的人中没有一个人提到过任何一个超

出我们在论自然的著作中 ① 已经区分过的那些原因，但全都明显地有某

种关于它们的想法，尽管只是含糊的。因为有些人说到本原是质料，不

25　　论他们设置一个或者多个本原，* 也不论设想它为有形体的还是无形体

的；例如，柏拉图说的大和小，意大利学派说的无限，恩培多克勒说的

火、土、水、气，阿那克萨哥拉的由相似部分组成的无限事物。这些人

30　　都涉及这类原因，而且谈论 * 气，或火，或水，或者比火浓密和比气稀

疏的人，也全都有这类原因，因为有人说过第一元素就是这一类的。②

　　　　这些思想家仅仅抓住了这个原因，但是某些其他的人提出了运动的

源泉，例如把友爱与争斗或者理性或者性爱作为本原的那些人。

35　　　　* 没有一个人明确地表达过本质以及实体。它主要由那些相信 *"形

988ᵇ　　式"的人所提示。因为他们并不假定"形式"是可感觉事物的质料以及

---

　　① 参看《物理学》，II.3,7。

　　② 参看第尔士：《前苏格拉底哲学家》第 3 版，I.18.8—21,415,32—416,27。这个

　　　　相关事项也许指的是阿那克西美尼的追随者。

22

"一"是"形式"的质料，或者它们是运动的来源（因为他们说这些毋宁是不动的和处于静止状态的东西的原因），但是他们提供"形式"作为 * 每个其他事物的本质，并提供"一"作为"形式"的本质。　　　5

活动、变化和运动得以发生的缘由，他们以一种方式断定其为一个原因，但不是在这样的意义下的，即不是它的本性就是一个原因，因为那些说理性或友爱的人把这些原因归入善的一类；然而，他们并不说 *　10
任何事物存在或者产生出来是由于它们的缘故，而只是说运动从它们开始。那些以同样方式说"一"或存在是善的人，认为它是实体的原因，但实体并非由于这个缘故而存在或产生出来。因此，这表明在一种意义上他们既说了也没有说 * 善是一个原因，因为他们并不直截了当地把它　15
叫作原因，而说它偶然地是原因。

于是，所有这些哲学家由于不能触及另外的原因，似乎就验证了我们已经正确地确定了有多少原因以及这些原因都是哪些类型的。还有，也很显然，当寻求这些原因时，或者所有四个原因都必须那样地加以寻求，或者它们必须在这四种方式的一种中来寻求。* 让我们接下来讨论　20
这些思想家关于每一种方式的陈述中出现的困难，以及由于他们对待本原的态度而出现的困难。

第八章

988^b22 　　* 那些说宇宙是一并且设置一类具有空间大小和有形体的事物作为
25 质料的人，在许多方面明显地走入歧途。因为 * 他们仅仅设置了物体的
元素，而没有设置无形体的事物的元素，尽管也有许多无形体的事物。
而且在试图陈述产生和坏灭的原因时，以及在研究所有事物的本性时，
他们都抛开了运动的原因。再有，他们的错误在于没有设置实体，亦即
本质（τὸ τί ἐστι/Essence），作为任何事物的原因。此外，还在于他们把
30 除了土以外的简单物体的任何一个 * 都叫作本原，而没有研究它们，即
火、水、土和气，怎样彼此被产生出来。因为简单的事物有些由于联
结，有些由于分离而相互产生。这对于区分它们的在先和在后是十分重
35 要的。* 因为（1）① 在一种方式下最基本的东西的性质，似乎都是属于
989^a 最初的事物的，它们 * 由于联结而从它产生出来，而这将是最小和最精
细的微粒构成的物体。因此，那些设置火为本原的人最符合这个理论。
5 但是，其他思想家中的每一个都同意有形体的事物的元素是这一类的。
* 至少那些提出一种元素的人中没有一个人宣称土是元素，显然，这是
由于它的颗粒是粗糙的。至于其他三种元素中的每一个都有支持者。因

---

① 参看第尔士：《前苏格拉底哲学家》第 3 版，Ⅰ.18.8—21,415,32—416,27。这个
相关事项也许指的是阿那克西美尼的追随者。

为有人主张火为元素，另外有人主张水。还有人主张气为元素。然而为什么他们不提出土也是元素，就像平常的意见所主张的那样呢？因为 *许多人都说一切事物皆为土，而且赫西俄德也说①，土是最先生成的有形体的事物，所以这个意见是原始的和大众性的。根据这个论证，任何人提出不同于火的元素为本原，或者假定它是某种浓于气而稀于水的东西，* 都会是不正确的。但是（2），如果那生成上在后的而本性上却在先，并且那被混合和复合的东西生成上在后，那么与我们所说的相反的看法就必定会是真的了——水必定先于气，土必定先于水。

对于我们所说的提出一个原因的那些人，就说这么多；但如果 * 任何人提出多于一的本原，像恩培多克勒说质料是四个物体，那么这也将一样地适用。因为他也面临一些我们已经说过的同样的后果，而且还有另外一些对它的特别的后果。因为我们看到这些物体相互产生出来，这就意味着同一物体不会永远保持其为火或土（在我们讨论自然的著作中已经说过这一点②）；* 而且关于运动的原因以及究竟应当设置一个还是两个这种原因的问题，则不能说他的看法是完全正确的，或者甚至整体上是合理的。③ 并且一般说来，持这种看法的人必然地把质的变化抛掉了，因为按照他们的看法，冷不能从热来，热也不能从冷来。因为如果能够的话，就会有容纳这种对立物本身的东西，而且会有一个东西成为既是 * 火又是水——这是恩培多克勒所否认的。

至于阿那克萨哥拉，如果有人设想他说过有两个元素，那么这个设想完全符合于阿那克萨哥拉本人并没有清晰地加以陈述的一个论证，但如果任何人领着他走向这个论证的话，他就必须接受它。的确，说在最初所有事物都是混杂的，这既是荒谬的，（根据许多不同的理由），而且（a）也因为 * 它会得出这样的结论，即它们必定在以前处于不混合的形式，（b）自然不允许任何碰巧的事物与任何碰巧的事物相混合，而

10

15

20

25

30

989ᵇ

---

① 《神谱》，116。

② 《论天》，Ⅲ.7；《论生灭》，Ⅱ.6。

③ 参看本卷第4章。

25

且（c）根据这个论证，属性与偶性可以与其实体相分离（因为被混合
的同一个事物也可以被分离）。然而，如果 * 人们追问他，并把他的意
思联结在一起，那么就会看出他的观点是相当时新的。因为当没有什么
东西被分离出来时，那么显然就没有什么东西能用以真正断定那当时存
在着的实体。我的意思是，例如，它既不是白的，也不是黑的，也不是
灰色的，也不是任何其他颜色，而必定是无色的；因为如果它有颜色，
那它就会有 * 这些颜色中的一种。并且，与此相似，用这同一论证，它
是没有味道的，它也没有任何类似的属性；因为它不能是任何性质或任
何大小，它也不能是任何确定种类的事物。因为如果它是的话，那么种
种特殊的形式之一就会属于它；而这是不可能的，因为一切都混合在一
起；由于特殊的形式必然地会已经分离出来，* 但是他说，除了理性
之外，一切都混合着，只有这个理性是未混合的和纯粹的。① 由此，就
可以推出，他必定说本原就既是一（τό τε ἕν）（它是简单的和未混合的）
又是"其他"（καὶ θάτερον），它具有我们设想的那种本性，即在它成
为确定的和采取某种形式之前是不确定的。他说得既不正确也不清楚，
但是，他的意思接近于 * 后来的思想家所说的以及现在更明显地看作是
真的东西。

但是，这些思想家毕竟仅仅关注于生成、毁灭和运动的论证，因为
他们仅仅从这一类的实体中寻求本原和原因。但是另一些人把他们的眼
光扩大到所有存在的事物，* 并设想存在的事物中有些是可感觉的，而
另一些是不可感觉的，他们明显地研究了这两类事物，而这就有更多的
理由使得人们应当花更多的时间来考虑：他们的看法对于我们现在面对
的问题有些什么贡献，无论是好的还是不好的。

毕达哥拉斯派处理 * 本原和元素问题不同于那些自然哲学家（原因
是他们从非感性事物找到本原，因为数学对象，除了天文方面的对象
外，都是没有运动的一类事物）；然而，他们的讨论和研究全都是关于

---

① 参看残篇 12（第尔士）。

自然界的，因为他们生成天，* 而且他们观察的现象都是关于它的部分、 990ᵃ
属性和功能，并且运用本原和原因来解释这些现象。这就意味着他们与
其他的人，与自然哲学家是一致的，即存在恰好是所有可以感知的，并
且 * 由所谓"天"所包含的那些事物。但是，他们提出的原因和本原， 5
正如我们说过的，① 是能够也应用于更遥远的一类存在，而且的确比起
对于自然的理论来，它们更适于这些存在。但是他们根本没有告诉我
们，如果仅仅假定有限、无限以及奇数和偶数的话，怎么能有运动呢？
* 或者说，没有运动和变化，怎么能有生成坏灭，或者能有运行于天空 10
的物体的活动呢？

再有，如果一个人承认他们说的空间的大小由这些元素构成，或者
这一点得到证明，仍然还有问题，即怎么会有些物体是轻的，而另一些
物体是重的呢？ * 从他们所设想和主张的来判断，他们对可感觉的东西 15
的谈论和对数学对象的谈论是一样多的；因而，他们没有说任何有关火
和土或其他这类物体，我设想这是因为：对于应用于可感觉的事物，他
们没有什么可说的。

再有，我们怎样能够把以下的信念联结起来呢？即（1）数的属性
以及数本身 * 是宇宙存在和发生的事物的原因（不论从开端还是现在）， 20
以及（2）在世界由之构成的这个数之外，没有其他的数？当他们把意
见与机遇安置在一个特殊领域，而在稍上或稍下安置"非正义"与"分离"
或"混合"，并作为证明而宣称每一个这类抽象物都是一个数，* 并且 25
碰巧在这个地方已经有一个由数构成的许多有大小的物体，因为数的这
些属性附着于这许多不同的地方——它之所以这样，是由于这个数（我
们必须假定这些抽象物的每一个都是这个数）是与表现于这个物质世界
的数是同样的数呢？还是它是不同于这个数的另一种呢？ * 柏拉图说它 30
是不同的；然而甚至他也认为这些物体和它们的原因都是数，但是可知
的数是原因，而这些［物体］的数是可感觉的。

———————————

① 989ᵇ31—990ᵃ3。

第九章

*让我们暂时放下毕达哥拉斯派，因为这样简要地论述他们已经足够了。*但是对于那些设置理念作为原因的人，首先，在寻求掌握我们周围事物的原因时，他们引入了与这些事物数目相等的其他东西，正像一个人要计算事物，由于其太少而不能计算，而试图在他增加数于它们

5 时再来计算一样。因为"形式"实际上相等于——*或者不少于——这些事物，这些思想家正是为了寻求这些事物的原因而导致"形式"的。因为对应于每个事物都有一个与实体相分离的同名的东西，对于其余的[事物]则有"一统率多"（τῶν τε ἄλλων ἔστιν ἓν ἐπὶ πολλῶν）。这既是对于这类事物，也是对于永恒的事物。

再有，我们① 用以证明"形式"存在的方法，没有一个是令人信服的；*因为有一些方法没有必然得出"形式"存在的推论，而根据有些

10 方法则甚至我们认为没有"形式"的事物也出现了"形式"。*因为根据有知识存在就有这些知识所研究的事物的"形式"的论证，并且根据"一统率多"的论证，就将有甚至是否定的"形式"，而且根据有已经消

15 灭的东西的思想，那就将有可消灭的事物的"形式"，*因为我们有关

---

① "我们"这个用语表明亚里士多德此时仍以柏拉图派的一员的角度在讨论这个问题。

于它们的意象（φάντασμα/Image）。再有，从更为精确的论证，有些导出关系的理念，而这些关系我们说它们不是独立的类，另一些则引出了"第三人"①。

一般说来，对于"形式"的论证摧毁了事物，而我们对于事物的存在的关注更甚于对于理念的存在的关注。因为它得出不 * 是"二"（δυάδα）而是数在先的结论，亦即相对的先于绝对的。② 除此之外，某些追随关于理念的人所持的论点，陷入了与这个理论的原理相冲突的境地。 20

再有，根据我们相信有理念的假设，就将会有不仅是实体的"形式"，而且也有许多其他事物的形式（因为这个 * 概念是单个的，不仅在实体的场合是如此，而且在其他场合也是如此，并且不仅有实体的知识，也有其他事物的知识；而且有成千的其他这样的困难面对着他们）。根据这个问题的必然性以及持有的关于"形式"的意见，如果"形式"能被分有的话，那么就必定只有实体的理念。因为 * 它们不是偶然地被分有的，而是一个事物必定分有它的"形式"，如同分有某个不是表述一个主体的东西（"被偶然地分有"我是指例如一个事物分有"一倍本身"，它也分有"永恒"，但这只是偶然地，因为"一倍"是"永恒"的是碰巧的）。因此，"形式"将是实体；但是，这同一个词 * 既指这个 [物质] 世界中的实体，又指在另一个 [理念] 世界中的实体，否则说有某物在那些 [特殊] 物体之外存在，说"一统率多"，是什么意思呢？而且，如果理念和分有它们的特殊事物具有同一的形式，那么将会有某种东西是它们所共同的；因为为什么"2"应当是在许多可变灭的 2 中的相同的一个呢？以及应当在许多个并且又是永恒的 2 中是相同的一个，但在 * "2 本身"中却不像在特殊的 2 之中那样是相同的一个呢？但是，如果它们不具有相同的形式，那么它们仅仅是名称相同罢了。这就像一个人 25

30

991ᵃ

5

① 参看 Z．1039ᵃ2，《驳诡辩》，178ᵇ36—179ᵃ10，以及柏拉图《巴门尼德篇》，132A，B，D—133A。

② 亦即数是相对的，先于"不确定的二"，柏拉图认为"不确定的二"是一个绝对的本原，是先于数的。

把"卡里亚"与一个木偶这两者都叫作"人",而没有考察他们之间的任何共同性。

人们首先要讨论的问题是:在这个世界上,"形式"对于可感觉的
10　事物,不论是对于那些 * 永恒的事物,还是对于那些有生成和消灭的事物,究竟贡献了什么?因为它们既不引起运动,也不引起在它们之中的任何变化。而且还有,它们一点也无助于我们认识其他事物(因为它们甚至不是这些事物的实体;如果是的话,它们就会是在这些事物之中),也无助于我们认识它们的存在,如果它们不在分有它们的那些特
15　殊事物之中的话。尽管如果假定它们是在其中的话,* 它们可以被认为是原因,就像白已进入白的事物的构成之中而引起该白色物体的白性(τὸ λευκὸν)。这个最先由阿那克萨哥拉,其后又由欧多克索(Εδοξο/Eudoxus)及其他人使用的这个论证,是非常容易坍塌的;因为并不难于收集到许多这样一种看法的不可克服的反对意见。

20　而且还有,* 在形式的任何通常的意义下,所有其他事物都不可能来自"形式",并且说它们是模式(παραδείγματα/Patterns)而其他事物分有它,这不过是说空话和诗的比喻而已(κενολογεῖν ἐστὶ καὶ μεταφορὰς λέγειν ποιητικάς)。按照这些理念来进行创造的到底是什么
25　呢?而任何事物或者是像、或者变得像另一个事物,无需从它加以复制,* 这样,无论苏格拉底存在还是不存在,一个像苏格拉底的人都可以产生出来;而且很显然,即使苏格拉底是永恒的,也可以是这样的。而且,同一个事物会有几个模式,因而有几个"形式";例如,"动
30　物"和"有两足的"以及"人本身"都将是人的"形式"。还有,"形式"不仅是可感觉的事物的 * 模式,而且也是"形式"本身,亦即种(τὸ
991ᵇ　γένος),作为各种不同的属的种(ὡς γένος εἰδῶν)的模式,因此,同一个事物就将是模式,同时又是 * 复制品。

还有,实体和具有该实体的东西应当分离地存在着,这好像是不可能的;因此,理念怎么能够作为事物的实体而分离地存在呢?在《斐多篇》中,这个状况是以这种方式陈述的:"形式"同时是存在和生成的

原因，然而当"形式"存在时，* 那分有它的事物还没有进入存在，除 5
非有某个东西产生运动；而且，还有许多事物进入存在（例如，一座房
子或一枚指环），我们说还没有它们的形式。因此，很显然，所有其他
事物由于与我们刚才提到的产生那些事物同样的原因，都既可以存在，
也可以产生出来。

还有，如果"形式"是数，那么它们怎么能是原因呢？* 是因为存 10
在的事物是另外的数吗，例如，一个数是人，而另一个数是苏格拉底，
另一个数是卡里亚吗？那么为什么一组数是另一组数的原因呢？甚至当
前者是永恒的而后者不是［永恒的］，也不会造成任何差别。但是，如
果在这个可感觉世界的事物（例如和谐的音乐［ἡ συμφωνία]）是数的
比例，那么显然使其成为比例的那些事物也是某一类的事物。这样，如
果有这个某事物，* 亦即质料，那么很明显这些数本身也将是某个事物 15
对别的某个事物的比例。例如卡里亚是一个火、土、水和气之间的数的
比例，那么他的理念也将是某些其他基质的数；而人本身无论在一种意
义上是数，或者不是数，将仍然是某种事物的 * 一个数的比例，而不是 20
一个数，基于这些理由，任何理念都将不是一个数。

还有，从许多数中产生出一个数来，但是一个"形式"怎么能够来
自许多"形式"呢？而且如果这个数不是来自许多数本身，而是来自它
们之中的单位，例如在 10000 中的单位，那么它是怎样与这些单位发生
关系的呢？如果它们按特性都是相同的，许多荒谬的结果就会随之而
来；而如果它们都不是 * 相同的（既不是单位在一个数之中本身彼此相 25
似，也不是它们在全都相似的其他数中），结果也是如此。因为它们都
是没有性质的，它们会在什么方面不同呢？这不是一个似乎有理的看
法，也不是与我们对这个问题的思想相一致的。

再有，他们必须设置一个第二类的数（算术与之打交道）和有的思
想家称之为"中间体"（τὰ μεταξὺ）的所有对象，而这些［东西］怎样存在，
或者从什么 * 本原能得出它们呢？或者它们为什么必须是这个可感觉世 30
界的事物和"诸事物本身"之间的"中间体"呢？

992ª 再有，在 2 之中的单位，每一个都必须来自一个 * 在先的 "2"（προτέρας δυάδος）；但这是不可能的。

再有，为什么加在一起的数，是一［个数］呢？

还有，在已经说过的以外，如果单位都是不一样的，那么就应当像那些主张有四个或两个元素的人处理元素一样地谈论单位；因为这些

5　　思想家中的每一个并不把 * 元素的名称给予那共同的东西，例如物体（τὸ σῶμα），而只给予火和土，无论有还是没有某个对他们共同的东西，即物体。但是现在事实上把 "一" 作为像火和水一样的同质的东西（ὁμοιομεροῦς）来谈论。但是，如果是这样的话，数就不会是实体①。很明显，如果有一个 "一本身"（ἓν αὐτὸ）而它是本原的话，那么 "一"

10　　就是多种意义上被使用的了；* 因为否则这个理论就是不可能的了。

当我们希望把实体还原为本原时，我们说线来自短和长，即来自一种小和大，而面来自宽和窄，体来自深和浅。然而，面怎么能包含

15　　线，或者体怎么能包含线和面呢？* 因为宽和窄是与深和浅不同的类。因此，正如数不呈现在这些之中，因为多和少是不同于这些的，显然，没有别的较高的类会出现于较低的类之中。但是，还有，宽并不是包含深的一个属，否则体就将会是面的一个种了。② 再有，从什么原理

20　　可以引出点 * 出现于它们之中呢？柏拉图甚至常常反对这类事物，视之为几何学的意见（γεωμετρικῷ δόγματι）。他承认线的本原（ἀρχὴν γραμμῆς）——并且他经常设置它，即不可分的线）但是这些［线］必须有个限度；因此关于线的存在的论证，也证明了点的存在。

25　　一般说来，尽管智慧寻求 * 可感知事物的原因，我们却忽视了这个问题（因为对于变化得以开始的原因，我们什么也没有说），但是当我们想象我们是在陈述可感知事物的实体时，我们却断定了另一类实体的存在，而我们关于把它们作为可感知的事物的实体存在的方式的讨论则

---

① 即它不过是普通数学上的数而已，参看 M．1081ª5—123。
② 关于992ª10—19，参看 M．1085ª9—19。

是空谈，因为，如我们在前面说过的，①"分有"意味着什么都不是。

"形式"与我们看作 * 是在知识中的原因也没有任何联系，而全部 　30
心灵和全部自然是通过这些原因来工作的。② 我们断定这个原因是一个
第一原理。对于现在的有些人③，哲学成了数学，尽管他们承认数学是
为了别的目的而加以研究的。

* 再有，人们可能把他们已经当作物质基质的实体也当作是数学　992ᵇ
的，而且是作为实体的（亦即质料的）谓语和属差，而不是质料本身；
我是指"大和小"，像自然 * 哲学家所说的稀疏与密集一样，被看作是　5
基质的首要属差；因为这些都是一种过度和不足。至于运动，如果大和
小都是在运动，那么显然"形式"也会被推动；但是，如果它们不是［在
运动］，那么，运动从何而来？因为［如果没有原因］，整个关于自然
的研究就被摧毁了。

而且被认为是容易的事——* 表明所有事物都是一——也没有做　10
到；因为用显示例证的方法（ἐκθέσει）④ 所证明了的不是所有事物都是
一，而是有一个"一本身"，如果我们承认所有假设的话。如若我们不
承认普遍是一个属，甚至这个也得不出来；而在有的场合，它不能是这
样的。

它也不能解释那跟随数而来的线、面和体怎样地存在或 * 能够存　15
在，或者它们有什么意义，因为这些既不能是"形式"（因为它们不是
数），也不是"中间体"（因为那些都是数学的对象），也不是可消灭的
事物，显然这是一个不同的第四类。⑤

一般说来，如果我们寻求存在的事物的元素，而不区别说事物存在
的许多意义，那么我们就不能找到它们；特别是 * 用这种方法来研究事　20
物由之构成的元素的性质时更是如此。因为那肯定不可能发现"作用"、

---

① 991ᵃ20—22。
② 即指目的因。参看本书第 4 章。
③ 或系指斯彪西波，参看 Z.2,1028ᵇ22。
④ 对这个柏拉图的方法，参看 Z.1031ᵇ21,M.1086ᵇ9,N.1090ᵃ17。
⑤ 参看 M.1080ᵇ23—30,1085ᵃ7—9。

"被作用"或"直"是由什么造成的。如果这毕竟能够发现这种元素的话，那就仅仅是实体的元素，因此寻求所有存在事物的元素，或者认为有人已经找到了它们，都是不正确的。

25   我们怎么能够知道所有的事物的元素呢？*很明显，没有什么预先具有的在先的知识。因为当一个人学习几何学的时候，尽管他在以前可能知道其他的事情，但不知道这门知识处理的任何事情，而这些正是他要学习的；在所有其他的情况下也是如此。因此，如果有一门关于所有

30 事物的知识，如像有的人断定其存在那样，*那么，那个学习它的人在以前将不知道关于它的任何事情。然而，所有学问都借助于前提，它们或者全部或者一些都是我们以前已经知道了的——这不论用证明的方法还是用定义的方法来进行学习［都是如此］，因为定义的因素必定是以前已知道的并且是熟悉的；用归纳的方法来学习其进程也是相似的。并

993ᵃ 且还有，*如果这门知识确实是内在（于我们）的，那么我们竟然不觉察我们拥有这门最伟大的知识就是奇怪的了。

再有，人们怎么得以认识那构成所有事物的东西，以及怎么使这一点成为明白无误的呢？这也提出了一个困难；因为可能有相反的意见，

5 *正像有关某些音节一样，有人说 Zα 是由 б、δ 和 α 构成的，而另一些人则说，它是一个不同的音，与那些都不相似。

还有，我们怎么能够知道一个感觉的对象而不具有相关的感觉呢？然而，这应当是可能的，如果所有事物由元素构成，就像复合的音由其

10 适当的元素构成而*这些元素都是一样的话。

第十章

*这样，很明显，从以前的思想家已经说过的，所有人似乎都在寻求在《物理学》中描述过的那些原因①，而且在它们之外我们提不出任何其他原因。然而他们仅仅模糊地认识到它们，而且尽管在一种意义上，它们全都在以前被说过，但在另一种意义上，它们根本就没有被说过。因为最早的哲学在所有问题上*像一个口齿不清的人说话，因为它还年轻，还处于它的开端之时。恩培多克勒甚至说骨头是由于其中的比例而存在，②比例就是事物的本质和实体。但是同样必然的是肉和所有*其他东西也必定是比例，否则就根本不成其为一个东西 (ἢ μηδὲ ἕν)；因为正是由于它的缘故，而不是由于质料之故，肉、骨头以及其他别的事物才会存在。这质料他称之为火、土、水和气，如果别的什么人这样说，他必然会同意，但是他自己并没有清楚地陈述。

关于这些问题，我们的看法在前面已经解释过了。*让我们列举关于这同样的一些问题可能会出现的困难，因为它们对于随之而来的困难，也许会提供一些帮助。

993ᵃ11

15

20

25

---

① 参看《物理学》，II.3,7。
② 参看残篇 (第尔士辑) 96,98。

第二卷（a）

第一章

99330

993ᵃ30 　　＊关于真理的探索，在一种意义上是困难的，在另一种意义上又是

993ᵇ 容易的。表现这一点的事实是：没有一个人能够做到这一点，＊而另一

方面我们全体则不会失败，而是每一个人对于事物的本性能说出某些真

理。当一个人对于真理的贡献极少甚至没有时，通过所有人的联合则积

5 累了相当大数量的真理。因此，由于真理像谚语中所说的：＊"谁会弄错

门呢？"① （τίς ἂν θύρας ἁμάρτοι），这样，它又是容易的。但是，我们拥

有整体而不能掌握部分的情况则表明它的困难。

　　也许正如困难有两类，当前困难的原因不在事实中而在我们之中。

10 因为正像＊蝙蝠的眼睛对于白天的光辉一样，我们心灵中的理性对于事

物也是如此。这些事物在本性上是非常明显的。

　　正由于这样，我们应当不仅感谢那些我们可以同意其看法的人，

也要感谢那些表达了比较肤浅看法的人，因为这些人对于发展在我们

15 之前的思想的力量也贡献了某些东西。＊真的，如果没有提摩特俄斯

（Τιμόθεος/Timotheus），我们就会没有许多抒情诗；但是如果没有费吕尼

斯（Φρῦνις），就不会产生提摩特俄斯。对于那些表达了对于真理的看

---

① 参看卢伊奇（Leutsch）和施莱德温（Schneidewin）编：《希腊谚语》Ⅱ.678。

法的人们，也同样地可以这样说，因为我们从一些思想家那里继承了某些意见，而这些思想家又得归功于前人。

＊哲学应当叫作真理的知识，这也是对的。因为理论知识的目的是真理，而实践知识的目的是活动（因为即使为了实践活动的人考虑到事物是怎样的，但他们并不研究永恒的东西，而只研究那相对的东西和在当前的东西）。但是离开原因我们就不知道真理；而且一个事物，如果由于它的缘故，一种性质也属于其他事物，那么这个事物就在较高的程度上具有＊这种性质（例如，火是事物中最热的，因为它是所有其他事物的热的原因）。所以那引出真理之为真的东西就是最真的。因此，永恒事物的原理必定永远是最真的（因为它们不仅仅有时是真的，也没有任何它们存在的原因，＊而是它们自身就是其他事物存在的原因）。所以正如每个事物都是与存在有关的，它也是与真理有关的。

20

25

30

第二章

　　　* 但是显然有一个第一本原,而且事物的原因既不是一个无限的系列,也不是在种类上无限地变化的。因为 ⁽¹⁾ 一个事物不能从另一个事

5　物,如质料,无穷地进展(例如,肉从土生,土从气生,气从火生,*如此等等而无终止)。运动的源泉也不能形成一个无终端的系列(例如,气作用于人,太阳作用于气,争斗作用于太阳①,如此等等而无限度)。同样,终极因(τò ἕνεκα)也不能无穷地进展,散步是为了健康,健康

10　是为了快乐,快乐是为了 * 某个个别的东西,而一个事物总是为了另一个事物。在本质的场合也是同样的。因为在"中间体"的场合,它有一个在后的东西和一个在先的东西,在先的必然是在后的原因。因为如果说我们必须说这三个之中哪一个是原因,我们应当说是 [次序上] 第一

15　个,肯定不是 * 最后一个。因为最后的不是什么原因,甚至也不是中间的一个,因为它仅仅是一个东西的原因(究竟是一个中介还是多个,是无限的或有限的,并没有什么差别)。但是,对于在这种方式下的无限系列而言,以及一般地就无限而言,直到当前的所有部分都一样是中介;所以,如果没有第一个,那么也就根本没有原因。

---

　　① 指恩培多克勒的见解。

也不能有 * 无限地向下的进展，即在向上的方向有一个开端，所以 20
水应当来自火，土来自水，这样永远有某种其他种类的东西被产生出
来。因为一个事物来自另一事物有两种方式——"来自"不是"后于"
的意思（如像我们说在伊斯特米赛会 [Ἰσθμία] 后，来了奥林匹克赛
会 [Ὀλύμπια]），而是（1）如人来自小孩，即由于小孩的变化；或者 25
[2] 如气来自水。*"如人来自小孩"，我们的意思是："像那个已经成为
存在的东西来自那正在变为存在的东西，或那已经完成的来自那正在力
图达到的。"（因为正如变成是处于存在和非存在之间的，所以那正在变
成的永远处于已是和不是之间；因为学习者是正在获得知识的人，而这
就是我们所说 *"从一个学习者那里，正在造就一个有知识的人"的意 30
思。）另一方面，来自另一个事物，如水来自气，包含着另一个事物消
灭的意思。这就是为什么前者的变化是不可逆转的，一个小孩不是来自
一个 [成年] 人的（因为那正在变成的事物，不是 * 来自生成，而是那 994ᵇ
正在变成的过程之后存在的事物，正是这样白天来自早晨——就它在早
晨之后到来的意思；因而早晨不能来自白天）。但是后一种的变化是可
逆转的。但是在这两种情况下，进展都不能是无限的。因为在前一类，
作为中介的 * 一定得有一个终结，而在后一类变化中，中介相互转变为 5
对方，两者中任何一个的消灭就是另一个的产生。

同时，那永恒的第一原因也不可能被摧毁；因为朝上方向的生成过
程不是无限的。那第一个事物，由于它的消灭而有某物生成的事物，必
定是非永恒的。

还有，一个事物的终极因是一个目的（τέλος），而且这一类目的不
是为了别的东西，* 而是每一个别事物为了这类目的的缘故而存在；所 10
以，如果有一个这样的终极的东西，那么这个过程就将不是无限的；但
是如果没有一个这样的东西，那么就会没有终极因。然而，那些主张无
限系列的人没有察觉到他们摧毁了善的本性（然而一个人如果不是将要
达到一个限度，他就不会试图做任何的事情），而且在这个世界上也没
有理性可言了，* 因为一个有理性的人总是为了某个事物的缘故而行动 15

41

的，而这就是一个限度，因为目的就是限度。

再有，本质也不能还原为另一个在表达上更充分的定义。因为原来的定义是一个更合适的定义而后者则不是，并且在一个系列中，如果第一个不合适的话，那么随后的也 * 不会合适。

还有，那些那样说的人摧毁了知识，因为一直到人们达到不可分析的东西之前，他们是不能知道任何东西的，因而知识也就成为不可能的了；因为一个人怎么能认识那些在这种方式中是无限的东西呢？因为这不同于线的情况，线的可分性是没有终止的。但是如果我们不作出一个停顿的话，我们就不能思考它（由于这个原因，* 一个检查无限地可分的线的人不能计算他的线段）。但是必须承认在变动的事物中的质料。再有，没有什么东西能够无限地存在；而如果它能够的话，那么那个作为无限地存在的东西就不是无限的。

还有，如果原因的种类在数目上是无限的话，那么知识也将是不可能的；因为我们认为我们知道，* 只是在我们确定了所有原因的时候，而那由于增加而是无限的东西，在一个有限的时间内，是不能完全涉及的。

第三章

* 讲课在一个听者那里产生的效果取决于他的习惯；因为 * 我们要
求我们习惯的语言，而与之不同的东西似乎就不协调，并且由于不熟
悉，从而是某种不可理会的和陌生的东西。因为凡是习惯的就是可以领
会的。习惯的力量由法律表现出来，由于习惯，法律中的传奇的和 * 幼 5
稚的因素压倒了我们关于它们的知识。于是，有些人不听一个讲演人
[的讲话]，除非他用数学的方法来讲，另一些人只有他举例才肯听，而
另一些人则希望他援引一个诗人来作证。还有些人希望每一件事都做得
精确，而另一些人则厌烦精确性，这或者由于他们跟不上思想的联系，
* 或者由于他们把它看作繁琐无聊。因为精确性有某些这种性质的东 10
西，以致如像它在贸易中一样，有些人也认为它在论证中也是如此。因
此，一个人必须已经训练得知道如何采用每一种论证，因为要同时寻求
知识以及获得知识的方法，那是荒谬的；而且甚至获得这二者中的一种
也是不容易的。

* 数学的精确性并不是在所有场合都有要求的，而仅仅在事物不具 15
有质料的场合才需要。因此，它的方法并不是自然认识的方法；因为或
许整个自然界都有质料。因此我们必须首先研究什么是自然；因为这样

43

20　我们也将会看到自然认识处理的是什么，[以及它是否属于一门知识还是 * 属于更多的研究事物的原因和原理的知识]①。

---

① 括号中的这个句子，罗斯指出，有人认为也许是把 995ᵇ5—6 处文句误置此处的。

第三卷（B）

第一章

995ª24　　　* 对于我们探索的科学，我们必须 * 首先列举最先应当加以讨论的

25　　　问题。它包括某些人关于第一原理的其他主张，以及在它之外恰好被忽略了的任何东西。因为对于那些希望清除困难的人，好好地讨论这些难点是很有好处的；因为随后的思想的自由运用意味着从前的困难的解

30　　　决，而且要解开 * 一个不了解的结是不可能的。我们思想中的困难指向一个在对象中的"结"。因为就我们的思想处于困难的境地而言，就如人们被捆绑着的状况一样。在这两种情况下，向前行进都是不可能的。因此，人们应当研究面临的所有困难。这既是为了我们已经说过的目

35　　　的，也因为 * 人们进行研究而不首先陈述困难之所在，就像那些不知应当向何处去的人一样。此外，一个人甚至会不知道在一个给定的时间，

995ᵇ　　　* 他所寻求的是否已经找到了，因为一定的目的对这样的人来说是不明确的，然而它对于首先对困难加以讨论的人来说则是明确的。再有，曾经听到过所有争论的论辩的人（似乎他们就像是争辩的一方似的），在判断方面必定处于较好的地位。

5　　　　第一个问题 * 涉及我们在导论中讨论过的主题①，那就是：(1) 关

---

①　指四因问题。

于诸原因的研究属于一门科学还是属于更多门类的科学。（2）那样一门
科学究竟应当仅仅研究实体的第一原理呢？还是也研究所有人都根据它
来进行证明的那些原理呢？例如，在同一时间肯定和 * 否定同一事物是   10
否可能，以及所有其他这样的问题。（3）如果我们所说的科学处理实体
问题，是否一门科学处理所有的实体，还是不只一门科学；而如果有多
门科学，则是否全都相近，或者只有它们中的一些应当被称作是智慧，
而其他的则是别的什么东西。（4）这一点也是要讨论的，即是否只有可
感觉的实体应当被说成是存在的，* 还是除了它们之外的其他东西也是   15
存在的；并且这些其他的东西是一类实体还是几类实体，如像相信"形
式"以及相信居间于"形式"与感性事物之间的数学对象的那些人所
设想的那样。对于这些问题，正如我们所说，我们必须加以研究。还
有（5）我们的研究是否仅仅关于实体还是关于 * 实体的本质属性。还   20
有，关于同和异，相似和不相似以及相反，关于在先和在后以及所有其
他这样的 ［词项］（辩证法家试图研究它们，但仅仅从一般承认的意见
［ἐκ τῶν ἐνδοξων]) 来研究——* 深入研究所有这些 ［词项］ 是谁的任   25
务呢？ 还有，我们必须讨论这些东西本身的本质属性；而且我们不仅必
须询问它们中的每一个是什么，也要问是否每一个事物总有一个相反者
（ἐναντίον)。再者，（6）本原和事物的元素是种呢，还是呈现在每一事
物中的部分，事物就被划分成这些部分。（7）如果它们是种，它们是最
接近于表述个体呢，* 还是最高的种，例如"动物"或"人"是本原，   30
而且更加独立于其他的个别事物。（8）我们必须研究和特别讨论，在质
料之外，有没有任何事物是在它自身中的原因，和它能不能分离存在，
以及它在数目上是一还是多，以及是否有某个脱离 * 具体事物的东西   35
（具体事物我指的是质料以及某种表述它的东西），还是没有什么分离的
东西；或者在某些情况下有某种分离的东西，而在别的情况下则没有，
以及这些东西的情况是什么种类的。还有（9）* 我们要问：本原在定义   996ᵃ
中的本原和在基质中的本原是在数目上还是在种类上是受限制的。（10）
可消亡的事物与不可消亡的事物的本原究竟是同样的还是不同的，究竟

47

是所有［本原］都是不可消亡的，还是那些可消亡的事物的本原是可消

5　亡的。还有（11）有一个＊最令人困惑的问题，一和存在到底像毕达哥
拉斯和柏拉图所说：不是别的某事物的属性而是存在的事物的实体，还
是情况并非如此，而是基质是别的某种东西——如恩培多克勒所说的，
是爱；或如别的人所说的，是火；而另外的人则说是水和气。再有（12）

10　我们要问这些本原＊是一般呢，还是像个别事物呢？　（13）它们是潜在
地存在呢？还是现实地存在呢（καὶ δυνάμει ἢ ἐνεργείᾳ）？进一步说，
它们是否在不同于与运动有关的任何其他的意义上是潜在的或现实的。
因为这些问题也会提出许多困难。还有（14），数、线、形和点是一类
实体呢，还是不是实体；并且，如果它们是实体，那么它们＊是与感性

15　事物分离的呢，还是呈现在感性事物之中呢？关于这些问题，不仅拥有
真理是困难的，就是很好地说明这些困难也是不容易的。

第二章

* （1）首先关于我们第一个提到的问题，即研究所有种类的原因属于一门科学还是更多门类的科学。* 如果诸原理不是相反者，它们怎样能属于同一门研究它的科学呢？

再有，有许多事物并非所有的原理都呈现于其中。一个变化的原理或善的本性怎么能存在于不变化的事物中呢？因为每一个事物在它本身或者由于它的本性是善的就是一个目的，* 而且是在这个意义上的一个原因，即由于它的缘故其他事物得以生成并存在，并且因为一个目的或目标是某种活动的目的，而所有的活动蕴含变化。这样在不变的事物的场合这个原理就不能存在，也不能有一个善本身。这就是为什么在数学中借助于这类原因不能证明什么，* 也没有"因为它较好，或者较坏"这类的证明，的确没有人考虑这类的证明。因为这个缘故，有些智者，例如亚里斯提卜（Ἀρίστιππος/Aristippus）经常嘲笑数学家。因为［他主张］在技艺中，甚至在低贱的手工技艺中（καὶ ταῖς βαναύσοις），例如在木工和鞋匠中，经常提出的理由就是 *"因为它较好或较坏"，但数学知识不考虑善和恶。

* 但是如果有几门关于原因的科学，而且不同的一门科学相对于每一不同的原因，那么这些科学中的哪一门应当被称为我们所寻求的那门

996ª18

20

25

30

35

996ᵇ

49

科学呢？或者拥有这些知识的人中的哪些人具有我们所说的对象的最贴
切的知识呢？＊同一事物可能有所有种类的原因，如一座房子的动因是
技艺或建筑者，目的因是它实现的功能，质料是土和石，而形式是定
义。从我们以前对这个问题（即哪一门科学应称为智慧呢？）的讨论来
判断有理由把这名称应用于它们中的每一个，＊因为就其是最具统治性
和最有权威的（ἀρχικωτάτη καὶ ἡγεμονικωτάτη），而其他科学犹如奴
隶一般甚至不可以与之相抵触而言，目的和善的科学是最具有智慧的本
性的（因为其他事物都是为了这个目的）。但是就其被描述为处理第一
原因并且它是在最高意义上可知的而言，实体的科学必定具有智慧的本
性。因为人们可以＊在许多方式中认识同样的事物，我们说，那通过一
个事物是什么而认知一个事物的人，比通过它不是什么而认知它的人知
道得更多些；而在前一种情况下，那个人知道得比别的人更多些，而知
道得最充分的人是知道那个事物是什么的人，而不是那个知道它的量或
质或由于其自然本性而能产生什么作用或遭受（ἀλλ᾽ οὐ τὸν πόσον ἢ
ποῖον ἢ τί ποιεῖν ἢ πάσχειν πέφυκεν）的人。并且在所有其他场合，我
们也认为每一个事物的知识，也只有当我们知道＊那个事物是什么时，
才会获得。例如把矩形变为正方形是什么，那就是求出其［比例］中
项。① （ὅτι μέσης εὕρεσις）。在所有其他场合也与此相似。而且，当我
们知道运动的源泉时，我们就知道了生成与作用以及关于每一个变化，
而这是与目的不同并且是与目的相反对的。＊因而分别研究这种种原因
似乎属于不同的科学。

再有（2）关于证明的原理。它们是一门科学的对象还是许多门科
学的对象，这也是一个有争论的问题（我说的证明的原理指的是共同的
意见，所有人都从它们出发进行证明）；例如，每一事物都必须加以肯
定或否定，以及＊一个事物不能同时既存在又不存在，以及所有其他这
样的前提。问题就是：是否由同一门科学来处理它们以及实体，还是由

---

① 例如矩形边长分别为 4 和 9，则此中项 x 为，4：x＝x：9，因此，x＝6。

两门科学来处理它们呢？而且，如果不是一门科学，这两门中的哪一门科学是我们现在所寻求的呢？说这些题材应当是一门科学的对象是不合理的；因为研究这些［原理］为什么特别适合于几何学或任何其他一门 35 科学呢？＊同样，如果这个研究适合于任何一门科学而不能属于所有的 997ª 科学，＊那么，理解这些原理，对于研究实体的科学说来就并不比对于任何其他一门科学有什么特别之处。同时，以什么方式能有一门关于第一原因的科学呢？因为我们现在知道它们中的每一门［科学］是什么 ＊（至少其他科学把它们作为熟悉的东西来使用）；但是如果有一门证明 5 的科学来处理它们，那就必定有一个在下的种类，而且它们中有一些必定是可证明的属性，而另一些是公理（因为不能对它们的全部都加以证明）；因为证明必须从某些前提开始，并且是关于某一主题及证明某些属性。＊因此就得出了：所有能加以证明的属性必定属于一个单个的类， 10 因为所有证明的科学都使用公理。

但是，如果关于实体的科学与处理公理的科学是不同的，那么，按本性来说，它们之中的哪一门是更加有权威性的和在先的呢？公理是最一般的并且是所有事物的原理，那么关于研究它们什么是真，什么是不真的任务，如果不是哲学家的工作，应该是谁的工作呢？

（3）＊一般说来，所有实体是归属于一门科学呢，还是归属于一门 15 以上的科学呢？如果是后者，那么，这门科学指向哪一类实体呢？另一方面，一门科学应当处理一切事物，那是不合理的；因为如果是那样的话，就会有一门证明科学处理所有的属性了。因为每一门证明的科学＊ 20 都是从共同的意见出发来研究有关的某个主题的本质属性，因此，从一组意见出发来研究一类事物的本质属性是一门科学的任务。因为主题属于一门科学，而诸前提也属于一门科学，不论是相同的一门还是另外的一门；所以，属性也是如此，不论它们是由这些门科学来研究，还是由这些科学组成的一门科学来研究。

25　　　(5)①*还有，我们的研究是仅仅处理实体呢，还是处理它们的属性呢？我的意思是，例如，如果体是一个实体，而且线和面也是，那么认识这些东西，以及认识这些东西的每一个的属性（数学科学对这些属性

30　提供证明），是同一门科学的任务呢，还是*不同的科学的任务呢？如果是同一门科学，那么实体的科学必须是一门证明的科学；但是人们认为没有对事物本质的证明。而如果是不同的科学，那么研究实体的属性的科学将会是什么呢？这是一个非常困难的问题。

35　　　(4) 还有，我们必须说只有可感觉的实体是存在的呢，还是*在它
997ᵇ　们之外还有其他的实体呢？并且，诸实体是一类呢，*或是如像那些断定"形式"以及居间者存在的人所说的，事实上有几类实体呢？他们说数学科学处理居间者。我们说"形式"既是原因又是根据它们自身（καθ' ἑαυτὰς）的实体是什么意思，这已经在我第一次谈到它们时解

5　释过了。②*然而这个理论在许多方面出现困难。最为悖谬的是这样一个陈述：在物质世界的那些事物之外，还有某些事物，而且除了它们是永恒的，而感性事物是可坏灭的之外，这些事物与感性事物是一样的。因为他们没有作出进一步的规定而说有一个人本身、马本身与健康本

10　身，*——这一种手法，像人们说有神，但是具有人的形状他们提出的不是什么别的东西，而仅仅是永恒的人，[柏拉图主义者]也不过把"形式"弄成永恒的可感觉的事物罢了。

　　　还有，如果我们要提出在"形式"和可感觉的事物之外的、处于它们之间的居间者，我们将有许多困难。因为很明显，按照同样的原理，

15　会在线本身和*可感觉的线之外还有线，而对于每一类其他事物也是如此。所以，由于天文学也是这些数学科学中的一种，那么也就有在可感觉的天之外的一个天了，以及在可感觉的太阳和月亮之外的一个太阳和一个月亮了（对于其他天体也是如此）。但是，我们怎样一定相信这些

---

　　①　这里括号中的数字系根据本卷第一章列举问题时的数字，故在 (3) 之后，叙述了 (5) 而非 (4)。

　　②　参看 A.6,9。

52

呢？至于设想这样的一个物体不能动，那是不合理的，但是设想它运动
* 则又是完全不可能的。关于光学的对象与数学对于和声的处理也是如 20
此，由于同样的理由，它们也不能在可感觉的事物之外存在。因为如果
介于"形式"和个体之间有可感觉的事物和感觉，那么显然也将有动物
介于动物本身及可坏灭的动物之间了。*——我们也可以提出这个问题： 25
就哪一类存在的事物，我们必须寻求这些居间者的科学呢？如果几何学
与丈量的区别仅仅在于后者处理我们感知到的事物，而前者处理不可感
知的事物，那么显然，也将有不同于医学的一门科学介于医学本身及 * 30
这个个别医学科学之间了。对于其他科学中的每一门也都如此。然而，
这怎么是可能的呢？也还会有健康的事物介于可以感觉的健康的事物与
健康本身之间。同时，这也不是真的：丈量学是处理可感觉的和可坏灭
的大小量；因为当这些［大小量］消失时，它也将消失。

　　* 但另一方面，天文学既不能处理可感觉的大小，也不能处理在我 35
们上面的天，因为可 * 感觉的线都不是像几何学家所说的那样的线（因 998ᵃ
为没有可感觉的事物是像几何家所定义的"直"或"圆"那样的直或
圆；因为一个圆箍接触一条直边并非在一个点上，而是像普罗塔哥拉在
他驳斥几何学家时所说的那样［接触的]）①。* 在天空中的运动和圆形 5
的轨道（ἕλικες）也不是像天文学家所处理的那样；几何学上的点也不
具有与实际的星星的同样的本性。现在有些人说这些所谓的在"形式"
与可感觉事物之间的居间者，不是离开可感觉事物而存在，而是存在
于这些可感觉事物之中；这个观点的不可能的后果 * 将会被列举出很长 10
的一串，但是只要考虑以下的各点就够了：说只有在这些居间者的场合
才是如此，这是不合理的，但很显然，"形式"也可以是在可感觉的事
物之中；因为这两个陈述都是同一理论的应用。再有，从这个理论会得
出：在同一地点有两个立体物（δύο στερεὰ/two solids），并且居间者也 15
并非不动，* 因为它们是在运动着的可感觉的事物之中。而且一般说来，

---

① 可能见于他的著作：《论数学科学》（περί τῶν Μαθημάτων），参看第欧根尼·拉
　尔修Ⅸ.55。

为了什么目的人们要设想它们的确存在，但又存在于可感觉的事物之中呢？因为从我们已经说过的会得出同样悖谬的结果，会在这个天之外有一个天，只是它不是分离开的，而是就在相同的地点，而这依然是更加不可能的。

第三章

    *（6）为了获得真理，不仅关于这些问题应当采取什么看法是很困998ª20
难的，而且在关于本原的问题上也是如此，究竟我们应当设定种还是
每一特殊事物的原初的组成部分，是存在的事物的真实的元素和本原
（στοιχεῖα καὶ ἀρχὰς）呢？例如，清晰的声音包含的原初部分被认为是清
晰声音的元素和本原，*而不认为共同的种——清晰的声音［是本原］；25
并且我们也把"元素"这个名称给予那样一些几何命题，其呈现蕴含在
对其他［几何命题］的证明（或者全部或者大部）之中。还有，那些说
有形体事物有几种元素的人和那些说只有一种元素的人，都说物体由以
组成的部分是本原；*例如恩培多克勒说，火、水以及其余的都是元素，30
它呈现在事物之中，而且事物由之构成，但他并没有说它们是事物的
种。除此之外，*如果我们要检验别的任何事物的本性，我们就检验它998ᵇ
的部分，例如，检验一张床包含的诸部分以及它们如何被弄在一起，然
后我们就认识了它的本性。

    那么，从这些论证来判断，事物的本原不是种；但是如果我们从每
一事物*的定义来认识它们，而种是定义的本原或起点，那么，种必定5
也是可定义的事物的本原。并且如果获得属（εἰδῶν/Species）的知识（事
物根据它而得名）就是获得事物的知识，那么种至少是属的起点。还有

55

10　那些 * 把一和存在，或者大和小叫作是事物的元素的人，似乎把它们当作种来对待。

　　但是，不能同时在这两种方式中来描述这些本原，因为本质的公式是一个，而用种作出定义将不同于那对一个事物的组成部分的陈述。

15　　　（7）除此之外，即使种在最高程度上是本原，* 那么人们应当把最先的种当作本原呢，还是把那最后的［直接］表述个体的种当作本原呢？这也有争论。因为如果普遍总是更具有本原的本性，那么，很显然，最高的种就是本原；因为它们表述所有的事物，于是就将有与原初的种一
20　样多的事物的本原，* 所以存在和一将是本原和实体；因为这些最能表述所有存在着的事物。但是，不论是存在还是一都不可能成为事物的单一的种；因为任何种的差异必定每一个都既具有存在又具有一，但对于
25　种来说，抛开它的属（* 对于属来说，抛开它的种也是一样）来表述它的特别的差异，这是不可能的；所以，如果存在或一是一个种，那么没有差异会是存在或者是一。但是，如果一和存在都不是种，那么如果种是本原的话，它们就都不会是本原了。再有，那些居间的种类（差别是包含在它们的本性之中的），根据这个理论，将会是种，一直下降到不
30　可分的种。* 但在实际上，有些被认为是种，而其他的则不被认为是种。此外，差异甚至比种更加是本原；而且如果这些［差异］也都是本原，
999ª　那么在实际上就会得出一个无限数目的本原，特别是如果我们假定那 * 最初的种是一个本原的话。——但是还有，如果一更具有本原的本性的话，而那不可分的东西就是一；不可分的东西或者是在量的方面，或者
5　是在属的方面，并且那在属的方面不可分的是在先的，而种是可划分为属的 *（因为"人"不是个别人的种），那直接表述个体的将会更加是一。——再说，在有"在先"和"在后"的差别呈现于其中的那些事物的场合，那能表述这些事物的，不能是某种与它们分离的东西。（例如，如果二是数目的第一个，那就不会有一个与这类数相分离的"数"，与此相似，也不会有一个与 * 这类形状相分离的"形状"；而如果这类事
10　物的种不与属相分离而存在，其他事物的种也难于是这样的；因为特别

56

是这类事物的种被认为是存在的。）但在个体的事物中，一个并非在先，而另一个也并非在后。再说，在一个东西较好而另一个东西较坏的场合，较好的总是在先的，所以，对于这种场合也没有种能够存在。

　　从这些考虑出发，* 于是那表述个体的属比起种来似乎更像是本原。　15
但是再有，不容易说在什么意义上这些都被当作本原。因为本原或原因必须与它成为其本原的事物一起存在，而且必须能够与它们相分离而存在。但是，由于什么理由我们应当假定任何那样的东西与个别事物 * 一　20
起存在呢，除了它们普遍地表述一切之外？但是，如果说这就是理由，即更加普遍的事物必须被假设为更具有本原的本性，那么最初的种就会是本原。

第四章

＊（8）有一个与这些相联系的困难，＊是最为困难和最有必要加以检验的，现在等待着我们去加以讨论。从一个方面说，如果没有离开个别的事物的东西，而且个别事物在数目上是无限的，那么从无限事物中得到知识怎么是可能的呢？因为我们得以认识的所有事物，是就其具有某种同一性（ἕν τι καὶ ταὐτόν），以及就它们具有某种普遍的属性，我们才得以认识。

30 但是，如果这是必然的，＊而且必定有某种东西离开个别事物，那么"种"离开个别事物而存在就将是必然的了，——或者是最低的种或者是最高的种，但是我们通过刚才的讨论，发现这是不可能的。

再说，如果我们在最充分的意义上承认某种东西离开具体事物而存在，那么每当某种东西表述质料时，如果有某种分离的东西存在，则必定有某种东西分离地存在于个别的事物的每一类之外，或者分离地存在于某一些＊（而不是另外一些）之外，或者不存在于任何个别事物之外吗？（A）如果没有东西分离地存在于个别事物之外，那么就将没有思想的对象，而所有事物都将是感觉的对象，并且将没有任何事物的知识，除非我们说感觉就是知识。还有，没有什么事物是永恒的和不动的，因为所有可感觉的事物＊都消亡并且都处于运动之中。但是如果

999ᵇ

5

58

没有事物是永恒的，那就也不能有生成；因为必定有某种产生出来的东西，以及某种从它产生出来的东西，而这个系列的终极项不能是产生出来的，因为这个系列有一个限度，而且由于没有东西能从乌有中（ἐκ μὴ ὄντος）① 产生出来。还有，如果生成和运动存在着，那也必定有一个限度；＊因为没有运动是无限的，而是每一运动有一终结，那不能完成它的生成的，就不能是在生成的过程之中；而那已经完成了它的生成的，必定在它一旦生成时就存在了。还有，由于质料存在，因为它不是产生出来的，那么，实体（质料在任何时候都在变成为它的东西）应当存在，就是更加合理的了。因为如果实体或质料都不存在，＊那么就根本没有什么东西会存在了，并且由于这是不可能的，就必定有某种在具体事物之外的东西，亦即形状或形式（τὴν μορφὴν καὶ τὸ εἶδος）。

但是其次，如果我们作这个假设，那就很难说我们在什么场合假设它，而在什么场合不假设它。因为显然不可能在所有场合都作这个假设；我们不能假设在许多特殊的房屋之外有一座［抽象的或一般的］＊房屋，——此外，所有个别东西的实体，例如所有人的实体，将会是一吗？这是荒谬的。因为所有实体为一的事物都是一。但是难道它［实体］是多和异吗？这也是不合理的。——在同一时间，质料怎么成为每一个体呢，而且具体事物怎么是这两个［元素构成的］呢？②

（9）再有，人们可能会提出以下的也是有关本原的问题，＊如果它们仅仅在种类上是一，那么没有什么东西在数目上是一了，甚至一本身和存在本身（αὐτὸ τὸ ἓν καὶ τὸ ὄν）也不是一。而且如果对于一整类个别事物没有某种共同的东西的话，认识怎么会存在呢？

但是如果它们在数目上是一，而每一个本原都是一，而不像感性事物那样在不同事例中都是不同的（例如，一个给定的音节＊在种类上总是相同的，它的本原在种类上也是相同的，但它们在数目上是不同的）——如果不是这样的，而是事物的本原在数目上是一，那么就没有

10

15

20

25

30

---

① 即不存在的东西，译作"乌有"，更切近古希腊文的表达，可资参考。
② "两个元素"在这里是指"质料"和"形式"。

别的什么在元素之外的东西（因为"在数目上是一"和"个别"在意义上没有差别；* 因为"在数目上是一"——这正是我们用"个别"表示的意义，而用"普遍"表示那表述个别的东西）。因此，如果语言的元素在数目上是有限的，那么世界上的所有文献都将局限于这些元素，因为不会有两个或更多的相同的 [字母]。

（10）* 有一个困难与现在的哲学家以及他们的先驱者未曾加以考察的任何困难一样重大——可消亡的事物的本原与不可消亡的事物的本原究竟是同样的还是不同的。如果它们是同样的，那么，怎么会有些事物是可消亡的而另一些事物是不可消亡的呢？而且是什么道理呢？赫西阿德与所有神学家们 * 仅仅思考一些对他们自己貌似有理的东西，而与我们毫不相干。因为当其断言本原是神和由神而生时，他们说那些未尝过神浆仙食（τοῦ νέκταρος καὶ τῆς ἀμβροσίας）的存在物成了有死的，显然，他们是在使用他们自己熟悉的话，然而，他们关于 * 这些原因的应用所说的那些话，是超乎我们的理解的。因为如果神为了他们的欢愉而尝了神浆仙食，那么这些根本不是他们存在的原因；而且如果他们品尝它们来保持他们的存在的话，那么那需要食物的神怎么能是永恒的呢？——但是，对于神话学者们的那些微妙之处，* 不值得我们去加以严肃的研究。然而对那些对于其陈述提供证明的人，我们必须加以仔细的检验，并且追问到底为什么那由相同元素构成的事物，有些在本性上是永恒的，而另一些又是消亡的。因为这些哲学家没有提到原因，而且事物应该像他们所说的那样，是不合理的，因而很显然，事物的本原或原因不能是同样的。即使人们会设想 * 最为前后一致地谈论问题的人——恩培多克勒，也犯了同样的错误；因为他主张争斗是引起毁坏的本原，然而甚至争斗似乎也同样产生除了"一"之外的每一样东西；因为除了神（ὁ θεός）之外的所有事物都从争斗而产生，至少他说过：

所有曾经是，现在是和今后将会是的一切——

* 树木，男人和女人，都由它得以长成，

> 还有野兽、飞禽和以水为生的鱼，
> 以及享有长寿的众神。

这个含义即使抛开这些语词也是明显的；* 因为如果争斗不曾呈现在事 1000ᵇ
物中，在他看来，所有事物都将是一；因为当它们聚集在一起时，"于
是争斗站在了最外边"。由此，根据他的理论也会得出：最受祝福的神，
比所有其他的东西更少聪明；因为他不知道 * 所有的元素，因为在他之 5
中没有争斗，而知识是由相同的得到相同的。他说：

> 由于土，我们看到土，由于水，我们看到水，
> 由以太而知如神的以太，由火而知消耗着的火，
> 由爱而知爱，并由朦胧的争斗而知争斗。

　　但是，至少这一点是明显的——而且这是我们的出发点——* 根据 10
他的理论就得出争斗也是存在的原因，正如它是毁灭的原因一样。相似
地，友爱不专是存在的原因；因为在把事物聚集为一时，它就摧毁了所
有其他的事物。并且，与此同时，恩培多克勒在事物由于本性是如此之
外，没有提到变化本身的原因。

> 但是当争斗最后在球体的边缘变大时，
> * 并且当时间已到了它跳出来确定它的权利时， 15
> 那是依次地由强大的誓言为它们确定的。

这意味着变化是必然的，但是他未表明这个必然的原因。但是直到这时只
有他是前后一贯地谈论问题，因为他并没有让有些事物是可坏灭的而另
一些事物是不可坏灭的，而是 * 使除了元素以外的一切事物都是可以坏 20
灭的。我们现在正谈论的困难是：如果所有事物都是由相同的本原构成
的，那么，为什么有些事物是可坏灭的，而其他的事物不是可坏灭的呢？

关于本原不能是相同的事实的证明，就说这么多。但是如果有不同的本原，一个困难是：这些本原是否也将是不坏灭的还是可坏灭的？因为如果它们是可坏灭的，那么显然地，* 它们也必定是由某些元素构成的（因为所有坏灭的事物，其坏灭乃由于分解为构成它们的元素所致）；所以，可以得出：还有其他的本原先于这些本原。但是，这是不可能的，无论这个过程有一个限度还是进展直到无限。还有，可坏灭的事物将怎样存在呢，如果它们的本原都被废除了的话？但是，如果这些本原是不可坏灭的，那么，为什么由某些不可坏灭的本原构成的事物会是可坏灭的，* 而由其他的不可坏灭的本原构成的另一些事物则是不可坏灭的呢？这不是合理的，但或是不可能的，或是需要大量证明的。还有，甚至没有人试图主张不同的本原；* 他们都主张对于所有事物的相同本原。但是他们咽下了我们首先加以陈述的困难，如像把它当作某种微不足道的东西。

(11) 在一切之中最为艰难，而且 * 对于真理的知识来说又是最必需的研究是：存在和一（τὸ ὂν καὶ τὸ ἓν）是不是事物的实体，并且是否它们中的每一个不是别的任何东西，而相应地是存在或一，还是我们必须研究什么是存在和一，这意味着它们具有某种其他的潜在的本性。因为有人认为它们是前者，其他的人则认为它们有后者的性质。柏拉图 * 和毕达哥拉斯派认为存在和一不是什么别的东西，而是它们的本性，它们的本质存在恰恰是统一和存在。但是自然哲学家们采取一条不同的路线；例如恩培多克勒通过把它还原为某种更加可知的东西来解释一是什么；因为他似乎会说它是爱（τὴν φιλίαν）；* 至少这是所有事物成其为一的原因。另外的人说，事物由以构成并由它造成的这个一和存在是火，而另有人说它是气。一种相似的看法由那使元素多于一的人表达出来；因为他们也必定说一和存在恰恰是他们叫作本原的所有东西。

（A）* 如果我们不假定一和存在是实体，那么就会得出：没有其他的共相是实体；因为这些都是一切之中的最普遍的东西，而如果没有一

本身或存在本身，那么在任何其他场合，很难有任何东西分离地存在于
被叫作个别的东西之外。还有，如果一不是实体，＊那么显然数也将不
会作为一个实体与个别事物相分离而存在；因为数是单位，而单位恰恰
是某种一。　25

　　但是（B）如果有一个一本身和有一个存在本身，一和存在必定是
它们的实体；因为不是别的某种东西而恰恰是一和存在普遍地表述那是
存在和是一的事物。但是，如果有＊一个存在本身和一个一本身，那么　30
在看待怎么在这些东西之外会有别的任何东西时，有许多困难。——我
的意思是，事物怎么会在数目上多于一。因为那不同于存在的东西是不
存在的，所以必然得出：根据巴门尼德的论证，所有存在的事物是一，
而这就是存在。

　　＊对于这两种观点都有反驳。因为无论一不是实体还是有一个一本　1001ᵇ
身，数都不能是实体。我们已经说过，如果一不是实体，为什么会得出
这个结果；而且如果它是实体，那么同样的困难，像关于存在曾出现过
的困难一样，也会出现。＊因为在一本身之外，有另外一个一，是从何　5
而来的呢？它必定是非一；但是所有事物或者是一或者是多，而且多的
每一个也是一。

　　还有，如果一本身是不可分的，根据芝诺（Ζήνων/Zeno）的设定，
它将是虚无。因为那个当其增加并不使一个事物变大、减去也不使一个
事物变小的东西，他断定它就不具有存在。＊显然，假定无论什么具有　10
存在的东西，就有一个空间的大小，而且如果它有大小，它就是有形体
的；因为有形体的东西在每一度中都存在，而其他的数学对象，例如一
个面或一条线，在一种方式下，增加会使它所加入的东西增长，而在另
一种方式下则并不如此；并且一个点或一个单位根本就不能使之增加。
但是，因为他的理论是粗糙的，而一个不可分的事物能够存在于那样一
种方式中，以至于有理由辩护甚至反对他＊（因为不可分的东西，当其　15
增加时会使数目——尽管不是体积——变大），然而一个大小怎么能够从
一个或多个那样的不可分的东西进展呢？这就像说线是由点构成的一样。

20　　　但是，即使人们假定情况是那样的，* 正如有些人所说数从一本身和某种别的不是一的东西进展而来，然而我们必须研究为什么和怎么样，那产物有时是数，有时又是大小，如果非一在两种情况下都是不相

25　等的和有同样的本性的话。为什么大小既可以从一和这个本原，也可以从 * 某个数和这个本原产生出来呢，这也是不明显的。

第五章

*（14）与这些相联系的一个问题是：数和体、面与点是一种实体呢， 1001^b26
还是不是实体？如果它们不是，那么关于什么是存在和什么是事物的实
体会使我们感到困惑。因为性质、运动、*关系、配置和比例，不像是 30
指任何事物的实体；因为它们全都是表述一个主项的，都不是一个"这
个"。而且关于那最像是可以标志实体的事物，水、土、火和气——*它 1002^a
们构成组合物体，而热和冷以及像这类的东西，都是这些事物的性质而
不是实体，并且只有具有这些性质的物体作为某种真实的东西和作为实
体保持着。但是，另一方面，这个"体"肯定比面更少实体性，*而面 5
比线更少，线比单位或点更少。因为体是受这些限制的，而且它们被看
作能够没有体而存在，但体则不可能没有这些而存在。这就是为什么许
多早先的哲学家认为实体和存在等同于体，而所有其他事物都是*这个 10
的性质，所以体的本原是存在的本原。而较近时期的和被认为更加聪明
的人认为数是本原。于是，正如我们说过的，如果这些不是实体的话，
就根本没有实体和存在了；因为这些的偶性不能正确地被叫作存在物。

但是，如果承认线和点比体更加是实体，但除非我们看到这些能属
于什么种类的体（因为它们不能在可感觉的物体中），就仍然会没有实
体。还有，这些显然都是体的解析部分（διαιρέσεις）——一个是在宽 15

65

20 度方面，* 另一个是在深度方面，再一个是在长度方面，——除此之外，每一种方式同等地呈现于体中。所以，如果赫尔墨斯（Ἑρμῆς/Hermes）不在石头之中，立方体的一半也不在立方体中作为某种确定的东西，那么面也就不在它之中了；因为如果任何种类的面在它之中的话，那分出

25 立方体的一半的面也会是在它之中了。* 而且同样的考察适用于线，也适用于点和单位。因此，如果一方面体是最高程度的实体，而另一方面这些东西又是如此地比体更加是实体，但这些甚至连实体的实例都不是，那么，这就使我们在说存在是什么和事物的实体是什么时感到困惑。——因为除了已经说过的以外，关于生成和坏灭的问题，更加

30 自相悖谬地面对着我们。* 因为，如果实体以前是不存在的而现在存在着，或者以前存在而后来不存在，这个变化被认为伴随着一个生成和消亡的过程；但是，点、线和面尽管在一个时候存在而在另一个时候不存

1002ᵇ 在，都不能处于生成的过程中或在消亡的过程中。因为 * 当体变成相接或被分割时，它们的界限在一种场合立即成为一——当其接触时，而在另一场合成为二——当其被分割时；所以当把它们放在一起时，一个界限就不存在而是消逝了；而当它们被分割时，以前不存在的界限就存在

5 了（因为不能说不能分割的点被分割成了两个）。并且，如果界限变为存在 * 而又停止其存在，那么它们是从什么变为存在的呢？一个相似的考察也可给予时间中的现在；因为这也不能是在变为存在的过程中或者停止其为存在的过程中，然而它似乎总是不同的，这表明它不是一个实

10 体。很显然，这对于点、线和面也同样是真的；* 因为同样的论证也适用它们，因为它们在限制或划分方面都完全是相似的。

第六章

　　*一般说来，我们可以提出这个问题：在可感觉的事物与居间者之 1002ᵇ12
外，我们到底为什么必须寻求另外一种事物，即我们所设置的"形式"。
如果这是由于数学对象与*这个世界中的事物在某些其他方面不同，而 15
在同类中有许多在这个方面则并非完全不同，所以它们的本原在数目上
不能是有限制的（正如在这个感性世界中的所有语言的元素在数目上是
没有限制的，只是在种类上有限制，除非人们指的是这个个别的音节的
元素，*或这个个别的清晰的声音的元素，——它们的元素甚至在数目 20
上也将是有限制的。在居间者的场合也是如此，因为同类的成员在数目
上是无限的），所以，如果在可感觉对象和数学对象之外，没有像有些
人主张的"形式"那样的其他东西，那么就将没有数目上是一的实体，
而仅仅有在种类是一的实体，事物本原*在数目上也将不是限定的，而
仅仅在种类上是限定的。于是，如果情况必定是这样的，那么"形式" 25
也必定因此而被主张是存在的了。即使那些支持这个看法的人没有连贯
地表达它，这仍然是他们的意思，并且他们必定坚持"形式"正是由于
每一个"形式"都是一个实体而非出于偶然。

　　*但是，如果我们要假定"形式"存在以及本原在数目上（而不是 30
在种类上）是一，那么我们已经提出过：必然会得出不可能的结果。

（13）与此紧密相联的问题是：究竟元素是潜在的存在着（δυνάμει ἐστι τὰ στοιχεῖα）还是以某种其他状态存在着。如果处于某种其他方式中，那么就将有别的某种东西先于本原了；* 因为潜能先于现实的原因，而且对于每一个事物来说，潜能成为现实都不是必然的。——但是，如果元素潜在地存在着，那么现存的每一个事物应当是不存在的就是可能的了。因为即使那还没有存在的东西也是有能力成为存在的。* 但是所有那没有能力存在的不会成为存在的。

（12）我们不仅必须提出这些关于本原的问题，而且还要询问究竟它们是普遍的（καθόλου εἰσὶν）还是我们称之为个别的东西（τὰ καθ᾽ ἕκαστα）。如果他们是普遍的，那么它们将不是实体；因为所有是共同的（τῶν κοινῶν）东西，都不指出一个"这个"（τόδε τι）而是指出"这样的"（τοιόνδε）。但是实体是一个"这个"。并且，如果允许我们得出 * 一个共同的谓语是个"这个"和单个的事物的话，那么苏格拉底就将是几个动物了——他本人，"人"，"动物"，如果这些之中的每一个指出一个"这个"和一个单个事物的话。

于是，如果本原是普遍的，就会得出这些结果；如果它们不是普遍的，而具有个别的性质，那么它们就将不是可以认识的；* 因为任何东西的知识都是普遍的。因此，如果有任何关于本原的知识的话，那么必定有其他的先于它们的本原，亦即那些普遍地表述它们的本原。

1003ª

5

10

15

第四卷（Γ）

第一章

    * 有一门科学，它研究作为存在的存在（τò ὄν ἦ ὄν）以及由于它自己的本性而属于它的性质。这门科学不同于任何所谓的特殊科学；因为这些其他的科学中没有一门是一般地考察作为存在的存在。它们截取存

30   在的一部分，并研究 * 这个部分的属性，例如各门数学科学就是这样的。因为我们寻求诸本原及最高的原因，那么显然一定有某事物由于其本性而这些［本原及最高原因］归属于它。这样，如果那些寻求存在事物的元素的人正是在寻求这些同样的本原的话，那么，必然地 * 这些元素必定是存在的元素，而且不是由于偶然而恰恰因为它是存在。因此我们必须把握作为存在的存在的第一原因（τὰς πρώτας αἰτίας）。

第二章

　　*一个事物在许多意义上被说成"是"（"存在"（τὸ ὄν）），但所有 1003ᵃ33
的"是"，都关系到一个中心点、一类确定的事物，而不是模棱两可地
说的。所有是*健康的事物都关系到健康：一个在它保持健康的意义上， 35
另一个在它产生健康的意义上，另外一个在它是健康的表征的意义上，
再另外一个在它*能获得健康的意义上。而所有叫作医药的都与医药有 1003ᵇ
关（καὶ τὸ ἰατρικὸν πρὸς ἰατρικήν）：一个事物叫作医药的因为它拥有这
个医药技术，另一个则因为它自然地适合于它，再一个则因为它是医药
技术的功能。我们还会找到与这些字的使用类似的其他的字。*所以， 5
"存在"也在许多意义上被使用，但永远是与一个本原相关的；有些事
物被说成"存在"["是"]是由于它们是实体，另一些是因为它们是实
体的属性，再有一些是因为它们是朝向实体的过程，或者是实体的消解
或缺乏，或性质，或制造，或产生，或者是说与实体有关的事物，或者 10
是对*这些事物或实体本身的否定。因此，我们说非存在是非存在（διὸ
καὶ τὸ μὴ ὂν εἶναι μὴ ὂν φαμέν）。所以正如有一门科学与所有健康的事物
有关，所有其他场合也同样如此。因为不仅有一个共同概念的事物的场
合，研究属于同一门科学，而且对于有关一个共同本性的事物［也是如
此］，因为甚至这些事物在一种意义上*也有一个共同的概念。很明显， 15

71

研究作为存在的诸事物（τὰ ὄντα ᾗ ὄντα）也是一门科学的工作。但是在任何地方，科学都主要是处理那根本的、别的事物依靠它、而且由于它的缘故而得名的那个东西。于是，如果实体是这样的［根本的东西］，那么哲学家必须掌握的就将是实体的本原和原因。

20   对于每一类事物都有一种知觉，* 也有一门科学，例如语法是一门科学，它研究所有清晰的语音。因此，研究作为存在的存在的所有种类的科学在种上属于一门科学，而研究存在的某些种类则属于这门科学的特殊门类。

        这样，如果存在和一是同一的，而且是一个事物，这指的是：它们
25 互相蕴含就像本原和原因一样，而不是说它们由一个定义来解释*（尽管甚至我们假设它们是相同的，也不会有什么差别——事实上，这甚至会加强我们的论断）；因为"一个人"和"人"是相同的，"存在的人"和"人"以及这些词语的重复"一个人和一个存在的人"也是如此，并
30 不表示任何不同的东西（显然这两者是不分离的，无论在生成上还是 *在其毁灭上）。相似地，"一个存在的人"于"存在的人"并无增加什么事物，所以这是很明显的，即在这些词组上增添的词具有相同的含义，而"一"与"存在"并无不同；① 而且还有，如果每一事物的实体（在并非偶性的意义上）是"一"，而且同样的一个"存在"也是如此，则"存在"的种类恰好与"一"的种类一样多。* 至于研究这类的本质（我的
35
1004ᵃ 意思是，例如关于"相同"和"相似"以及其他的这类概念；粗略说来，*所有"相反者"［πάντα τὰναντία］都可还原为这个本原，但关于它们可以认为在"相反者选辑"中［ἐν τῇ ἐκλογῇ τῶν ἐναντίων］我们已经充分地研究过了②）是在属上是一的一门科学的工作。

---

① 罗斯认为，这个论证由于读法不同，而显得含混，似乎是说："存在"和"一"在特殊事物那里不是分割的；一个东西"存在"，而且它就是"一个"东西，因此它们并不分割开来。此说可供参考。

② 亚里士多德此处究竟所指为何不甚清楚，有人认为亚里士多德现存著作中无此文，罗斯认为可参看亚里士多德残篇，1478ᵇ35—1479ᵃ5, 1497ᵃ32—1498ᵇ43（见牛津本英译亚里士多德全集第 12 卷）。

有多少种类的实体就有多少哲学门类；所以它们中间一定有一个第
一哲学（τινα πρώτην）以及一门在它之后的哲学（καὶ ἑχομένην αὐτῶν）。
* 因为存在和一是立刻就分为各个种，因而各门科学都将相应于这些 5
种。"哲学家"[这个词] 在使用上也像"数学家"[这个词] 一样，因
为数学也有许多门类，在数学的领域中有一门第一的科学和一门第二的
科学以及其他的在它们之后相继出现的科学。①

研究对立（τὰντικείμενα）是一门科学的任务，* 而多是与一对立 10
的，——并且研究否定和缺失属于一门科学，因为在这两种场合我们都
是真的在研究一个事物，否定或缺失就是属于这个事物的（因为我们或
者简单地说它不出现，或者说它不出现于某一特殊的类，在后一种情
况下，差别完全出现于蕴含在否定中的东西，* 因为否定的意思正是我 15
们所说的事物的不出现，而在缺失的场合则有一个主体，缺失就是对
它的论断）。一的对立就是多，因而上面所提到的概念的相反者，即差
异、不相似、不相等和任何别的从这些或者从多和一中引出来的东西，
* 一定属于我上面所说的那门科学的范围。而"相反"（ἡ ἐναντιότης/ 20
Contrariety）就是这些概念之一；因为相反就是一种差别（διαφορὰ/Dif-
ference），而差别就是一种相异（ἑτερότης/Otherness）。因此，由于一个
事物在许多种意义下说成是一，这些词也将有许多意义，然而它们都属
于一门认识它们全部的科学；因为诸词项属于不同的科学，并非当它们
用于不同的意义，而是如果 * 它们的定义既不同一于也不相关于一个共 25
同的词项。并且由于每个事物都与那基源的（τὸ πρῶτον）相关，例如
所有被称为"一"的事物都与基源的"一"相关，我们必须承认这对于
同、异和相反也是真的。这样，我们必须首先区别每一个词项被使用的
不同意义，然后再把它们在每个场合的表述归属于那基源的东西，并看
它们如何与之相关；* 因为有的会从具有它引出它们的名称，有的则从 30
产生它，以及另外的由于相似的理由而引出它们的名称。

① 1004ª2—9 可看 B.995ª10—13,997ª15—25, E.1.

　　这就清楚地表明：它属于一门能够考察这些概念以及实体的科学（它曾是我们提出各种问题的那一卷①的问题之一），而且哲学家的职能就是 * 能够研究所有这些问题。因为如果它不是哲学家的职能，那么谁会研究"苏格拉底"和"坐着的苏格拉底"是否是一回事，或者究竟一个事物有没有一个相反者，或者这个相反者是什么，或者它有多少种意义。相似地，还有其他这类问题。* 因为这些都是一作为一，以及存在作为存在（而不是作为数，或线，或火）的本质的属性。显然，研究它是什么以及它的属性是属于这门科学的。那些研究这些属性的人，错误不在于来进行哲学思考，而在于忘记了实体是先于这些其他事物的。* 他们对于实体没有理解。因为正如作为数的数（ἀριθμοῦ ἦ ἀριθμὸς）有自己特殊的性质，例如奇和偶，可通约性与相等，超过和不足，而这些属于本身或属于它们相互的关系；与此相似，体以及无运动和在运动中，以及无重量和有重量的东西 * 有着其他的特殊性质。所以作为存在的存在也具有某种特殊的性质；正是关于这些东西，哲学家必须研究其真理。关于这一点的标志是：辩证法家和智者都具有和哲学家一样的外观。智者的学术（ἡ σοφιστική）仅仅是貌似智慧，而辩证法家 * 把一切事物都包容在他们的辩证谈论中，而存在是所有事物共同的，很明显，他们辩证地讨论它们，因为它们都是适合于哲学的。辩证法与诡辩术都是处理与哲学所处理的相同的一类事物，但是它［哲学］与前者的不同在于所需要的能力的性质上，而与后者的不同则在于 *［哲学］生活的目标上。辩证法把哲学能够认识的东西当作一种尝试；智者的学术则显得像［哲学］，但实际上不是。

　　再有，关于相反者的表中②，两栏中的一栏就是缺失（στέρησις），并且所有的相反者都可以还原为存在和非存在，还原为一和多，例如，静止属于一，运动属于多。并且几乎 * 所有人都同意存在和实体都是由相反者组成的；至少所有人都把他们的本原叫作相反者，有些人称之为

1004ᵇ

5

10

15

25

30

----

① 即 B.955ᵇ18—27，997ᵃ25—34。
② 参看 A.996ᵃ23。

奇和偶 ①，有些人称之为冷和热 ②，有些人称之为有限与无限 ③，有些人称之为爱与斗 ④。并且所有其他的事物明显地也都可以还原为一和多 *（我们必须承认这个还原 ⑤），而其他思想家陈述的本原都完全归属于这些而作为它们的种。于是，从这些考虑看，考察作为存在的存在，也很明显是属于一门科学。因为所有事物都或者是相反者，或者是由相反者组成的，而且一和多即是所有相反者的本质。* 这些都属于一门科学，不论它们有没有一个共同的意义。也许真实的情况是它们没有；然而即使"一"有几种意义，其他意义也将是相关于其基源的意义的（而且在相反者的场合也相似），即使存在或一不是一个共相，而且在每一事例中也是如此，或者不是与特殊事例 * 相分离的（它也许不是；一在有些场合是关于一，在有些场合是先后相继的一）。正是由于这个理由，研究什么是相反或完全性，或者一、或者存在、或者同或异，就不是几何学家的任务，他们只是预先设定这些并由这个出发点来进行推论。因而很显然研究作为存在的存在以及它固有的属性就是一门科学的任务，而且这同一门科学将 * 不仅研究实体，也研究它们的属性，包括上面说过的那些以及"在先"和"在后"，"种"和"属"，"整体"和"部分"，以及其他这一类的概念。⑥

1005ᵃ

5

10

15

---

① 指毕达哥拉斯派。

② 指巴门尼德。

③ 指柏拉图主义者。

④ 指恩培多克勒。

⑤ 参看亚里士多德残篇 1478ᵇ36—1479ᵃ5。

⑥ 关于 1003ᵇ21—1005ᵃ18，参看 B.995ᵇ15—27,997ᵃ25—34,整个这一章参看 K.3。

第三章

我们必须说明，既研究＊数学中所谓的公理，也研究实体，究竟属于同一门科学还是属于不同的科学。显然对于这些的研究也属于一门科学，即哲学家的科学；因为它们适用于所有存在的事物而不是适用于一个与其他事物分离开的，区别于其余事物的特殊的类。所有人都使用它们，因为它们对于作为存在的存在以及具有存在的每个种都是真的。＊

25 但是人们使用它只是就它满足其目的的需要，就是说他们的证明对于它涉及的种而言。因此，由于这些［真理］显然对于作为存在的所有事物都适用（因为这对于它们是共同的），那么研究这些事物也是研究作为存在的存在的人的任务。而由于这个缘故没有一个＊探索特殊部分研究

30 的人试图对这些真理的真或假说点什么——不论他是几何学家还是算术学家。许多自然哲学家的确曾经这样做，他们这样做是合理的；因为他们认为只有他们是研究关于整个自然和存在的。但是，由于有一类思

1005ᵇ 想家甚至超过自然哲学家（因为自然界仅仅是存在的一个种），＊对于这些真理的讨论，也属于研究共相和基本实体（πρώτην οὐσίαν）的人。物理学也是智慧的一种，但它不是最先的一种。至于一些人对于应该承认的真理也来讨论，则是由于他们缺乏分析的教导（ἀπαιδευσίαν τῶν

76

ἀναλυτικῶν）①；他们在从事一项特殊的研究时，* 应当已经知道了它们，　5
而不要在学习它们时就来进行研究。因而很明显，研究所有实体的本性
的哲学家，也必须研究三段论式（συλλογιστικὸς）。

　　但是，最知道每一类事物的人，必须能够陈述他的论题的最确定的
原理。* 所以最知道作为存在的存在的事物的人，也必须能够陈述所有　10
事物的最确定的原理。这就是哲学家。而所有事物的最确定的原理就是
关于它不会发生错误的原理；因为那样的原理必须是最可知的（因为所
有的人对于他们不知道的事物就可能出错），又是非假设性的。* 因为　15
每一个懂得任何存在的事物的人必须具有的原理，都不是一个假设；而
每一个知道任何事物的人必须知道的东西，必定是他已经拥有的东西。
显然，这样的一个原理就是所有原理中最确定的。这是哪个原理呢？让
我们接着来讨论。它就是：同一个属性不能在同一时间既属于又不 * 属　20
于同一对象并且是在同一个方面；我们必须事先假定任何可能进一步增
加的规定，以防止逻辑上的困难。这是所有原理中最确定的，因为它符
合于已经说过的定义的要求。因为对于任何人来说都不可能相信同一事
物既存在又不存在，* 如某些人认为赫拉克利特所说的。一个人所说的，　25
他并不必然地相信；如果相反者不可能在同一时间属于同一对象（通常
的规定也必须被附加在这个前提上），而且如果与另一个意见相矛盾的
意见，就是与那个意见相反的，那么显然，对于同一个人来说，在同一
时间 * 相信同一事物既存在又不存在就是不可能的了；如果一个人在这　30
一点上是错误的，那他就会在同一时间有相反的意见了。正是由于这个
理由，所有进行证明的人都把它归结到这一点作为终极的信念。因为即
使对于所有其他公理来说，这都自然是一个出发点。

---

① "分析"即指逻辑，"分析的教导"即为"逻辑的训练"。

第四章

1005^b35

1006^a

5

10

15

* 正如我们说过的，有些人他们自己断定 * 同一事物既存在又不存在是可能的，并且说，人们能设想情况是这样的。^① 甚至许多论自然的人都采取这个学说。但是我们已经设定任何事物同时存在又不存在是不可能的，并由此我们表明了 * 这是所有原理中最确定的。的确，有的人期望这一点也要加以证明，但这是由于他们缺乏教育，因为不知道什么事情应当期望加以证明，而什么事情则不应当期望证明。这表明缺乏教育，因为对任何事情都要绝对地加以证明是不可能的（这会是一个无限倒退，因而也就仍然没有证明）。* 但是，如果有些事情是人们不应当要求证明的，那么，这些人就不能说出什么他们坚持的原理比现在这个原理更为明白的了。

然而，我们甚至能够否定地证明这个看法是不可能的，只要我们的论敌作出某个陈述。如果他不作任何陈述，那么要寻求一个论证来反对一个没有他自己关于任何事物的任何论证的人（就他没有任何［论证］而言），那就是可笑的了。这样一个人 * 简直不过是一块木头罢了。我说否定地证明以区别于证明，因为如果有人要证明［这个原理］那就显

---

① 可能是指墨加拉派。

78

得是窃题了。但如果别的人提出这个主张，那么就将有反证（ἔλεγχος）
而不是证明（ἀπόδειξις）。所有这样的论证的出发点，不是要求我们的
论敌说某物是 * 或不是（因为这也许会被认为是窃题），而是要他说一
点对他自己和别人是有意义的东西；因为如果他真的说了关于任何的事   20
物的话，那么这就会是必然的。如果他说的任何意义都没有，那么这样
一个人就没有能力进行推论，不论是和他自己还是对其他的人。任何人
只要承认这一点，那么证明就是可能的，因为我们会有某些 * 确定的东   25
西。然而，引起这个证明的，不是进行证明的人而是期望证明的人。因
为谁废除了论证，谁就期望论证。再有，谁如果承认了这一点，谁就承
认了某些与证明不同的事物是真的。[所以并非任何事物会是"既如此
又不如此"的。]①

现在，首先无论如何这一点是真的：*"存在"和"非存在"这种语   30
词具有确定的意义，所以并非任何事物会是"如此又不如此"的。② 再
有，如果"人"有一个意义，让它是"两足动物"；所谓"有一个意义"，
我的意思是这样的：如果"人"的意思是 X，那么如有任何事物 [A]
是一个人，那么，X 就意味着 A"作为人"的东西。即使"人"被说成
有几种意义，也不会造成什么差别，* 只要它们的数目是有限的；因为   1006ᵇ
人们可以使用不同的词于不同的定义。例如，我们可以说人不只有一种
意义，而是有几种意义，其中之一会是一个定义，即"两足动物"，同
时还能有几个其他的定义，只要它们在数目上是有限的；* 因为一个特   5
殊名词可被用于这些定义的每一个。然而如果它们不是有限的，而人们
说这个字有无限数目的意义，那么显然思考是不可能的；因为不具有一
个意义就是不具有意义，而如果一个字不具有意义，那么我们与其他人
之间的交谈，以及严格说来我们自身的思考都将化为乌有了；* 因为如   10
果我们不思考一个事物而思考任何事物那是不可能的；但如果这是可能
的，那么一个名称就可应用于这个事物。

---

① 据 Laurentianus 古抄本增补。
② 关于这个问题，参看柏拉图：《泰阿泰德篇》，183A。

正如我们开始时说过的，^① 让我们假定这个名词有意义，那么"作为人"和"不是作为人"具有相同意义就是不可能的，就是说，如果"人"不仅表示一个主体的某种东西，* 而且也具有一种意义（因为我们并不把"有一种意义"与"表示一个主体的某种东西"加以等同，因为按那样的假设，甚至"有教养的"、"白的"和"人"就会具有一个意义，这样一切事物都将是一了；因为它们全都有相同的名字［同义词］)。

同一个事物既存在又不存在是不可能的，除非是由于一种模棱两可的同名（ὁμωνυμίαν），正如我们把一个人叫作"人"，* 而其他的人把他叫作"非人"；但问题不在于一个事物能否同时在名称上既是"人"又不是"人"，而在于在事实上能否如此。如果"人"与"非人"的意思没有差别，那么显然，"不是一个人"与"是一个人"的意思就没有差别；所以"是一个人"* 就是"不是一个人"了，因为它们是一个东西。因为"作为一个"的意思就是这样，比如"长袍"和"外衣"，它们的定义是一个。并且，如果"是一个人"和"是一个非人"是一回事，那么它们将会有同样的意义。但是前面^②已表明它们的意义是不同的。因此，如果说到任何东西是一个人而这是真的，那么它必定是一个两足的动物 *，因为这是人的意义所在。而如果这是必然如此的话，那在同一时间、同一事物应当"不是"一个"两足动物"就是不可能的了；因为"是必然如此"的意思是：不可能不如此。这样，说在同一时间、同一事物既是又不是人，就不能是真的。

同样的 * 讨论对于"不是一个人"也是成立的，因为"是人"和"是非人"具有不同意义，甚至"是白的"和"是人"也都是不同的；前者^③的对立更强，意义就更不同。如果有人说 *"白"也意味着是同样的事物^④并且是一个事物，那么，我们还会说我们在前面已说过的

---

① 即 1006^a31。
② 1006^b11—15。
③ 指"是人"与"是非人"。
④ 即"白"与"人"是同样的事物。

话①：这将导致所有事物都是一，而不仅仅是对立的东西如此。但是如果这是不可能的，那么就得出我们坚持的主张，如果我们的论敌回答我们的问题的话。但是，如果问的问题是简单的，而他的回答却附加上否定的东西，那他就不是 * 在回答问题。因为没有什么东西阻止同一事物既是一个人，又是白的，又是无数其他的事物。然而如果一个人问：说"这是一个人"究竟是真的还是不是真的，回答应当是指一件事，而不要加上"它也是白的和大的"。因为除了别的理由外，要列举 * 在数目上无限的偶然属性（τὰ συμβεβηκότα）也是不可能的；那就让他列举出全部或者一个也不列举吧。因此，相似地，即使是同一事物上万次地是"人"又是"非人"，他也不应当在回答它究竟是不是人的问题时，加上它在同一时间也是"非人"，除非他也注定要加上所有其他偶然属性，所有那个主体是或不是的东西。而如果 * 有人这样做，那么他就不是在进行讨论。

一般说来，这样说的人，抛掉了实体和本质（οὐσίαν καὶ τὸ τί ἠν εἶναι），因为他们必须说所有属性都是偶性，而没有像"本质上是人"或"动物"那样的东西。因为如果有任何这样的"本质上是人"的东西，这就会不是"是非人"或"不是人"了 *（这些都是它的否定）；因为它意味着一种东西，这就是某事物的实体，而指出一个事物的实体的意思，就是这个事物的本质不是别的什么东西。但是，如果它在本质上是人，与本质上是非人，或本质上不是人是相同的，那么它的本质将是别的什么东西。因此，他们必然会说 * 不会有什么东西会有这样的定义，而是所有属性都是偶性。实体和偶性是有区别的——"白色"是人的偶性，因为尽管他是白的，但白并不是他的本质。如果说所有陈述都是偶性，那么就会没有什么它们作出陈述的第一的东西（τὸ πρωτον）了，并且如果 * 偶性永远表示那表述主体的（καθ' ὑποκειμένου）某种东西的话，* 那么这就必然会无限地进行下去。但这是不可能的，因为甚至

10

15

20

25

30

35

1007ᵇ

---

① 1006ᵇ17。

没有两个以上的［偶性］可以联结起来，因为(1) 一个偶性不是另一个偶性的偶性，除非它们两者是同一个事物的偶性。我的意思是，例如，那个白色的［人］是有教养的，而后者是白色的，* 仅仅因为这两者都是那一个人的偶性。但是（2）"苏格拉底是有教养的"却不是这样的意思（即两个词项都是某个别的东西的偶性）。由于有些谓语是这种意义下的偶性，有些谓语是那种意义下的，（a）那些在后一种意义下的偶性，即白色是苏格拉底的偶性，不能在向上的方向①形成一个无限的系列，例如，白色的苏格拉底就不会有 * 另外的某个偶性，因为从它们②的总和中不会产生出一个［偶性］来。再有（b）"白色的"也不会有另一个相对于它的偶性，例如"有教养的"。因为这并非它的偶性，反之亦然。与此同时我们区别了在这种意义上述说的偶性以及在另一种意义上述说的偶性，如"有教养的"对于苏格拉底是偶性这样的意义；而 * 偶性是相对于一个偶性的偶性，不是在这后一类的场合，而仅仅是在另外一类的场合，所以，并非所有词项都被说成是偶性。这样，一定有一些是指称实体的。如果是这样的话，那么已经表明：矛盾的东西是不能在同一时间表述［相同主体的］。

再有，如果所有矛盾的陈述在同一时间对于同一［主词］都是真的，那么显然 * 所有事物都将是一。因为同一事物将是一艘三层列桨战船（τριήρης/Trireme），一座墙和一个人，如果对于每一个事物肯定和否定任何东西都是可能的话（这是那些主张普罗塔哥拉学说的人必然要得出的）。如果任何人认为这人不是一艘三层列桨战船，显然他不是一艘三层列桨战船；而他又是一艘三层列桨战船，如果像他们说的那样，* 矛盾的陈述都是真的话。的确，这就得出了阿那克萨哥拉的学说，即所有事物都混合在一起；所以没有事物真的存在。他们似乎是在说不确定的东西（τὸ ἀόριστον），而且当其想象他们自己在谈论存在时，他们是在谈论非存在；因为那是潜在的，而不是完全实在的东西，因而也就

---

① 因为谓语一般比主词宽泛。"向上的方向"，指对于谓语的谓语。

② "它们"指"白色的"和"苏格拉底"。

是不确定的。但的确他们必须承认 * 任何谓语对于任何主语的肯定和否定。假如每个词项应由它的否定来表述它，而某个别的东西的否定（并不能表述它）不应表述它，那就是荒谬的了；例如，假若说"一个人不是一个人"是真的，那么显然"他是三层列桨战船或不是一艘三层列桨战船"① 也是真的。这样，如果肯定的能够表述，那么肯定的 ② 必定也可以表述；* 而如果肯定的不可表述，那么否定的至少 * 将比主词本身的否定更加可以表述。这样，如果甚至后面一个的否定的 ［词］③ 是可以表述的，那么"三层列桨战船"的否定将也是可以表述的；并且，如果这是可表述的，那么肯定的 ［词］④ 也将如此。

这样，那些坚持这个看法的人被逼到这个结论，而且甚至被逼到更进一步的结论，即没有必要断定或否认。如果"是人又 * 不是人"是真的，那么显然"既不是人又不是非人"也是真的了。对于两个断定，就有两个否定来回答，如果把前者当作由两部分构成的单一 ［命题］，则后者也就被当作与前者对立的单一的 ［命题］ 了。

再有，这个理论到底是应用于所有的场合，而同一事物既是白的又不是白的，既存在又不存在，以及所有其他断定与 * 否定都相似地相互兼容，还是这个理论只对有些陈述是真的而不适用于其他的呢？如果不是对于所有陈述适用，那么就将承认有某些例外；但如果它适用于所有场合，那么再一次地或者（1）每当肯定真时，否定亦真，每当否定真时，肯定亦真，或者（2）每当肯定真时，否定亦真，* 但当否定真时，肯定将并非全是真的。并且（a）在后面这后一种情况下，将会有某些事物确实的不是，而这将是一个可靠的信念；而如果非存在是无可争辩的和可知的，那么相反的断定将是更加可知的了。但是（b）如果同样可能也对所有的可以否定的加以肯定，那么一个人就必定或者分别地说它们是

右侧页边标注：
30
35
1008ᵃ
5
10
15

---

① 此处"是三层列桨战船或"（ἢ τριήρης ἢ）在不少古抄中均未见。
② 指"三层列桨战船"。
③ 指前面所说"主词本身的否定"。
④ 指"三层列桨战船"。

20 真的，例如说它 * 是白的，又说它不是白的，或者说它们不是真的。并且如果（i）分别地说它们不是真的，那么我们的对手就没有说出他要说的，因而也就没有什么东西存在了；但那不存在的东西怎么能说话和走路呢？① 按照这个看法，所有的事物也将是一，正如我们已经说过的，② 而人、神和三层列桨战船 * 以及与它们矛盾的东西都将是一样的了。因为如果矛盾的东西同样地适用于每一事物，那么每一事物就会与另一事物无区别了；因为如果一个事物是有区别的，它就会是真实的和独特的。并且，同样地（ii）即使可以分别地作出真的陈述，我们上面说过的也会发生。再有，还会得出：所有的都是真的并且所有的都是假的；而且我们

30 的论敌本身 * 也承认他所说的是假的了。与此同时，很明显，与他讨论简直等于零，因为他什么也没有说。因为他既没有说"是"，也没有说"不是"，而是说"是和不是"；而且还有，他还否定这两者而说"既不是也不不是"，否则的话，我们就会已经有某些确定的东西了。

35
1008ᵇ 　　再有，如果肯定 * 是真的时，否定就是假的。而当后者是真的时，肯定就是假的，在同一时间对同一事物加以确认和 * 否认不会是真的，而这可以说是问题的根本之点。

　　再有，是不是那个假定一个事物存在或者不存在的人错了，而那个假定这两者③的人是对的呢？如果他是对的，那么说存在的事物的本性

5 是如此这般会是什么意思呢？ * 而如果他是不对的，而那持另一种看法的人是比较对的，④ 那么实在就立即具有确定的性质了，并且这将是真

---

① 此处颇为复杂和费解。H. 特里德尼克对此有一脚注可参考："如果有人坚持只能说'A 是 B 和非 B'，那么（1）他将与他作出的每一陈述相矛盾；（2）他必须说存在的就是不存在的，因此无物存在，以致他自身也不存在；但是他怎么能说话和走路呢，如果他根本不存在的话？"

② 1006ᵇ17，1007ᵃ6。

③ 即假定一事物既存在又不存在"这两者"。

④ 本处原文为"εἰδὲμὴληθεύει, ἀλλὰμαλλονάληθείει ἢ ὁ ἐκείνως ὑπολαμβάνων"，意为"如果他是不对的，但比持前一种意见的人更对些，"与下文联系似不可解。根据不少古抄本，此处的 ἢ 系衍文，应省去，则意为"如果他是不对的，但持前一种意见的人是比较对的"，则与下文文意一致。

的，而不是同时又不是真的。但是如果两种看法都同样地既是错的又是对的，那么处于这种状况下的人既不能说话也不能说可以理解的东西；因为他同时既说"是"*又说"不是"。而如果他不作任何判断，仅仅只是同样地"思考"和"不思考"，那么他和木头有什么差别呢？ 10

因此，这是具有最高程度的明显性的，即，既不会有人坚持这种看法，也不会有任何别的人真正地处于这种地位。否则的话，*为什么当一 15 个人想到他应当作一次旅行时，他就走向麦加拉（Μέγαρ）而不停留在那里呢？为什么他不在某一天早上走进一个水井或深谷呢？如果他在路上碰上了它们的话；相反，他会清楚地警惕不这样做。这就表明他并不认为掉下去是同样的好和不好。显然，他设想一个是较好的而另一个是较不好的。并且如果是这样的话，他必定也设想一个事物是人，另一事物不是人；*一事物是甜的，而另一个是不甜的。因为他并不同样地对待和设 20 想一切事物。当他想到最好是喝水或看一个人时，他就寻求这些事物；如果同一事物同样的是人又不是人，那么他就应当无区别地对待一切事物了。但是正如已经说过的，没有一个人不是*明显地避开某些事物而并 25 不是避开另一些事物。因此似乎每个人都有简单明了的了解。如果不是关于所有事物的，至少是关于什么是较好的和较坏的。并且如果这不是知识而是由于意见，那么他们对于真理会更加渴望，正像一个生病的人应当比健康的人更加渴望他的健康一样；*因为那具有意见的人与具有知 30 识的人比较起来，就其与真理的关系来说，他不是处于一种健康的状态。

再有，无论有多少事物可能是"如此又不如此"，但是在事物的本性中有或多和或少［的差异］。因为我们不应当说 2 和 3 同样是偶数，* 35 设想 4 是 5，与设想它是 1000 同样是错误的。这样，如果它们不是同等［程度］的错误，显然一个错得少些因而就对得多些。如果*具有某 1009ᵃ 事物的更多本性的就是更接近这个某事物的，那么必定有某个真理，对它是更真的就是离它较近的，而且即使没有［这某个真理］，还是已经有某些更确定更真实的东西，我们将抛弃那些不可靠的学说，它会妨碍我们在思想中的*确定性。 5

85

第五章

*普罗塔哥拉的学说是从这同样的看法出发的，而这两个学说必定同样地是真的或同样地是不真的。一方面，如果所有的意见和现象都是真的，所有陈述必定同时是真又是假。因为许多人*都持有彼此相反的意见，而认为那些持有与他们自己不同意见的人是错误的；所以同一事物必定既是又不是。另一方面，如果是这样的话，所有意见必定都是真的了；因为那些是错误的人和那些是正确的人的意见是彼此相反的。所以，如果*实在是这样的本性的话，那么所有人都将是对的了。

显然，这两种学说是从同一种思想出发的。但是处理的方法并非在所有场合都是同样的；对有些需要说服，对有些则需要强制。那些由于困扰而这样想的人，他们的无知是容易纠正的；因为一个人必须面对的不是他们表达的*论证，而是他们的思想。但是，对于那些为了论证的缘故而争论的人，只有破除表达在言词中的论证才能予以纠正。

那些得出这种看法的人是困惑于他们对于可感觉世界的观察。（1）他们认为矛盾和对立的东西（τὰς ἀντιφάσεις καὶ τἀναντία）可以同时是真的，这种意见来自看到同一个事物*产生出对立的东西。这样，如果不存在的东西是不能被产生出来的，那么两种对立的事物必定同样地预先存在。正如阿那克萨哥拉所说，一切事物都是混合于一切事物之中

86

的（μεμίχθαι πᾶν ἐν παντί）。德谟克利特也这样说，因为他说虚空与充实（τὸ κενὸν καὶ τὸ πλῆρες）同样地存在于每一个部分之中，然而其中之一是存在（τὸ ὄν），另一个是＊非存在（τὸ μὴ ὄν）。于是，对于其信念基于这样的考虑的那些人，我们要说在一种意义上他们说得对，而在另一种意义上他们是错的。因为"那存在的东西"有两种意义，所以在一种意义上，一个事物能从不存在变为存在，而在另一种意义上，它不能。并且同一个事物能在同一时间既存在又不存在，但不是在同一方面。＊因为同一事物在同一时间能够潜在地是两个对立物，但不能实际是。再有，我们将要求他承认还有另外一种存在的事物的实体，其中绝无运动、消灭或者产生。

（2）同样，＊有人从对可感觉世界的观察得出现象是真的看法。因为他们认为真不应决定于持有这种信念的人的数量的多寡，同一事物有些人在尝它时认为是甜的，另一些人认为是苦的，所以，如果所有人都生了病＊或者都是疯癫的，而只有两三个人是健康的或清醒的，那么后者就会被认为是生病的和疯癫的，而其他人则不是。再有，他们说许多其他的动物接受的印象是与我们相反的；甚至就是对每一个的感觉来说，事物也并不总是显得是一样的。那么，这些印象中哪些是真的，＊哪些假的就不明显了；因为这一类的并不比另一类的更真些，但却是一样的。因为德谟克利特说，或者没有什么东西是真的或者至少对于我们来说是不明显的。

一般来说，这是由于他们设想思想就是感觉，而感觉就是变换，他们说通过感觉得到的必定是真的。＊因此，恩培多克勒和德谟克利特两人以及差不多所有其他的人都被这种意见困扰。因为恩培多克勒说：当人们改变他们的身体条件时，他们也改变了他们的思想。

人们按照出现在他们面前的东西而增长智慧。①

① 残篇106。

20　＊而在另一段话中，他说：

> 由于他们的本性改变了，因而在他们的心中也总会呈现出改变了的思想。①

巴门尼德也以同样的方式宣称：

> 因为每个人都是由许多联结的东西组成的，
>
> 人的心灵也是如此。
>
> 因为在每个及所有人那里，那思想着的不过是它的众多联结的本性。
>
25　　＊什么东西较多，在思想中也较多。②

　　阿那克萨哥拉对他的某些朋友说的话也与此有关，——事物对于他们，将会是如同他们设想它们是怎样的。他们说荷马也明显地持有这种看法，因为他使赫克托（Ἕκτορ）在被打击而昏迷时，躺着"想到其他
30　的思想"③——＊这意味着即使处于不清醒状态时仍在思想，尽管不是同样的思想。那么很明显，如果这两者都是一种思想，那么实在同时也将是："既如此又不如此"了。然而沿着这条道路，后果是极为困难的；
35　因为如果最清楚地认为真理对于我们是可能的那些人＊（这些人是最寻求和最爱它的人）关于真理主张这样的意见和表达这样的观点，那么，那些试图进行哲学思考的人就会失望，因为寻求真理就将像"在空中捕猎飞鸟"④了。
1010ᵃ　　＊但是，这些人为什么持有这个意见的理由是：当他们寻求那存在

---

① 残篇108。

② 残篇16。

③ 有关这个说法，在现有荷马著作中，可参看《伊利亚特》，XXⅢ.698。但它并非涉及赫克托，而是涉及Euryalus的故事。

④ 参看卢伊奇与施莱德温辑《希腊谚语》Ⅱ.677。

的东西的真理时，他们认为"那存在的东西"（τὰ ὄντα）就仅仅是可感觉的东西，然而许多不确定的性质就会出现于其中，这种意义的存在物我们已经解释过①。*因而当他们说得似乎有理时，他们并没有真的东西。这样说比埃比卡尔谟（Ἐπίχαρμος）用以反对色诺芬尼（Ξενοφάνης）的批评更为适合。②再有，因为他们看到这个自然界全都处于运动之中，而对于变化的东西没有真的陈述，他们就说，既然每一方面的每一角落都是变化的，那就不能有真的陈述。*正是这样的设想，发展出我们说过的那个极端的意见。追随赫拉克利特的哲学的人，特别是克拉底鲁（Κρατύλος/Cratylus），他最终认为一个人不需要说任何东西，而仅仅只是动一动他的指头；他批评赫拉克利特，因为赫拉克利特说一个人不能两次踏入同一条河流，*而他则主张甚至一次也不能踏入。

但是，我们也将要回答这个理论，变化（当其正在变化时），他们有某种辩护的理由认为它不存在，但这是大可争辩的；因为那正在失去一种性质的东西，具有某种它正在失去的性质，而那生成的东西，一定有某种东西已经存在。而一般说来，*如果一个事物正在消亡，那么某个东西将会生成；如果一个东西正在生成，那么一定有某个它所从出以及由之生成的东西，而这个过程不能无限地进行下去。但是，放下这些论证，让我们坚持这一点：数量的变化和性质的变化不是同一件事。即使一个事物在数量上不是恒常的，*但是我们是就形式来了解每一事物的。再有，那些持有这种理论的人应当受到非难，因为他们对于整个物质世界的主张，是建立在他们仅看到的可感觉事物的一小部分之上。因为仅仅是直接地环绕我们的可感觉世界的领域不断地进行坏灭和生成；*但这不过是整个世界的一个小片段罢了。所以，以另一部分来确定这一部分比起根据这一部分来责难另一部分要公正些。再有，很明显，我

---

① 参看 1007ᵃ2, 100ᵃ32。

② 埃比卡尔谟，其鼎盛年在公元前 5 世纪早期，其观点部分为毕达哥拉斯派的，部分为赫拉克利特的。他可能说过：色诺芬尼的看法"既不似乎有理又不真实"或者它们"是真的但并不似乎有理"。

们将对他们也给予前不久我们作出的回答①，我们必须向他们表明并说
服他们：有一些自然界的事物是不动的。* 的确，那些断言事物在同一
时间既是又不是的人，会得出所有事物都是静止的而不是在运动中；因
为它们不能变成任何事物，由于所有属性已经属于所有的主体（ἅπαντα
γὰρ ὑπάρχει πᾶσιν）。

* 关于真理，并非每一个现象都是真的。首先，的确感觉不是假
的，至少对于特殊对象的感觉是如此。但是，想像（ἡ φαντασία）与
感觉不是一样的。再有，如果他们提出这样的问题，那么人们表示吃
惊就是正当的了，亦即 * 是否大小（τὰ μεγέθη）就是那样大，颜色
（τὰ χρώματα）就是那样的性质，是如像它们呈现给在一个距离之外的
人那样呢，还是像呈现给近在咫尺的人那样呢？或者它们是像呈现于
健康的人那样呢，还是像呈现于生病的人那样呢？以及是否重的东西
（βαρύτερα）是像对于体弱的人那样重呢，还是像对于强壮的人那样重
呢？以及真理是像呈现给醒着的人那样呢，还是像呈现给睡着的人那样
呢？很显然，他们并不认为这些都是问题，* 至少没有人当他在利比亚
时（ἐν Λιβύῃ），在晚上会想到他是在雅典（Ἀθήνησιν），并向峨德昂
（τὸ ᾠδεῖον）②音乐厅走去。还有，关于未来，正如柏拉图所说③，例如
在一个人是否会好起来的问题上，一位医生的意见和一位无知的人的意
见，肯定不能同等信赖的。

还有，* 在许多感觉中间，对于一个陌生的对象的感觉与本人熟悉
的对象的感觉，或者对于一个同族同类对象的感觉和与适合于这个对象
的感觉，不能同等信赖的。关于颜色，是视觉，而不是味觉有权威，关
于味道，则是味觉，而不是视觉有权威；但是没有一种感觉会在同一时
间对同一个对象断定它"是如此，又不是如此"。而且甚至在不同的 *

---

① 1009ᵃ36—ᵇ8。
② 伯里克利时修建在雅典的音乐厅（有时也用作法庭及哲学家论辩之处），位于卫
城的东南部。
③ 参看柏拉图：《泰阿泰德篇》，171E，178C。

时间，一种感觉也不会对一种性质作出不一致的陈述，而是仅仅对那个性质作为偶性所属于的对象才会如此。我的意思是，例如，同一种葡萄酒，或者由于它变化了，或者一个人的身体状况变化了，可能显得在一个时候是甜的，而在另一个时间是不甜的；但是至少当甜存在时它就是那样的而并未改变。* 而一个人关于它的"感觉"总是对的，而那是甜的东西将必然地有这种甜的性质。然而所有这些理论摧毁这个［必然性］，正像它们否认任何事物有实体一样，它们也否认任何事物由于必然性而存在；因为必然的东西（τὸ ἀναγκαῖον）不能是这样的又是那样的，因而如果任何事物由于必然性而存在，它就不能既是这样 * 又不是这样。

一般说来，如果只有可感觉的事物存在，那么若没有有生命的事物，就会没有事物存在了；因为将会没有感觉的能力（αἴσθησις）。这样，既没有感觉的对象（τὰ αἰσθητὰ）也没有对事物的感觉（τὰ αἰσθήματα），也许就会是真的了，因为它们都是一个感觉者的性质（πάθος αἰσθανομένου）。但是那引起感觉知觉的基质离开 * 感觉也不会存在，是不可能的。因为感觉不是对感觉自身的感觉，而是在感觉之外有某个事物，它必须是先于感觉的；因为那引起运动的东西 * 在本性上是先于那被推动的东西，而如果它们是相关词项的话，这也没有什么差别。

25

30

35

1011ª

第六章

　　* 有一些人（既包括那些持有这种信念的人，也包括那些仅仅宣称

　　接受这种看法的人）提出了一个难题。* 他们问道：谁是健康的人的判
定者呢？而且一般说来，谁来正确地判定这每一个特殊的问题呢？但是
这样的问题就像困惑于究竟我们现在是熟睡呢还是醒着。所有这样的
问题都有相同的意义。这些人要求对每一事物都提供一个理由：因为他
　　们寻求一个出发点，而且想要 * 用证明来获得它。然而他们的行动表
明，他们没有信心。但是他们的状况正如我们在前面已经说过的，因为
他们要求给没有理由的事物提供一个理由，然而证明的出发点不是证明
（ἀποδείξεως γὰρ ἀρχὴ οὐκ ἀποδειξίς ἐστιν）。

　　于是，这些人也许可以容易地信服这个真理，因为它并不难把握；
　　* 但是那些仅仅寻求在论证中的强制力的人却寻求那不可能的东西，因
为他们要求允许他们与自己矛盾——从一开始就与它自身矛盾的要求。
但是如果并非所有事物都是相对的，而是有些是独自存在（καὶ αὐτὰ
καθ᾽ αὑτά），那么并非每一个现象（τὸ φαινόμενον）都是真的。因为
　　现象是对于某个人的现象，所以那个说 * 一切现象都是真的人，使得一
切事物都成了相对的了。因此那些寻求保持论证中的力量，并且认为宜
于同时保持这个观点的人，必须仔细地附加说：并非现象本身是真的，

而是现象对于它所呈现的人和它呈现的时间以及它呈现的方法和方式来
说是真的。而如果他们坚持其观点但不是以这种方式，那么 * 他们很快   25
就会发现：他们说的是与自己矛盾的东西，因为以下的情况是可能的即
同一事物可以对于视觉显现得像蜂蜜，而对于味觉则不是。另外，由于
我们有两个眼睛，事物可能对于每一只眼睛呈现为不一样的东西，如果
它们的视力是不一样的话。现在，正如我们已经说过的，有些人由于已
经提出的理由 ①* 而说现象是真的，因此一切都同样地是假的又是真的   30
了，因为事物并非对所有人都呈现为一样的或对同一个人永远呈现为同
样的，而是在同一时间有许多相反的表现（当交叉着手指时，触觉会说
有两个东西，而视觉则说只有一个东西）。但我们要说：这不是对 * 同   35
一感觉和它的同一部分和同样的方式以及在同一时间，如果加上这些条
件的话，* 那么现象就会是真的。但是也许由于这个原因，那些像那样   1011ᵇ
论证的人不是由于他们感到困难，而是由于论证而必须说这不是真的，
而只是对这个人来说是真的。前面说过 ②，他们必定使每一事物都是相
对的，* 相对于意见和感觉，以致没有事物或者已经生成或者将要生成，   5
如果没有人首先这样想过的话。但是，如果事物已经生成或将生成，那
么很明显并非所有的事物都将是相对于意见的。再有，如果一个事物是
一，那么它就是相对于一个事物或相对于某个确定的东西。而如果一个
事物既是一半又是相等的，那么相等就不是相对于一倍的。如果相关于
思考者，* 人和那被思考的东西是相同的，那么人就将不是思考者而只   10
是被思考的东西了。并且如果每一事物都被看作是相对于那个思考者
的，那么思考者就将相对于形式上无限多的不同的事物了。

这样，所有信念中最确定的就是相反的陈述在同一时间不都是真
的，以及从断言它们都是真而来的后果是什么，* 和为什么他们这样   15
说，可以认为已适当地说明了。并且由于一个矛盾的陈述在同一时间对
同一事物都真是不可能的，那么显然矛盾在同一时间就不能属于同一事

---

① 1009ᵃ38— 1010ᵃ15。

② 1011ᵃ9 及其以下。

物，因为矛盾的一方正好是缺失（στέρησις），——一种本质特性的缺
乏。而缺失就是对于＊某个确定的种的［表述的］否定。这样，如果同
20　时真的加以肯定和否定是不可能的话，那么诸相反者同时属于一个主词
也是不可能的，除非在诸特殊的关系中同时属于它，或者一方在某种关
系中，而另一方，则是在绝对的意义上。

第七章

　　* 但是，另一方面，在矛盾的陈述之间不能有中介者（μεταξύ），对 ^{1011^b23}

于任何一个主词我们必须肯定或者否定一个谓语。* 这很明显，如果我 ²⁵

们首先定义什么是真、什么是假的话。把一个存在的东西说成不存在，

或把不存在的东西说成存在就是假；把存在的说成存在，或把不存在的

说成不存在，就是真。因此，一个人如果说是或不是，他也就是在说真

的或说假的，但这并非把存在说成不是，或者把是说成非存在。再有，

* 矛盾之间的中介者将会是这样的：或者像灰色居于黑与白之间，或者 ³⁰

像非人也非马的东西居于人与马之间。（1）如果是后者这样的情况，就

将没有变化（因为变化是从不好到好，或从好到不好），但是一个中介

者永远有变化表现出来，因为除了 * 变为相反者和中介者之外，就会没 ³⁵

有变化。（2）如果它真是一个中介者，* 在这种情况下也会有一种不是 ^{1012^a}

从非白变为白的变化，但事实上这是未曾见到的。再有，一个思想或者

肯定或者否定一个思想的对象和可思考的东西，——这一点从定义看是

很明白的——无论它说得对还是错；每当以一种方式与肯定或否定联系

在一起时，它说的是真的，* 而在另一种方式下，则说的是假的。如若 ⁵

不是为了论证的缘故而坚持，那么在所有矛盾之外必定存在 [某种中介

物]，所以一个人会说既不真也不是不真的东西，以及在存在和非存在

之外有东西存在，因而在生成和消灭之外有某些变化。再有，在所有的
10 类中，否定就意味着相反者，* 而它［中介者］就在其中，例如，一个
数既不是奇数又不是非奇数。但这是不可能的，如从定义看就是很清楚
的。再有，这个过程将会无限地进行下去，而实在的数目将不仅是一半
大，而是更加大了。因为将会可能再一次地就相关的肯定与它的否定而
15 否认这个中介物，而这个新词项将是某个确定的东西，* 因为它的本质
是不同的某种东西。再有，当被问道一个事物是否白的时，回答说不
是，他不过是否定了它是，而否定就是它不是。

　　有些人获得这个意见，就像他们获得其他悖谬的意见一样；当人们
不能避开争辩的论证（λὸγους ἐριστικούς /Eristical argument）时，他们
20 屈服于这个论证并 * 承认其结论是真的。这就是为什么有些人表达了这
个看法的原因；另外一些人也如此，则是由于他们期望对于所有事物的
理由。对待所有这样一些人，我们的出发点是定义，而定义则基于它们
所意指的某些事物的必然性；因为作为一个符号的语词的公式就将是它
的定义。至于赫拉克利特的 * 学说认为所有事物都存在又都不存在，这
25 似乎使一切都是真的了；而阿那克萨哥拉的学说认为在矛盾之间有一个
中介者，因而似乎使一切都是假的了。因为当诸事物都被混合在一起
时，这种混合物就既不是好的也不是不好的，所以没有事物可以说是
真的。

第八章

* 考虑到这一些，很明显，这些片面的 * 关于所有事物的说法是不
能成立的。像有些人所说的，一方面，有人断定没有事物是真的（因为

他们说，没有什么东西阻碍一切陈述，有如说平行四边形的对角线［与
其边］是可以通约的），另一方面，有人断定一切都是真的。这些学说
几乎和赫拉克利特的学说是一样的。因为那说 *"所有事物都是真的并

且所有事物都是假的"的人，也分别地说过 * 这些陈述中的每一个，于

是，如果前者的确是不可能的，那么这两个分别的陈述也是不可能的。
再有，很明显，有矛盾的陈述不能在同一时间是真的，但也不全是假
的；尽管从我们已经说过的来看，这似乎是更加可能的。* 但是，在反

对所有这样的学说时，我们必须假定（正如在前面已经说过的^①）：并
非某事物是或不是，而是某事物表示什么，所以我们必须从定义开始论
证，即设定假或真意味着什么。如果肯定什么东西为真不过是否定什么

东西为假，* 那么所有陈述是假的就是不可能的，因为矛盾的一方必定
是真的。再有，如果对每一事物都必须加以肯定或否定，那就不可能两
者都是假的，因为矛盾之中有一方是假的。的确，结果是：对于所有这

---

① 参看 1006^a18—22。

15　些理论来说，一再表明它们＊摧毁了它们自身。因为说一切皆真的人使

得对立的述说也真，因而他自己的述说就不真了（因为对立的陈述说它

不是真的），而当他说一切皆假时，则使得他自己也是如此。① 如果他

们排除那个对立的陈述，前一种人则排除对立的陈述，说＊只有它是不

20　真的；后一种人，则将把他自己的述说作为例外，说只有它是不假的。

然而他们将被迫设定无限数目的真的和假的陈述；因为说这个真的陈述

是真的，也是一个真的陈述，而这个进展将会无限地进行下去。

　　很显然，那些说一切都是静止的人是不对的，那些说一切都是运动

的人也是不对的。因为，如果一切都是静止的，那么同样的陈述将永远

25　是真的和＊永远是假的——但这个显然是变化的；因为那个说话的人，

在一个时间他不曾存在，而且他又将再一次地不存在。而如果一切都在

运动之中，那么就没有什么会是真的，因而一切都将是假的。但是，这

已被证明是不可能的。再有，存在必须是变化的，因为变化是从某物变

30　为某物。再有，并非有的时候一切都是＊静止的或都在运动，而没有东

西是永恒的；因为有种事物永远推动别的在运动中的事物，而这个第一

推动者（τὸ πρῶτον κινοῦν/The first mover）自己则是不运动的。

---

　　①　参看本书第十一卷（K）第五章1062ᵇ7—9。

第五卷（Δ）

第一章

"开端"（ἡ ἀρχή）① 的意思是：（1）事物的那个部分， 一个东西可以首先从它移动，例如一条线或一条路，* 在相反方向的每一面都有一个开端；（2）那个点，从它出发每一事物可以最好地产生出来，例如一个研究的活动有时应当不是从最原始的或者从论题的起点开始，而要从容易学习之点开始；（3）一个事物，作为内在的部分，某事物由它得以首先变为存在，* 例如一条船的龙骨和一座房子的地基，至于动物，有人认为是心脏，另外的人认为是头脑，还有的人认为是具有这个性质的其他部分；（4）一个事物首先从它（不是作为一个内在的部分）开始变为存在，并且运动和变化自然地首先从它开始，如像一个小孩来自他的父亲和母亲，一场战斗 * 来自污辱性语言；（5）那样一个东西按照其意志使得运动的东西运动起来，使得变化的东西发生变化，例如城市中的长官，以及寡头、君主和僭主都被叫作治理者（ἀρχαί）②，在技艺中也有这样的称呼，特别是在建筑技艺中 ③；（6）一个事物可以 * 首先由它

---

① 古希腊语 ἡ ἀρχή 兼有"开端"、"源泉"、"本原"、"原理"和"统治"等多种意义。古代雅典由若干人组成的最高执政官员，即称为 ἄρχων，中译为"执政官"，即由此字而来。

② 同上。

③ 如称之为"建筑大师"、"巨匠"之类。

而得以认识的东西，——这也叫作事物的开端［原理］，例如假设是证明的开端（原因也能有相同数目的不同的意义，因为所有的原因也都是开端［原理］）。

所有"开端"的共同性质就是"第一的东西"，从它出发一个事物或者是存在的，或者变为存在，或者得以认识，但是它们有的是内在于事物的，而其他的则是外在的。*因此"自然"（φύσις）① 是一个"开端"，而且"元素"（τὸ στοιχεῖον），思想（ἡ διάνοια）和选择（ἡ προαίρεσις），以及实体（ἡ οὐσία）和"终极因"（τὸ οὗ ἕνεκα）也是"开端"，——因为善（τἀγαθὸν）和美（τὸ καλόν）在许多情况下都是认识和运动的开端。

20

_____

① 罗斯英译本，此处将 φύσις 译作"一个事物的本性"，可参考。

第二章

　　*"原因"（τὸ αἴτιον）的意思是：（1）那个作为内在的东西，一个事物由它变为存在，*例如青铜是雕像的原因，银是杯子的原因，以及包括这些的类都是原因；（2）形式或模型，亦即本质的定义（ὁ λόγος τοῦ τί ην εἶναι）和包含这个的类（例如比例 2：1 和一般地说数是八度音的

30　　原因），以及包括在定义中的部分；（3）*变化或静止从它首先开端的东西，例如，作出计划是行动的原因，父亲是小孩的原因，而一般说来制造者是制造出的事物的原因，变化产生者是变化的原因；（4）目的（τὸ τέλος）亦即一个事物是为了它的缘故的那个东西，例如，健康是散步的目的。"为什么一个人散步呢?"我们回答说"为了成为健康的［人］"，

35　　而*在这样说时，我们认为我们已经指出了原因。在开始活动之后，那些处于开端与终结［目的］之间的东西［也是原因］，例如*减轻体

　　重，或清除（通便），或药物，或工具，对于健康的获得。因为所有这些都是为了这个目的，尽管它们彼此不同，它们有的是工具而另外的是活动。

　　这些就是实际上谈到原因时的所有意义。而由于它们是在几种意义

5　　中*来谈论，由此得出：同一事物有几个原因，而且不是偶然的原因（例如雕塑的技艺和青铜都是雕像的原因，不是就别的任何事物而言，而是

102

就作为雕像而言，然而却不是以同样的方式。一个是作为质料，而另
一个是作为运动的源泉），并且诸事物可以相互是原因（例如艰苦工作　　10
是 *[身体] 良好状态的原因，而后者又是艰苦工作的原因。然而不是
以同样的方式，一个是作为目的，另一个则作为运动的源泉）。——再
有，同一事物是相反的东西的原因；因为某物出现引起一特殊事态，有
时我们责难当其不出现时，则有相反的事态，例如，我们把船只遇难归
咎于舵手的缺席，他的出现则是安全的原因；* 而这两者——出现或缺　　15
乏——都是作为运动的源泉的原因。

　　所有现在提到的原因归入四种意义，那是最为明显的。字母是音
节的原因，材料是制作物的原因而火和土以及其他那样的东西是物体
的原因，* 部分是整体的原因，假设是结论的原因，这都是就它们是
这些相应的东西得以造成的意义而言。但其中有的是作为基质（τò　　20
ὑποκείμενον）的原因（例如，部分），其他的是作为本质（τò τί ἦν
εἶναι）（整体、合题和形式）。精子、医生和顾问，并且一般说来，行
动者，都是变化 * 或静止的源泉。其余的都是作为其他事物的目的和善
的原因；因为终极因（τò οὖ ἕνεκα）倾向于成为最高的善和目的。无　　25
论我们称它为"善"还是"表面的善"，让我们假定它们没有什么区别。

　　在种类上说，原因就是这样一些，但是原因的方式（τρόποι），在
数目上 * 则是很多的，尽管把它们归结起来也是相对地少的。* 原因　　30
在许多种意义下被使用，而即使是那些种类相同的，有些是在先意义
的原因，其他的则是在后意义上的，例如，"医生"和"技艺专家"（ὁ
τεχνίτης）都是健康的原因，"2∶1 的比例"和"数"都是八度音程的原因，
以及那包含任何特殊原因的类都总是特殊效果的原因。再有，还有 * 偶　　35
然的原因和包含它们的类；例如，在一种意义上，"雕塑家"造成了一
座雕像，在另一种意义上，"波里克利特"（Πολύκλειτος/Polyclitus）造
出了它，因为这位雕塑家恰好是 * 波里克利特；而那包含偶然原因的类　　1014ª
仍然是原因，例如"人"，——或者一般的"动物"——是雕像的原因，
因为波里克利特是一个人，而人是一种动物。在偶然原因中，也有些比

103

5　其他的更遥远些或＊更接近些，例如，如果不仅"波里克利特"或"人"，而且"白色"和"有教养的"也都被叫作雕像的原因。但是在所有这些原因的变化方式之外，无论是专门的还是偶然的，有些被叫作"能够作用"的原因，其他的是视为"正在作用"；例如正在建造房屋的建造者

10　和建造房屋的建造者。＊同样地，关于语言的差异也适用于原因的结果；例如，一个事物可以被叫作是这座雕像（或者一座雕像或者一般地一个形象）的原因，以及是这块青铜（或青铜或一般地材料）的原因；相似地，在偶然后果的场合，也是如此。再有，专门的或偶然的原因二者可以联结起来说，例如，我们可以既不说"波里克利特"也不说＊"雕塑

15　家"，而说"雕塑家波里克利特"。

　　但所有这些在数目上不过是六［种］，而每一种在两种方式中论述；（A），这些原因或者是个别的，或者是作为种，或者是作为偶然的，或者作为包含偶然的原因的种，而且这些或者是作为联结的，或者是作为

20　简单的；（B）所有原因可以作为＊"正在作用"或者作为"具有能力"①，但是它们在作为作用的原因时是不同的，亦即个别的原因与作为其原因的个别事物是同时地存在或不存在，例如，这个特殊的治病的人，与这个特殊的正在恢复健康的人，以及这个建造者与这个特殊的正在被建造

25　的东西。但是潜在的原因并非总是处于这个情况，因为房屋并不＊与建造房屋者同时消灭掉。

---

①　亦即从"现实"看或从"潜能"看。

第三章

* 元素（τὸ στοιχεῖον）的意思是：（1）内在于一个事物的原初成分，
而且在种类上不能划分为另外的种；例如言词的元素是组成言词的部
分，而且是最终地划分成的东西，而它们不能再划分为在种类上不同于
它们的其他言词形式。* 如果它们被划分，那么它们的部分是同类的，
如像水的部分是水（然而一个音节的部分则不是一个音节）。同样，那
些谈论物体的元素的人，他们的意思是物体最终划分成为的事物，而它
们不能再划分为在种类上不同的其他事物；而且不论这种事物是一还是
多，* 他们就叫这些事物为元素。所谓几何证明的元素，以及一般地证
明的元素，具有同样的性质；因为原初的证明包含于许多的 * 证明之中，
这些原初证明叫作证明的元素；原初的三段论式，有三个词项并借助于
一个中词来开展，就是这种性质的。

（2）人们也把"元素"一词从这个意义转变而应用于那种是一和小
的并对许多意图有用的东西；* 由于这个原因，那种小的、简单的和不
可分的东西也被叫作元素。由此产生了这样的事实：那最普遍的东西都
是元素（因为它们的每一个是一个统一体，并且是简单的，它呈现于一
个事物的繁多之中，或者在所有的中间，或者在尽可能多的中间），而
且这种统一体和点被许多人认为是本原（ἀρχάς /First principle）。现在由

1014ᵃ26

30

35

1014ᵇ

5

105

于所谓的种是＊普遍的并且是不可分的（因为没有它们的定义），有的
人说：种是元素，而且比种差更加是元素，因为种是更普遍的；因为有
种差出现的地方，种总是伴随着它；但在种出现的地方，种差则并不总
是出现。在所有意义中共同的是：每个事物的元素＊是内在于每一该事
物中的基原的东西（πρῶτον ἐνυπάρχον）。

第四章

　　*"自然"（φύσις）的意思是：（1）生长的事物的生成（ἡ　　
γένεσις）——如果把 φύσις 一字中的字母"υ"发长音的话，就应当推
荐这个意义。① （2）一个生长的事物的内在部分，该事物的生长首先是
从这个部分进行的。（3）每一个自然的对象中的基本运动的源泉，这种
运动是由该事物的本质所决定的。* 这些被说成生长的事物从别的某些　　20
事物得到增长，方式是由于接触——或者由于有机的统一体，或者有机
的附着，如像在胚胎的场合。有机的统一不同于接触；因为在后面这个
场合，在接触之外，不需要有任何东西，但在有机的统一体中，却有某
种与两个部分同一的东西，它使得 * 它们一起生长而不仅仅是接触，而　　25
且在连续性和量的方面（尽管不是在质的方面）成为一体。（4）自然的
意思是基本质料（οὗ πρώτου），任何自然对象由它组成或用它造成，它
是无形状的并且不能由它自己的潜能而变化，例如青铜被说成是一座雕　　30
像以及铜的器皿的 * 自然，木材是木作的东西的自然，在所有其他场合
也是如此；因为当一个产品由这些材料造成，那基本的质料都是保存于
其中的。正由于这种方式，人们把自然对象的元素也叫作它们的自然，

---

　　①　φύσις 在字源上的意义是"生长"，动词 φύεσθαι 意为"生长"，在其绝大多数变
　　　　形中，其中的字母 υ 都发长音。

有人称之为火，其他人称之为土，有的人称为气，有的人称为水，其他
35 人称为这一类的别的某种东西，有的人提出一以上的这类东西，并且另
外有人提出所有这些东西。(5)"自然"① 意味着自然的东西的本质，如
像那些说自然是事物的基本的组合（τὴν πρώτην σύνθεσιν），或者如像
1015ᵃ 恩培多克勒 * 说的：②

> 没有什么事物具有一个本性［自然］，
>
> 仅仅是已混合的东西的混合和分开，
>
> 而本性［自然］不过是人们给予它们的名字。

因此关于存在的事物和由于自然而产生的事物，尽管它们自然地从
5 它产生或者存在的那个东西已经呈现，我们说 * 它们还没有它们的自然
［本性］，除非它们具有了它们的形式或形状。那包含这两者③ 的东西由
于自然而存在，例如，动物和它的 ［肢体的］ 各部分；自然不仅是基本
［第一]④ 质料(πρώτη ὕλη)（这有两层意思：或者是从事物计算起的第一，
或者是一般地说的第一；例如在青铜作品的场合，青铜对于它们是第一
10 的，但如一般地说来，* 也许水是第一的，如果所有可以溶化的事物都
是水的话），而且也是形式和本质（καὶ τὸ εἶδος καὶ ἡ οὐσία)⑤，它是生成
过程的目的（τὸ τέλος）。(6) 从 "自然" 的这个意义的延伸，一般说来，
每一个已经生成的本质也叫作 "自然" ["本性"]，因为一个事物的本性
就是一种本质。

从已经说过的，很明显，自然在基本的和严格的意义上就是事物的
15 本质，* 它在自身中具有运动的源泉；因为质料被称作自然是由于它适

---

① 按中文语言习惯，此处作 "本性" 为好。
② 参看残篇（第尔士辑）8。
③ 指质料和形式两者。
④ 此处的 πρώτη 一字兼有 "第一" 和 "基本"、"基原" 等意，以上括号内的 [第一]
 即此同一希腊字。
⑤ 按 ἡ οὐσία 可作 "实体" 或 "本质" 解，此处以 "本质" 为宜。

合于接受它［运动］，而生成和生长的过程被称作自然，是因为它们是由此而开展的运动。在这个意义下的自然是自然的东西的运动的源泉，它以某种方式存在于这些自然对象之中，或者是潜在的，或者是完全现实的。

第五章

1015ᵃ20　　* 我们称作"必然的"① 是指 (1)，作为一个条件，没有它，一个事物不能存在，例如，呼吸和食物对于动物都是必要的，因为没有这些动物就不能活下去。(2)，一种条件，没有它善就不能存在或产生，或者没有它我们就不能除去恶或摆脱恶，例如，为了我们可以治病，服药就

25　　是必要的；* 一个人为了获得钱财，航行到爱琴海就是必要的。(3)，强制的和强迫，亦即阻止并倾向于妨碍，相反于冲动和目标的东西。由于强制的被称作必然的，必然的从此便是痛苦的，正如尤埃诺斯（Εὔηνός /Evenus② 说的："每一件必然的事物都是令人伤心的"* 并且强制就是

30　　一种必然性，如索福克勒斯 ③（Σοφοκλῆς /Sophocles）所说："但是强力迫使我［必然地］作这个。"④

　　并且必然性（ἡ ἀνάγκη）被认为是某种不能加以说服的东西，而这样说是对的，因为它是与合于目标与推论的运动相反的。(4) 我们说

---

① 希腊字 ἀναγκαῖον 原意为"以力量强制"，发展为"必要的"、"必然的"，英译为 necessary，中文词汇中"必然的"意义比"必要的"要强些。以下译文按汉语习惯就上下文情况分别用此二词来表达。

② 与苏格拉底同时的古希腊智者与诗人。

③ 古希腊三大戏剧家之一。

④ 见 "Electra" 256。

那个不能是另外一个样的东西就必然地是像它那样的。* 并且从这个意 35
义的"必然性"，所有其他的意义就都以某种方式引申出来了。因为一
个事物 * 被说成去做或承受那是必然的东西（在强制的意义上），仅仅 1015ᵇ
是在它由于强迫的力量而不能按照它的冲动来行动的时候，——这就
蕴含着：必然性是那由于它而使得一个事物不能是另外一个样的那个东
西。关于生活的和善的诸条件也与此相似；因为 * 善在一个场合，生活 5
或存在在另一个场合，如果没有某种条件，它们就不是可能的，这些条
件就是必要的；而这类原因就是一种必然性。再有，（5）证明是一种必
然的事情，因为结论不能是别样的，如果证明是绝对的话，而这个必然
性的原因就是基本的诸前提（τὰ πρῶτα），亦即三段论进行推论所依据
的那些出发的命题，不能是别样的。

　　* 有的事物从某些别的事物那里得到必然性；有的事物则不如此， 10
而是它们自身是其他事物的必然性的源泉。因此，那必然的东西在基本
的和严格的意义下是那简单的东西；因为这不容许有多于一的状态。所
以它甚至不能是在一种状态而又在另一种状态；因为如果能，那就已经
是多于一种状态了。这样，如果有任何事物是永恒的和 * 不动的，那么 15
就没有什么东西会强迫它或反对它们的本性附着于它们。

第六章

*"一"（Eν）的意思是：（1）那由于偶然而是一的东西，（2）那由于它自己的本性而是一的东西。（1）偶然地是一的例子是："科里斯库（Κορίσκος）和有教养的"和"有教养的科里斯库"（因为"科里斯库和有教养的"和"有教养的科里斯库"是说同一件事），以及"有教养的和*公正的"和"有教养的和公正的科里斯库"。所有这些被叫作一是由于一种偶然，"公正的和有教养的"因为它们是一个实体的两个偶性，"有教养的和科里斯库"因为一个是另一个的偶性。相似地，"有教养的科里斯库"是与"科里斯库"一起的一个一，因为*词组的一部分是另一部分的一个偶性，亦即，"有教养的"是科里斯库的一个偶性；"有教养的科里斯库"是与"公正的科里斯库"一起的一个一，因为每个［词组］的一部分都是一个并且是相同的东西的偶性。甚至偶性述说一个种或一个普遍词项也与此相似，例如，一个人说那个人与*"有教养的人"是同一个人；这或是由于"有教养的"是人的一个偶性，而人是一个实体，或是由于两者都是某个个体（例如，科里斯库）的偶性。然而，两者并不以同一方式属于他，一个也许是作为种并在他的实体之中，另一个则是作了实体的状态或性质。*这样，一个事物由于偶然的被称为一就是在这种方式中被如此称呼的。

1015ᵇ16

20

25

30

35

112

　　（2）有些事物由于它们本身而被称作一。（a）有些事物是由于 * 它 1016ᵃ
们是连续的，例如一捆东西是由一个带子而捆成为一的，一些木片由胶
水［黏合］而造成为一的；而一条线，即使它是弯的，如果它是连续的，
就称之为一，如同身体的一部分，如腿和胳臂是一。关于这些，由于本
性而连续的比由于技艺使之连续的更加是一。*"连续的"（συνεχές）的 5
意思是它们的运动本身是一，而不能是别样的；运动是一，如果它是不
可分的，亦即它在时间方面是不可分的。那些由于自身是连续的就不是
仅仅由于接触而成为一的；因为如果你把许多木片彼此接触地放置着，
你不能说这些是一片木板，或者一个物体，或者一个任何其他的连续的
东西。在任何方式下是连续的事物 * 被称为一，即使它允许是弯的，而 10
那不能是弯的则更加是一；例如，小腿和大腿比之整条腿更加是一，因
为整条腿的运动并不需要是一。直线比之曲线更加是一；有角的曲线我
们可以称之为一，也可以不称之为一，因为 * 曲线的运动可以或者是同 15
时的或者不是同时的；但直线的运动总是同时的，它的有大小的部分不
会是有的部分是静止的，而另外的部分在运动①，像在曲线中那样。

　　（b）（i）有些事物在另外一种意义上叫作一是因为它们的基质在种
类上是没有不同的。在事物的种类在感觉上是不可分的场合，它［基质］
是没有不同的。基质的意思是 * 或者最接近于、或者最远离于那最后状 20
态的东西。一方面，酒被说成是一而水也被说成是一（作为在种类上不
可分的）；另一方面，所有的汁状的东西，例如，油和酒，都被说成是
一，这样所有可以加以溶解的东西也是这样，因为所有这些的基质都是
一样的；所有这些都是水或气。

　　（ii）那些在种上是一的事物也被称作一，*尽管它们被相反的差异 25
区别开来，——这些东西也都被称作一，因为支托着差异的种是一（例
如马、人和狗，形成一个统一体，因为所有这些都是动物），而且的确

---

① 当一条线运动时，任何一个点可以保持是固定的，而线作围绕它的运动，但点是
　没有大小的。

这在一种意义上非常相似于那些质料是一的状况。① 这些事物有时在这种方式下被称为一，但是有时是更高的种被说成是同样的，* 如果它们是它们的种的最后的属（τελευταῖα εἴδη）的话——亦即在最贴近的种之上的种。例如，等腰三角形和等边三角形是一个和同样的图形，因为两者都是三角形；但它们不是同样的三角形。

（c）两个事物，当陈述一个事物的本质的定义，与另外一个向我们表明另一个事物的定义是不可分的时候，就被叫作一（尽管就其本身来说 * 每一个定义都是不可分的）。这样，甚至那曾经增加或正在减少的东西也是一，因为它的定义是一个，如像在平面图形的场合，它们的形式的定义是一个。* 一般说来，那些其本质的思想是不可分的事物，并且不能在时间、地点或定义上分离它们的事物，绝大多数都是一，在这些当中又特别是那些是实体的事物。因为一般说来，那些不容许划分的事物，都就其不容许划分而被称为一。* 例如，如果有的事物作为人是不可区分的，那么它就是一个人；如果作为动物，那它就是一个动物；如果作为大小，它就是一个大小。因此，大多数事物（τὰ πλεῖστα）被说成是一，是因为它们做出或具有、或遭受、或相关于某个个别的是一的事物，但是那原初也被叫作一的事物，则是那些其实体是一的事物——或者在连续性上，或者在形式上，或者在定义上是一的事物；因为我们把 * 不连续的事物或者其形式不是一，或者其定义不是一的事物称作多于一。

当我们在一种意义上把任何事物称为一，如果它是一个量和是连续的；在另一种意义上，除非它是一个整体（亦即除非它具有一个形式）我们就不这样称呼它；例如，如果我们看到一双鞋的各部分，无论用什么方式放在一起，我们不应该说它们是一 *（除非是由于它们的连续性）；只有当它们放在一起因而是一双鞋并由此具有某一种形式，我们才叫它为一。这就是为什么圆圈在所有线中是最真实的一，因为它是一

---

① 参看前面的 (b) (i)。

个整体并且是完全的。

（3）那是一的东西的本质应当是数的某种开端；第一个度量就是开端，因为我们借助于它而首先知道每个类的，就是这个类的第一个度量；*这样，一就是关于每个类的可知的东西的开端。但是在所有的类中这个一不是一样的。这里有一个四分音，而那里有元音和辅音；还有另外的重量单位和另外的运动的单位。但是在任何地方，这个一无论是在数量上还是在种类上都是不可分的。现在，那在数量上不可分的东西，*如果在任何维度上都是不可分的，并且没有位置，就叫作一个单位。如果在任何维度上都是不可分的而有位置，就叫作一个点；如果它在一个维度上是可分的，就叫作一条线；如果在两个维度上是可分的，就叫作一个面；如果在所有（即三个）维度上的量都是可分的，就叫作一个体。而从相反的次序说，即在两个维度上是可分的就是面，在一个维度上是可分的就是线，*而在量上绝不是可分的就是点或单位——没有位置的是单位，有位置的是点。

再有，有些事物的数目上是一，另外的是在属上，在种上是一，有的由于类比而是一；在数目上是指那些质料是一的事物，在属上是指那些在定义上是一的事物，在种上是指那些相同的表述格式适用于它们的那些事物，由于类比是指那些*相关的事物。如像第三个事物相关于第四个事物。当前面的类别的一存在时，后面的类别的一总是可以发现的，① 例如，在数目上是一的事物也在属上是一，但当事物在属上是一则并非全都是在数目上是一；*但在属上是一的事物都在种上是一，可在种上如此的，在属上则并非全都是一，但在由于类比上全都是一；当事物由于类比而是一却并非全都在种上是一。

显然，"多"会具有与"一"的那些意义相反的意义；有些事物是多，因为它们不是连续的，*其他的是因为它们的质料——或者是最接近的

---

① "如像……可以发现的"一段话，在古希腊文本中只是"后者总是随着前者"，即在解释何谓"相关事物"。为使文意更清楚，有些英译本采用意译，加进了一定解释成分。此处中译文也参照此法处理。

质料，或者是终极质料——在种类上是可分的，其他的是因为陈述它们的本质的定义是多于一的。

第七章

　　*事物被说成"是"（τὸ ὂν）① （1）在一种偶然的意义上，（2）由于　　1017ª7
它们自己的本性。

　　（1）在一种偶然的意义上，例如，我们说"正确行动的人是有教养
的"和"那个人是有教养的"和"那个有教养的 * 是一个人"，正如我　　10
们说"那个有教养的人在建造"，因为那个建造者恰巧是有教养的，或
者那个有教养的人恰巧是一个建造者；这里的"一事物是另一事物"，
意思是"一个是另一个的偶性"。在我们说过的情况中就是如此；当我
们说"那个人是有教养的"和"那个有教养的是一个人"，* 或者"那　　15
个白色的人是有教养的"或"那个有教养的人是白色的"，后面这两个[句
子]的意思是那两种属性都是同一事物的偶性；第一个 [句子] 的意思
是那个属性是一个 [主语的] 偶性，而"那个有教养的是一个人"的意
思是"有教养的"是一个人的偶性。（在这种意义下，"不白"也被说成
是，因为那是一个事物的偶性。）这样，当一个事物被说成是在偶然的

---

　　① 古希腊语中的动词 εἶναι（相当于英语中的动词 to be），意为"是"，其分词形式
　　　中性作名词用时（τὸ ὂν），（相当于英语中的 being），本书中译文也译作"存在"。
　　　因为汉语没有动词分词形式作名词的语法习惯，如用"是"表示名词，十分不便。
　　　在本章及本书译名中，"是"与"存在"相通即由此而来。

117

20　意义下的另一事物，* 这或者是由于两者都属于相同的事物，或者是由于那属性属于那个事物，或者是由于那个事物是它所属于的和它表述的事物。

　　（2）存在本身（καθ᾽ αὑτὰ δὲ εἶναι）的种类刚好是那些表述它的谓语①的类型，因为"存在"表示的意义刚好和这些类型一样多。这
25　样，由于 * 有些表语指明主词是什么，另外的指明它的质、量、关系、活动、遭受、何时、何地，"是"总有回答这一些之中的每一个的意义。而在"这个人正在康复"和"这个人在康复"之间没有差别，在"这个
30　人正在行走"或"正在切割"，* 与"这个人行走"或"切割"也没有区别；并且在所有其他情况下也与此相似。

　　（3）再有，"存在"和"是"（τὸ εἶναι καὶ τὸ ἔστιν）的意思是一个陈述是真的，"不存在"则意味着不是真的或假的，——这在肯定和否定的场合也是相同的；例如"苏格拉底是有教养的"意思是这是真的，
35　或者"苏格拉底是不白的"意思是这是真的；但是"四边形的对角线不是 * 可与边通约的"意思是：说它是 [可通约的] 就是假的。

1017ᵇ　　（4）再有，*"是"和"存在"（τὸ εἶναι καὶ τὸ ὂν）的意思是我们已经提到的有些事是潜在地（δυνάμει）"是"，另一些则是现实地（ἐντελεχείᾳ）"是"。因为我们既说某个东西潜在地看，也说某个东西现
5　实地看，那它就是"看"，那个能实现它的认识的东西和 * 那正在实现它的认识的东西，就是它认识；而那个静止已经呈现的东西和那能够静止的东西，就是它静止。在实体的场合也与比相似；我们说赫尔墨斯是在那个石头之中，半条线是在那条线之中，以及我们说那还未成熟的是谷物。当一个事物是潜在的和当它不是潜在的时候，必须在一切地方都加以解释。②

---

　　①　即"范畴"。关于范畴的全部项目，参看亚里士多德《范畴篇》1ᵇ25—27。
　　②　参看本书第九卷第七章。

第八章

　　* 我们叫作"实体"（οὐσία）的是（1）简单的物体（τά ἀπλᾶ　　
σώματα），例如土、火和水以及每一个这类的事物，如一般地说由它们
构成的物体或东西，包括动物，神性的存在物（δαιμόνια）以及这些东
西的部分。所有这些都被叫作实体，因为它们不是表述一个主语的，而
是别的每一个东西表述它们。（2）* 那呈现于那样的事物中而不是作为　　15
表述一个主语的，是它们的存在的原因，如像灵魂是动物存在的原因。
（3）出现于那样的事物中的部分，限制它们并使得它们成为个体，而且
由于它们的消解，整体也被摧毁，正如有些人所说①，体由于面的消解
而被摧毁，而面由于 * 线的消解而被摧毁；一般说来有些人②认为数就　　20
具有这种本性，因为他们说，如果它被摧毁了就没有事物存在，并且它
限制着所有事物。（4）本质（τὸ τί ἦν εἶναι）（它的公式就是定义）也被
称作每个事物的实体。

　　由此得出实体有两层意思：（A）终极基质（τό ὑποκείμενον
ἔσχατον），它不再是表述别的任何东西的，以及（B）* 那个作为一个　　25

---

① 指毕达哥拉斯派及柏拉图。
② 同上。

"这个"，它也是分离的 ① （καὶ χωριστὸν），每一个个别事物的形状和形式就具有这种本性。

---

① 参看 H.1042ᵃ9。

第九章

　　* 相同（ταὐτὰ）的意思是：（1）那在偶然的意义上是相同的，例如
"那个白色的"和"那个有教养的"是相同的，因为它们都是相同事物
的偶性，并且"一个人"和"有教养的"[也是相同的]，因为一个是另
一个的偶性；*"那个有教养的"是"一个人"，因为它是人的一个偶性。（复
合的实体与组合成它的简单的偶性中的每一个是相同的，因为"那个人"
和"那个有教养的"都说成与"那个有教养的人"是相同的；反之亦然。）
这就是为什么所有这些陈述都不普遍地作出，因为说每个人与*"有教养
的"相同是不真的（因为普遍的属性属于由于它们自己的本性而存在的
事物，但是，* 偶性并不属于由于它们自己的本性而存在的事物）；但是
关于个体的陈述的作出则无须限制。"苏格拉底"和"有教养的苏格拉底"
被认为是相同的；但是"苏格拉底"是不可能陈述多于一的主语的，因
为我们不能像说"每一个人"那样地说"每一个苏格拉底"。

　　有些事物被说成是相同的是在这个意义上说的，* 另外的意义（2）
是由于它们的本性是相同的，就像由于它自己的本性而是一样的有那么
多的意义，因为其质料在种类上或在数目上是一的事物，以及其本质是
一的那些事物，这两者都被说成是相同的。因此，很明显，相同性是多
于一个事物的存在物或者是一个事物而被当作多于一的存在物的一个统

一性（ἡ ἑνότης）。例如，当我们说一事物与其自身是相同的，因为我们把它当作两个事物。

10　　＊诸事物被叫作"相异"（ἕτερα），如果它们的种类或者它们的质料或者它们的本质的定义是多于一的；而一般地说，"相异"具有与那些相同的意义相反的意义。

"差异"（διάφορα）应用于（1）那些事物，尽管在某些方面相同，然而不仅在数目上，而且在属上或种上或加以类比都是不同的；（2）应

15　用于那些种是不同的事物，以及相反者和在本质上＊具有差异性的所有事物。

那些事物被叫作"相似"（τὰ ὅμοια），即它们在每个方面都有相同的属性，以及那些有相同属性多于差异的属性事物，以及那些在质上是一个的事物，还有那些拥有别的某些事物的有关变化的可能的（亦即相反者）① 属性的多数或较重要一些的属性的事物，就相似于那个事物。"不相似"（τὰ ἀνόμοια）的意思是与"相似"的那些意义相反的。

---

① 这样的属性是热与冷、干与湿、粗糙与平滑，等等。

第十章

　　* 词项"对立"（ἀντικείμενα/Opposites）应用于：矛盾（ἀντίφασις/
Contradiction）和反对（τἀναντία/Contraries）和相对的词项（τὰ πρός τι）
和缺乏与具有（στέρησις καὶ ἕξις），以及应用于从它发生并进入于它的
诸极端（ἔσχατα/Extremes）（如生成和消解 [αἱ γενέσεις καὶ φθοραί]）；
那种不能在受体中同时呈现的两种属性被叫作是对立的——无论是它们
本身还是它们的组成成分。灰色和白色不在同一时间 * 属于同一事物；　　25
由此它们的组成成分是对立的。①

　　词项"反对"（ἐναντία/Contrary）② 应用于（1）那些在种上不同的
属性，这些属性不能在同时属于同一个事物；（2）在种之中最为不同的
东西；（3）在相同的受体（δεκτικῷ）中的最不同的属性；*（4）那些归　　30
属于相同能力（ὑπὸ τὴν αὐτὴν δύναμιν）的最不同的事物；（5）那些
或者是绝对地或者是在种上（κατὰ γένος）或者在属上（κατ᾿ εἶδος）
最不同的事物。其他事物之所以被称为反对，有的是由于它们具有上述

---

① 罗斯注："我们不能说灰色和白色是对立的，但是我们说灰色的组成成分（黑色与
　　白色）是对立的。"可供参考。
② 这里的"反对"是名词单数形式，与本章开始处的 ἀναγκαῖον 是同一个字，但那
　　个是名词的复数形式。

种类的反对，有的是由于它们是那样的反对的接受者，有的是由于它们是那样的反对的产物或者是容易受它们影响的，或者是产生或遭受它

35　们，或者是失去或获得它们，或者具有或＊缺乏它们。由于"一"和"存在"有许多意义，因此，从这些引申出来的其他词项，以及"同"、"异"和"反对"，必定［与之］相应，所以它们对于每一个范畴必定都是不同的。

1018ᵇ　　词项"在属上相异"是应用于那样一些事物，＊它们是相同的种而并不彼此从属，或者是在相同种中而具有差异①，或者在它们的实体中有一个反对，而且反对在种上是彼此相异的（或者它们所有的反对或者

5　在原初意义上被叫作反对的），＊并且那些定义在种的最后的属上不同的事物也是如此（例如：人和马在种上都是不可分的，但是它们的定义是不同的），以及那些在同一实体中并有一个差别的事物。"在属上是相同的"有着与这些意义相反的各种意义。

---

①　这个定义比前一个要宽些，因为它包括一个属从属于另一个属。

第十一章

    * 语词"在前"和"在后"（πρότερα καὶ ὕστερα）的意思是：（1）在1018^b9
一种意义上（假定在每类事物中有一个 * 第一，亦即一个起点），是那10
些靠近某个起点的东西，这或者是绝对地和由本性所决定的，或者由于
参照着某事物，或者在某个地点或者由某个人来决定；例如，事物在地
点上在先因为它是靠近的，这或者是相对于由本性所决定的某个地点
（如中点或最后的地点），或者相对于某个偶然的对象；而那较远的就是
在后的。——其他事物是 * 在时间上在先的，有的是由于距现在较远的，
亦即在过去的事件的场合（因为特洛伊战争早于米底战争①，因为它离
现在更远），有的是由于离现在较近，亦即在未来的事件的场合（因为15
涅米亚赛会 [Νέμεα] 先于庇底亚赛会 [Πυθίων]，如果我们把现在当
作开端和起点的话，因为前者距现在更近）。——有的事物 * 是在运动
上在先的，因为那更接近于第一推动者的就是在先的（例如小孩是先于
成人的）；而这也是一种绝对意义上的开端。——有的事物是在力量上20

---

    ①   此处古希腊文本原文为 τῶν μηδικῶν 即指"米底的战争"。勒布本及牛津本英译
        文均译作"波斯的战争"，在文字上不确切。按传说中的特洛伊战争发生于所谓
        "荷马时代"（公元前 11—前 8 世纪），米底人征服波斯人和波斯的居鲁士灭掉米
        底王国的战争发生于公元前 7—前 6 世纪。

在先，因为那在力量上超过的，亦即更加有力的，就是在先的；并且这样就是那个按照它的意志使另外的（亦即在后的）必须随之而来，所以如果在先者不使它进入运动，*另外的就不会运动，而如果它使它进入运动，它就运动；在这里意志就是一个开端。——有的是在排列上在先，这就是根据某种规则摆放在与某个确定事物相关的间隔上，例如，在合唱队中第二个人先于第三个人，在竖琴中次最低弦先于最低弦；因为前一种情况中的领唱人、后一种情况中的中弦是起点。

这一些都是*在这个意义上被叫作在先的，但是（2）在另一种意义上，那些对于认识来说在先的也被当作是绝对地在先的；关于这些事物，那在定义上在先的并不与就感觉知觉说在先的相一致。因为在定义中，相对于感觉知觉的个别来说，共相是在先的。并且在定义中偶性也是先于整体的，*例如，"有教养的"先于"有教养的人"，因为定义作为一个整体，没有部分就不能存在；然而除非有某个"有教养的人"，否则"有教养的"就不能存在。

（3）在先的事物的属性也被叫作是在先的，例如直先于平滑；*因为一个是一条线的属性，另一个是一个面的属性。

有些事物就在这个意义上被叫作在先和在后，另外的（4）则是就本性和实体而言的，亦即那些无需其他事物而存在的东西，而其他事物则不能没有它而存在——这是柏拉图使用的一个区别。我们若考虑"存在"*的多种意义，首先主语（τὸ ὑποκείμενον）[1] 是在先的，所以实体是在先的；其次，[如果] 把潜能或者完全的现实考虑进去，不同的事物就会是在先的，因为有些事物是就潜能而言是在先的，另外一些是就完全的现实而言是在先的。例如，在潜能上，半条线先于整条线，部分

---

① 古希腊文中的这组词，源出于动词 ὑπόκειμαι，意为"放置于下面"，其动名词形式 τὸ ὑποκείμενον 在哲学术语中用作"在下面支持的东西"的意思，它相对于其所支持的某物的属性或偶性而言，即具有"实体"的意义（在本书中译为"基质"以示与"实体"一词有所区别）。它在逻辑上相对于除实体之外的范畴而言（即它"支持"着的一个存在的东西的质、量、关系等等范畴），具有逻辑上的"主语"的意义。此处即据此译作"主语"。

先于整体，质料先于具体的实体，* 但在完全的现实上，这些都是在后 10
的；因为仅仅当整体已经被分解时，它们才会存在于完全的现实中。因
此，在一种意义上所有被称为在先或在后的事物都是就这四种意义而被
如此称呼的；因为有些事物在生成方面无需其他事物而能存在，例如无
需部分的整体，而另一些在消灭方面［无需其他的事物而能存在］，例
如无需整体的部分。在所有其他场合这同样是真的。

第十二章

    * 潜能（Δύναμις/Potency）的意思是：（1）运动或变化的源泉，它是在另外的事物中而不是在被推动的事物中，或它是作为另一事物在同一事物中；例如，建造的技艺是一种潜能，它不是在被建造的事物中，而治疗的技艺是一种潜能，它可能在被治疗的人中，但不是在作为正被治疗的他之中。于是，"潜能"的意思一般说来是在另一事物中的变化

或运动的源泉 * 或者作为另一事物在同一事物中，而且也是（2）一个事物被另一事物推动（或者被作为他者的自身推动）的源泉。由于这个原理，一个被作用者遭受每一样事情，我们称它为"能够"遭受；我们这样说，如果它毕竟遭受每一样事物的话，有时不是就它遭受的每一样事物而言，而仅仅是如果它遭受一种朝向更好的变化的话。——（3）很好地或按照意图表现这一点的能力；有时对于那些能够走或说但是走

或说得不好或不 * 像他们所意图的人，我们说他们不能说或走。（4）在被动性的场合也是如此。（5）这样的状况，事物由于它而绝对地是不受影响的或不能变化的或不容易变坏（ἀπαθῆ ὅλως ἢ ἀμετάβλητα ἢ μὴ ῥαδίως）都被叫作潜能；因为事物被打破、撕破或弯曲以及一般说来被毁掉，不是由于具有一种潜能 * 而是由于不具有一种潜能和缺乏某种东

西；对于这样的过程是不受影响的事物（如果它们很难或仅只轻微地受

128

这些东西的影响），则是由于一种"潜能"，并因为它们"能够"做某种事情而且都处于某种被动的状态。

"潜能"具有所有这些意义，所以"潜能的"［或"能够"］（τò δυνατόν）① 在一种意义下的意思，将是那个东西能够开始一个在其他事物中的运动或一般地一个变化，（因为即使 * 那能使事物静止的东西也 35 是一个"潜能的"事物）或者在作为其他事物的自身中的运动；在一种意义上，* 别的某种事物具有那样一种支配它的潜能；在一种意义上， 1019ᵇ 那具有变为某种事物的一种能力，不论是变得坏些还是好些（因为即使那消亡的事物也被认为是"能够"消亡的，因为如果它不是曾经能够消亡的，它就不会已经消亡；但是事实上它有着某种 * 处置和原因与原理 5 使之遭受这个；有时它被认为是这一类的，因为它有某种东西，有时则因为它被夺去了某种东西；但是如果缺失在一种意义上是"具有"某物，那么每一个事物都将由于某种事物而是"能够的"，而且如果缺失在一种意义上不是具有某物，那么"能够的"就是在两种不同的意义上被使用）；所以事物既由于具有某物和本原也由于 * 具有缺失这个东西而是能够的，如果具有一种缺失是可能的话；并且一个事物在另一种意义上 10 是能够的，如果既不是任何其他事物，也不是它自身作为他者，具有能够摧毁它的潜能或本原（δύναμυ νῆ αρχην）。还有，所有这些事物都是能够的，或者仅仅由于该事物可能偶然地发生或不发生，或者由于它能很好地发生。这种潜能甚至会在无生命的东西中发现，例如在工具中；因为我们说 * 一架竖琴能加以弹奏，另一架竖琴则根本不能，如果 15 它没有好的音色的话。

"无能力"（'Αδυναμία/Impotence）是潜能的缺失，亦即已经描述过的那样的本原的缺失，无论是一般地来说，或者是某物将会自然地具有潜能的场合，或者甚至是当它已经自然地具有它的时候；因为在我们说

---

① τò δυνατόν 意为"潜能的"、"可能"、"能够"，此处古希腊文本只此一字，有的英译版本中在 potent 之后加上"或能够"（or capable）是为了适合现代西方语言习惯而增添的，可供参考。

一个孩子、一个男人和一个阉人"不能生育"时，这些说法的意义是不
同的。——再有，相对于每一种 * 潜能，就有一种相反的"无能力"——
既对于那种仅仅能够产生运动的东西，也对于那些能很好地产生运动的
东西。

　　这样，有些事物被称作"无能的"是由于这一类的无能力，另外
的事物则是由于在另一个意义上而是这样的；亦即"潜能的"和"无能
的"①，其使用法如下：不可能的就是那对立是必然真的，例如"四边形
的对角线与其边的通约" * 是不可能的，因为这样一个陈述是假的，与
它对立的陈述不仅是真的而且也是必然的；说它是可通约的，不仅是假
的也必然是假的。它的对立面，即可能的，在对立面并非必然是假的情
况下会发现，例如一个人应当坐着是可能的；* 因为他不是坐着的并非
必然是假的。这样，可能的在一种意义上，如我们已经说过的，是意味
着那不是必然假的东西；一种情况下它是真的，一种情况下它也许是真
的。——在几何学中的一个"潜能"（或"乘方"）($ἡ\ δύναμις$)②，是由于意
义的改变而这样称呼。这些"能够的"或"可能的"的意义不包含与 * 潜
能的牵涉。但是，所有包含着涉及潜能的诸意义都涉及 * 原初种类的潜
能；而这就是在他物中变化或在作为他物的同一事物中的变化的源泉。
因为其他事物被称为"能够的"，有些是由于别的某物具有这样的支配
它的潜能，有些是由于不具有，有的是由于在一种特殊方式中具有它。
对于不能够的事物这也同样是真的。因此 * 原初种类的潜能的恰当定义
将是"在另一事物中的变化或在作为它物的同一事物中的变化的源泉"。

20

25

30

35

1020ᵃ

5

----

　　① 亚里士多德从此处起将对 $δυνατόν$ 和 $ἀδύνατον$（"潜能的"和"无能的"）的讨论
　　　　转入"可能的"和"不可能的"意义。
　　② 此处在希腊文原文只有 $ἡ\ δύναμις$ 一字，它的意思是数学中的平方或平方根，诸
　　　　英译本在此处加上"or power"，以便于理解。

第十三章

　　"量"（τὸ ποσόν/Quantity）的意思是那可以划分为两个或者更多组成部分的，它们中的每一个在本性上都是一个"一"和一个"这个"。一个量如果是可数的就是多（πλῆθος/Plurality），如果它是可以度量的就是大小（μέγαθος/Magnitude）。"多"的意思是那潜在地是可分的东西，那在一个向量上连续的是长度，在两个向量上连续的是宽度，在三个向量上连续的则是深度。对于这些，限定的多是数，限定的长度是一条线，限定的宽度是一个面，限定的深度是一个体。

　　再有，*有些事物被称作量是由于它们自己的本性，其他的则是由于偶然；例如，线由于它自己的本性而是量，有教养的事物则是由于偶性而有一个量。在由于它们自己的本性而是量的事物中，有的是作为实体而如此的，例如线是一个量（因为"某一类的量"呈现在陈述它是什么的定义中），而另一些则是*这类实体的属性和状态，例如，多与少，长与短，宽与窄，深与浅，重与轻以及所有其他的这样的属性。还有本身的以及彼此相对的大和小和较大和较小，*都由于它们自己的本性而是那些是量的东西的属性；但是这些名称也转移到其他事物。那些偶然地是量的事物，有的被这样称呼是在这个意义上："有教养的"和"白色的"被说成是量，亦即因为"有教养性"和"白性"所属的东西是一

30　　个量，而有的是量则是在一种意义上运动和时间是量；这些也被 * 叫作一种量的连续，因为具有这些属性的事物是可划分的。我指的不是那运动的事物，而是指空间，运动是通过空间而发生的；由于它是一个量，运动也是一个量，而且由于这是一个量，时间也是一个量。

第十四章

*"质"（τὸ ποιόν/Quality）的意思是：（1）本质的种差，例如人是有 1020ª33
某种质的动物，因为他是两足的，而马是动物，因为它是四足的；* 一 35
个圆是一个有特殊质的图形，因为它是无需角的——这表明 * 本质的种 1020ᵇ
差是一种质——这是质的一层意思，即本质的种差。但是（2）有另一
层意思，它应用于数学的不动的对象，即数目具有一定的量的意思，例
如合成的数目，它不仅是在一个向量中，* 而是由平面和体来表示的（这 5
些都是平方数和立方数）；而且一般说来，那存在于量之外的数的本质
中的东西就是质；因为每一个的本质就是它一度是什么，例如，6 的本
质就不是两倍或三倍，而是它一度是什么，因为 6 就是一度是 6。

（3）运动实体的所有性质（例如热与冷、* 白与黑，重与轻，以及 10
其他的这类东西），当它们变化的时候，由于它们，物体被说成改变了。
（4）关于德行与恶行的质，一般说来，关于恶与善的质。

这样，质似乎在实际上具有两种意义，而其中的一种是更加适合
的。原初的质是 * 本质的种差，在数目中的质是它的一个部分；因为它 15
是本质的一个种差，但或者是不运动的事物的本质的种差，或者不是作
为运动的事物的本质的种差（ἀλλ᾽ ἢ οὐ κινουμένων ἢ οὐχ ᾗ κινούμενα）。
其次，有些作为在运动中的运动的事物的属性和运动的种差。德行和恶 20

行属于这些属性；因为它们标志＊运动或活动的种差，在运动中的事物根据它而很好地或很糟地作用或被作用；因为那能运动或作用的在一种方式中是善的，而能这样做的在另一种——相反的——方式中则是恶的。善和恶指明质，特别是在有生命的事物中，而在这些当中，又特别是在那些有＊目标的事物中。

25

第十五章

　　* 事物是"相对的"（πρός τι/Relative）是说（1）如像倍对于半，1020ᵇ26

三倍与三，以及一般说来许多倍大的东西对于那许多倍小的东西；以及

那超过的东西对于那被超过的东西；（2）如像那能使热的东西对于 * 能　　30

够被弄热的东西，能切割的东西对于被切割的东西，以及一般地说主动

的东西对于被动的东西；（3）如像可度量的东西对于度量，以及可以认

识的东西对于知识，以及可以感知的东西对于感觉知觉。

　　（1）在第一种意义中它们被说成在数目上是相对的，或者是简单

地，或者是确定地相对于数或相对于一；例如"倍"是与"一"处于一

个确定的数的关系中，而那是 *"许多倍大"的东西是处于对"一"的　　35

数的关系中，但不是一种确定的关系，* 亦即不是处于这个或者那个相　　1021ᵃ

对于它的数的关系中。那一半大的东西也是作为某个别的东西相对于那

个某种东西，是对于一个数的确定的数的关系。那个别的某种东西的

(n+1) /n 倍的东西是对于那个东西的一个不确定的关系，正如"许多

倍大"的东西是处于与 1 的不确定的关系一样，那超过的对于那被超过

的关系是数目上完全不确定的；* 因为数总是可通约的。而"数"是不　　5

表述那不可通约的，但是，那超过的相对于那被超过的是如此之多，并

且还要加上多出的一些，而这个多出的一些是不确定的，因为无论在什

135

么情况下它能够与那被超过的相等或不相等。——这样，所有这些关系
10 都是由数表示的，而且都是数的性质，并且还有相等，* 相似以及相同，
在另一种方式中，也都是如此。因为全都与"一"有关。那些相同的事
物，其实体是一；那些相似的事物，其质是一；那些相等的事物，其量
是一，而 1 是数的起点的尺度，所以所有这些关系蕴含着数，尽管并非
在同一种方式之中。

15   * (2) 那是主动和被动的事物（τὰ δὲ ποιητικὰ καὶ παθητικὰ）蕴
含着一种主动的或被动的潜能以及潜能的现实化；例如那能够热的东西
相对于那能够被弄热的东西，因为它能够弄热它。再有，那个热着的东
西相对于那被弄热的东西以及那切割的东西相对于那被切割的东西，这
个意思就是它们实际地进行这些事情。但是数的关系不是加以实现的
20 * (除了在别的地方曾经陈述过的意思①)；它们没有运动意义的现实化。
至于蕴含潜能的相对关系，有的进一步蕴含特殊时间的关系，例如，那
做成的东西相对于那被做成的东西，那将被做的东西对于那将被做成的
东西。因为正是在这种方式中一个父亲被叫作他的儿子的父亲，因为在
25 某种方式中一个曾经作了而另一个曾经被作了。②* 再有，有些相对的
[词项] 蕴含着潜能的缺乏，亦即，"不能够"以及这一类的词项，例如
"不能看见"。

因此蕴含数和潜能的相对词项全都是相对的，因为它们的本质包含
着与别的某事物的关涉于其本性之中，而不是因为别的事物包含着对它
30 的关涉；但是 (3) 那是可度量的、可认识的和 * 可思考的事物被叫作
相对的，因为别的某事物包含着对它的关涉，因为"那可以思考的"蕴
含着对它的关涉。"那可以思考的"蕴含着对它的思想是可能的，但是
思想不是相对于"那是关于它的思想的东西"；因为那样我们将会把相

---

① 难以确定亚里士多德所指为何处。罗斯认为可能是指"论理念"及"论毕达哥拉
斯派的意见"，圣托马斯 (S.Thomas) 注释本则认为系指《物理学》Ⅱ.2，193ª30 ; 9，
200ª23，可参考。
② 亦即无需任何现在的关系来确证这种相关词的使用；永远有着过去已确立的
关系。

同的事物说两次。相似地，观看是对某事物的观看，* 而不是"关于对　1021ᵇ
于它加以观看的东西的观看"（当然，尽管这样说是真的）；事实上，它
是相对于颜色或相对于这一类的别的东西，但是按照说法的另外的方
式，这相同的事物会被说两次——"对于观看对象的观看"。

　　事物由于它们自己的本性而被称作相对的，有时是在这些意义上如
此称呼的，如果 * 包含它们的类有时属于这一类的话；例如"医药"是　5
一个相对词项，因为它的种［概念］"科学"被认为是一个相对词项。
再有，有一些性质，那些具有它们的事物，由于它们而被称为相对的，
例如，平等是相对的，因为相等是相对的；还有，相似性是相对的，因
为相似是相对的。其他的事物是由于偶然而是相对的；例如，一个人是
相对的，因为他恰巧是某物的一倍，* 而"倍"是相对的，或者那白色　10
的东西是相对的，如果同一事物恰巧是一倍和白色的。

第十六章

1021ᵇ12 　　* 那被叫作"完善的"或"完成的"（τέλειον/Complete, Perfect）是：
（1）在它之外不可能找到它的任何的（甚至是一个）部分，例如，每一
个事物的完成的时间是那在它之外不可能找到任何时间是它特有的一个

15 部分；*（2）那在卓越和善的方面不能在它的种类中被超过的，例如我
们有一个完美的医生或者一个完美的笛子演奏者，当着他们在其特有
的卓越性的形式方面并不欠缺任何东西的时候，并且这样地把这个字
转移到坏的事物上，我们说一个完全的丑闻的传播者和一个完全的贼，

20 的确我们甚至称他们为"好的"，例如，* 好一个贼或好一个丑闻传播
者。而卓越性是一种完美；因为每一事物是完成的而且每一个实体是完
成的，如果在它的特有卓越性的形式方面它并不缺乏它的自然的分量的
任何部分。——（3）已经达到它们的目的（这就是善）的事物，被叫

25 作完成的；因为事物 * 由于已经达到它们的目的而是完成的。因此，由
于目的是某种终极的东西，我们将这个字转用于坏的事物，并且说一个
事物已经完全地被损坏了和完全地被摧毁了，如果它一点也不缺少毁坏
和坏性，而且处于它的最后一点上。这就是为什么死亡也在修辞法中被

30 叫作终结，因为这两者都是最后的事物。但是 * 终极的目标也是一个目
的。——这样，事物由于它们自己的本性被称为完善的，就是在所有这

些意义上被如此称呼的，有的事物是在善的方面不缺少任何东西，并且不能被超越，而且它们特有的部分不能在它们之外找到。另外的事物，一般说是因为它们不能在它们的不同类别中被超过，而且它们的特有部分不 * 在它们之外；另外一些则预先假定了这先前的两种，它们被称为 1022ᵃ 完成的，是因为它们或者造成或者具有这类的某种事物并且适合于它，或者以这样或那样的方式包含着与在原初意义上被称作完善的事物的一种关联。

第十七章

　　*"限制"（πέρας/Limit）的意思是：（1）每一事物的最后的点，超
　过它就不能找到任何部分，*以及首先一点，在它之中就是每一个部分；
（2）一个空间大小的形式（无论它会是什么样的），或者是一个有大小
的事物的形式；（3）每一个事物的终点（这个终点就是运动或活动朝向
的点，而不是由它出发的点，但有时它同时是由之出发并朝向它的点，
亦即终极原因）；（4）每个事物的实体以及每个事物的本质；因为这是认
　识的限制，*而如果是认识的限制，也就是对象的限制。因此显然，"限
制"有着和"开端"一样多的意义，而且还要多些；因为开端是一个限制，
但并非每一个限制都是一个开端。

140

第十八章

　　*"由于它"（τὸ καθ' ὅ/That in virtue of which）有多种意义：（1）每　个事物的形式 * 或实体，例如，由于它一个人是善的即是善本身；（2）15原初的东西，事物在其中自然地产生出来，例如，在表面上的颜色。这样，"由于它"的原初的意义是形式，第二位的意义是每个事物的质料和每个事物的原始的基质。——一般来说"由于它"的意义是 * 和"原20因"的意义的数目一样多；因为我们不加区别地说（3）"他来是由于什么"或"他来是为了什么目的"；以及"由于什么他错误地推论"或"什么是这个推论或错误推论的原因"。——进一步说，（4）"由于它"是用以指涉位置，例如，"他站在那里"或"他沿着那里散步"；因为所有这些词组指出地点和位置。

　　因此，*"由于它本身"（τὸ καθ' αὑτὸ）必定同样具有多种意义。25它指明：（1）每个事物的本质，例如，卡里亚是由于他自身而是卡里亚，亦即作为卡里亚是什么。（2）无论什么呈现在"什么"中的东西，例如卡里亚是由于他本身而是一个动物，因为"动物"呈现在他的定义中；卡里亚是一个特殊的动物。（3）* 一个事物直接地接受在它自身中30或它的一个部分中的无论什么属性，例如，一个表面由于它自身而是白色的，一个人由于他自身而是活着的；因为灵魂是人的一个部分而生命

141

是直接地包含于它之中的。(4) 那除了它自身没有其他原因的东西；人
35 有多于一的原因——动物，两足的——但是，人由于他自己而是人。*
(5) 只属十一个事物的无论什么属性，而且就它们只属于它来说，仅仅
是由于它自身与它自身分离开来考虑。

第十九章

*"安置"（διάθεσις / Disposition）的意思是：那有部分的东西的安 1022^b 排，或者从地点方面，或者从潜能方面，或者从种类方面；因为必定有某一个位置，甚至"安置"这个字也表明了这一点。

第二十章

1022^b4、5 　　*"具有"（ἕξις/Having）① 的意思是（1）*具有者和他具有东西的一种活动——某种像一个活动或运动的东西。当一个事物制作而一个被制作，在它们之间，有一个"制作"；同样地在那拥有一件外衣的人和他所拥有的外衣之间，有一个"具有"。那么明显地这种"具有"，我们是不能拥有的；因为如用拥有我们拥有的"具有"是可能的话，那么这个

10 过程将会无限地进行下去。——*（2）"具有"或"习惯"的意思是一个安排，根据它，那被安置的东西或者较好或者较差地被安置，而这或者是在它本身或者指涉别的什么东西；例如，健康是一种"习惯"，因为它是那样的一种安置。——（3）我们说到"习惯"，如果有一种这样的安置的一个部分的话；并且因此甚至各个部分的卓越之处，也是整个事物的"习惯"[状态]。

---

　　① ἕξις 不仅有"具有"的意义，还有"习惯"、"永久状态"等意义

144

第二十一章

　　* 遭受（πάθος/Affection）的意思是：（1）一种性质，由于它，一个　　1022ᵇ15
事物能够被改变，例如白与黑、甜与苦、重与轻，以及所有其他这一类
的东西。——（2）这些东西的现实——已经完成的改变。——（3）特
别是伤害性的改变和运动，* 尤其是痛苦的伤害。——（4）不幸和痛　　20
苦的经验在大的规模上被称作"遭受"。

第二十二章

1022ᵇ22   ＊缺失（στέρησις/Privation）的意思是：如果某个事物不具有一个事物会自然地具有的诸属性之一，甚至如果这个事物本身不会自然地具有它；例如，一个植物被说成"缺失"眼睛。——（1）＊如果一个事物不具有该事物自身或它的种会自然地具有的一种属性，例如，一个盲人和一个鼹鼠在不同的意义下都缺失视力；后者是与其种① 相对比，前者是与他自己的正常本性相对比。——（2）尽管它应当自然地具有某属性，并且当它应当自然地具有它时，如果它不具有它；因为盲是一种缺失，但一个人并非在任何时候和每一个时候都是盲的，而仅仅如果在它应当自然地具有视力的年龄时而不具有它。＊相似地，一个东西叫作盲的，如果它在工具方面、器官方面，关系方面和方式方面缺乏某属性而它应当自然地拥有该属性。——（3）任何东西被暴力剥夺叫作缺失。

    的确，缺失恰好有如语词带有否定的前缀那样具有那么多种类的意义；一个事物被叫作"不相等"，因为它不具有相等，尽管它应当自然具有它；而"不可见的"则是因为它＊或者根本没有颜色，或者因为它有很不明显的颜色；"无足的"或者因为它根本没有足，或者因为它

---

①   即"动物"。

具有不完善的足。再有，一个缺失的词可以意味着 *"在很小程度上具   1023ª
有某事物"，例如，"无核的"，这意味着以不完善的方式具有它。再有，
它可以意味着"不容易地"或"不是很好地"具有它，例如，"不可切
割地"意思不仅是指那不能被切割的东西，而且指那不容易地或不能很
好地被切割的东西。再有，它还可以意味着根本不具有某事物；因为 *   5
不是一只眼的人，而是双眼无视力的人，才被叫作盲人。因而并非每一
个人都是好的或坏的，正直的或不正直的，还有着居间的状态。

第二十三章

*"有"［或"持有"、"拥有"］（τὸ ἔχειν/To have, hold）在许多意义
上被使用：（1）根据一个人自己的本性或者根据一个人自己的冲动对待

10　一个事物，*所以发烧被说成它持有人，僭主则拥有他们的城邦，而人
则拥有他们穿的衣服。——（2）一个事物呈现于作为它的受体的某事
物中，［后者］被说成是持有那个事物，例如青铜具有人的［雕像］的
形式，而身体则拥有疾病。——（3）那包含的事物持有被包含的事物；

15　因为一个事物被说成是被持有，是由于那个它在其中犹如*在一容器中
一般的东西。例如，我们说罐子装有液体，而城市拥有人，船拥有水
手；所以整体也拥有部分。——（4）那阻碍一个事物按照它自己的冲

20　动来运动或行动的，被说成持有该事物，正如柱子持有压在上面的重
量，如诗人们*使得阿特拉斯（τὸν Ἄτλαντα/Atlas）持有上天①，这蕴含
着这样的意思：否则天就会崩塌到地球上来，如某些自然哲学家们也是
这样说的。② 在这种方式下，那把一些事物聚在一起的也被说成是持有
这些事物，因为否则它们就会每一个都按照它们自己的冲动而分离开。

25　　　"存在于某事物中"（τὸ ἔν τινι εἶναι）有着和"持有"、"具有"*
相似的和相应的意义。

---

① 参看赫西俄德：《神谱》517。阿特拉斯是希腊神话中背负苍天的大力士。
② 参看亚里士多德《论天》284ᵃ20—26。

第二十四章

*"来自某物"（τὸ εκ τινος εἶναι/To come from something）的意思是： 1023ᵃ26
（1）来自某物如来自质料，而这有两种意思，或者对于最低的种或者对
于最高的属；例如在一种意义上所有能被溶解的东西都来自水，但是在
一种意义上雕像来自青铜。——（2）作为来自*第一推动的本原；例 30
如，"战斗来自什么？"来自侮辱性的语言，因为这是战斗的来源。——
（3）来自质料与形式的复合，如同部分来自整体，这段韵文出自《伊利
亚特》，以及石头出自这座房子；（在每个这样的状况中，整体是质料与
形式的复合）① 因为形式是目的，而只有那达到一个目的的事物才是完
成的。——（4）*作为形式来自它的部分，例如，人来自"两足的"， 35
而音节来自"字母"，这是*与雕像来自青铜的意思不同的一种意义； 1023ᵇ
因为合成的实体来自感性的质料，但是形式也来自形式的质料。——这
样，有些事物在这些意义上被说成是来自别的什么事物；但是（5）如
果这些意义中的一个可应用于其他事物的一个部分，那么那些事物也可
这样描述了；例如，孩子来自他的父亲和母亲，*植物来自土地，因为 5
他们都来自这些事物的一个部分。——（6）它意味着在时间上来得晚

---

① 括号中的文字，是罗斯的英译文中加的说明，可供参考。

于一个事物，例如，夜晚来自白昼，暴风雨来自好天气，因为一个来得晚于另一个。对于这些事物，有些之所以如此被描述，是因为它们允许相互变成对方，如像现在提到的情况；有的则仅仅因为它们在时间上的先后相继，例如，"航行'自'春分（或秋分）进行"，因为它在 * 春分（或秋分）之后进行。塔尔格利亚节（Θαργήλια）来自狄奥尼西亚节（Διονύσια）因为它在狄奥尼西亚节之后。①

10

---

① 塔尔格利亚节是祈求丰收的节庆，于雅典的塔尔格利昂月（Θαργηλιών，约为现在的五月中至六月中）第七天举行。狄奥尼西节是祭祀酒神狄奥尼索斯（Διόνυβος）的节庆，一般在春天三月举行。

第二十五章

*"部分"（μέρος/Part）的意思是：（1）（a）一个量能以任何方式划 1023ᵇ12
分为它的东西；因为那从作为量的量取走的东西，总是被称作它的一个
部分，例如，二在一种意义上被称为三的一个部分。* 它的意思是（b） 15
关于在第一种意义上的部分仅仅是那些度量整体的东西；这就是为什么
二在一种意义上被称为三的一部分，在另一种意义上又不被称为三的一
部分。——（2）一类事物除了量之外可以被划分为它的元素，这元素
也被称为它的部分；由此，我们说属是种的部分。——（3）一个整体
被划分为元素或者它由这些元素构成，整体的意义或者是 * 形式或者 20
是那具有形式的东西；例如，铜球的形式或铜的立方体，不仅青铜是部
分，亦即形式在其中的质料，而且［它的］角也是部分。——（4）在
定义中解释一个事物的因素也被称作整体的部分；这就是为什么种被称
为属的一个部分，尽管在另一个意义上属是 * 种的部分。 25

151

第二十六章

1023ᵇ26　　*"整体"（ὅλον/Whole）的意思是：（1）那不缺少它的任何一个部分的东西被称为自然地是一个整体，并且（2）那如此地包含着它包含的诸事物从而形成一个统一体的东西；而这有两层意思——或者每个都成为分离的一件单独的事物，或者在它们之间造成了一个统一体。（a）

30　　共相或者一般地述说 * 作为一个整体的事物，在它包含许多事物的意义上是共相，因为它表述它们的每一个，而且每一个以及所有它们都是一，例如人、马和神，因为它们全都是有生命的事物。（b）那连续的并被限制的东西，当它是由几个部分组成的统一体时，就是一个整体（特别是如果部分仅仅是潜在地呈现于其中的话；但是如果不是这样，即使它们实际地呈现也是不行的）。* 关于这些事物本身，由于本性而如此，比之由于技艺而如此的，是较高程度上的整体，如我们所说①在统一体的场合也是这样，事实上整体性是一种统一性。

1024ᵃ　　* 还有（3）那具有开端、中点与终点的量，位置对于它不造成区别的，叫作全体（πᾶν/All, totle），而对于它造成区别的，叫作整体（ὅλον/Whole）。那些容许这两种描述的就既是整体又是全体。这些就是其本

————————

①　参看1016ᵃ4。

152

性在交换位置后仍然保持一样的事物，但是＊它们的形式则不保持一 5
样，例如，腊和一件外衣。它们被描述为既是整体又是全体，因为它们
具有这两者的特征。水和所有的液体和数都被叫作全体，而不说"整体
数"和"整体水"，除非是在一种延伸的意义上使用。对于应用"全体"
一词的，作为一的事物，当它们被当作分离的时候，"所有"这个词也
可以应用，＊如"所有这个数"，"所有这些单位"。 10

第二十七章

1024ª11　　　* 并非任何碰巧是量的事物都能被叫作"截割的"（κολοβòν/Muti-
lated），它必须是一个整体而且是可分的，因为如果二的两个一中的一个
被拿走，不仅二并不成为"截割的"（因为由截割去掉的部分并不等于
15　剩余的部分），而且一般地说没有数是那样被截割的；* 因为本质留下来
也是必要的；如果一只杯子被截割了，它必须仍然是一只杯子；但数则
不复是相同的数。再说，即使事物包含着不相等的部分，这些事物也不
能全都被说成是"残缺的"①，因为在一种意义上一个数具有不相似的部
分（例如二与三）以及相似的部分；但是一般地对于那些其位置并不造
20　成差别的事物，例如水或火，都不能被"弄残缺"②。*"被弄残缺"③，事
物必须由于它们的本质而具有某种位置。再有，它们必须是连续的；因
为一个音阶包含着不相似的部分并具有位置，但不能成为"残缺的"。
此外，甚至是整体的事物也不由于缺失其任何部分而"被弄残缺"，因
为去掉的部分必须既不是那些决定本质的部分也不是任何碰巧的与其位

---

①　"残缺的"、"弄残缺"、"被弄残缺"这几个词，在古希腊文中均系 κολοβòν 一字的
　　不同形式，为中文表达的顺畅，根据不同的句子的含义，作了"残缺的"等等的译
　　文处理，请加以注意。
②　同上。
③　同上。

置无关的部分；例如一只杯子如果它被钻穿了，＊就不是"被截割"的，　25
但仅仅是它的把手或者一个突出部分被去掉了才是"被截割"的，而一
个人如果肉和脾去掉了还不是"残缺的"，但如果四肢之一失掉了就是
"残缺的"了，这不是任何一个肢体，而是一个完全地去掉了之后就不
能再长的肢体。因此，剃光的头不是一种残缺。

第二十八章

1024ª29　　　*"种"（γένος/Genus, race）在这个意义上被使用，（1）如果具有同

30　　样形式 * 事物的生成是连续的，例如"当人的种族延续时"，意思是"当
它们的生成连续地进行下去"。——（2）它与那首先把事物带入存在
的东西相联系而被使用；因为这样从种族上有的人叫作希腊人，有的叫
作伊奥尼亚人，因为前者以海伦作为第一个生育者进行［繁衍］，后者

35　　则以伊奥作为第一个生育者进行繁衍。这个字在 * 与生育的联系上使
用更甚于与质料①的联系，尽管人们也从女性那里获得种族的名字，例

1024ᵇ　　如"比拉的后代"（οἱ ἀπὸ Πύρρας）②。——（3）有一种意义上的"种"，
*"面"是平面图形的种，"立体"是立体的种；因为在一种场合这种图
形的每一个都是如此这般的一类的一个面，而在另一场合每一个立体
则是如此这般的一类的一个立体；而这是那潜伏在种差下面的东西。再

5　　有，（4）在定义中，那被包含在 *"什么"之中的第一个组成元素，就
是种，它的差别就被说成是质。这样，种就在所有方式中被使用：1. 涉

---

① 亚里士多德认为在生育上父亲提供动力因和形式因，母亲则提供质料因。参看
本书 A. VI.8，E. I .5。
② 比拉为传说中在洪水之后的杜卡利昂的妻子，并视为"希腊的诺亚"（意即现有
希腊人的第一位母亲）。

及在同一种类的连续生成；2. 涉及推动同类事物的第一个推动者；3. 作为质料——对于差别或质所属的那个东西，乃是基质，我们叫它质料。

* 那样一些事物被说成是"在种上不同的"。(1) 它们的原初基质(τὸ 10 πρῶτον ὑποκείμενον) 是不同的，它们不能从一个分析出另一个，也不能把两者都分析为同一事物（例如，形式和质料在种上是不同的）。(2) 属于存在的不同范畴的事物（有些事物）被说成"是"表示是什么（τί ἐστι)①，另外的表示一种质，以及另外的表示各种其他的我们在前面区分过的范畴②，* 这些东西也是不能从一个分析出另一个，也不能把两 15 者分析成为某一个事物。

---

① 即指实体,亦即"这个东西"。
② 参看本书 1017ᵃ24—27。

第二十九章

1024ᵇ17   *"假的"（τὸ ψεῦδος /False）意思是：（1）那个作为一个事物是假的东西，并且因为（a）没有彼此一致或不能彼此一致，例如"一个四边

20 形的对角线 * 与边是可通约的"或者"你正坐着"；因为其中之一永远是假的，而另一个则有时是假的，在这两层意思中它们是非存在物（οὐκ ὄντα）。（b）有些事物是存在的，但是它显示的本性或者不是如像它们的本性或者是那不存在的事物，例如，一个草图或者一场梦；因为这些

25 真的都是某种事物，但都不是它们造成的印象的那种事物。* 于是我们以这种方式叫这些事物为假的——或者因为它们本身不存在，或者从它们产生的现象是某种不存在的东西的现象。

    （2）一个假的陈述，就这个陈述是假的来说，就是对于不存在的东西的陈述，由此每一个陈述是假的，当其应用于不同于关于它是真的陈述的事物时；例如一个圆的陈述应用于一个三角形时就是假的。在一种意义上说，每个事物有一个陈述，亦即对它的本质的陈述，但在另一意

30 义上则有 * 许多陈述，因为这个事物本身与带有一个属性的事物本身在一种意义上是相同的，例如，苏格拉底和有教养的苏格拉底。一个假的陈述绝不是对任何事物的陈述，因此，当安提西尼宣称没有什么事物能够被描述——除非由专属于它的陈述来描述：一个谓语对一个主语——

他的头脑是太简单了。由此，通常会得出的结论是，不会有矛盾而且几乎不会有错误。* 但对于每个事物的描述不仅可以用它本身的陈述，而且可以用某些别的东西。的确做到这一点可以一齐都是假的，但也有办法可以真的做到这一点；* 例如可以用使用二的定义把八描述为一个倍数。

35

1025ᵃ

于是，这些事物在这些意义上被叫作假的，但是（3）一个假的人则是一个人故意地和处心积虑地作出那样的陈述，只是为了这样做而不是为了任何别的理由，以及是一个善于使别人也引出那样的陈述的人，* 正如我们说事物是假的，它产生一种假的现象。这就是在《小希匹阿斯篇》中的证明，说同一个人是假的和真的为什么是导向错误的。因为他假设一个能欺骗的人是假的①（亦即那人是知道的，并且是聪明的）；而且进一步说一个自愿地是坏的人是更好的人②——这是一个 * 由于归纳而得出的错误——因为一个人自愿地跛着脚行走比那不自愿地跛着脚行走的人更好些——柏拉图用"跛脚行走"一词的意思是"模仿跛足行走"，因为如果一个人自愿地是瘸子，在这个情况下他也许会是更坏的，如同在相应的道德品格的场合一样。

5

10

---

① 参看柏拉图：《小希匹阿斯篇》，365—369。
② 同上，371—376。

第三十章

"偶性"（συμβεβηκòς/Accident）的意思是：（1）那附着于某物并能被真的断定的东西， 但既非出自必然也不是经常地，例如，如果某人为种树挖洞而发现了宝藏，这个——发现宝藏——对于挖洞的人来说是一个偶然；因为一个并非必然地从另一个而来，或者在另一个之后，也并非一个人种树他就经常地发现宝藏。一个有教养的人 * 可以是白色的；但这并非由于必然而发生也非经常如此，我们就叫它是一个偶性。因此，由于有属性并且它们附着于主体，而且它们中有些附着于主体仅仅在一个特殊地点和在一个特殊时间；但是无论是什么［属性］附着于主体，只要不是因为它是这个主体，或者时间是这个时间，或者地点是这个地点，这就将是一个偶性。因此，对于一个偶性也没有确定的原因，* 而只有一个碰巧的原因，亦即一个不确定的原因。前往爱琴海对于一个人来说是偶然的，如果他不是为了到达那里而行走，而是由于他被暴风雨或被海盗俘获而被带往那里的话。偶然［事件］是发生了或存在着，——然而，不是由于主体的本性，而是由于别的什么东西；因为暴风雨是他来到一个地方的原因，他并未驶向那个地方，而这个地方就是爱琴海。

*"偶性"也还有（2）另一个意义，亦即所有由于其自身而附着于

1025ª14

15

20

25

30

160

每个事物的东西，但不是由于它的本质，如像有等于两个直角的角附着于三角形那样。这一类的偶性可以是永恒的，而没有其他种类的偶性是这样的。这一点在别处已解释过了。①

---

① 《后分析篇》i.75ᵃ18—22.39—41.76ᵇ11—16。

第六卷（E）

第一章

1025ᵇ3   ＊我们探寻的是事物的原理和原因，而且很明显这些事物是作为存
5   在的事物。这里有健康和身体状况良好的原因，并且数学也有原理、元
素和原因，而且一般说来每一种思维的科学或者包含比较精确或比较简
单的推理的科学，都是关于原因和原理的。所有这些科学都划出某个特
殊的存在和某个种来从事研究，但是并非直截了当地研究作为存在的存
10 在。＊它也不对它处理的事物的本质加以讨论，而是从它出发，有的使
它在感觉上是明显的，另外的则设定本质作为假设，然后他们或强或弱
地证明有这些本质属于这类事物。因此，很明显，从这样的归纳方法，
15 没有对于实体或本质的证明，＊而是某些其他的展示它的方式。同样，
它们没有说它们加以讨论的这类事物究竟存在还是不存在，因为表明它
是什么和它存在属于同一类的思考。

    由于物理科学（ἡ φυσικὴ ἐπιστήμη）恰好也是关于存在的一个类
20 的（＊因为它是关于那样一种实体的，这种实体本身包含运动和静止的
本原），显然，它既不是实践的"科学"，也不是生产的"科学"：因为
在制造的东西的情况下，本原在制造者之中，或者是理性或者是技艺或
者是某种能力；而在实践的活动的情况下，本原即在实践者之中，即意
25 图，因为做一件事和策划一件事是一回事。＊因此，如果所有的思维活

动（διάνοια）或者是实践的，或者是生产的，或者是理论的，那么，物理学必定是一门理论的科学，而且是关于那样一种存在的理论，这种存在是能够被推动的，而且是关于那样一种实体的理论，这种实体按照定义仅仅其绝大部分与质料不可分离的。但是，我们一定不能忽视本质及其定义的存在方式，因为，没有这一点，* 研究就不会有什么结果。关于定义的事物及事物是什么，有些如像"扁平鼻"有些则像"凹的东西"（τὸ κοῖλον），而这些的不同，在于"扁平鼻"是与质料组合在一起的（因为"扁平鼻"是凹形的鼻子），但"凹性"（ἡ κοιλότης）则没有可感觉的质料，如果所有自然的事物都像 *"扁平鼻"那样的方式来述说，例如，鼻、眼、脸、肉、骨，以及一般而言的动物，叶、根、树皮，以及一般而言的植物（因为没有一个它们的定义没有运动，而且永远有质料），这样，必须怎样地探寻和定义在自然事物中的本质，* 以及为什么自然哲学家也要研究灵魂（就其并非不具有质料而言），就是很清楚的了。

　　这样，从这些考虑可以看出，物理学是一门理论科学，数学也是理论科学，但是，现在还不清楚，它的对象是否不运动和可分离。而有些数学分支研究的是作为不运动的和可分离的东西，* 则是很清楚的。但是如果有的事物是永恒的、不动的和可分离的，那么关于它的知识就是属于理论科学的了；但不属于物理科学（因为物理学是关于某种运动的事物的），也不属于数学，而是属于一门优先于这两者的科学。物理学是关于分离地存在，但并非不运动的事物的，而数学的对象则是 * 关于不运动的但也许并不是分离地存在的事物，而是在质料之中的；然而第一科学（ἡ πρώτη）则是关于分离的和不动的事物的。所有原因必定是永恒的，而这些尤其如此；因为这些是那神圣的可以看见的事物的原因。因此，将有三种理论的哲学：数学、物理学和神学（因为 * 这是明显的：如果神圣的东西真正存在于任何地方的话，那么它就存在于这一类的事物中），而最荣耀的科学必定是关于最荣耀的种的。于是，当理论科学比其他科学更加值得选择时，这门科学则比各门理论科学更加值

30

1026ᵃ

5

10

15

20

25　得选择。有人会问：究竟第一哲学是关于普遍的，还是关于某一个种 *
和某一类自然物的。在这方面，在各门数学中，也不是一样的。一方面
几何学和天文学是关于一种自然物的，另一方面普遍的数学则是所有数
学科学所共同的。这样，如果在那些自然地构成的事物之外，没有某些
其他的实体的话，那么，物理学就会是第一科学了；但是，如果有某种

30　不动的实体，* 那么，这一门〔研究它的科学〕就会是优先的，并且是
第一哲学，而且在这种意义上的普遍也将是第一的。而对于作为存在的
存在的研究也属于这门科学，既包括它是什么，也包括那些属于作为存
在的东西的属性。

第二章

    ＊但是由于"存在"（τò ὄν）这个简单的词的使用具有多种含义，1026ᵃ33
其一种意义是具有偶性的东西，另一种意义＊是真的东西（而"非存在"35
则用作"假的东西"的意思），此外，还有范畴表中的诸范畴，例如，"何
物"、"质"、"量"、"地点"、"时间"，以及任何其他的＊这一类的意义。1026ᵇ
在所有这些之外，还有潜能和现实。由于"存在"在多种意义上加以使
用，首先必须说根据偶性而成为的东西，因为对于它没有思辨可言，表
明这一点的是：没有一门科学＊是把它作为对象的，不论是实践科学、5
制造科学、还是理论科学。一个修建房子的人不会同时造出房子可以产
生的所有偶性，因为它是无限多的；它对于有些人是愉快的，对有些人
是有伤害的，而对另一些人则是有用的。没有什么东西会阻碍制造出这
样的东西来，并且制造出不同于所有其他存在的事物。但房屋建造技10
术＊完全不是这样的东西。几何学家以同样的方式也并不研究关于图形
的种种偶性，也不研究是否"三角形"不同于"其诸角等于两个直角的
三角形"，而这个情况的发生是合理的，因为偶性在实践上仅仅是一个
名称。因此，当柏拉图指出智者＊是与非存在打交道时，①在一种意义15

---

    ①   参看《智者》第254A。

上他是不错的。因为智者的论证主要是关于偶性的，例如，"有教养的"和"熟悉语法的"，以及"有教养的科里斯库"与"科里斯库"是一样的还是不同的，以及是否每一事物如果现在是存在的但并非永远存在，那么都是产生出来的。这样，如果一个人是有教养的，成了熟悉语法

20 的，*那么他作为一个熟悉语法的人，也成了有教养的人了。还有所有其他的这一类的论证。的确，偶性似乎是接近于某种非存在，这一点从下面这样的论证看也是很清楚的：在另一种意义上存在的事物是有生成和坏灭的，但根据偶性存在的事物则没有［生成和坏灭］。然而我们同

25 时还要尽可能地进一步*谈到偶性，什么是它的本性以及由于什么原因它得以存在。因为如此则会清楚地看出：为什么没有关于它的科学。

由于在那些存在的事物中，有些永远是在同一个状态，而且是由于必然性（不是强制意义上的必然性，而是说它使得事物不可能是别

30 的情况），*有些则不是必然地如此，也不是永远如此，而是经常地如此。这就是偶性存在的来源和原因，因为一个东西既不是永远如此，也不是经常如此，我们就把它叫作偶性。例如，如果在狗星时期①出现冬

35 季和寒冷，我们就叫它为偶然的，但如果出现闷热或酷热，则不是［偶然的］，*因为后者在这个时期永远是如此或者经常是如此，而前者则不是［这样的］。一个人是白色的是一种偶然（因为并非永远如此，也

1027ª 不是经常如此），但他是一个动物则并非偶然。一个建筑工人能治病*是偶然，因为不是建筑工人，而是医生自然地适于做这件事，而这个建筑工人恰好是一位医生。再有，厨师的目的是做出可口的东西，也可能做出某种对健康有益的东西，但这不是出自他的厨师的技艺，因此我们说它是偶然，而且*在一种意义上他产生出了它，但不是在单纯的

5 意义上。于是，对于其他事物，有产生它们的潜能，而对于偶然的东西，则没有产生它们的技艺和潜能；因为由于偶然而存在或产生出来的

---

① 按当时希腊习俗，从 7 月 3 日到 8 月 11 日这段时间称为"狗星时期"（直译为"狗日"［ἐπὶ κυνὶ]），因为"狗星"（即"天狼星"［sirius]）在这段时间与太阳一起升起和落下。这是一段炎热的季节。

事物，其原因也是由于偶然的。因此，由于并非每一个存在或产生出来
的事物都是由于必然和永远如此，而是＊绝大多数的事物都是经常如此　　10
的，这样必定有偶性存在。例如一个白颜色的人，并非永远是、也并非
经常是有教养的，但由于它有时发生，它就是偶然的（如果不是这样的
话，那么，一切都会是出于必然了）。因此质料（它能是别的而不是它
经常的状况）必定是偶性的＊原因。我们必须把这个问题作为出发点：　　15
是否没有事物既不是永远如此的，也不是对于大多数经常如此的，或者
这是不可能的。于是，在这些之外，有一种东西是偶发的和偶然的（τò
ὁπότερ᾽ ἔτυχε καὶ κατὰ συμβεβηκός）。但是，是否有些事物是经常发生的
而没有事物是永远发生的呢？还是有些事物是永恒的呢？关于这个问题
我们以后再研究。① 但是＊没有关于偶然的东西的科学则是很明显的。　　20
因为所有科学都是关于永恒的或者经常是如此的事物的。如若不然，一
个人怎么能学习和教别人呢？事情必须确定为永恒发生或者在大多数情
况下发生，例如，蜂蜜水（τò μελίκρατον）② 对于发烧的病人有益，是经
常如此的。但是除此之外的情况，＊即当它不如此时，例如在新月的时　　25
候，则不加陈述。因为即使是在新月时发生的事情也或者是永远如此的
或者绝大部分是如此的。但是偶然的东西则是与此相反的。这样，对于
什么是偶性，它由于什么原因产生，以及有没有关于它的科学，我们已
经作了说明。

---

① 参看本书第十二（Λ）卷，第六章至第八章。
② 即蜂蜜和水的混合物。

第三章

* 有可以产生和可以消灭的原理和原因，* 而无须在实际地产生和
消灭的过程之中，这是很清楚的。因为如果不是这样，每一个事物就都
是出于必然性了，就是说，对于那被产生和被毁灭的东西必定有某种不
是作为偶然的原因。有某物呢还是没有呢？如果有另一物发生，则有某
物，否则就没有某物。这另一物会发生，如果再有［第二个］另一事物
发生。这样，如果时间以这种方式 * 连续地从一个限定的时期中减去，
一个人显然就会来到现在。这样，这个人就将死于［疾病或］① 暴力，
如果他出去的话；而他会这样做，如果他感到渴；他将感到渴，如果别
的什么事情发生的话；这样，我们就将来到那现在呈现的情况，或者某
个过去的事件。例如，他将出去，如果他感到渴；他将感到渴，如果他
5   正吃着辛辣的食物；* 而情况或者是这样，或者不是这样；所以他将由
于必然性而死去，或者由于必然性而不死。并且相似地，如果一个人跳
到过去的事件中，这个原则也是同样的：因为这个——我的意思是过去
的条件——是已经呈现在某些事物中的，因此，每一个将要存在的事
物，将会由于必然性而存在；例如，那个活着的人将会在某一天死去；

---

①　有的古抄本将括号内的文字删去（罗斯英译文也将它们删去），但据文意及参照
　　1027ᵇ10 的行文，以保留为宜。

因为已经存在着某些条件，* 例如，矛盾的东西呈现于同一身体之中。　10
但是他究竟是死于疾病还是死于暴力，还是不确定的，而是取决于别的
某个东西的发生。这样，显然地，这个过程走回到某个出发点，而且这
不再进一步地指向某个东西。这就将是偶然发生的东西的出发点，而将
没有别的什么东西作为它进入存在的原因。但是我们这样地把偶然涉及
什么种类的出发点以及什么原因，——* 究竟它涉及质料，还是涉及目　15
的和动力，则是必须仔细加以思考的问题。

第四章

1027ᵇ17　　* 让我们放下作为偶性的存在，因为对它已经作了充分的规定。至于作为"真"的存在和作为"假"的非存在，由于它们决定于联结与分

20　　离，而这两者都 * 关系到矛盾命题两部分的安排。（因为真的在［主语与谓语］联结时给予肯定，而当它们分离时，则给予否定；至于假的，对于命题的分析则是相反的。怎样发生把它们想作是联结在一起的或分离的，这是另一个问题。我的意思是，"联结在一起的"和"分离"不

25　　是在思想上作为相继出现的东西，* 而是成为一个统一体。）因为假和真不是在事物中（例如，并非善就是真的而坏本身就是假的），而是在思想中。至于简单的事物和本质（τὰ ἁπλᾶ καὶ τὰ τί ἐστιν）则在思想中也不存在真假的问题。因此，应当在多大程度上研究这样意义上的存在

30　　和不存在，我们必须在以后加以考虑。① 但是，由于 * 联结和分离是在思想中而不是在事物中，而在这样意义上的存在，不同于确切意义上的存在（因为思想联结和分离"是什么东西"，或质，或量，或其他某种东西），我们必须撇开作为偶性的存在以及作为真的意义的存在，因为

1028ᵃ　　前者的原因是不确定的，而后者的原因则是 * 思想的某种属性，并且这

---

① 参看本书第十卷（H）第十章。

两者都是关于存在的其余的种的，而不指明存在的任何分离的类的存在。因此，让我们撇开它们而考虑作为存在的存在自身的原理和原因。[在我们关于 * 区分每个词，在多种意义上的使用的讨论中，"存在"具有几种意义，就已经很清楚了。]①   5

---

①   最后这句在方括号中的语句，"勒布丛书"本卷的译者认为"这句话几乎肯定的是后来的，而且是笨拙的一个增添，以表明它与以下一卷的联系"。此说可供参考。又，关于本卷第二至四章，可参看 K.1064^{b}15— 1065^{a}36。

第七卷（Z）

第一章

＊一个事物可以在几种意义上被说成是"存在（τò ὄν）"，我们以前在讨论词的各种意义的那一卷①中已经指出过了。在一种意义上，"存在"的意思是"一个事物是什么"或一个"这个"；而在另外一种意义上，它的意思是一种性质或数量或者一种用来作表语的其他东西。当"存在"具有所有这些意义时，显然，那个是"什么"，即指＊一个事物的实体（τὴν οὐσίαν/Substance）的，乃是"存在"的原初的意义。因为当我们说一个事物是什么性质时，我们说它是好的或坏的，而不说它是三肘长或者它是一个人；但是当我们说它是什么时，我们不说它是"白的"或"热的"或"三肘长"，而说它是"一个人"或"一个神"。而所有其他事物被说成是存在的，因为它们之中的有些是在这个基本意义上"存在"的东西的数量，有些是它的性质，有些是它的属性，而＊有些则是它的其他规定。因此，人们甚至可以提出这个问题："走"、"是健康的"、"坐"这些词，是否意味着这些事物的每一个都是存在的，而相似地，这一类的"词项"在任何其他的情况下都是如此，因为它们之中没有一个是独立存在的或者能够与实体相分离，而毋宁说，如果有什么事

---

① 参看本书第五卷（Δ）第七章。

物的话，它就是那在走着＊或在坐着或者是健康的东西，它才是一个存 25
在着的东西。现在这些被看成是更加真实的，因为有支承着它们的某种
确定的东西（那就是实体或个体），它是被包涵在那样一个谓语之中的；
因为我们不会使用"好的"或"正在坐着"这些词而不包涵着这个[主语]，
那么，明显地，是由于＊这个范畴的缘故，其他的每一个范畴也才成其 30
为"是"。因此，那原初地是(亦即不是在限定的意义上而是没有限定的)
的东西，必定是实体。

现在，一个事物在几种意义上被说成是第一的；然而实体在每一种
意义上都是第一的——（1）在定义上，（2）在认识的次序上，（3）在
时间上。因为（3），其他范畴中的任何一个都不能独立地存在，而只有
实体能够独立存在。而（1）在定义中这个也是＊第一的；因为在每一 35
语词的定义中，它的实体的定义必定要出现。而（2）当我们认识每一
事物是什么时（例如人是什么或火是什么），比起我们知道它的性质、 1028^b
它的＊数量，或者它的位置来说，我们认为我们对它的认识是最为充分
的。因为只有当我们认识到这个数量或者这个性质是什么时，我们也才
认识这些谓词中的每一个谓词。

的确，过去、现在以及永远会提出的问题并且永远是困惑我们的主
题，即存在是什么，也正好是这个问题：什么是实体？正是对于这个问
题，有些人[①]断言它是一个，＊其他的人断言多于一个，而有些人[②]断言 5
它在数目上是有限的，其他人[③]则断言是无限的，因而我们也必须主要
地和根本地并且简直是唯一地要考虑在这个意义上的存在是什么。

---

① 米利都和埃利亚学派。
② 毕达哥拉斯派和恩培多克勒。
③ 阿那克萨哥拉和原子论者。

第二章

* 实体被认为最为明显地属于物体（σῶμα/body）；所以我们说不仅动物、植物和它们的部分 * 是实体，而且自然物体，诸如火和水和土以及这一类的每个事物也是实体，而且所有事物或者是这些实体的部分、或者由这些实体组成（或者由它们的部分或者由它们的整体组成）的事物，也是实体，例如，宇宙及其部分，星辰、月亮和太阳。但是，是否仅仅这些是实体，或者还有别的东西，或者仅仅这些之中的某一些，* 或者还有其他的一些，或者没有这些之中的任何一个而只有某些其他的东西，才是实体？这是必须加以考虑的。有些人①认为，物体的限制（τὰ πέρατα/Limits）即面、线、点和单位，都是实体，而且比物体或立体（τὸ σῶμα καὶ τὸ στερεόν/Body or solid）更加是实体。

再有，有些人并不认为在感性事物之外有任何的实体性的东西，但是另外的人认为有在数上更多并且更为真实的永恒实体，例如：* 柏拉图提出了两类实体——形式（τὰ εἴδη/Forms）和数学对象——以及第三类实体，即可感觉物体的实体。而斯彪西波（Σπεύσιππος/Speusippus）从一开始，还造出了更多种类的实体，并设定了对于每一类实体的本

---

① 毕达哥拉斯派。

178

原（ἀρχαί/Principles）：一个是关于数的本原，另一个是关于空间量的本原，以及另一个关于灵魂的原理；并且用这个方法他使得实体的种类增加了许多倍。* 而有些人①说，形式（τά εἴδη/Forms）和数有同样的本性，而其他事物——线和面——是依赖于它们的，直到我们达到宇宙的实体，以及达到可感觉的物体。

这样，关于这些问题，我们必须研究：这些一般陈述中的哪一个是对的，哪一个是不对的，并且有什么实体，以及究竟在感性实体之外有或没有什么实体，以及感性的实体如何 * 存在，以及是否有一种实体能够分离地存在（并且如果是的话，为什么是和怎样是这样的），或者没有那样一种与感性实体相分离的实体；并且，我们必须首先勾画实体的本性。

25

30

---

① 克塞诺克拉底学派。

第三章

    *"实体"（ἡ οὐσία/Substance）一词如果不是有更多的意义的话，至

少适用于四个主要对象；因为本质和一般*以及种都被认为是每一事物
的实体，而第四个就是基质（τὸ ὑποκείμενον/Substratum）。现在，基质
就是那别的每一个事物表述它，而它本身不表述别的任何事物。因而

我们必须首先*确定这个东西的本性；因为那原初地支承着一个事物的
东西被认为是在最真实的意义上的它的实体。而在一种意义上，质料
（ἡ ὕλη/Matter）被说成是具有实体的本性，在另一种意义上，形状（ἡ
μορφή /Shape），而在第三种意义上，这两者的结合也被说成是实体 [用
质料这个词，我的意思是指例如青铜，形状是指它的形式的模型（τὸ
σχῆμα τῆς ἰδέας/the Pattern of its form），*而这两者的结合是指雕像这个
具体的整体]。因而，如果形式先于质料并且更加真实的话，那么由于
同样的理由，它也将先于这两者的结合。

    现在我们已经简要陈述了实体的本性，表明它是那不表述一个主
词，而所有别的东西都表述它。但是，我们必须不仅仅把质料陈述为
这样的；因为这是不充分的。*这个陈述本身是含混的，而且进一步说，

按照这个看法，质料就成了实体。因为，如果这不是实体，那就使我们
难以说它是别的什么东西。当所有别的东西都被剥掉之后，显然地没有

什么东西而仅仅只有质料会保留下来。因为其余的都是物体的种种属性、产物和潜能，长度、宽度和深度等等数量，它们都 * 不是实体（因为一个数量不是一个实体），但是毋宁说实体是这些东西原初地所归属的那个东西。但是，当其长度、宽度和深度都被拿掉以后，除非有什么被它们限定的东西的话，那么我们就看不到有什么东西留下来；所以，对于像这样来考虑问题的那些人来说，只有质料必定像是实体了。* 我所说的质料是指那个本身既不是特殊事物也不是某种数量，也不是指派给任何其他的用来规定存在的范畴的。因为，有某种东西，上述这些东西中的每一个都是表述它的，它的存在是不同于每一个谓词的存在的（因为不同于实体的诸谓词都是表述实体的，而实体是表述质料的）。因此，终极的基质（τὸ ἔσχατον/the Ultimate substratum）本身既不是一个特殊事物，也不是一种特殊数量，* 也不是其他的正面的特征；而且也并非是这些东西的否定（αἱ ἀποφάσεις /Negations）。因为反面的东西也将仅仅是出于偶然而属于它的。

如果我们采取这种观点，那么，就会得出质料是实体，但是，这是不可能的；因为可分离性（τὸ χωριστὸν/Separability）与"这个"（τὸ τόδε τι/Thisness）这两者都被认为是主要地属于实体的。因而形式和形式与质料的结合将会被认作是实体，* 而不是把质料认作是实体，实体由二者（即质料和形式）构成，也许可以不予考虑；因为它是在后的（ὑστέρα/Posterior），而且它的本性是显然的。并且质料在一种意义上说来也是明显的。但是，我们必须研究第三类实体，因为这是最复杂的。

某些感性的实体一般地都被承认为实体，所以我们必须首先对它们予以注意。①*（因为，向更加可知的东西进展是便利的。原因是对于所有人来说，学问都是以这种方法进行的——通过本性上较少可以认识的 * 进展到较多可以认识的，而且正如在行动中我们的任务是从对每一个

15

20

25

30

1029ᵃ3

5

① 由此处至本章末，从内容看似转入另一问题，本章论题游离，故学者中颇多怀疑此处有错简的问题。"勒布丛书"从此处开始转入第四章，可参考。

行动是善的开始，并造成对于每一行动的善是不加限定的善，所以从对
一个人是更加可知的东西开始，并使得按本性是可知的东西，对于一个
人来说是可知的，那就是我们的任务了。现在，对于一组特殊的人是可
知的和基本的东西常常是在非常小的程度上是可知的。而且具有很小或
不具有什么真实性。然而一个人必须从不完全可知但对一个人自己是
可知的东西开始，并且试图知道那不加限定而可知的东西，正如我们已
经说过的，借助于那些恰恰是我们知道的东西而向前推进。)

第四章

　在开始的时候 ① 我们区分了几种我们用以决定实体的标志，而其中之一是本质（τò τί ἦν εἶναι/Essence），因而我们必须对它加以研究。　13
首先，让我们对它作一点语言上的说明。每一个事物的本质就是那看作是由于它自己（καθ' αὑτό/Propter se, in virtue of itself）的东西。因为你之为你并非是由于有教养，因为你并非由于你的本性 * 而是有教养的。　15
那么，你由于你的本性而是什么，那就是你的本质。

然而这个的全部也还不是一个事物的本质，因为本质被说成由于自己，并不是在"白"被说属于面的意义上的那种意义。因为"是一个表面"与"是白色的"并不等同。还有，这两者的联合——"是一个白色的表面"——也不是表面的本质，因为"表面"本身是被附加上去的。
因此，在一个公式中，一个词本身不出现，*但是它的意义却被表达出　20
来了，这就是每一个事物的本质的公式。因此，如果是一个白色的表面就是一个光滑的表面的话，那么，是白的与是光滑的就是同一个并且是相同的了。②

---

① 1028ᵇ33—36。

② 亦即这个等同并没有给出"表面"的本质（因为"表面"被重说一遍）。但它给出了"白色的"本质，因为这不是被重述而是由一个等价物加以替换了。

但是由于还有对应于其他范畴的复合物①（因为有一个对于每个范畴而言的基质，例如，对于质、量、*时间、地点和运动），我们必须询问是否它们中的每一个都有一个本质的公式，亦即，是否也有一种本质属于这些复合物，例如，属于"白色的人"。让"外衣"（τò ἱμάτιον / Garment, cloak）②表示这个复合物。什么是"外衣"的本质呢？但是，也许可以说，这也不是一个由于它自己的表达。我们回答说，*恰好有两种方式，使一个谓词不会由于自己而使主词是真的：(a) 一个是出于某一因子的附加；(b) 另一个则是出于一个因子的省略。一类谓词不是由于它自己，因为那正在被定义的词与另一个因子相联结，例如，如果正在定义白色的本质，而人们却在陈述白色的人的公式；另一类是因为在主语中另一个因子与在公式中所表达的因子相联结，例如，如果"外衣"一词所指的是"白色的人"，而人们却定义"外衣"为白色的；*白色的人的确是白色的，但是他的本质并非是白色的。

然而，作为一个"外衣"③毕竟有一个本质吗？很可能没有。因为本质准确地说是某个东西是什么；但是，当一种属性被断定属于一个不同于它本身的主体时，那个复合物并非确切地是某个"这个"。例如，*白色的人并非确切地是某个"这个"，因为"这一个"（τò τόδε）的性质仅仅属于实体。因此，只有它们的公式就是一个定义的东西才有本质。但是，并非在我们有一个字和一个公式意义等同的地方就有了一个定义［因为如果那样的话，所有公式或一组字都将会是定义了；因为将会有表示任何一组无论什么字的某个名称，以致《伊利亚特》（ἡ Ἰλιὰς /Iliad）也将会是一个定义了］④，*而是在有某个基本的事物的公式的地方才有一个定义；而基本的事物就是那些不包含一个因素表述另一个因素的事物。那么，凡不是种的一个属的东西就不会有本质——只

---

① 亦即实体与其他范畴的复合物。
② 此处"外衣"一词的使用，实际上等于一个不确定的东西，故"勒布丛书"本此处索性译为 X，可供参考。
③ 见注②，意为任意的 X。
④ 亦即"伊利亚特"这个"字"的定义。

有属才会有本质，因为在这些属中主体不被看作分有属性并且作为一种性质而具有它，也并非作为偶性而具有它；但是对于每一个别的东西来说，如果它有一个名称，* 那么，就会有一个它的意义的公式——亦即这个属性属于这个主体；或者我们将能够提出一个更为准确的公式来代替这个简单的公式；但是将会没有定义，也没有本质。

或者，有"定义"，就像"一个东西是什么"那样，有几种意义吧？"一个东西是什么"在一种意义上，指实体和"这个"，在另一种意义上指 * 这个或者另一个谓词，数量、质，等等。因为就"是"属于所有事物而言，无论如何不是在相同的意义上来说的，而是对一类事物来说是基本的意义，对其他事物来说，则是次要的意义；所以同样"一个东西是什么"在简单的意义上属于实体，而在有限制的意义上则属于其他范畴。因为甚至关于一种质，我们也可以问它是什么，所以质也是"一个是什么东西"——* 然而，不是在简单的意义上，而是正如有些人说①，在强调语言形式的场合，那不存在的东西是存在的——并非是简单地存在，而是非存在的存在；对于质来说，也是如此。

毫无疑问，我们必须研究在每一特殊场合我们应当如何来表达，当然更为重要的是事实实际上是怎样的。因而在现在，由于我们使用的语言是明显的，就像"一个东西是什么"所表示的，本质将 * 首要的并且在简单的意义上属于实体，而在次要的方式上也属于其他范畴——不是在简单意义上的本质，而是一种质或者一种量的本质。因为必定或者是用一种含糊的办法我们说这些都是，或者是对于"都是"的意义增加什么并且去掉什么（在那样一种方式中，不知道的可以被说成是知道的）②——但是，真理在于我们既不是含糊地 * 也不是在同样的意义上来使用一个语词的，而是正如我们在使用"医疗的"一词时那样，是由于它 * 指涉一个同样的事物，但不是表示一个同样的意思，也不是模棱两可地说着；因为一个病人、一个手术和一种器械都叫作"医疗的"，

15

20

25

30

35

1030^b

---

① 参看柏拉图：《智者篇》第 237、256 及以下。
② 这就是说：不知道是被知道的，如"我知道：我不知道"。

这既不是出于模棱两可也不是仅用单一的意义，而是有着对于一个共同目标的指涉（πρὸς ἕν）。人们喜欢以两种方法中的哪一种来描述事实，这完全无关紧要；显然，* 定义和本质在首要的和简单的意义上属于实体。它们也还属于其他事物，只是不是在首要的意义上。因为如果我们这样设想，那么就不会得出：每一个字都有一个定义，这些字的意思就像任何公式一样，它必定意味着一类特殊的公式；这个条件会被满足，如果它是某种是一的东西的公式，而不是像"伊利亚特"那样由于连续性而成其为一，也不是由于诸事物被捆在一起而成其为一，* 而是在"一"的主要意义上成其为一。现在"那存在的东西"在一种意义上指一个"这个"，在另外的意义上，指一个量，在第三种意义上指一种质。从而甚至可以有"白色的人"的公式和定义，但是不是在或者有"白色"的定义或者有实体的定义的意义上。

第五章

　　* 如果人们否认带有一个 * 增加的因子的公式是一个定义的话，那
么，任何一个不是简单的而是联结的词项怎么会是可以定义的，就是一
个问题了。因为我们必须用增加一个因子的办法来解释它们，例如，有
鼻子、凹性（ἡ κοιλότης/Concavity）还有塌鼻性（ἡ σιμότης /Snubness），
后者是由前两者的联合造成的，它们彼此呈现在对方之中，而且并非出
于偶性使得那个鼻子具有或者凹，或者塌的属性，而是 * 由于它的本　　20
性；并且它们之附着于它也不像白色性质之附着于卡里亚，或附着于人
（因为卡里亚碰巧是一个人，而且是白色的），而是像"雄性"附着在动
物上和"相等"附着在数量上，以后像所有的所谓"由己的属性"（καθ᾽
αὑτὰ/Attributes propter se）附着在它们的主体上一样。并且这样的属性，
是包含特殊属性的主体的公式或者名称在它之中的那些属性，而且它们
不能抛开这一点来加以解释；* 例如，白色可以抛开人来解释，但是雄　　25
性则不能抛开动物来解释，因此，要么任何这些东西都有本质和定义，
要么，如果它们是有本质和定义的，但是那是在我们说过的①意义之外
的另一种意义上来说的。

———————————

　　① 　1030ᵃ17—ᵇ13。

187

30　　　但是关于它们还有第二个困难，因为如果塌鼻和凹鼻是同样的东
西，塌的和凹的将是同样的东西；* 但是，如果塌的和凹的不是同样的
（因为不可能离开一个由于自己而具有该属性的东西来谈塌鼻，由于塌
鼻是凹性表现于一个鼻子之中），那么，或者不可能说"塌鼻"，或者同
样的东西要说两遍，凹的鼻子的鼻子，因为塌鼻子的鼻子将是凹的鼻子
35　的鼻子。* 因而，这样的事物应当有一个本质就是荒谬的了；如果它们
1031ᵃ　有的话，那么，就会有无穷后退；因为在塌鼻的鼻子中，* 还将包含着
另外一个"鼻子"。

　　　那么，很清楚，只有实体是可以定义的。因为如果其他范畴都是
可以定义的话，那么，必定是用增加一个因子的办法。例如，对性质
的词就是这样规定的；对于奇数也是如此，因为它不能离开数目来加以
定义；雌性也不能离开动物来加以定义。（当我说"用增加的办法"时，
5　我指的是那种表达，它表明我们把同样的事物 * 说了两次，就像在这些
例子中那样。）并且，如果这是真的，那么联结起来的语词也将会像"奇
数"那样，是不可定义的了（但是我们没有注意到这一点，因为这些语
词是表达得不精确的）。但是，如果这些也是可以定义的，那么或者它
用某种别的方法，或者，像我们说过的，① 定义和本质必定被说成有多
10　于一种的意义。* 因此，在一种意义上，除了实体以外，没有什么事物
会有定义，并且没有什么事物会有本质；但是在另一种意义上，其他事
物也会有定义和本质。那么，显然，定义是本质的公式，而本质或者仅
仅属于实体或者主要地和首要地并且在无条件的意义上属于实体。

---

① 　1030ᵃ17—ᵇ13。

第六章

* 我们必须研究到底每个事物和它的本质是相同的还是不同的。这
对于关于实体的研究是有益的工作；因为每个事物被认为不是与其实体
不同的，而本质被说成是每个事物的实体。

现在，在偶然联结物（κατὰ συμβεβηκὸς /Accidental unities）的场
合，一般说来都认为这两者是不同的，* 例如，"白色的人"会被认为 20
是与"白色的人的本质"是不同的。因为如果它们是相同的，那么"人
的本质"与"白色的人的本质"也会是相同的；因为正如人们说的，一
个人和一个白色的人是相同的事物，所以"白色的人的本质"与"人的
本质"也将是相同的。但是也许所有作为偶然联结物的本质应当与简单
语词的本质是相同的并不必然是真的。* 因为端词并非以同样的方式与 25
本质等同。但是，也许可以得出这个看法：是偶性的端词的都会成为相
同的，例如，白的本质与有教养的本质是相同的；但是情况在实际上并
非如此。

但是，关于所谓由于自己（καθ᾽ αὑτὰ/per se）的事物的场合，一
个事物必然地与其本质是相同的吗？例如，是否有一些实体，它 * 没有 30
其他的实体或者物体先于它们（就像有些人断言的，理念就是那样的
实体）？如果善的本质与善本身是不同的，而动物的本质与动物本身不

1031ª 同，以及存在的本质与存在本身不同，* 那么，首先就将有其他的实体
和物体（φύσις /Entities）和理念在那些被断定的东西之外；其次，这些
其他的东西将是先于实体的，如果本质是实体的话。如果那在后的实体
与那在先的实体是彼此分割的，那么（a）就会没有关于前者①的知识，
5 而（b）后者②将会没有存在。（我们用"分割的"*指的是，如果善本
身没有善的本质，而且善的本质不具有作为善的性质。）因为（a）只有
当我们知道一个事物的本质时才有关于一个事物的知识，并且（b）对
于其他事物来说，正如对于善来说，情况也是一样的；所以如果善的本
10 质不是善，那么存在的本质也不是存在，一的本质也不是一了。并且所
有*本质都一样地存在或者它们都不存在；所以如果存在（τὸ ὄν）的
本质不是存在（τὸ ὄν），那么，任何其他的东西也都不是存在的了。
再有，善的本质并不属于的东西③就不是善的。——那么，善的必须是
一个具有善的本质的东西，而美丽的必须是具有美的本质的东西，因而
对所有不依赖于别的某种事物而是自我维持的以及是第一性的（πρῶτα/
15 Primary）东西都是如此。如果它们都是这样的，那就够了。即使它们
都不是*形式（εἴδη/Form）也是如此；也许毋宁说，即使它们都是形
式也是如此。（同时，很清楚，如果像某些人说的那样有理念，它也不
会是那个实体的基质；因为这些必须是实体，但是不能表述一种基质；
因为如果它们是的话，它们会仅仅由于分有④而存在。）

于是，每一个事物本身以及它的本质，在并非仅仅偶然的方式下，
20 就是一个并且是相同的，*这从进行的论证以及因为至少认识每一个事
物就正是认识它的本质这两方面来看，是很明显的了，所以即使以举例
显示的办法，这两者必定是一回事也是很清楚的了。

（但是就一个偶性的词项，例如，"那个有教养的"或"那个白色的"，

---

① 理念或事物本身。
② 本质。
③ 亦即不分有善的理念的东西，或不具有善的本质的东西。
④ 亦即作为内在于特殊之中的东西。

因为它具有两种意义，那么说它本身与它的本质等同，就不是真的了；
＊因为偶然的性质所属于的那个东西，以及那个偶然的性质，都是白色　25
的，所以在一种意义上，这个偶性和它的本质是同样的，而在另一种意
义上，它们不是同样的；因为白色的本质与人①的或者那个白色的人的
本质不是同样的，但是作为白色的属性来说正是同样的。）

　　如果人们把一个名称指派给每一个本质，那么这种分离的荒谬性也
会出现；因为在原有的本质之外＊还会有另一个本质，例如，会有另一　30
个本质②属于马的本质。然而，既然本质是实体，为什么某些东西不应
该一开始就是它们的本质呢？但是，的确不仅一个事物及其本质是一回
事，而且＊它们的公式也是同样的，这甚至从我们已经说过的来看也　1032ᵃ
是清楚的；因为，一个东西的本质与一个东西是一回事，这并非由于偶
性。进一步说，如果它们是不同的，这个程序将无限地进行下去；因为
我们将会有（1）一个东西的本质和（2）一个东西，从而这个同样的论
证将会应用于前一类的语词。③

　　＊那么，显然，每一个原初的（Primary）和"由于自己"的事物与　5
其本质是一个并且是同样的东西。对于这个立场和诡辩式地反驳以及关
于苏格拉底（Σωκράτης/Socrates）与成其为苏格拉底是否是同样一回事，
都明显地由同样的解答来回答；因为从提出这个问题的立场，或者从一
个人能够成功地回答它的立场来说，是没有差别的。＊于是，我们就解　10
释了在什么意义上每一事物与它的本质是同样的，而在什么意义上，它
就不是同样的。

---

① 就是说那个是白色的人。
② 就是说，这样会导致无穷（ad infinitum），因为一个无穷的过程是荒谬的。
③ 这就是说，如果一个东西的本质与一个东西不同，那么，一个东西的本质的本质
　　就与一个东西的本质不同。

第七章

　　* 关于生成的事物有些是由于自然而生成，有些是由于技艺而生成，有些则是自发地生成的。但是，每样生成的事物由于某种事物的作用而得以产生，并且从某种事物出发而生成为某种事物。我所说的生

15　成的某种事物 * 可以在任何范畴中发现；它们可以生成为一个"这个"，或者具有一定的量，或者具有某种性质或者在什么地方。

　　自然的生成物是那些由于自然的作用而生成的事物的生成；它们由之生成的是我们叫作质料（ΰλη/Matter）的东西；它们借助其作用而生成的是某种自然存在的东西；它们所生成的某种东西是一个人，或者一株植物，或者是这类事物中的别的什么东西，这样的事物我们称之为最

20　高程度上的实体。* 所有自然地产生或由技艺产生的事物都有质料；因为对于它们中的每一个说来既能存在也能不存在，这种能力就是在每一个别事物中的质料，而且，一般说来，它们从其中产生出来的东西是自然（φύσις/Nature），它们产生出来所依据的也是自然（因为那产生出来的东西，例如，一个植物或一个动物，都具有一种自然本性），因而它们借以产生出来的东西也是如此，——即所谓"形式的"本性，它在事

25　物产生时具有相同的形式 *（尽管这是在别的什么事物中）；因为人生人。

　　于是，自然地产生出来的产物就是这样地产生的：所有其他的产物

都被称为"制造物"（ποιήσεις /Productions），而所有的制造物的制造或者出于技艺，或者出自一种能力，或者出自思想。① 它们中的有些也是自发地发生的，或者是由于机遇（ἡ ἀπὸ τέχνης/By chance）② 而发生的， 30
* 正如自然的产物有时候所发生的情况；因为也有同样的事物有时无需种子而产生出来而且也有从种子产生出来的。那么，关于这些情况，我必须在后面加以研究。但是出于技艺 * 而产生的事物，它们的形式是在 1032ᵇ
艺人的灵魂之中。(我所说的形式是指每个事物的本质和它的第一实体。)因为在一种意义上，甚至相反的东西（ἐναντίον/Contrary）也有相同的形式；因为一种缺乏的实体（στερήσεως οὐσία/the Substance of privation）就是对立的实体，例如健康就是疾病的实体，因为疾病就是健康的缺 5
乏；* 而健康就是在灵魂中的公式或者它的知识。这个健康是这样思考而得出的：——因为这个是健康，如果这个主体是健康的，这个就必须呈现出来，例如，身体的平衡状态；如果这个被呈现出来，就一定是热的；而这位医生就这样继续进行思考一直到他把事情推论到他本人最后能够产生的某种东西。这样，* 从这一点向前推进的过程，亦即朝着健 10
康推进的过程，就叫作"制作"，因此，在一种意义上，就得出健康来自健康而房屋来自房屋，那具有质料的东西来自那不具有质料的东西；因为医疗的或建筑的技艺就是健康或房屋的形式，而且当我说到没有质料的实体时，我指的就是本质。

　　* 关于制造和运动，一部分叫作思考，而另一部分叫作制造——那 15
从起点和形式开始的过程就是思考，而那从思考的最后一步开始进行的过程就是制造。而且每一个其他的、中介的事物也是在同样方式中产生出来的。我的意思是，例如主体是健康的，他的身体状态必定是调整得平衡，那么，调整得平衡产生出什么呢？产生出了如此这般的东西；* 20
而这在他被弄得发热时才能达到。这又产生出什么呢？别的什么东西；而现在这个什么东西已潜在地被呈现；而这个潜在地被呈现的东西已经

_____

① 参看第六卷（E），1025ᵇ22。

② 关于这些的理论，参看《物理学》第二卷，第5、6章。

是在医生的能力之中了。

于是，对于变为健康的过程来说能动的本原与起点，如果是由技艺引起的，就是在灵魂中的形式，如果是自发地发生的，它就是那开始
25 制作的东西①，不论它是什么，因为人用*技艺来制作，就像在治疗时，起点也许就是热的产生（医生用摩擦来产生它）。这样，热在身体中，或者是健康的一部分，或者是由某个是健康的一部分的相似的东西引起的（或者是直接地，或者是通过几个中间的步骤）；而这个，即产生健
30 康的这个部分的东西，就是最后的②——*对于一所房屋来说，石头就是最终的，在所有其他场合也同样如此。

因此，正如我们所说，如果没有什么东西在以前存在，那么任何东西要被产生出来就是不可能的。那么，显然，产生出来的有些部分将会必然地预先存在；因为质料是一个部分；因为它是呈现在过程中的，*
1033ᵃ 而且它就是那变为某种事物的东西。但是质料甚至在事物的公式中也是一个部分吗？我们肯定地在两种方式中来描述铜圈是什么；我们描述质料，说它是铜，我们描述形式，说它是如此这般的形状；而形状是它置
5 身于其中的最接近的种（τὸ γένος πρῶτον/the Proximate genus）。于是 *铜圈在它的公式中有着它的质料。

至于某些东西由质料制成，在它们制成之后，这些东西就被说成不是那个质料而被说成是"由那个质料制成的"；例如，雕像不是石头而是石头制成的。而一个健康的人并不被说成是那他从它变得健康的东西。这个理由就是：尽管一个事物既来自它的缺乏也来自它的基质（我
10 们称之为它的*质料），例如，那变得健康的既是一个人也是一个病人。说它变成为毋宁说是从它的缺乏而变成（例如一个健康的主体的产生是来自一位病人而不是来自一个人）。因此这个健康的主体不被说成是一位病人，而被说是一个人，而这个人则被说成是健康的。但是对于那样
15 一些事物，它的缺乏是模糊的和无以名之的，例如在铜中缺乏一种特殊

---

① 亦即并非思考，参看同处 15—17。

② 亦即最小的必要的基础。

的形状或者 * 在砖和木板中缺乏房屋的形状，这种事物被认为是从这些
材料制造出来的，就像在前一种情况下那个健康的人从一位病人产生出
来。因此，正如也有一种事物不被说成是从什么东西变成，在这里雕像
也不被说成是木头，而通过语言的变化被说成是用木头做的，不是黄铜
而是用黄铜做的，不是石头而是用石头做的，而一座房子不被说成是砖
而是用砖做的。如果我们仔细地注视着这个情况的话，我们就不应当不　　20
加限制地说，* 一座雕像是从木头生成的或者一座房子是从砖生成的，
因为"生成"包含着在一个事物从它"生成"的变化，而不是保持着。
于是，由于这个理由，我们使用了这样说话的方式。

第八章

　　* 因为任何生产出来的东西是被某种东西生产出来的（我把这 * 叫作生产的起点），并且是从某种东西中产生出来的（让这个不当作缺乏而作为质料；因为我们附加在这个上面的意义已经区分过了①），并且有某种东西被生产出来（这或者是一个球，或一个圆圈，或者任何别的可能碰巧是的东西），正如我们不制造基质(铜)，所以我们也不制造球，

* 除非偶然地制造了，因为那个铜球是一个球，而我们制造了前者，因为制造一个"这个"就是从基质（在这个字的完全意义上②）来制造一个"这个"。我的意思是制造这个铜环，不是造这个环或这个圆球，而是造别的什么东西，亦即在某种不同于它自身的事物中产生这个形式。

因为如果我们制造这个形式，* 我们必须从某个别的东西来制造它；因为这是被设定的。③ 例如，我们造一个铜球；而在"从出自这个"的意义上，这个东西就是铜，我们把这个造成了另外一个东西，那就是一个球。于是如果我们也制造这个基质本身，显然我们也将以相同的方式来

制造它，而这个制造的过程将无限后退了。* 那么，很明显，制造这个

---

① 参看 1032ª17。

② 亦即包括形式和质料（参看 1029ª3）。

③ 参看 1033ª25。

形式也是如此，^①或者呈现在感性事物中的，我们应当称之为形状的无论什么东西，都不是被产生出来的，也没有任何它的产品，本质也不是被产生出来的；因为这是那由技艺，或由自然，或由某种能力被制造出来并存在于别的某个东西之中的。但是，在那里有一个铜球，这是我们制造的。因为我们从铜和球形把它制造出来；*我们把形式带进这个特殊的质料，结果就是一个铜球。但是如果一般的球形的本质是被产生出来的，那么它必定从某种东西中被产生出来。因为产品将永远必须是可划分的，并且一部分必定是这个而另一部分是那个；我的意思是一个必定是质料，而另一个是形式。这样，如果一个球形是"圆周所有的点上都与中心等距的图形"，那么 *这个一部分将是制造出来的东西存在于它中间，而另外的将是那存在于这个之中的东西，并且这个整体就是制造出来的事物，例如铜球。那么，很显然，从我们所说过的，那叫作形式或实体的不是被生产出来的，而是由此获得它的名字的具体事物是被生产出来的，而且质料呈现在任何被产生出来的东西之中，并且事物的一部分是质料，而另一部分是形式。

那么，*在个别的球体之外有一个球吗？或者在砖之外有一所房子吗？我们也许宁可说没有"这个"曾经生成过，如果曾经是这样的话。但"形式"的意思是"那样的"，而不是一个"这个"———一个确定的事物；但是从一个"这个"，艺人制造，或者父亲生出一个"那样的"；而且当其已经被生出时，它就是一个"这个那样的"。^②而且那整个的"这个"，卡利亚或苏格拉底是与 *"这个铜球"类似的，但是人和动物则一般地类似于"铜球"。那么，显然，由形式构成的原因（采取某些人主张形式的存在的意义，亦即，如若它们是某种与个别事物相分离的东西）是毫无用处的，对于生成和实体来说都是无用的；而且至少由于这个缘故，形式不必要是"由于自己"的实体。的确在有些场合，*那生育者与被生育者是同类的甚至更为明显（然而，不是相同也并非在数目

---

① 就是说与质料一样。

② 这就是说，这个艺人，或这个父亲，把一块质料变成了一块限定了的质料。

上是一，而是在形式上相同），这就是说在自然产物的场合（因为人生人），除非有的事物的发生违背自然，例如由马生的骡。（甚至这些情况也是相似的；因为会发现它对于马和驴来说是共同的，＊即紧挨着在它们之上的种，而没有得到一个名称，但是，它无疑是这两者，事实上是某种像骡一样的东西。）因此，显然，完全没有必要设置一个形式作为范型（因为我们在这些情况下必须寻求形式，如有任何这样情况的话；因为如果有任何事物是这样的，这些就是实体）；生产者是适合于制造产品并适合于＊把形式因引进质料的。而当我们有了整体，如此这般的一个形式在这个肉和这些骨骼之中，这就是卡利亚或苏格拉底；并且它们由于它们的质料的缘故而不同（因为质料是不同的），而在形式上是相同的；因为它们的形式是不可分的。①

---

① 此处的"形式"原文为 εἶδος。亦可作"属"（specis）解，故有的英译本译作"属"即"人"作为"动物"这个"种"之下的一个"属"，是不可分的。可供参考。

第九章

    * 可以提出一个问题：为什么有些事物自发地产生并且也由技艺产生，* 例如健康，而另外的则不是这样，例如一座房子。理由是，在有的场合质料（它支配任何技艺产品的制造和生产，并且产品的一部分呈现于它之中）是那样的，它能发动它自己的运动，而在另外的场合则不是这样。就前一类说，有的能以一种特殊的方式发动运动，而另外的质料则不能做到这一点。* 因为许多事物能够移动它们自身，但不是在某种特殊方式下，例如跳舞的方式。那么，其质料为这一类的事物，例如石头，不能在这个要求的特殊方式下运动，除非是由某个别的东西推动；① 但是在另一种方式下，他们能自己运动——火也是如此。② 因此，有些事物不会与某些具有创造它的技艺的人相分离而存在，而另一些事物则会这样；因为运动将由这些事物开始，* 而这些事物没有技艺，但它们本身能够由其他不具有技艺的事物所推动，或者由预先存在于它们之中的产品的一部分的运动③ 所推动。

————————

① 亦即为了建筑，由建筑者推动。
② 石头能够由于自身而下落，但不能由于自身而建造一所房子。火能由它自身而上升，但不能由它自身而煮沸水壶中的水。
③ 这就是说它的一个元素预先存在于事物本身之中。参看1032ᵇ6—1033ᵃ1，1334ᵃ12。

从我们已经说过的，这也很清楚；在一个意义上每种技艺的产品都是从一个分有它的名字的事物产生出来的（正如自然产品被产生出来），或者从分有它的名字的它的自身的一部分产生出来的(例如，一座房子，是从一座作为由理性所生产的房子中产生出来的，因为建造的技艺是房子的形式），或者 * 从包含着它的一部分的某事物中产生出来——如果我们排除由于偶然而产生的事物；因为一个事物直接地由于它自己（per se）而产生产品的原因是那个产品的一部分。在运动中的热①引起在身体中的热，而这或者是健康，或者是健康的一部分，或者是由健康的一部分而来，或者是由健康本身而来。因而它被说成引起健康，因为它 * 引起那健康作为一个后果而附着于它的事物。

因此，正像在三段论中一样，实体②是每个事物的起点。三段论从"一个事物是什么"开始；而且我们现在发现生产过程也从它开始。

由自然而形成的事物与这些技艺的产物是同样的情况。因为种子的产生作用，正如由技艺起作用的事物是同样的方式；因为它潜在地 * 具有形式，而且种子由之而来的东西，在一种意义上具有与其后代相同的名称——仅仅在一种意义上，因为我们必定不要期望父母与后代永远严格地具有相同的名字，如像"人类"的产物来自"人类"那样；因为一个"女人"也能由一个"男人"产生出来——除非后代是一个不完善的形式；这就是为什么骡子的双亲不是骡子的道理。③自然的事物（像前面考虑过的人工对象一样）④* 就是那些甚至能由它自身把它们的质料推动的事物，这种方式就是种子经常推动它的方式；那些没有那样的质料的东西，除非从作为双亲的动物自身获得那样的质料，就不能够产生出来。

不仅对于实体来说，我们的论证证明它的形式不是生成的，这个论

---

① 亦即按摩者的手产生的热。
② 它就是本质。
③ 参看 1033^{b}33。
④ 参看 1034^{a}969—32。

证也适用于所有相似的原初的类，亦即量、＊质，以及其他范畴。因为 　10
就像铜球的生成，但不是球的生成，也不是铜的生成。因而铜本身的情
况也是如此，如果它生成了，那是它的具体的统一体生成了（因为质料
和形式永远必须先存在），所以，在实体的情况下和在质、量和其他范 　15
畴的情况下，都同样是如此；因为质并未生成，＊而是那种质的木材的
生成，而且量并未生成，而是那个尺寸的木材或动物的生成。但是我们
可以从这些例证中理解实体的一种特性，即必须有另一种实体在完全的
现实中预先存在。这种预先存在的实体产生出现在存在的实体，例如一
个动物，如果一个动物被产生出来的话；但是一个质或量的预先存在则
是不必要的，它们仅仅是潜在的。

第十章

1034ᵇ20　　* 因为一个定义就是一个公式，而每一个公式都有部分，并且正如公式与事物有关，公式的部分也与事物的部分有关，已经提出的问题是：部分的公式是否必须出现在整体的公式之中。因为在有的情况下部

25　　分的公式被看作是出现的，而在有的情况下则不出现。* 圆的公式并不包含扇形的公式，但是音节的公式包括字母的公式；但是圆被划分为扇形，正如音节被划分为字母。——再有，如果部分是先于整体的，而且锐角是直角的一部分，手指是动物的一部分，那么锐角将 * 先于直角，

30　　而手指将先于人了。但是后者被认为是在先的；因为在公式中，部分以与它们相关的办法来加以解释，而且还就存在物分离存在的能力来说，整体是先于部分的。

　　也许我们毋宁应当说"部分"是在几种意义上使用的，其中之一是"那个从量的方面来度量另一个事物的东西"。但是把这个意思放在一

1035ᵃ　　边；让我们探究那组成实体的部分。* 于是，如果质料是一个东西，形式是另一个，这些的组合是第三个，而质料、形式以及这个组合都是实体，甚至质料在一种意义上被称作一个事物的部分，而在另一种意义上它又不是一个事物的部分，而仅仅是构成形式的公式的元素。例如，肉

5　　不是凹性的一部分，* 因为肉是凹性在它之中产生的质料，但它是塌鼻

202

的一部分。再有，青铜是这座具体雕像的一部分，而不是在形式意义下的雕像的一部分。（因为形式，或者具有形式的事物，应该被说成是一个事物，但是对于质料元素本身我们就不能这样说。）所以，圆的公式并不 * 包括扇形的公式，但是音节的公式包括字母的公式，因为字母是　10
形式的公式的部分，而不是质料，但是扇面是质料意义下的部分，形式伴随着这质料而产生；然而它们都比青铜（当圆的性质在青铜中产生之时）更接近于形式。但是在一种意义上也并非每一类字母都会 * 出现在　15
音节的公式中，例如，特殊的蜡板上的字或者像在空气中运动的字；因为在这些之中我们已经有了音节的部分的某种东西，不过仅仅在它是它的可感知的质料的意义上而已。因为即使线被划分时就成为它的对半，或者人就分成了骨头、腱子和肌肉，但这并不能得出结论说：它们是由这些 * 作为它们的本质的部分组成的，而毋宁是作为质料；而且这些都　20
是具体事物的部分，而并非也是形式的部分，这就是说，并非是公式涉及的东西的部分；因此它们也不出现在公式中。于是，在一类公式中，那样的部分的公式会出现，而在另一类的公式中，它并不必定出现，除非它是具体对象的公式。由于这个缘故，有些事物具有作为它们的组成来源的部分，* 它们消溶于这些部分，而有些事物则没有这样的部分。　25
那些把形式与质料搞在一起的事物，例如塌鼻，或者青铜圆圈，消溶于这些质料，而质料是它们的一部分。但是那些不包含质料，而是不具有质料的事物，它的公式仅仅是形式的公式，[这些事物] 并不消溶（或者根本不消溶，* 或者无论如何并不在这种方式下消溶）于质料。因此，　30
这些质料都是具体事物的来源和部分，而并非形式的部分或来源。从而，黏土的雕像消解为黏土，球消解为青铜，而卡利亚消解为肉和骨。再有，圆圈消解为它的弧段，因为有一种"圆圈"的意义包含着 * 质料。因为"圆圈"是含混不清地使用的，它既意味着不加限定的圆圈，也意　1035^b
味着个别的圆圈，因为对于个别的圆圈并没有特别的名字。

　　的确，现在真理已被陈述了，但是让我们还更加清楚地来陈述它，重新把这个问题加以处理。* 公式的部分，即公式被划分成的东西，是　5

先于它的，或者先于它们的全部，或者先于它们中的某一些。然而，直角的公式并不包括锐角的公式，但是锐角的公式包括直角的公式；因为定义锐角的人使用了直角；因为锐角是"小于直角"的。圆和半圆也

10 处于同样的关系之中；*因为半圆是由圆来定义的；手指也是由整个身体来定义的，因为一个手指就是"一个人的如此这般的一个部分"。因此，具有质料本性的部分，而且一个事物也被划分为作为其质料的这种部分，都是在后的；但是那样一些具有公式的部分的本性的，以及根据它的公式具有实体本性的部分，则是在先的，或者是全部［在先］，或

15 者它们中的某一些［在先］。而由于动物的灵魂*（因为这是一个活的存在物的实体），根据公式是它们的实体，亦即某一类的躯体的形式和本质（如果我们较好地来定义它，那么，至少我们将不会不涉及它的功能来定义每个部分，而这不能没有知觉而属于它①），所以灵魂的部分，

20 或者全部或者它们中的某一些，是先于具体的"动物"的。这对于*每一个个别的动物也是如此；而躯体及其部分是后于这个实体的，而且并非实体而是具体事物被划分为作为它的质料的这些部分。因此在一个意义上这些部分先于具体的整体，而在另一个意义上则并非如此。因为如果它们与整体分开，它们甚至于不能存在；因为并非在任何情况下和每

25 一个情况下一个手都是一个活的东西的手指，*而一个死的手指，仅仅在名称上是一个手指罢了。有些部分既不先于也不后于整体，这就是那占统治地位的以及公式和本质首先地出现于其中的部分，例如，也许是心脏或大脑；因为这两者之中哪一个具有这种品质是无关紧要的。但是"人"和"马"以及以这样的方式应用于（然而是普遍地应用于）个

30 体事物的词项，都不是实体而是*当作普遍来处理的这个特殊公式和这个特殊质料构成的某种东西；苏格拉底已经把终极的个体质料包括于他之中；这在所有其他情况下都是一样。"一个部分"可以是形式（亦即本质）的一部分，或者形式与质料的结合的一部分，或者是质料本身的

---

① 并且因此不会没有灵魂。

一部分。但是，只有形式的部分是公式的部分，而公式是关于普遍的；
* 因为"圆的本质"与圆是一样的，而"灵魂的本质"与灵魂是一样的。　1036ᵃ
但是，当我们说到具体事物，例如，这个圆，亦即这一个个体的圆，不
论是可感的还是可知的（可知的圆我指的是数学上的圆，而可感的圆
指那些铜的和 * 木的圆），则没有关于它们的定义，对它们的认识是借　5
助于思考或感觉（μετὰ νοήσεως ἢ αἰσθήσεως）；而当它们从现实中消
失后，它们存在与否是不清楚的；但是它们永远由普遍公式来陈述和认
识。但是质料是不能按照它本身（καθ' αὐτήν）来加以认识的。有的
质料是可感的，有些则是 * 可知的，可感的质料如像铜、木头和所有可　10
以变化的质料，而可知的质料，如像那些呈现于可感事物中的东西，但
不是作为可感知的，这就是数学的对象。

这样，我们陈述了关于整体与部分，以及它们的在先性和在后性。
但是当任何一个人问是直角 * 与圆与动物在先呢，还是它们被划分成的　15
东西及组成它们的东西，亦即部分在先呢，我们必定会答复说，这个问
题不能简单地加以回答。因为如果灵魂也是动物或① 是活的东西，或者
每个个体物是个体物本身，而且"是一个圆"就是这个圆，"是一个直
角"与直角的本质就是这个直角，那么，在一种意义上的整体必定被叫
作是后于一种意义上的部分，亦即 * 后于包括在公式中的部分，以及后　20
于个别直角的部分（因为由铜作的物质的直角，以及那由线形成的直
角，这两者都后于它们的部分）；而非物质的直角后于包括在公式中的
部分，但是先于那些包括在特别事例中的部分，并且这个问题必须不要
简单地加以回答。然而，如果是某种与动物不同而不是等同于动物的东
西的话，即使如此，* 有些部分，像我们曾经坚持的，必须称作是在先　25
的，而其他的则必须不是在先的。

———————
① 亦即更广泛地对待它以至包括植物世界。

第十一章

1036ª26   * 另外一个问题自然地会提出来，那就是什么种类的部分属于形式，什么种类的部分不属于形式而属于具体事物；因为定义是关于普遍和形式的，这样，如果不明确哪一类的部分本性上是关于质料的，而哪

30   一类 * 不是，那么事物的公式也将是不明确的。在发现事物发生在特别不同物质的场合，如像一个圆可以存在于铜、石头或木头之中，似乎很清楚这些铜或石头，都不是圆的本质的部分，因为本质是在它们之外发

35   现的。* 至于那些并非被看作是分离存在的事物，没有理由说这同样的

1036ᵇ   情况为什么可以不是真的，* 正像如果所有曾经看到过的圆圈都是铜做的；因为无论如何铜不会是形式的部分；但是却难于在思想中消除它。

5   例如，人的形式总是在肉和骨头以及这一类的部分中发现的；* 那么难道这些也是形式和公式的部分吗? 不，它们是质料；但是因为人没有也在其他的质料中被发现，我们不能够把它们分离开。

    因为这被认为是可能的，但不清楚什么时候是这个情况，有人①甚至在圆和三角形的场合已经提出了这个问题，认为用关于线和连续来定

10   义它们是不对的，* 但是所有这些之于圆和三角形，犹如肉和骨头之于

---

① 亚里士多德想到的是毕达哥拉斯派。

人，以及铜和石头之于雕像；他们把所有事物都归结为数，并且说"线"的公式是"二"的公式。至于那些断言理念的人，有些人① 使"二"是线本身，* 而另一些人则使"二"成为线的"形式"；因为在有些情况下他们说形式和那是它的"形式"的东西是相同的，例如，"二"与二的"形式"；但是在关于"线"的情况下，他们说这就不再是如此了。

这样，就会得出，许多事物有一个"形式"，而这许多事物的形式显然是不同的（这个结论也摆在毕达哥拉斯派的面前）；可能使得一个事物成为所有事物的形式本身，* 并且主张其他的都不是形式；但是，这样一来所有事物就将是一了。

我们已经指出：定义的问题包含一些困难，以及为什么是这样。所以把所有事物归结为形式并且消除掉质料，是没有用处的工作；因为有些事物肯定是在一种特殊质料中的特殊形式，或者是在特殊状态中的特殊事物。* 青年苏格拉底经常关于"动物"所作的比较② 不是一个好的比较；因为它使人背离真理，而且使人们设想人能够无需其部分存在，犹如这个圆能够无需铜而存在一样。但是这个情况是不相似的；因为一个动物是某种可感知的东西，而且不能定义它而不涉及运动——* 因而也不能不提到它的部分在一定状态下的存在。因为一个手不是任何的或每一个状态下都是人的一个部分，而只有当它能实现它的功能的时候，从而只有当它是活的时候，[才是人的一个部分]；如果它不是活的，它就不是一个部分。

关于数学的对象，为什么部分的公式不是整体的公式的部分呢？例如，为什么半圆没有包括在圆的公式中呢？因为它们不是可以感知的事物。* 但是也许这没有造成什么差别；因为甚至某些不可感觉的事物也必须有质料；* 的确，在每一个事物中都有一些质料，它不是本质或光秃秃的形式，而是一个"这个"。于是半圆就将不是普遍的圆的部分，

---

① 这也许包括柏拉图本人在内。
② 参看柏拉图：《泰阿泰德篇》147D；《智者篇》218B；《政治家篇》257C；《书信》358D。

而将是个别的圆的部分，正如前面已经说过的那样①；因为有一类质料是可感的，还有另一类是可知的。

5 　　* 也很明显的是：灵魂是原初实体（οὐσία ἡ πρώτη/Primary substance）而躯体是质料，而人或动物是作为普遍的二者的结合；而且"苏格拉底"或"科里斯库斯"（Κορίσκος/Coriscus）也具有两重意思，如果苏格拉底的灵魂也可以称作苏格拉底的话②（因为有些人用那样一个词指灵魂，而另外的人则［用以］指具体事物），但是如果"苏格拉底"

10 或"科里斯库斯"简单地指这个具体的灵魂和这个具体的躯体，* 个别的在它的组成上是类似于普遍的。③

　　在那样的实体的质料之外，是否有另外一种质料，而且人们应当寻找不同于这些的某种实体（例如，数或诸如此类的某种东西），必须在后面加以考虑④。因为，正是为了这个的缘故，我们正试图也确定可感觉的实体的本性（Nature），因为在一种意义上，关于可感觉的实体的

15 研究是物理学，* 亦即第二哲学的工作，因为物理学家必须不仅获得关于质料的认识，而且要认识表达在公式中的实体（甚至要认识更多其他的东西），这甚至是更为本质的东西。在定义的场合，在公式中的因素怎样是定义中的部分，而为什么定义是一个公式（因为显然事物是一，

20 但是由于 * 什么事物是一呢，尽管它有着部分?）——这必须在后面加以考虑。⑤

　　本质（τὸ τί ἦν εἶναι/Essence）是什么，并且在什么意义下它是独立的，已经以在任何情况下都真的方式普遍地加以陈述过了⑥，而且还有，为什么某些事物的本质的公式包含着被定义的事物的部分，而其他

25 的事物则不是这样。我们已经说过，在实体的公式中，* 质料部分将不

---

① 　1035ᵃ30—ᵇ3。

② 　参看1036ᵃ16—17，第八卷（H）1043ᵇ2—4。

③ 　这就是说，如同人＝灵魂＋躯体，苏格拉底＝这个灵魂＋这个躯体。

④ 　参看第八卷（H），第十四卷（N）。

⑤ 　参看第七卷（Z）第十二章；第八卷（H）第六章。

⑥ 　参看本卷第四章。

会出现，因为它们甚至不是在那个意义上的实体的部分，而是具体实体的部分；但是有关于这个，在一种意义上有一个公式，而在一种意义上又没有；因为没有带着它的质料的公式，因为这是不确定的，但是有关于它的第一实体的公式——例如，在关于人的场合，灵魂的公式——因为实体是存在于事物中的形式，从它和 * 质料中得出所谓的具体实体；① 例如，凹性（Concavity）就是这一类的形式，因为从这个和鼻子就产生"塌鼻"和"塌鼻性"（Snubness）；（"鼻子"就将被发现两次出现在这些词项中）；但是，在具体实体中，例如一个塌的鼻子或卡利亚，质料也将会出现。② 我们说过，本质及 * 事物本身在有些情况下是一样的；亦即在第一实体的情况下，例如，曲率与曲率的本质，如果这是原初的话。（"原初的"实体，我指的是一个不包含某种事物在别的某种事物中呈现的东西，亦即在某种潜伏在它之下，作为质料起作用的东西之中。）但是那具有质料的本性的事物，* 或者那包括质料的整体，都与它们的本质是不相同的，也不是偶然的统一体，像"苏格拉底"与"有教养的"；因为这些仅仅是由于偶性而是相同的。③

30

1037ᵇ

5

---

① 参看本卷第十、十一章。
② 参看本卷第五章。
③ 参看本卷第六章。

第十二章

     *现在，让我们首先来处理定义，因为我们在《分析》^①中没有处理

 它；因为在它们之中陈述的问题^②对于我们关于实体的研究是有用的。

我是指这个问题：我们把它的公式叫作定义的事物为什么是统一体呢？

例如在人的场合，"两足的动物"如果说这是人的公式的话。那么，为

 什么这是个一而不是多，即"动物"和"两足的"呢？因为在"人"*

和"白色的"这种场合，当一个词不属于另一个时，就是一个繁多，但

是当一个词属于另一个时就是一个统一体，而主体，人，具有某一属

性；因此，有一个统一体产生出来，于是我们就有了"白色的人"。在

当前的情况下，在另一方面，^③一个并不分有另一个；种并不被认为分

 有它的种差（因为那样*同一事物将会分有对立；因为划分种的种差是

对立的）。而即使种不分有它们，相同的论证也适用，因为呈现在人之

中的种差是多，例如，天生有足，两足的，无毛的。为什么这些是一不

是多呢？不是因为它们出现在一个事物中，因为根据这个原则一个统一

 体就可以由一个事物的所有的属性造成了。但是可以肯定地说，*所有

---

① 参看《后分析篇》第二卷第 3—10、13 章。

② 参看《后分析篇》97ᵃ29。

③ 即"人"和"两足的"的情况。

属性在这个定义中必须是一；因为定义是一个单个的公式并且是一个实体的公式，所以它必定是某一个事物的公式。因为正如我们所坚持的，实体的意思是"一"和"这个"。

我们必须首先研究由划分方法所达到的定义。在定义中除了 * 首先说到的种和种差之外，就没有什么了。其他的种就是第一个种和与它一起的种差，例如第一个可以是"动物"，其次一个是"有两足的动物"，再有"两足的和无毛的动物"，* 如果定义包括更多的词的话，情况也与此相似。一般说来，无论它包括许多还是很少的词，那也不会造成什么差异，——因此，无论它包括很少的或仅仅两个词，也没有什么差别；而关于这两个词，一个是种差而另一个是种，例如，在"两足的动物"中，"动物"是种，而另一个是"种差"。

* 于是，如果种绝对地不会与它所包括的属相分离而存在，或者如果它存在但是作为质料而存在（因为声音是种和质料，但是它的种差从它造成了属，亦即字母），那么，很明显，定义是包含着种差的公式。

但是，由种差的种差来加以划分也是必要的；* 例如，"天生有足"是动物的一个种差，再有，"天生有足的动物"的种差必定是作为天生有足的它的种差。因此，我们必须不说（如果我们必须正确地说的话）那天生有足的一部分有羽毛，而另一部分没有羽毛（如果我们这样说，那是由于我们无能）；我们必须仅仅划分它为分趾的足的和无趾的；因为这些都是 * 在脚方面的种差；分趾的足的性质是有足性的一个形式。而且这个程序永远要求进行下去，直到它达到了不包含种差的种。于是有多少种差就有多少种足，而且天生有足的动物的种类将会在数目上等同于种差。那么，如果是这样的话，显然，那最后的种差将是事物的实体 * 及其定义，因为把同一事物在我们的定义中陈述得多于一次是不正确的；因为那是多余的。这的确发生了，因为当我们说"天生有足和两足的动物"时，我们并没有说与"有两足的有足的动物"不同的什么东西；而且如果我们有适当的划分来划分它的话，我们会不只一次地说到同一事物，——有多少种差就说多少次。

30

1038ª

5

10

15

20

25　　* 那么，如果在每一步骤上采取了种差的种差，最后的一个种差将
是形式和实体，但是如果我们根据偶然的性质来划分，例如，如果我们
把天生有足的划分为白的和黑的，那么分割它多少次就有多少种差。因
30　此，很明显，定义是包含种差的公式，或者，* 按照正确的方法，是这
些种差的最后一个。如果我们改变这样的定义的次序的话，这一点将是
清楚的。例如，关于人的定义，说"有两足和天生有足的动物"，"天生
有足"在已经说过"两足的"之后，是多余的。但是在实体中并没有次序；
因为我们怎么把一个因素想作是在后的而另一个是在先的呢？那么，关
35　于用划分方法得到的定义，* 作为我们第一次企图陈述它们的本性，就
说这么多吧。

第十三章

*让我们回到我们研究的主题,即实体。正如基质(τὸ ὑποκείμενον/Substratum)和本质(τὸ τί ἦν εἶναι/Essence)以及这两者的组合都叫作实体,一般也被称作实体。我们已经谈过其中的两项:关于本质①和关于基质②。我们已经说过③,基质在两种意义上是支承,或者作为一个"这个"(它是一个动物支承它的属性的方式),或者作为质料支承着完全的实在(ἐντελεχεία/the Complete reality)。有些人也认为一般是在最充分的意义上的原因(αἴτιόν)和本原(ἀρχὴ/Principle);因此,让我们也对这一点也加以讨论。任何一般词项(τῶν καθόλου/Universal)都应当是实体的名称,这似乎是不可能的。因为第一,*每一事物的实体是那个对于它是特殊的东西,它并不属于任何别的事物;但是,一般是共同的,因为那叫作一般的东西是属于多于一的事物的那种东西。那么,一般会是什么个别的实体呢?或者是所有的,或者是一个的。④但是,它不能是所有[个体]的实体。而如果它成为一[个体]

1038ᵇ

5

10

---

① 本卷第四章至第六章、第十章至第十二章。
② 本卷第三章。
③ 1029ᵃ2—3,23—24。
④ 此处罗斯译本及其他译本作"无有的",撰文意及托马斯·阿奎那的拉丁文本改为"一个的",详见《解说》对此问题的详细说明。

213

15　的实体的话，那么，这一个体也将是其他的事物了；因为实体是一而且本质是一的诸事物，* 它们自身也就都是一了。

再说，实体指的是那不表述主语的，而一般则永远是表述某个主语的。

那么，也许当一般不能像本质是实体的方式那样地是实体时，它却可以呈现于"这个"之中吧；例如，"动物"可以呈现于"人"和"马"
20　之中。于是，很明显它是本质的一个公式。而即使 * 它不是那在实体中的每一事物的公式，也没有什么差别；因为，无论如何，一般将是某事物的实体，如像"人"是它呈现于其中的个别的人的实体，因而同样的结果再度出现；因为一般，例如"动物"，将会是它呈现于其中并作为某种特殊事物的那个东西的实体了。还有，那个"这个"即实体，如
25　果它由部分组成，* 应当不由诸实体组成也不由那是一个"这个"的东西组成，而由性质组成，这是不可能的和荒谬的；因为那不是实体的东西，亦即性质，将先于实体和"这个"了。那是不可能的；因为不论在公式上、时间上或在生成上，属性都不会先于实体；因为，那样的话，它们就也将是与它分离的了。还有，* 苏格拉底将会包含一个出现于实
30　体之中的实体，以致这将是两个事物的实体了。而且，一般说来会得出：如果人和那样的事物是实体，那么，在它们公式中的成分都不是任何事物的实体，它也不是与它们相分离而存在或者也不存在于任何别的事物之中；我们的意思是，例如，没有"动物"与特殊种类的动物相分离而存在，任何其他的呈现在公式中的成分，也并不是分离地存在的。

35　这样，如果我们从这些观点看问题的话，* 那么，很明显，没有一般属性是实体，* 而且从共同的谓语都不指出一个"这个"，而是指出"那
1039ᵃ　样"这个事实来看，这也是很明显的。* 如果不是这样的话，许多困难，特别是"第三人"的困难，将会随之而来。

从以下的考虑来看，这个结论也是显然的。在完全的实在中，一个
5　实体不能由呈现于它之中的诸实体构成；* 因为在完全的实在中是两个的事物在完全实在中都不是一个；尽管如果它们潜在地是两个的话，它

们能够是一个（例如"倍"是潜在地由两个一半组成；因为［两个一半］的完全实现将使它们分离）；因此，如果实体是一个，它将不会由呈现于它之中并以这种方式呈现的诸实体构成。德谟克利特正确地描述了这一点，他说一事物＊不能由两事物构成，两事物也不能由一事物构成，因为他把不可分的量当作实体。因此，很清楚，这对于数也同样适合；如果像有些人说的那样①，数是单位的合成；因为二或者不是一，或者在完全的实在中，单位不呈现于它之中。

10

　　但是我们的结果包含着一个困难。＊如果没有实体能够由一般构成，因为一个一般指出一个"这样的"而不是指出一个"这个"，而如果没有实体能由存在于完成的实体中的诸实体组成，那么，每一个实体将会是非组成的，以至于没有任何实体的公式。但是，所有人都认为并且很久以前就述说，②＊或者只有实体，或者首要地是实体，才能加以定义；然而现在似乎甚至实体也不能被定义了。那么，就不能有任何事物的定义了；或者在一种意义上能够，在另一种意义上不能够。我们所说的在以后会更加清楚。③

15

20

---

　　①　据说泰勒斯曾把数定义为"单位的体系"。
　　②　参看1031ᵃ11—14。
　　③　参看本卷第十五章、第八卷（H）第六章。

第十四章

* 正好从这些事实，也可以清楚地看出，有什么后果面对着 * 主张理念是实体并且可以分离，并且同时使形式由种和差异构成的那些人。因为如果"形式"存在并且"动物"呈现于"人"和"马"之中，那么，它在数上或者是相同的，或者是不同的。（在公式中显然是一；因为那

陈述公式的人会在两种情况下贯彻同样的公式。）* 这样，如果有一个"人自身"，它是一个"这个"并且分离地存在着，那么它由以构成的部分，例如"动物"和"两足的"也必定是标志这些"这个"并且具有分离的存在，并且标志诸实体；因此，"动物"以及"人"必定是属于这一类的。

现在（1）如果这个"动物"在"这个马"之中和在"人"之中是

一个并是同样的，就像你与你本身一样，那么（a）* 在分离存在的诸事物中的一，怎么会是一呢？并且这个"动物"怎么能避免被分割开来甚至是从它本身被分割开来呢？

还有，（b）如果它分有"两足的"和"多足的"，一个不可能的结论会随之而来；因为相反的属性会在同一时间属于它，虽然它是一并且

是一个"这个"。如果它不分有它们，* 那么当人们说这个动物是两足的或拥有足的时候，意味着什么关系呢？但是也许这两个事物是"放在

216

一起的"并且是"有接触的"，或者是"混合着的"。然而，所有这些表达都是荒谬的。

但是（2）假设这个"形式"在每个属中都是不同的。这样在实践上会有无限数目的事物，其实体是"动物"；因为有"人"并非出于偶性而有着"动物"作为它的因素，而且还有许多事物将是"动物本身"，因为（i）* 在每一个种中的"动物"将是那个种的实体；因为那个种并非根据别的什么东西而被如此称呼的；如果情况是这样的话，其他的将会是在"人"之中的一个因素，亦即会是人的种。还有，（ii）人由之构成的所有因素将是理念。这样，它们①中没有一个会是一个事物的理念并且是另一事物的实体了；这是不可能的。于是，呈现在动物的每一个种中的"动物"将是动物本身。还有，这个在每个种中的"动物"是从什么引申出来的呢，并且 * 它将怎样从动物本身引申出来呢？或者这个"动物"（它的本质简单地是动物性）怎么能与动物本身分离存在呢？

还有（3）在感性事物的场合，这样的推论以及其他更加荒谬的推论都会随之而来。那么，如果这些推论是不可能的，显然，感性事物就没有某些人坚持其存在的那种意义上的形式。

10

15

---

① 即理念。

第十五章

    *由于实体分为两种：具体事物和公式（我的意思是实体的一种是与质料一起的公式，而另一种是在其一般性中的公式），在前一种意义上的实体是能够毁坏的（因为它们也是能够生成的），但是从它曾经处于被摧毁过程中的意义来看，公式的毁坏是没有的（因为也没有它的生成；房子的存在*不是生成的，而只有这所房子的存在才是生成的），

25   但是公式都是并且又都不是没有生成和毁灭的；因为已经表明①，没有一个［产生者］产生出这些，也没有造成这些。由此之故，关于感性的

30   个别实体，既没有定义，也没有证明，因为它们有质料，其本性是那样的，*它们既可以存在也可以不存在；由于这个原因，所有它们的个别实体都是可毁坏的。于是，如果必然真理的证明和定义需要科学知识，并且正像知识不能有时是知识而有时是无知，如果像那样的变动的状况

1040ᵃ   只不过是意见，那么证明和定义也不能像那样变动，而处理*那能够与其存在状况不同的东西的只不过是意见。显然，既不能有感性个别物的定义，也不能有关于感性个别物的证明。因为消灭的事物，当其通过我们的知觉时，对于那些具有有关知识的人来说，是含混的；而尽管公式

---

① 本卷第八章。

在灵魂中保持不变，* 也将不再有定义或证明了。所以在有关定义的场 5
合，当我们试图定义任何个别的事物时，我们一定不能不认识到我们的
定义永远可能被推翻；因为定义这些事物是不可能的。

的确，也不可能定义任何理念。因为理念正如它的支持者们所说，
是个别的，并且能够分离存在；* 而公式必须由字组成；而且作定义的 10
人必定不另造一个字（因为它会是不可理解的），但已经建立起来的字
对一个类的全体成员都是共同的；于是，这些［组成定义的字］必定适
用于在被定义事物之外的某事物；例如，如果有人定义你，他会说："一
个精瘦的或白色的动物"或者别的什么，它们也将适用于某个不同于你
的别的人。如果有人说也许所有属性单独列举可以属于许多主体，* 但 15
是它们在一起只能属于这一个［主体］。我们必须首先回答说，它们也
同时属于各个元素；例如，"两足动物"属于动物以及属于两足的。（在
永恒实体①元素的场合，这甚至是必然的，因为元素先于复合物而且
是复合物的部分；还有，它们也能分离存在，如果"人"能够分离存在
的话。因为要么都不能，要么都能。* 于是，如果都不能，那么属将不 20
与各样的种相分离而存在；但是如果它是那样存在，种差也会是那样。）
其次，我们必须回答说，"动物"和"两足的"都在存在上先于"两足
的动物"；而先于其他事物的事物就不会与它一起被摧毁。

再有，如果理念由诸理念构成（正如它们必须是那样，由于元素较
复合物简单），那么构成理念的元素也如此就将是进而必然的了。例如，
"动物"和"两足的"应当表述许多主体。* 如果不是的话，它们怎么 25
会变得被认识呢？因为这样就将有一个理念，它不能表述比一更多的主
项。但是这被不认为是可能的——每一个理念都被认为是能被分有的。

于是，正如我们已说过的②，定义个别事物的不可能性在永恒事物
的场合避开了注意，特别是那些是唯一的东西，如太阳和月亮，* 因为 30
人们出错不仅由于增加了属性，去掉这些属性太阳仍会继续存在，如

---

① 即理念。
② 参看 1039^b27—1040^a5。

"围绕地球转"或者"夜里隐藏"（因为从他们的观点就得出：如果它仍然矗立或者是可见的，[①] 那么，它就不再是太阳了；但是如果是这样，那是奇怪的；因为"太阳"意味着一个确定的实体）；而且也由于提到能属于另一个主体的属性；例如，如果具有陈述的属性的另一事物变为存在时，显然，它将是一个太阳；* 因此，这个公式是一般的。但是太阳被设定为是一个个别物，像克勒翁（κλέων/Cleon）或苏格拉底一样。

1040^b 总之，为什么理念的支持者们中没有一个人作出一个理念的定义呢？如果他们尝试的话，现在所说的是真的，就会变得一清二楚了。

---

① 即在晚上可以看到。

第十六章

*显然，即使被认为是实体的东西，大多数也仅仅是潜在的——动物的各部分（因为它们都不是分离存在的；而一旦它们被分离开，则它们虽仍存在，但仅仅只作为质料而存在）以及土、火和气都是如此；因为它们中的任何一个都不是统一体，而是仅仅作为一堆东西，直到它们发动起来并由它们形成某个*统一体。人们可能会十分有把握地设想，活的东西的诸部分以及与之密切相关的灵魂的诸部分是这两者，即存在于完全的现实中与存在于潜能之中，因为在它们的结合中，它们具有在某种东西中运动的源泉；由于这个原因，有些动物在被分割之后也还活着。然而所有的部分，当其本性是统一体并继续存在时，它们必定仅仅潜在地存在，*而不是指由于外力或生长而成为一个（因为那样的现象是不正常的）。

由于"统一体"这个词是像"存在"一词一样加以使用的，而那是一的东西的实体也是一，并且其实体在数目上是一的事物都在数目上是一。那么显然，无论统一体或存在都不能是事物的实体，正如作为一个元素或一个本源不能是实体一样。*但是我们要问本原是什么，以致使我们可以把事物还原为某种更加可知的东西？现在，"存在"和"统一体"这些词，比"本源"、"元素"或"原因"更加有实体性。但是即使前者

1040^{b}5

10

15

20

221

也并非实体，因为一般说来，是共同的东西都不是实体；由于实体不属于任何事物而只属于它自身，而且属于那具有它的东西，它就是那个东西的实体。* 再说，那是一的东西不能同时在许多地方，但是那是共同的东西才同时出现在许多地方；所以很清楚没有普遍与其个体物相分离而存在。

但是那些说形式存在的人，在给予形式以分离的存在（如果它们是实体的话）时，在一方面是正确的，但是在另一方面他们是不正确的，因为他们说，一个形式是以一统率多的。* 他们这样作的理由，是他们不能宣称这一类的实体是什么，即不消灭的，与个别的和可感觉的实体相分离而存在的实体是什么。于是，他们让这种不消灭的实体在种类上与消灭的事物是一样的（因为这类实体我们是知道的）。——把"本身"这个词加到可感觉事物上，造出"人本身"与"马本身"（αὐτο ἄνθρωπον καὶ αὐτόϊππον/Man himself and horse itself）。* 然而，即使我未曾见过星星，无论如何，我设想，它们会是与那些我们已经知道的东西相分离的永恒实体。所以现在如果我们也不知道不可感觉的实体是什么，然而无疑地必然地应当有一些。——那么，很清楚，没有普遍词项是实体的名字，* 而且没有实体是由诸实体组成的。

第十七章

    * 关于实体应当被说成是何种事物的问题，让我们再一次地从另外 1041ᵃ6
一个出发点来陈述；因为也许由此我们也将得到一个关于与可感觉实体
相分离而存在的实体的清楚的观点。这样，由于实体是本原和 * 原因， 10
让我们从这个起点来追索它。"为什么"总是在这个形式中来追索的——
"为什么一事物附着于某个其他事物？"因为研究为什么这个有教养的人
是一个有教养的人，就是或者研究——如我们已经说过的——为什么这
个人是有教养的，或者研究别的什么东西。现在问"为什么一个事物是
它本身"是一个没有意思的提问；* 因为当我们问一个事物的原因时， 15
那个事实或事物的存在必须已经是显然的，——例如月亮被侵蚀——但
是一个事物是它本身这事实是一个单个理由和单个原因，用来回答所有
那样的问题的，如"为什么人是人"，或者"为什么有教养的人是有教
养的人"，^① 除非人们回答说"因为每一事物都是与它自身不可分的，而
且它作为一个存在物的意思恰恰就是这个"；然而，* 除了这是一个一般 20
的回答外，还是对于这些问题的一个简短、容易的回答。但是我们能够
研究为什么人是如此这般本性的动物。这很清楚，我们不是在研究一个

---

    ①   就是说，在这个场合，当事实已被认知，这里就不存在"为什么"的问题了。

223

人为什么是人。我们是在研究为什么某事物表述某事物（它所表述的必

25 须是明确的；因为否则就是无对象的研究）。例如，* 为什么打雷？这与
"为什么在云中发生声响"是一样的。这样，这种研究就是关于一事物
对另一事物的表述。而且为什么这些事物（即砖与石头）是一座房子呢？
显然，我们是在寻求原因。（抽象地说）这就是本质，它在某些场合就

30 是目的，例如，在一所房子或一张床的场合，* 而在某些场合则是第一
推动者——因为这也是原因。我们在生成和消灭的情况下寻求动力因，
但是在存在的场合则在寻求目的因。

1041^b　　在一个词项不是明显地表述另一个词项时（* 例如在我们研究"人
是什么"时），研究的对象最容易被忽视，因为我们不区别并且不确定
地说某些元素造成了某一整体。但是在我们开始研究之前，我们必须
联结我们的意思；否则研究将处于研究某事物和不研究某事物之边界线

5 上。因为我们必须有某种给定的事物的存在，* 显然，问题是：为什么
这个质料是某个确定的事物；例如，为什么这些材料是一所房子？是因
为那是一座房子的本质呈现出来了。并且为什么这个个别事物或者这
个躯体具有这个形式就是一个人呢？因此，我们所寻求的是原因，即
形式，由于它的缘故，这个质料成为某个确定的事物；而这是事物的实

10 体。那么，显然地，在简单语词的情况下，* 研究和教导都是不可能的；
我们对待那样的事物的态度是不同于研究的态度的。

由于那是由某物组合而成的，所以整体是一，并不是像一堆东西而
是像一个音节——现在这个音节不是它的元素，ba 与 b 和 a 是不一样

15 的，肉也并非火和土（因为当这些分离时，* 整体即肉及音节就不复存
在了。但是音节的元素存在，火与土也是如此）；于是，音节是某种东
西——不仅是它的元素（元音与辅音）而且也是别的某种东西。而肉不
仅是火和土，或热和冷，而且也是某种别的东西；——这样，由于那个

20 某事物本身必须或者是一个元素 * 或者是由诸元素组成的。（1）如果它
是一个元素，那么相同的论证就将再次应用；因为肉将由这个与火、土
以及更进一步的某事物组成，以致这个过程将无限进行下去。但是（2）

如果它是一个复合体，显然它不是一个而是多个元素组合而成（否则那一个［元素］将是事物本身），所以，在这个情况下，我们再一次能使用＊肉和音节情况下的同样论证。但是，似乎这个"另一个"是某个事物而不是一个元素，而且正是这个原因使得这个事物是肉，而那个事物是音节。显然地所有其他的场合也是相似的。而且这是每一事物的实体（因为这是它的存在的首要原因）；而且，由于尽管某些事物不是实体，所有实体都是按照它自己的本性并由于自然而构成的，实体似乎就是这种"自然"①，＊它不是一个元素，而是一个本原。一个元素是那作为质料呈现在事物之中、而事物又被划分为它的东西；例如 a 和 b 是这个音节的元素。

25

30

---

① 即形式因,参看第五卷（△）第三章,1014^{b}36,并与 1014^{b}27 相对比。

第八卷（H）

第一章

＊我们必须从我们已经说过的得出结论，在总结结果之后，使我的
研究得以完成。我们已经说过：＊实体的原因、本原以及元素都是我们
研究的对象。① 并且有些实体是每个人都承认的，但是有些实体则为特
殊的学派所宣扬。那些一般被承认的是自然的实体，即火、土、水、气
等等简单物体。其次，是植物和它的部分，＊动物和动物的部分；最后
是物理宇宙（ὁ οὐρανός /Universe）及其部分；而特殊学派说形式和数学
对象都是实体②。但是有各种论证导致这样的结论，即还有其他的种种
实体——本质与基质。再有，在另外的方式中，种似乎比形形色色的属
更具有实体性，而普遍似乎＊比特殊更具有实体性。③ 并且理念与普遍
和种是相联系的；由于同样的论证，它们也被认为是实体。并且由于本
质是实体，而定义是本质的公式，由于这个理由我们讨论了定义和本质
性的表述④。由于定义是一个公式，而一个公式具有部分，我们曾经必
须也考虑＊关于"部分"的概念，什么是实体的部分与什么不是其部分，

---

① 参看第七卷第一章。
② 参看第七卷第二章。
③ 参看第七卷第三章,1029^b33—36。
④ 参看第七卷第四至第六章、第十二至第十五章。

以及实体的部分是否也是定义的部分①。还有，普遍和种都不是实体；②我们在以后必须研究理念与数学对象；③因为有人说这些都是与可感觉的实体相分离而存在的。

但是，现在让我们重新开始关于一般承认的实体的 * 讨论。这些都是可感觉的实体，而可感觉实体全都有质料。基质是实体，而这在一种意义上就是质料（我用质料指的是那不是作为一个现实存在的"这个"，而是一个潜在的"这个"），而在另一种意义上就是公式或形状（那存在为一个"这个"的东西能够分离地给出公式），而第三种意义就是这两者的综合，* 只有它是被产生出来的和可消灭的，并且无限制地是能够分离地存在的；因为可以完全地表达在一个公式中的实体，有些是可分离的，而有些是不可分离的。

但是，很清楚，质料也是实体；因为在发生的所有对立的变化中，有某种东西在下面支撑这些变化（μεταβολαῖς/Changes），例如，关于地点，现在在这里，而随后在别的什么地方，* 关于生长，现在是这样大，而随后则小些或大些，关于变动，现在是健康的 * 而随后则生病了；而同样的关于实体［的变化］，现在有某事物被产生出来而随后被摧毁了，并且现在 ④ 作为一个"这个"的主体，而随后 ⑤ 又作为否定的主体。并且在这个变化中，包含着其他的［变化］；但是这个变化并没有被包含于其他的 * 一个或者两个［变化］之中；⑥ 因为如果一事物包含着实体位置变化的质料，并非必然地它也包含着可以生成或可以消灭的质料。

充分意义上的产生和一个限制意义上的产生之间的差别，已经在我们的物理学的著作中陈述过了。⑦

25

30

35

1042ᵇ

5

---

① 参看第七卷第一章、第十章、第十一章。
② 参看第七卷第一章、第十三章、第十四章、第十六章，1040ᵇ16—1041ᵃ5。
③ 参看第十三卷和第十四卷。
④ 即在消解的场合。
⑤ 即在生成的场合。
⑥ 亦即位移，不包含实体的变化，变动则可以包含实体变化，也可以不包含它，增加和减少则可能导致实体变化。
⑦ 参看《物理学》I，7；V.1，225ᵃ12—20；《论生灭》317ᵃ17—31。

第二章

1042ᵇ9、10 　　＊由于作为基质和作为质料而存在的实体是一般都承认的，＊而这是潜在地存在着的，现在对于我们剩下来要说的是：什么是在现实性（ἐνέργεια/Actuality）意义上的可感觉事物的实体。德谟克利特似乎认为在事物之间有三种差异，支撑着的物体、质料，是一个并且是相同的，但是它们在轮廓即形状，或在转动即位置，或在内部接触即次序方面是不同的。

15　　　＊但是，显然有着许多差异；例如，有些事物由于它们的质料的组成的方式来决定其特点。例如，由搅拌而形成的事物，如像蜂蜜水一样；以及另外的由捆在一起形成的事物，例如，一束东西；以及另外的由黏结在一起而形成的事物，例如一本书；以及另外的被钉在一起而形成的事物，例如一个小匣子；以及其他的以这些方式中的多种方式而形

20　成的事物；以及其他由于位置而规定的事物，例如门槛和门楣（因为这些＊是由于在一定方式中被放置而不同的）；以及另外的由时间形成的事物，例如正餐和早餐；以及另外的由地点形成的事物，例如风；以及另外的由专属于可感觉事物的性质而形成的事物，例如，硬、软、密、稀、乾、湿；以及由一些这样的性质构成的事物，与由所有这些性质构

25　成的另一些事物，以及一般说来一些＊由于过度而一些由于不足而造成

的事物。那么，显然，"是"这个词具有与此相同数目的意思；一事物是一个门槛，因为放置在如此这般的位置上，而它的存在意味着它放在那个位置上，而"是冰"意味着在如此这般的方式中凝结。并且某些事物的存在将由所有这些性质来规定，因为它们的某些部分被混合，* 其他的被搅拌，另一些被捆绑在一起，另一些被凝固，而另一些则从属于其他的差异；例如，手或脚。因此，我们必须掌握不同种类的差异（因为这些将是事物存在的理由），例如，以多或少来刻画的事物，或者由紧缩或稀松，以及由其他那样的性质来刻画的事物；因为所有这些都是* 过度或不足的诸种形式。并且任何由形状或由平滑与粗糙来刻画的事物，都是由直或曲来刻画的。并且对于 * 另外的事物，它们的存在将意味着它们的被混合，而它们的非存在将意味着相反的东西。

从这些事实，很明显，如果实体是每个事物的存在的原因，我们必须在这些差异中寻求什么是这些事物中的每一个的存在的原因。现在，这些差异中没有一个是实体，甚至这些差异中任何两个的结合也不是实体，* 然而它在每个场合下都是与实体相类似的东西；并且正如在实体的场合一样，那表述质料的东西是现实性本身，在所有其他的定义中，它也是最相似于完全实现的东西；例如，如果我们必须定义门槛，我们应当说"在如此这般位置上的一块木头或石头"，一座房子则定义为"如此这般排列起来的砖和木板"（或者在某种情况下还有可能存在着一个目的），而如果我们必须定义冰，* 我们应当说"以如此这般方式冻结了的或凝固了的水"，而和谐是"高音和低音的如此这般的组合"；在其他场合都与此相似。

那么，显然地，在质料不同的时候，现实性或公式是不同的；因为在有些场合，它是组合，在另一些场合是混合，而在其他的场合则是我们已经举出名字来的某些其他的属性。所以，在定义一所房子是什么时，那些把它描述为石头、砖和木板的人，* 是在谈论一所潜在的房屋，因为这些都是质料；而那些提出"一个掩蔽牲畜和有生命的东西的容器"，或某种这类事物的人，是在谈论现实性。那些把这两者都结合

30

35

1043ª

5

10

15

起来的人则谈论着第三类的实体，它是由质料和形式组成的（因为那给

20 出 * 种差的公式似乎是对形式或现实性的考察，而那给出组成成分的，

则是对质料的考察）；对于阿尔克塔（Ἀρχύτας/Archytas）通常接受的定

义种类，这也同样是真的；它们是对于结合了的形式与质料的考察，例

如，什么是平静的天气？空气在大范围内缺乏运动；空气是质料，而缺

乏运动是现实性和实体。什么是安静？海的平静；* 物质的基质是海，

25 而现实性或形状是平静性。从我们已说过的，那么，可感觉实体是什

么，它们怎样存在就是很清楚的了。——它的一种是作为质料，另一种

是作为形式或现实性，而第三种则是由这两者组成的东西。

第三章

    * 我们一定不要忽略，一个名称究竟意味着组合的实体还是现实性 1043^a29
或形式，有时是不清楚的。例如"房子"是否是代表组合的事物的符号，
即"由如此这般放置的砖和石头构成的一个覆盖物"，或者是代表现实
性或形式，"一个覆盖物"；以及一条线是否是"长度中的二"还是"二"，
一个动物是否是*"在一个躯体中的灵魂"还是"一个灵魂"；因为灵魂 35
是某躯体的实体或者现实性。"动物"甚至可以应用于这二者，不是作
为可以由一个公式决定的某物，而是作为关于一个单个的事物。但是
这个问题①，当其对另一个目的重要时，对于研究可感觉实体来说则并 1043^b
不重要；* 因为本质肯定附着于形式和现实。由于"灵魂"和"是灵魂"
是一样的，但是，"是人"和"人"则并不一样，除非灵魂也被称为人；
从而在一种解释中，事物与它的本质是一样的，而在另一种解释中，则
不是。

    * 如果我们加以检验②，我们发现，音节并非由发音元素加上联结 5
而得出，房屋也不是由砖加上联结而成；因为联结或者混合并不由那些
是它们联结或混合的事物引发出的。在所有其他场合，这同样的事也是

---

  ① 亦即究竟这个名称意味着形式还是具体事物。

  ② 亚里士多德回到在第二章中讨论过的题目。

真的；例如，如果门槛由它的位置来标明特点，这位置可不是由门槛来
造成的，而是相反，*门槛是由位置来造成的。人也不是动物加两足，
而必须在这些之外有某种东西，如果这些都是质料的话。但是它既不是
一个元素，也不是从一个元素中引出的东西，而是实体；但是给出上述
这个定义的这些人略去这个而仅仅陈述了质料。这样，如果这某个事物
是一个人存在的原因，并且如果这是他的实体①，他们将不是在陈述他
的实体。

（于是，这②必须*或者是永恒的或必须是可消灭的而无须总是在
被摧毁的过程中，而且必须是生成的而无须总是在生成的过程中。但是
已经在各处证明过和解释过③，没有人制造或生出形式，而是制造出个
别的东西，生成形式和质料的综合体。可毁坏的事物的实体是否能够分
离存在，这仍然是完全不清楚的；除了在有的情况下这明显地是不可能
的——*在不能与个别事例分离存在的事物的情况下，例如房屋或者容
器。的确，也许这些事物本身，或者任何其他的不是由自然形成的事
物，都根本不是实体；因为人们可以说［自然物体］本性，是在可毁坏
事物中发现的唯一的实体。）

因此，由安提西尼学派（Ἀντισθένειοι）以及其他那样一些未受教
育的人经常提出的难题，是有*一定的重要性的。他们说，"什么"是
不能被定义的（或者这个所谓定义是"一串冗长的胡话"④），而一类事
物，例如银，属于什么种类，他们认为能够实际地加以解释，不是说它
是什么，而是说它像锌。因此，一类实体能被定义和构成公式，例如组
合的类，无论它是可感觉的*或者是可知的；但是构成它的原初的部分
是不能被定义的，因为一个定义性的公式表述某物属于某物，而且定义
的一部分必须起质料的作用，而另外的部分起形式的作用。

---

① 参看第五卷第八章，1017^{b}14—15。
② "这"指"实体"。
③ 参看第七卷第八章。
④ λόγον μακρόν 意为"冗长令人厌烦的话"。

这也是明显的；如果实体在一种意义上都是数，那么，正如有些人所说①，它们是在这个意义上是如此，而不是作为单位的数目。因为一个定义是一种数；* 因为（1）它是可分的，并且是分成不可分的部分（因为定义公式不是无限的）而数也有这个性质。以及（2）当构成一个数的部分从这个数拿出来或加到这个数上去时，即使那拿去或加上的是最小的部分，它就不再是同一的数了，而是一个不同的数了。* 所以当任何东西被拿去或加上时，一个定义或本质也不再成其为定义或本质了。并且（3）数必须是由于本性而是一的某种东西，而这些思想家不能陈述这一点：如果它是一的话，什么造成它是一（因为要么它不是一而是一种堆积，* 要么如果它是一，那么我们应当说什么从多中造成了一）；而定义是一，但是同样他们不能够说出什么使得它成为一。而且，这是一个自然的后果；因为同样的理由是可以使用的，并且实体在我们解释过的意义上是一，而不是像有人说的，由于是一种单位或点而成其为一；每一个都是一个完全的现实和一个确定的基本实体。还有（4）正如 * 数不容许有多些和少些，实体在形式的意义上也不容许，但是如果有任何的实体容许的话，那就只有那包含着质料的实体了。关于所谓实体的生成和毁坏——在什么意义上它是可能的，而在什么意义上，是不能的——以及把事物还原为数的考察，就说这些吧。

35

1044ᵃ

5

10

---

① 毕达哥拉斯派及柏拉图主义者（参看第十三卷（M），第六、七章）。

第四章

     * 关于质料的实体（ὑλικῆς οὐσία/Material substances），我们必须不要忘记，即使所有事物都来自相同的第一原因（πρῶτον αἴτιον/Primary cause）① 或者有着相同的事物作为它们的第一原因，并且如果相同的质料作为它们的生成的起点而起作用，仍然有适合于每一个的质料，例如甜的东西或油脂之于黏液，苦的东西之于胆汁，或者别的某种东西；尽

20   管 * 也许这些东西来自相同的原初的质料（πρώτη ὕλη/Original matter）。并且当一种质料是适合于另一种东西的质料时，就产生出适合于相同事物的几种质料；例如，黏液来自油脂并来自甜的东西，如果油脂来自甜的东西的话；通过把胆汁分析为它的原初质料，黏液也由胆汁而来。因为一事物来自另一事物有两种意义，或者它会在较后的阶段上被发现，

25   或者如果另外的东西被分析为它的起源的组成物的话，这就会产生出来。* 当质料是一个时，不同的事物可由于运动的原因方面的差异而得以产生出来；例如，从木材可以做出一个橱柜和一张床。但是，有些不同的事物必须具有它们的不同的质料；例如一把锯不能由木材制成，这也不是由于运动原因的原故；因为不能造一把羊毛的锯，或者木材的

---

① 意即质料因。

锯。但是，事实上，*同样的事物如果可以由不同材料造成，显然，那 30
[制作的] 技艺，即运动的本原，则是相同的；因为，如果材料与运动
的原因两者都是不同的，那么制成品也将是不同的了。

　　当一个人研究某事物的原因时，由于"原因"在几种意义上被使用，
也就应该陈述所有可能的原因。例如，什么是人的质料因？ *我们会说 35
是"月经"吗？什么是运动因？我们会说是"精液"吗？形式因呢？他
的本质。终极因呢？ *他的目的。但是，也许后两者是相同的。——这 1044ᵇ
就是我们必须陈述的最近的原因（τὰ ἐγγύτατα αἴτια/the most proxi-
mate causes）。什么是质料因？我们必定不说是火或土，而举出特别属
于该事物的质料。

　　关于那些是自然的和可生成的实体，如果原因真的是这些，而且是
这个数目，而我们又 *必须了解原因，如果我们要正确地进行研究，就 5
必须这样地进行研究。但是，在自然的并且是永恒的实体的情况下，就
必须作出另外的考虑。因为，也许有些没有质料，或者没有这一类的质
料，而仅仅是在地点方面能被移动。质料也不属于那些由于本性而存在
但并不是实体的事物；它们的基质是实体。例如，什么 *是 [天体的] 10
蚀的原因呢？什么是它的质料呢？没有，月球是遭受蚀的 ①。什么是把
光弄灭的运动因呢？是地球。终极因也许并不存在。形式的原则是确定
的公式，但如果它不包括原因② 的话，这就是含混的。例如什么是 [天
体的]蚀呢？光的被剥夺。但是，如果我们加上"由于地球 *来到中间"， 15
这就包括着原因的公式了。在睡眠的情况下，什么是最接近地具有这种
属性的东西，是不清楚的。我们会说那是动物吗？是的，但是这个动物
是由于什么呢？亦即什么是最接近的东西呢？是心脏或某个其他的部
分。其次，它的产生是借助于什么呢？再次，这个属性（即那个最接近
的东西的，而不是整个动物的属性）是什么呢？我们会说它是如此这般

---

　　①　亦即一个实体的基质是光秃秃的质料，但是一个属性的基质则是如像月球那样
　　　　的一个确定的实体。
　　②　这是指动力因。

20　的一种不可移动性（ἀκινησία）吗？是的，但这是由于在这个 * 最接近
　　的东西中的什么过程呢？

第五章

    * 由于有些事物既是又不是（ἔστι καὶ οὐκ ἔστιν/Both are and are not），没有生成和消失的，例如点，并且一般说来，形式，如果它们可以被说成是（εἰσί /To be）（因为不是"白"变为存在，而是木材变为白色，如果每个变为存在的东西都来自某个东西并变为某个东西的话），并非所有 * 对立能相互来自对方，而是在不同的意义上，一个白色的人来自一个黑色的人，以及白色来自黑色；也不是每个事物都具有质料，而仅仅那些生成和彼此互变为对方的事物才具有质料。那些从来不在变动的过程中存在的事物，都是或都不是，都是没有质料的。

    在每一事物的质料 * 是如何与其相反状态关联的问题中，存在着困难。例如，如果身体潜在地是健康的，而疾病是与健康相反的，是不是潜在地是健康和疾病两者呢？而水潜在地是葡萄酒和醋吗？我们回答说，一种事物的质料是由于它的正面状态和它的形式，而另一种事物的质料则由于它的正面状态的缺失和它的败坏而相反于它的本性。也很难说为什么葡萄酒不被说成是 * 醋的质料，也不被说成是潜在的醋（尽管醋是从它生产出来的），并且为什么一个活人不被说成是潜在的死人。事实上，它们都不是，而所说的败坏都是 * 偶然的。而且，是动物的质料本身，由于它的败坏而成为一具尸体的潜能和质料，而正是水是醋的

239

质料。因为这具尸体来自这个动物，而醋来自葡萄酒，正如夜来自白
昼。所有这样相互变化的事物都必须返回到它们的质料；例如，＊一个
动物从一具尸体产生出来，这个尸体首先要返回到它的质料，而仅仅这
时才变成为一个动物；醋首先返回到水，而仅当这时才变成葡萄酒。

第六章

    * 关于定义和数这两者，让我们回到已经陈述过的困难上来。^① 什 1045^a7

么是它们的统一的原因呢？在所有的具有几个部分的事物的情况下，并

且在其中全体并非仅仅是（正如它似乎是）一堆东西，* 而整体是某种 10

在部分之外的东西，那么这里就有原因；因为甚至在躯体中接触，在有

些情况下就是统一体的原因，而在另外的情况下，黏性或某些其他的这

样的性质［则是统一体的原因］。一个定义是一组字（λόγος），它是一

个整体，并不是由于被联结在一起，像 Ἰλιὰς 这个字那样，而是由于处

理一个对象。——那么，是什么使得人成其为统一体呢，为什么他是 *

一而不是多呢？例如，动物和两足的，特别是如像有人所说，有一个 15

"人本身"和一个"两足本身"。为什么那些"形式"本身不是人呢？这

样人会由于不是分有人也不是分有一个理念而存在，而是分有两个：人

和两足的，而且一般说，* 人将不是一而是多于一的事物：人和两足的。 20

    于是显然地，如果人们在他们通常的方式下来处理定义和语词，他

们就不能解释和解决这个困难。但是，如果像我们说的：一个因素是质

料而另一个因素是形式，而且一个是潜在的而另一个是现实的，* 那么 25

---

    ① 参看第七卷第十二章、第八卷第三章，1044^a2—6。

241

这个问题就将不再被认为是一个困难了。因为这个困难与如果"圆的铜"是"X"①的定义会提出的困难是一样的;因为这个字将会是一个确定的公式的记号,以致这个问题是:什么是"圆的"与"铜"的统一体的原因?这个困难消失了,因为一个是质料,另一个是形式。*在事物被生成出来的场合,除了作用者之外,是什么引起了那潜在的存在成为现实的存在呢?因为没有其他的使潜在的圆球变为现实的圆球的原因,这不过是两者的本质②。关于质料,有的是可知的,有的是可感觉的,而在一个公式中,总有*一个质料的因素,以及一个现实性的因素;例如圆圈是"一个平面的圆形"③。但是,关于没有质料的事物或者是可知的,或者是可感觉的,*每一个由于其本性本质上都是一种统一体,正如它本质上是一种存在——个别的实体,性质或数量(因而既不是"存在的",也不是"一"呈现在它们的定义中),而它们每一个的本质,由于它们的本性是一种统一体,正如它是一类存在,——因而这些之中没有一个有任何理由为了*成为一而置身于它自身之外,也不会为了成为一种存在而置身于它自身之外;因为每一个由于它的本性都是一种存在和一种统一体,不是作为存在于"存在"或"一"这样的种之中,也不是在存在和统一体能够离开特殊事物而存在的意义上。

由于关于统一体的困难,有的谈到"分有"并且由此引出了问题,什么是分有的原因以及它分有什么;而另外的人则谈到"沟通",*如像吕科弗隆(Λυκόφρων/Lycophron)说知识是认识与灵魂的"沟通";而另外的人说生命是灵魂与身体的"组合"或"联结"。然而相同的考虑适用于所有的情况;因为是健康的也将在这个基础上表明是灵魂和健康的一种"沟通",或者一个"联结"或者一种"组合",而铜的三角形的事实,将是*铜与三角形的"组合",而一个事物是白的这事实将是表

---

① 参看第七卷,1029ᵇ28;《解释篇》18ᵃ19。这里的 X 原文意为"外衣"。

② 就是说,是潜在的球的本质变成为一个现实的球,以及一个现实的球的本质从一个潜能的球产生出来。

③ 亚里士多德并没有给出整个定义,而仅只提出了种,或者"质料的"元素。

面与白性的"组合"。理由是人们寻求一个统一起来的公式，以及在潜能与完全现实之间的差异。但是，正如已经说过的，① 最接近的质料和形式是一个并是相同的，一个是潜在的，而另一个是现实的。因此，它像追问一般地说什么是 * 统一体以及一个事物是一的原因；因为每一个事物都是一个统一体，而且那个潜在的和那个现实的是一个。因此在这里没有其他的原因，除非某种东西引起从潜能到现实的运动，而且所有没有质料的事物无条件地本质上都是统一体。

20

---

① 参看本章 1044ᵇ23—33。

第九卷（Θ）

第一章

　　＊我们现在已经处理了首要意义的存在（τοῦ πρώτως ὄντος/Being in the primary sense），存在的所有其他的范畴都是与它相关的；① 那就是实

30　　体。因为根据实体概念，所有其他的［存在方式］才被说成是＊存在，如量、质和所有其他这样的［范畴］；因为它们都将包含着实体的概念，正如在我们的讨论开始时说过的。② 由于"存在"（τὸ ὄν）一方面被说成为个别事物、质和量，另一方面又可就潜能和完全的现实以及就功能

35　　来加以述说，让我们＊也对潜能和现实加以讨论。让我们首先在最严格的意义上来解释潜能，然而它对于＊我们目前的意图并非是最有用处

1046ᵃ　　的，因为潜能与现实超出了仅仅涉及运动的情况。在我们讨论了这种意义的潜能之后，在我们关于现实的讨论中③，我们也将解释其他种类的［潜能］。

5　　　　我们已经在别的地方④ 指出过：＊"潜能"（ἡ δύναμις）和"能够"（τὸ δύνασθαι）具有多种意义。我们可以抛开其中所有的模棱两可的含义。

---

① 参看第七、八卷。
② 即参看第七卷第一章。
③ 参看本卷 1048ᵃ27—ᵇ6。
④ 参看第五卷第十二章。

因为有的是在类似（ὁμοιότητι）的方式上使用的，比如在几何学中，我们说事物可能或不可能因为它们在某种特殊方式中出现或不出现。但是，所有符合于这个类型的潜能全都是＊某种本原，而且都与一个基本的潜能（πρὸς πρώτην μίαν）有关，这个潜能是在某些其他事物中的变化的源泉（ἀρχὴ），或者是那同一个事物本身的变化的源泉，而它作为这个事物的他者（ἢ ᾗ ἄλλο）。因为一类能力是被作用的潜能，在一个被作用的事物自身中，由于某个其他事物的作用，或者由于它作为它物而起的作用，这潜能引起一个被动的变化。另一类［能力］是对于变坏或坏灭的不受影响的特性，不论作为产生变动的源泉是别的事物的作用或者是它自身作为他者的作用。＊ 在所有这些定义中都包含着基本意义的潜能的公式。还有，所有这些潜能之所以如此述说，或者是由于它们仅仅起作用或被作用，或者是它们很好地起作用或被作用，因此，在这些公式中，也在一定程度上包含着前面描述过的那些潜能。

那么，很明显，在一种意义上＊作用于和被作用于的潜能是一回事（因为一个事物可以是"能够"的，或者它自己能够被作用，或者它能够作用于某个事物），但在另一种意义上，它又不是一样的。因为一种是在被作用的事物中；这正是因为它拥有某种本原，甚至质料也是一种本原，那被作用的东西被施加作用，一个事物被另一个东西施加作用；因为油脂的东西＊能被燃烧，以某种方式产生出来的东西能被弄碎[1]；在所有其他场合也与此相似。另一种是在作用的事物中，例如热与建筑技艺，前者在产生热的东西中，后者在精通建筑术的人中。因而，就事物是一个自然的综合体来说，没有什么事物是被它自己所作用的，因为它是一个事物而不是别的事物。而"非潜能"和"不能"＊是与这种意义的"潜能"相反的缺失，因为每个"潜能"都有一个相反的"非潜能"属于同一个事物而且涉及同一方面。缺失（ἡ στέρησις）也有多种意义。[2] 它的意义有：（1）不具有［某属性］，以及（2）本性上具有，但

---

① 托马斯·阿奎那注释本，在此处加有一句"想象能加以表达"，希腊文本无此句。
② 参看第五卷第二十二章。

却没有［某属性］，这或者是（a）总的如此，或者（b）当其可能自然
地具有它，而或者（i）在某种特殊方式下，例如不完全地具有它，或
35　者（ii）它根本不具有它。① 在有的场合，如果自然地＊具有一种性质
的事物，由于强力而丧失了它，我们就说它"被剥夺"（ἐστερῆσθαι）。

---

① 这里加上的 (1)、(2)、(a)、(b)、(i)、(ii) 等数字，系参照罗斯英译本，希腊文本
无此数字。巴恩斯校订罗斯译本时，删去了这些数字。

第二章

*由于这样的源泉有些存在于无生命的事物中,而另一些存在于有
生命的事物中,存在于灵魂和 *灵魂的理性部分中。很明显,有些潜能
也将是无理性的,而有些则是与理性在一起的。因而所有技艺与生产性
科学是潜能,因为它们是在别的事物中的变化的来源,或者是作为他者
在它们本身中引起变化的来源。

*所有与理性伴随的 [潜能],都有同样多的相反者,而无理性的 5
[潜能],每一个只有一个相反者,例如,热仅仅能够产生热,而医术则
关系到疾病与健康两者。其原因在于,科学是理性的说明,而理性的说
明解释事物及其缺失,尽管不是以同样的方式;在一种意义上它应用于
两者,在另一种意义上更多地应用于 *实际存在的事物。因此,那样的 10
科学必须处理对立的东西,一种是由于它们的本性,另一种则并非由于
它们的本性,因为理性一方面应用于那些根据其本性的事物,另一方
面也应用于根据偶然的方式的事物。因为它用否定和排除来解释对立;
因为 *对立是基本的缺失① (ἡ γὰρ στέρησις ἡ πρώτη τὸ ἐναντίον),而 15
这②就是将另一方排除。由于对立的属性不能从同一个主体引出,而科

---

① 参看本书第十卷 (I) 第四章。
② 指"基本的缺失"。

学是有理性事物的潜能以及灵魂具有运动的本源，有益于健康的东西仅仅造成健康，而生热的东西仅仅产生热，致冷的东西仅仅产生冷，但一20　个有科学知识的人 * 能产生对立的两者的后果。因为理性具有这两者，尽管不是以同样的方式，而且在灵魂中有运动的本源，因而灵魂以这个本源作用于这两者而把它们联结于同一个事物。因此，具有根据理性的潜能的事物对于具有没有理性的潜能的事物，造成对立的东西，因为它被包容于一个本源，即理性。

25　　　* 那仅仅造成一个事物或使一个事物遭受的潜能，是包含在很好地造成或遭受的东西之中的，这是很明显的。但是后者并非永远包含着前者，这也是很明显的。因为一个人做好一件事，必定是也做了它，但是一个人仅仅做了一件事，则并非一定做得好。

第三章

*有一些人，例如墨加拉派（oi Μεγαρικοί），说：一个事物仅仅当它发挥作用时，*才"能够"作用，而当它不发生作用时，它就"不能够"作用。例如，他们说：一个人不是在建筑，则他不能够建筑，只有一个人在建筑，而且当他正在建筑之时，[才能说他能够建筑]；在其他情况下也是如此。不难看到这个理论的荒谬后果。 1046ᵇ29 / 30

因为，很明显，[按照这个理论]，一个人除非正在建筑，他就不会是一个建筑者（因为"是一个建筑者"就是他*"能够建筑"），对于其他技艺也是如此。这样，他就不能拥有这些技艺，如果他没有在某个时候学习过并掌握了这些技艺的话；而且也不可能*不拥有它们，如果没有在某个时候丧失它们（由于遗忘、或者某个事故、或者时间[的流逝]而丧失，当然不是由于技艺的对象的毁坏，因为它是常存的①）。当一个人停止使用技艺时，他就将不拥有这个技艺；然而当他立即再进行建筑时，他又将怎样获得这个[建筑技艺]呢？关于没有生命的事物也是一样：因为如果*没有感知的人，就没有什么东西会是冷的或是热的，或是甜的或者一般说来是任何可感知的东西，这样，他们就会肯定普罗

---

① 在亚里士多德看来，知识的对象总是形式，而形式是永恒的；使得事物可以坏灭的是质料，而质料并非知识的对象。

251

塔哥拉的学说了。①但是，的确没有什么东西会有知觉，如果它不进行感知，亦即不实际使用这个能力的话。这样，如果没有[使用]视力（尽管他自然地会具有）就是瞎的，那么当其自然地具有它而且当它仍然存在的时候，同一个人*在一天之内将会许多次地是瞎的了，——耳聋也是一样②。

再有，如果"不能"就是潜能的被剥夺，那么生成的东西就将是不能生成的；但是那个人说不能生成的东西存在或者将存在，那么，他就是错的；因为这是不可能的含义。因而，这些理论既抛开了运动又抛开了产生；*因为那正站着的将永远站着，那正坐着的将永远坐着，因为如果他是正坐着的，就不会站起来，因为任何没有可能性站起来的就是不能站起来的。如果说我们不能持有这种看法，那么很明显，是由于潜能和现实是不同的；但是这些学说使得潜能和现实是一样的，*所以，他们试图消灭的东西绝非是微不足道的。

由此可知，这是可以接受的：一个事物是可以存在的，但还没有存在；能够不存在的，但是还存在着。关于其他一些谓语也同样如此：能够行走，但没有行走；能够不行走，但是却在行走。并且一个事物是能够作某种事情的，如果对于它具有的*潜能的实现，没有什么东西使之不可能的话。我的意思是：例如，一个事物是能坐着的，而且它被承认是坐着，那么在实现其坐时，它就没有什么是不可能的。同样，如果它是能够被移动或者移动，或者能够站立或使之站立，或者能够存在或将存在，或者能够不存在或将不存在，也都是如此。

*"现实"（ἡ ἐνέργεια）这个词，我们把它与"完全现实"（πρὸς τὴν ἐντελέχειαν）相联系，主要地是从运动扩展至其他事物，因为现实在严格的意义上被认为是与运动等同的，因而人们并不把运动解释不存

---

① 参看第四卷第五、六章。
② 此论证大意是：如果不使用视觉，即等于无视觉，则一个人把眼闭起来就等于瞎子了。这样每天他就会多次地成为瞎子（因为他多次地闭上眼睛）。耳聋的情况亦如此，如果一个人不使用听力的话。这是荒谬的说法。

在的事物，虽然用其他的谓词来解释它。例如，他们说不存在的事物是
思想和愿望的对象，而不是 * 在运动中的事物。这是因为，尽管这些事　　35
物现实上并不存在，但它们现实上将会存在；* 因为有些不存在的事物　　1047ᵇ
潜能地存在着；然而它们并不存在，因为它们并不是完全实现地存在。

第四章

　　　　* 如果像我们说过的，可能的东西不会伴随不可能的东西，那么，

5　很明显，说某某是可能的 * 而又将是不存在的，就不是真的了；这样，
不可能的东西就这样地消失了。我的意思是，例如假定有人（他不认为
不可能是存在的）说度量四边形的对角线是可能的，但它将不是被度量
的，因为没有什么东西会阻碍一个可能存在或变为存在的东西或者不存
在或者将不存在。但是，这是从［前面说过的］那些，必然会得出的，

10　* 如果我们假定不存在但可能存在的东西是存在的或将变为存在，那么
就必定没有什么东西是不可能的。但是，有的情况将会出现：因为度量
［四边形的对角线］就是不可能的。假的和不可能的并不是一回事；尽
管说你现在站着是假的，它不是不可能的。

15　　　　同时，这也是很清楚的：* 如果 A 存在，则 B 必定存在，那么如果
A 是可能的，B 也必定是可能的；因为如果 B 不是必定是可能的，那就
没有什么东西阻碍它不是可能的。假定 A 是可能的。这样，当 A 被设

20　想为可能时，如果 A 存在，那么没有什么是不可能的就会发生；B* 也
必然存在。但是我们假定 B 是不可能的。这样，让 B 是不可能的。于
是，如果 B 是不可能的，A 也必定是［不可能的］。但是 A 已被设定为
是可能的，所以 B 也是如此。因而如果 A 是可能的，B 也将是可能的，

如果它们是这样地关联着：如果 A 存在，B 也必定存在。于是如果 *A   25
和 B 是那样的关联着，而 B 却并非是可能的，那么 A 和 B 就将不是像
所设定的那样相互关联着了。而且，如果当 A 是可能的时候，B 必定
是可能的，那么如果 A 存在，B 也必定存在。因为说"B 必定是可能的，
如果 A 是可能的话"的意思就是：如果当 A 存在时以及当其可能存在时，
都是 * 存在的，那么 B 在那时也必定存在，并且在这种情况下存在。   30

第五章

1047ᵇ31 ＊所有潜能或者是生来具有的，如感觉的能力，或者由练习而获得，如演奏笛子，或者是通过学习，如各种技艺的能力。那些通过练习或者运用理性而获得的，只有我们在以前练习过它们才能具有，至于另

35 外的＊不是这种本性的能力以及那包含着被动性的，则并非必然如此。

1048ᵃ 由于那是＊可能的东西是在某个时间和某种方式中的某个可能的事物，而且具有任何另外的、必须包括在定义中的属性；还由于有些事物能根据理性产生变化，它们的潜能是有理性的，而另一些则是无理性的事物，它们的潜能也是无理性的；前一种潜能必定在有生命的事物中，

5 ＊后一种［潜能］则在有生命的和无生命的两类事物中。关于后一类潜能，当作用者与被作用者以适当方式相遇于这种潜能时，必定是一个起作用而另一个被作用；关于前一类潜能则并不必定如此。因为后一类潜能中的每一个产生一个后果，而前一类的潜能则产生相反的后果，①

10 所以［一种潜能］在同一时间将造成相反者。＊但这是不可能的。因而必定有另外的某个东西作为支配者。我的意思是，那就是愿望或选择（ὄρεξιν ἢ προαίρεσιν/Desire or choice）。因为无论两件事中的哪一个被

---

① 参看本卷第二章。

这个动物决定性地期望，当它出现时，它就将动作并以适合于所说的潜能的方式遇上这个被动的对象。因而每个具有理性潜能的事物，当它愿望那它对之具有潜力的东西，并且在它具有潜能的状况下，它必定要 * 做这件事。当这个被动对象出现并处于某种状况时，它就具有所说的这 15 种潜能；如果不然它就将不能行动。（加上这个限制："如果没有什么外在的事物阻挠的话"，不再是必要的；因为它作为潜能就具有作用的能力，并且这不是在所有场合，而只是在某些场合，在这些场合下甚至外在的 * 阻碍也将被排除，因为它们被定义中有些正面规定所排除。）因 20 此即使它希望或愿望同时做两件事或相反的事，它也将不能做到；因为在这种情况下它没有那样的能力，它也没有同时做 [这两件事] 的能力，因为它只能作它有能力做的事。

第六章

    * 由于我们已经谈了有关运动的所谓潜能，让我们讨论现实（περὶ ἐνεργείας/Actuality），规定什么是现实以及它是一种什么事物。因为在我们分析的过程中，潜能也将变得更清楚，即我们说的潜能，不仅指那些本性上是运动的或被别的东西推动的东西（或者是单纯的，或者是以

某种方式），而且 * 还有其他的意义。因此之故，在我们研究的过程中，我们也已经讨论过了这些意义。

    现实就是事物的出现，但不是在我们说"潜能地"那种意义上。我们说"潜能地"，例如赫尔墨斯的雕像在一块木头中，或一半在一整个中，因为它能被分离出来；我们甚至把并未学习的人叫作"学者"，如

果他能够学习的话。* 但是现实的东西是指在现实上［存在］的东西。我们想说的意思，用归纳的办法在特殊的事例中就很清楚了，而不必要

寻求所有词项的定义，但是必须要懂得类比，正如实际地建筑 * 相对于能够建筑，醒相对于熟睡，以及看相对于闭着眼睛但有视力，以及那已由质料形成的不同东西相对于质料，以及完成的加工产品相对于未完全

处理的东西。让现实由这个差别的 * 一方来定义而潜能则由它的另一方来定义。

    但是说"现实"（ἡ ἐνέργεια）并不是所有的都是在同一意义上被

使用的，而是在类比的意义上，如这个是在那个之中或相对于那个而言，或者这个东西是在那个东西之中或相对于那个东西而言。因为有些像运动相对于潜能而言，另一些则像实体相对于某种质料。

但是，无限*和虚空以及其他这类事物也被说成是潜能地或现实地 10
存在，然而是在不同于应用于许多事物的意义上（例如看、行走、被看）。因为在后面这种场合，这些谓词能在有些时候被真的断定而无需规定条件；因为之所以说"被看"，有时是因为它正在被看，有时是因为它能够被看。但是，无限并不在它会*在现实中分离地存在的意义上 15
潜在地存在；它仅仅能够在认识中是分离的。因为划分的过程不会停止的事实，使得这个现实潜在地存在着，但不是分离地存在着。①

由于那些有一个限度的活动都不是目的，而仅仅是相对于目的的，例如，减肥［或变瘦］；因为身体的一个部分，*当一个人使之变瘦时，20
是在这种方式下处于运动之中（亦即它不是运动和目标指向的东西），这不是一个活动或者至少不是一个完全的活动（因为它不是目的）；但是目的呈现于其中的运动就是一个活动，例如，在同一个时间，我们看而且已经看了，了解而且已经了解了，想而且已经想过了（但是我们不能在同一时间正在学习而且已经学习了，*或正在受治疗而且已经治疗 25
完了），在同一时间，我们生活得好而且已经生活得好，我们幸福而且已经是幸福的。否则，这个过程将会在某个时候已经停止了，正如变瘦的过程停止一样；但是它在当前时刻并没有停止，我们是生活着而且已经生活了。对于这些［过程］我们必定把一些叫作运动，而把另一些叫作现实。因为每一个运动都是未完成的，减肥、学习、行走、建筑，* 30
这些都是运动，而且也是未完成的。因为说一个事物同时正在行走而且已经走过了，或者说正在建筑而且已经建成了，或正在变为存在而已经变成存在了，或正在被移动而且已经被移动过了，这不是真的；正在被移动的东西和已经被移动的东西是不同的。但是同时已经看了和正在看

---

① 亚里士多德关于无限与虚空的论述，可参看《物理学》III.4—8，以及IV.6—9。

则是同一回事，或者正在想和已经想了。这样，后一种过程我称为现实，前一种过程，我称为运动。

35　　* 什么是现实 ①，以及它是一种什么事物，可以认为已由这一些以及相似的考察加以说明了。

---

① 贝克尔古希腊文本第七章从此处（1048ᵇ35）开始，罗斯英译本亦如此处理。但耶格尔校订的牛津文本，将此句归入第六章末。不少英译本亦据此。从内容上看，将此句归入第六章末，可资参考。

第七章

　　* 然而，我们必须区分什么时候一个特殊的事物潜在地存在，而什
么时候它不是这样；* 因为它并非在任何时候和每个时候都是这样地存
在的。例如，土潜在地是人吗？或者不，宁可说当它变成精子时，而且
也许甚至在那时也不是人，正如并非任何事物都可以用医药来治疗，甚
至凭偶然碰巧也不行，但是有些确定的种类的事物却能做到这一点，而
这就是 * 潜在的健康的事物。那作为思想的结果的定义，产生于从潜在 5
地存在到实际的存在。当它被意想到的时候，而且如果没有外在的东西
阻碍它，它将被产生出来；而在病人的情况下，即在一个人被治疗的条
件下，就是在他那里没有什么会阻碍这个过程。相似地，一座房子潜在
地存在，如果在它里面 * 和在质料里面，没有什么东西阻碍它成为一所 10
房子，并且如果没有什么东西必须增加上去，或挪开，或改变，那它就
是一所潜在的房子。对于生成的源泉是外在的所有其他的事物都是同样
的。至于那成的源泉是在那生成的事物本身之中的情况，如果没有什
么外在的东西阻碍它的话，当它愿意自身变为另外的事物时，一个事物
就潜在地是另一事物。例如，精子还不是潜在地一个人，因为它还必须 15
* 进一步地在某些其他的东西中进行变化。但是当它通过自己的动力源
泉，它就获得了如此这般的属性，在这种状况下，它就已经潜在地是一

个人了。但在前一种情况下，它还需要另外的动力源泉，正如土还不是一个潜在的雕像，因为它必须首先进行为了变为铜的变化。①

这似乎是，我们所说的不是一个特殊的事物（τόδε），而是一种造成一事物的材料（ἐκείνινον）。② 例如，这个盒子，不是木头，但它是木头材料做的；* 木头不是土，但它是成为土的材料；土也是如此，如果它不是别的事物，而是造成某事物的材料。在这个系列中，后面的就是充分意义上的潜在的东西。例如，这个盒子不是"用土做的"，也不是"土"，而是"用木头作的"，因为它 [木头] 潜在地是这个盒子，亦即是这个盒子的材料，一般地木头就是一般的盒子的 [材料]，这块木头就是这个盒子的 [材料]。

如果有一个最先的事物，* 它不再是与别的某个事物相关而被称为"作成某物的材料"，那么，它就是第一质料（πρώτη ὕλη/Primary matter）。例如，如果土是"由气作成的"，而气不是火，而是"由火做成的"，那么火就是第一质料，而不是一个"这个东西"（τόδε）。因为主体或基质可按其是否为个别事物而区分 [为两类]；作为属性的基质，例如，是一个人（亦即 * 一个身体和一个灵魂），而其属性是"有教养的"或"白色的"，当"教养"呈现在主体中时，这个主体被叫作是"有教养的"，而不是"教养"。而这个人也不被叫作"白色"，而是"白色的"，不说他"移动"或"运动"，而说他"在行走"和"在移动"；这正如我们说那些事物是由什么做成的。这样，在"主体"具有这个意义的地方，终极的主体就是实体（τὸ ἔσχατον οὐσία）；但当"主体"不具有这样意义，而且 * 谓词是一个形式或者一个"这个"（τόδε）时，终极的主体就是质料或质料性实体(τὸ ἔσχατον ὕλη καὶ οὐσία ὑλική)。"由什么做成的"(τὸ ἐκείνινον) 应当与质料或性质相联系来使用，这是正确的；因为这两者

---

① 这一段文字中讨论的是技艺的产物与自然的产物，但在结尾时，却用前一类事物作例证来解说后一类事物。

② 希腊文 τόδε 指一具体事物（"这个东西"），ἐκείνινον 为"造成一事物的材料"，拉丁文本作 ex hoc。罗斯英译本用 that 和 thaten 分别译这两个词。

是不确定的。

　　于是，我们陈述了什么时候一个事物被说成潜在地存在，而什么时候不是［潜在地存在］。

第八章

1049ᵇ4、5　　　*从我们关于"先于"的各种意义的区分①,*很明显,现实是先于潜能的（πρότερον ἐνέργεια δυνάμεως ἐστιν）。我所说的潜能,不仅指那确定的一类被说成是在其他事物中或在自身中作为他者的变化的本源,而且也指一般的运动和静止的每一个本源（ἀρχή）。由于自然也在如像

10　　潜能的同一类中,因为它是运动的来源,*但不是在什么别的事物中,而是在作为自身的事物自身中。对于所有这样的潜能,现实都是在先的,既在公式上在先也在实体上在先（καὶ λόγῳ καὶ τῇ οὐσίᾳ）,至于时间上的在先,在一种意义上是这样,在另一种意义上并非这样。

　　（1）很显然,它在公式上是在先的,因为潜在的东西在基本的意义上之所以是潜在的,是由于对于它来说变为现实是可能的。例如,我说

15　　"能建筑"是指那能够建筑的东西,*说"能看"是指那能够看的东西,说"可以看见的"是指那可以被看到的东西。同样的原则对于所有其他场合也是适用的,所以一方的公式和知识必定先于另一方的知识。

　　（2）在时间上,在这个意义上它是在先的:那在属上（尽管不是数目上）与一个潜在地存在事物同一的现实的事物,是在先的。我的意思

---

① 参看第五卷第十一章。

是：相对于这个＊现在实际上存在的特殊的人、谷物以及看的主体，质　　　20
料、精子以及可以看的东西（它们潜在地是人，谷物和观看，但还不
是实际上如此），在时间上是在先的；但在时间上先于这些的［又］是
其他现实地存在的事物，从这些事物中，它们①才得以产生出来。因为
＊现实地存在的事物总是从潜在地存在的事物中由一个现实地存在的事　　25
物把它产生出来，例如，人从人产生出来，有教养的被有教养的产生
出来；永远有一个第一推动者（κινοῦντός τινος πρώτου），而且这个推
动者已经现实地存在。在关于实体的讨论中我们已经说过②，每一个产
生出来的事物都是从某种事物中被某种事物产生出来的某种事物（ὅ τι
πᾶν τὸ γιγνόμενον γίγνεται ἔκ τινος τι καὶ ὑπό τινος），而且在种类上和
它是同样的。

　　这就是为什么＊这样的事情被认为是不可能的：如果一个人从未建　　30
筑过什么东西，但他能为一个建筑者，或者一个从来未弹奏过竖琴的人
而是一位竖琴师；因为学习弹奏竖琴的人，通过弹奏它来学习弹奏它，
其他情况也是如此。由此引出智者派的反驳，即一个不拥有一门科学的
人，将会做是那门科学的对象的事；因为正在学习的东西就不是拥有的
东西。＊但是由于那正在变为存在的东西，某些部分必定已经变为存在，　　35
而且一般说来那正在变化的东西，某些部分必定已经变化了（这在论运
动的论文中已经表明了③），＊看来，那正在学习的人必定拥有这门科　　1050ᵃ
学的某些部分。但是在这里也很明显，在这个意义上，即在产生的次序
上和时间的次序上，现实也是先于潜能的。

　　但是（3），它在实体上也是在先的。首先，（a）因为在生成上是＊　　5
在后的事物，在形式和实体上则是在先的，例如，成年人先于小孩，而
人先于精子，因为前者已具有形式，而后者还不具有。还有，每一个生
成的事物都奔向一个本原，亦即目的（因为一个事物由于它而存在的东

---

①　指潜在的事物。
②　参看第七卷第七、八章。
③　参看《物理学》Ⅳ.6。

西就是本原，而生成就是由于这个目的），并且现实就是目的，而正是
10　为了这个的缘故潜能才 * 被抓住。因为动物并不是为了可以有视力而
看，而是为了他们能看而具有视力。同样地，人们拥有建筑的技艺是为
了他们可以建筑，而具有思辨能力是为了他们可以思辨。他们并不是为
了他们可以具有思辨能力而进行思辨，除非是那些通过练习来学习的
人；这些人除在一种限制的意义之外并不思辨，或者因为他们没有思辨
15　的需要。* 再有，质料潜在地存在，因为它可以获得形式，但是当它现
实地存在时，那时，它就是在形式之中了。这同样地应用于所有其他场
合，包括那些目的是运动的场合。因此，正如教师认为他们已经达到了
他们的目的，当他们已经显示了学生胜任工作的时候，自然也是如此。
20　如果不是这样的话，* 那就会是"鲍松的赫尔墨斯"了①，因为正如那个[赫
尔墨斯的雕像] 一样，这个科学知识究竟是内在的还是外在的就不清楚
了。因为活动是目的，而现实就是活动，所以甚至"现实"（ἐνέργεια）
这个字就是从"活动"（ἔργον）引申出来的，并倾向于具有"完全实现"
（ἐντελέχειαν）② 的意义。

　　在有些情况下，使用（ἡ χρῆσις）就是终极的事物，例如，在视力
25　中最终的事物就是看，* 在此之外，它不会从视力产生什么其他的后果。
但在有的事物中则有其他的后果，例如，建筑的技艺得出一座房子以及
建筑的活动。然而活动在前一种情况中是目的，在后一种情况中活动
比之潜能是更加接近目的。因为建筑的活动被实现于被建筑的事物中，
[建筑的活动] 同时就变成为房屋并作为房屋而存在。

30　　　* 这样，当结果是某种不同于活动的东西时，现实就存在于制造出
来的事物中，例如，建筑的活动存在于被建筑的事物中，纺织的活动存
在于被纺织的东西中，如此等等；而且一般说来，运动存在于被推动的
35　事物中，但是在现实之外 * 没有什么产物的场合，现实就处于自身之

---

①　据说鲍松画过一幅画，画面上的奔驰的马，如果颠倒过来看，就成了马用背在地
　　上滚动。

②　ἐντελέχεια 一字，中译文曾有人音译为"隐得来希"。

中，例如看在看者之中，思辨在思辨者之中，* 生命在灵魂之中（因而 1050^b
幸福（εὐδαιμονία）也是如此；因为它是某一种生活）。

因此，很明显，实体和形式都是现实①。于是，根据这个论证，现
实在实体上先于潜能就是明显的了；而且正如我们说过的②，一个现实
在时间上 * 永远先于另一个现实，一直到那永恒的第一推动者。 5

但是，（b）[现实在先] 还有更恰当的意思；因为永恒的东西在实
体上先于可消灭的东西，而没有永恒的事物是潜在地存在的。理由是这
样的：每一个潜能在同一个时间都是一个相反对的潜能，因为当不能发
生的东西 * 不能在任何东西中发生时，每一个可能存在的东西也许可能 10
不能实现。因此，那可能存在的既可以存在也可以不存在，因而，同一
个事物既可能存在也可能不存在，并且那可能不存在的也许可能不存
在，而那也许可能不存在的东西是可消灭的，或者是在绝对的意义上，
或者是在那种 * 也许可能不存在的意义上，或是关于地点，或是关于 15
量，或是关于质。"绝对地"意思是指关于实体。这样，没有在绝对意
义上是不消灭的事物在绝对意义上潜在地存在（尽管没有什么东西阻碍
它在某些方面是那样的，如在性质方面，或在地点方面）；这样，所有
不坏灭的事物都现实地存在。没有由于必然性的任何事物能够潜在地存
在；这些事物都是原初的；因为如果这些事物不存在，就没有事物会存 20
在。* 运动也不是潜在的，如果有任何永恒的运动的话。如果有任何事
物在运动上是永恒的，它在运动上也不是潜在的，除非是就"从何处"
和"向那里"而言，没有什么事物阻碍它具有质料。③ 因而太阳和星辰
以及整个天空都永远是处于活动中的（ἀεὶ ἐνεργεῖ），而不用像有些

---

① 在古希腊文本中，由此句起至 ^b5 均紧接和包括在以上一段中。"勒布丛书"英译
本亦如是处理。罗斯英译本根据内容将它作为一整段单列，认为它是 ^a4—^b2 的
论述的总结。托马斯所据拉丁文本亦大体作与此相同之分段，可参考。

② 1049^b17—29^b。

③ 在希腊文本中，此句至此结束，其意义不太明确。罗斯译文在此处加上一个分句：
"而质料使它能够在不同方向上运动"，此为其他译本所无，不知何所本？疑系罗
斯将他的解释窜入正文，但它有助于理解，特保留在此脚注中，供参考。

自然哲学家所担心的那样怕它们会停顿下来①。它们也不会被这样的活
25 动累坏；因为运动＊不是应用于它们的，如像它对于可消灭的事物那样
与对立的潜能相联系，以至于运动的继续会是极为费力的；其原因是实
体是质料和潜能而并非现实，而现实则是致此的原因。

不消灭的事物②被那些处于变化中的事物（例如地球和火）所仿效。
30 因为这些事物也是永远处于活动中的；＊因为它们有它们自身的和在它
们自身之中的运动。③但是其他的潜能，根据我们前面的分析④，全都
是有相反后果的；因为那能以这种方式推动别的事物的，也能不以这种
方式推动它，亦即如果它按照理性来活动的话；而非理性的潜能由于它
们的出现或不出现将产生相反的后果。

35 ＊于是，如果有任何实在或实体如像那些人⑤谈论的理念那样，那
1051ᵃ 就必定有某种东西具有比绝对知识更多的知识，＊和比运动本身更加
运动。因为这些东西更加富有现实的性质，而知识和运动将是它们的
潜能。

这样，显然地现实既先于潜能，也先于每一个变化的来源。

---

① 例如恩培多克勒（参看《论天》284ᵃ24—26ᵇ）。
② 指不运动的天体。
③ 亦即它们既是推动者又是被动推动者。
④ 参看ᵇ8—12。
⑤ 指柏拉图主义者。

第九章

　　* 从以下的论证将清楚地看出：现实比起好的潜能还更加好和更有 1051ᵃ4
价值。* 我们所说的每一事物能做什么，同样地也能作出相反的东西， 5
例如我们说那能够是有益于健康的东西，同样地也能够是有害于健康
的，而且是同时地；因为同一个潜能就是使之健康和使之生病的潜能，
使之静止和使之运动的潜能，* 进行建筑和加以摧毁的潜能，被建筑和 10
崩塌的潜能。这样，对于相反的潜能在同一时间出现；但是，相反的东
西不可能同时出现，而且 [两种相反的] 现实也不可能在同一时间出现，
例如健康和疾病。因此，好的必定是两者中的一个，而潜能则可以同样
地是两者或者两者都不是；* 这样，现实就是比较好的。在坏的事物的 15
场合，目的和现实也必定坏于潜能；因为那 "能够" 的东西是相反双方
同样可能的。那么显然，坏的并不在坏的事物之外存在，因为坏的东西
在本性上是后于潜能的。因此，在那些是本源的 * 和永恒的事物中，也 20
没有任何恶或错误，或任何已经败坏的东西，因为败坏是一种恶。

　　几何图形①也是由于一种现实而被发现的②，因为我们是通过划分
而发现它们的。如果这些图形已经被划分，这些结构就会是很清楚的；

---

　　①　原文为 τὰ διαγράμματα，意为 "由线划成的图形"，即几何图形。
　　②　两个定理所必需的几何图形，由以下两图（图一、图二）标明。

269

但如它原有的那样①，这些结构就仅仅是潜在地呈现的。（1）为什么一
25 个三角形的内角之和等于两个直角呢？因为*[在一条直线上的]一个
点上的角等于两个直角。如果一条平行于一个边的线已经画出来了，那
么，答案在视觉上就是十分清楚的了。（2）为什么一个在半圆上的角总
是一个直角呢？如果三条线是相等的，其中两条线形成一条底线，而另
一条线从底线的中点向上画，那么结论对于知道前一个命题的人一眼就
30 看清楚了。因此，很显然，那潜在地存在的结构就由于*使之现实而被
发现了；其理由就是：[几何学家的]思维就是一种现实；这样，潜能就
由现实加以阐明了，并因而是以造就它而使人们得以认识（尽管个别的
现实在生成上后于相应的潜能）。

---

① 即原由黑线画出部分（虚线表示划分或分析的思考）。

第十章

　　* 由于"存在"和"非存在"不仅作为 * 范畴的类型来使用,而且也作为这些范畴类型的潜能和 * 现实或者作为相反的东西① 来使用,但是在最通常的意义上② 还是指真和假,而这有关客观对象的联结或分开。所以一个人认为那分开的东西是分开的,那连结着的东西是联结着的,他的认识就是真的;而与 * 事物的状况相反的认识就是假的。那么,我们叫作真或假的东西什么时候存在或不存在呢? 我们必须考虑我们说它们是什么意思。并不是我们真的认为你是白的,你就是白的,而是由于你是白的,我们这样说才是真的。于是,如果有些事物总是联结在一起的而不能 * 被分开,而另一些则总是分开而不能加以联结,还有一些事物容许相反的两种状况,那么,"是"(τò εἶναί)就是被联结和一个统一体,"不是"(τò μὴ εἶναι)则是不联结,而是多。关于那些容许可

1051ª34、35

1051ᵇ

5

10

---

① 希腊文本原文如此 (ἡ τἀναντία),"勒布丛书"及罗斯本英译文均作"or their non-potency or/and non-actuality",乃系用其意的解释,虽然不错,但非忠实于原文的翻译。托马斯所据拉丁文本则是系按原文翻译的。

② "在最通常的意义上",希腊文本原文为:"Κυριώτατα ὄν",罗斯英译本第二版删去,"勒布丛书"译作"in the strictest sense",又感到不妥 (因为这与亚里士多德在第六卷第四章中的论述有抵触),故在脚注中认为也许应像耶格尔那样把它理解为"in the commonest sense"。托马斯所据拉丁文本译作"最恰当地"。

271

15　能的［τὰ ἐνδεχόμενα］，同一个意见同一个陈述会成为真的和假的，＊它
可能在一个时候是对的而在另一个时候是错的。至于那些不能是另外的
状况的事物，则不发生有时真有时假的情况，它们永远是真的或永远是
假的。

　　但是，关于非组合的事物（τὰ ἀσύνθετα/Incomposite things），什么
是存在或非存在，什么是真或假呢？因为它不是组合的事物，所以存
20　在就是当它被联结，而非存在＊就是当它被分割开，像"这块木头是
白的"，或"对角线是不可通约的"那样；真和假也不会像前面那种状
况那样地以同样的方式呈现出来。事实上，正如真在这些情况中不是
一样的，存在也是不一样的。（1）真和假是这样的：接触①和述说（τὸ
θιγεῖν καὶ φάναι/Contact and to say）是真的（述说和肯定（καὶ φάσις/
Affirmation）＊是不同的），而无知则是不接触。因为关于一个存在的事
25　物是什么不可能被欺骗（ἀπατηθῆναι），除非是在偶然的意义上，这对
于非组合的事物也是成立的（因为关于它们不可能被欺骗）。它们全都
现实地存在，而非潜在地存在；因为不然的话它们会被产生出来或被毁
掉；但现在，存在本身不是被产生出来的，也不是被摧毁了，＊如果它
30　是的话，它就会是从某事物产生出来的了。这样，关于所有是本质和现
实的事物，就不会有被欺骗的问题，而仅仅只是思考它们还是不思考它
们的问题。关于它们是什么的研究，采取了研究它们是否具有如此这般
的性质的形式。

　　（2）至于在真的意义上的存在和在假的意义上的非存在，一方面，
35　如果它们是联结的、是统一体就是真的，＊如果不是联结的就是假的。
1052ᵃ　另一方面，这个统一体，作为存在，以这样一种方式存在，如果它＊不
以这样的方式存在，它就不存在。真就是认识它们，假的就不存在，欺
骗也不存在，而只有无知，而且不是像盲目那样的无知，因为盲目类似
于思维能力的完全丧失。

――――――――――

　　①　指直接的和确切的了解。

272

关于不运动的事物也很清楚，* 在时间方面不可能有欺骗，如果我 　5
们假设有不运动的事物的话。例如，我们假定三角形是不变动的。我们
就不会在一个时间设想它的角［的和］等于两个直角，而在另一个时间
又设想它们不等于两个直角（那就是变动的了）。但我们可以设想一个
事物有某属性，另一事物没有某属性，例如，没有偶数是质数，或者有
些是质数，而另一些不是质数。但是关于一个单个的数就不会 * 这样，　10
因为我们不再能够假设一个场合是这样的，另一个场合又不是这样的，
而是无论说的是真还是假，事物永远是以这样的方式存在的。

第十卷（I）

第一章

*"一"有多种意义，在前面关于区分几种意义时已经说过了。① 但是，尽管它具有多种意义，那些首要地和由于其本性被称为一，而不是在偶然的意义上［被称为一］，可以归纳为四项。

（1）② 那是连续的东西，或者是绝对地（ἢ ἀπλῶς），或者更加是 * 由于本性而非由于接触，也不是由于捆绑在一起而是联结的；在这些中间，其运动③ 是更加简单和不可分的，就具有更大程度的统一性和优先性（μᾶλλον ἕν καὶ πρότερον）。

（2）那是一个整体并具有一定形状和形式的东西是更高程度的"一"，特别是那些由于本性如此而不是由于强制(像用胶水，或者钉子，或者捆绑)而联在一起的，而是在它自身具有 * 它的联结性的原因。一个事物如果它的运动在地点和时间上是一个而且是不可分离的，就属于这一类。所以，很清楚，如果一个事物由于本性而具有第一种运动（我指的是沿轨道的圆周运动）的第一本原，它就是原初意义的大小的一

---

① 参看第五卷第六章。

② 希腊文本无此标明区分的数字，但它有助于条理分明，中译文参照罗斯及"勒布丛书"处理方法，保留这些数码。

③ 本性被定义为（本书第五卷第五章1015ª15）"它在自身中具有运动的源泉"的事物的本质。

（ὅτι τοῦτο πρῶτον μέγεθος ἕν）。

这样，有些事物是在这种方式下，作为连续的和整体而是一。另一些事物是一则是由于其＊定义是一。这样的事物其思想是一，亦即它们是不可分的；如果事物在种类上和数目上是不可分的，那它就是不可分的。 30

（3）这样，在数目上，个别的东西是不可分的，而（4）在种类上，它在可知性上和知识上是不可分的，所以那使得实体是一的一定是在原初意义上的一了。

这样，"一"具有所有这样一些意义：＊在本性上是连续的以及整体，35 以及个体，以及共相（τὸ καθόλου）。所有这些都是一，因为它们都是不可分割的，＊有些是运动上不可分割，有些是思想或者定义是不可分割的。 1052ᵇ

但是，我们必须认识到："何种事物被叫作一？"和"什么是本质上的一"以及"什么是它的定义"，不应被当作是一样的。"一"具有所有这些意义，＊适用这些意义中的某一个的每一个事物都将是一。但是，5 "是一"意味着有时是这些事物中的一个，有时是别的某个东西①，它甚至更接近于"一"这个字的意义，而其他的事物则潜在地是一。这正像对于"元素"和"原因"一样，如果人们既要用显示具体事例的方法，又要用给词下一个定义的方法来解释它们的话。＊在一种意义上火是一 10 个元素（同样地由于自己的本性，"无限定"和某个其他的这类东西也是元素），但在另一种意义上它又不是［元素］；作为火和作为元素不是一回事。但是，作为一个具体的东西和自然物，火是元素，而且这个词表示它具有这个属性，即有某种东西是由作为基本的构成因素的［火］15 组成的。＊关于"原因"和"一"以及其他所有这样的词也都是如此。因此，"是一"的意思是"是不可分的"，真正地是一个"这个"，而且在地点、形式和思维中都是分离的；或者还意味着"是一个整体的和不可分的东西"。但它特别地意味着"是某一种事物的基本的度量"，最严格地是指数量上的度量，因为它由此出发而延伸到其他［范畴］。＊因为 20

———————

① 参看1052ᵇ16—19。

度量是数量由之而得以认识的东西，而数量作为数量是由一个单位（ένί）或由一个数目而得以认识，而所有数目都是由"单位"而得以认识的。因此，所有的数量作为数量是由一①而得以认识的，这个一本身（τοῦτο αὐτὸ ἕν）就是诸数量由之首先得以认识的东西。因而"一"就是数目作为数目的起点。由此，在其他场合也是如此，*"度量"的意思是通过它每一事物得以首先被认识，而对每一个事物的度量就是"单位"②——在长度、宽度、深度、重量和速度方面都是如此。（"重量"和"速度"这个词对于相反者③也都是共同的；因为它们中的每一个都有两意义——"重量"的意思既是具有任何量的重力，也意味着那超过的重力，而"速度"的意思既是*具有运动的任何的量，也意味着超过那个运动的量；因为甚至慢也有一定的速度，而相对轻的东西也有一定的重量。）

在所有这些场合，度量和起点都是某个"一"和不可分的东西（因为即使就线而言，我们也把一条一尺长④的线当作不可分的）。因为在任何地方我们都取某个一和不可分的东西来作度量；这就是*在质的方面和量的方面是简单的东西。于是，在认为不可能去掉或增加的地方，度量就是精确的（因而数目的计量是*最精确的，因为我们设定在每个方面单位都是不可分割的）；而在所有其他场合，我们都仿效这种计量。因为在一个"斯塔德"⑤和一个"塔兰特"⑥的场合，或者一般地在比较

---

① 这里的"一"和"单位"在古希腊文本中均为ἕν及其变格形式ένί,这在古希腊文及现代西方语言中，词源大体相同，故词义可通。汉语中"一"和"单位"的语义区分似乎要多一些。

② 脚注同①。

③ 指重与轻,快与慢。

④ 按此处古希腊文原本文为τῇ ποδιαίᾳ直译为"一脚长"，即以脚掌长度为度量单位，犹如现今仍使用之英制中之 foot（"英尺"）。

⑤ "斯塔德"（τὸ σταδιου）是古希腊长度计量大单位，原意为体育场中的"跑道"，其长度恰好是著名的奥林匹亚运动场跑道的长度，大约相当于，约 606 又 3/4 英尺。现代西方语文中的"体育场"（stadium）一字，即由此字演化而来。

⑥ "塔兰特"（τὸ τάλαντου）原意为"天平"，后转意为确定的重量单位，又指相当于一定重量之金（或银）的货币总量，其量因地而有不同，如"爱琴银塔兰特"等于60"米那"亦即 6000"德拉马克"。梭伦之后的"亚狄卡塔兰特"的重量，据考证约重 57.75 英磅，而"爱琴塔兰特"则约重 82 英磅。

大的事物的场合，比起某种较小事物的场合，任何增加或减少都比较不
容易察觉。*因此，根据我们的知觉，没有什么东西能从它减去的基本
的东西，人们就用以度量液体和固体、重量和大小。人们认为他们知道
量，只有在通过度量而知道它的时候。他们也通过简单的运动和最快的
运动而知道运动，因为它只需最少的时间。*因此在天文学中，一个这
样的"单位"（"一"）就是出发点和度量；因为他们设想天体的运动是
统一的并且是最快的，并且他们用它来确定其他的。在音乐中，四分音
（ἡ δίεσις）[是度量的单位]，因为它是最短的，而在语言中的单位是音
素。所有这些都是在这种意义上的"一"，即不是作为某种共同的"一"，
而是在我们已经说过的意义上的"一"。

　　*但是度量并非在数目上总是一，有时是多于一，例如有两个四
分音（不是由我们的听力来区分，而是由它们的理论上的比率来区
分）。我们用以度量一串语音的联结的声音是比一要多的。正方形的对
角线和边① 是由两个量来度量的，而且所有这类的大小都是这样。这
样，一 [单位] 是所有事物的尺度，因为我们知道一个实体由什么组
成，就是用的 *从量的方面或从种类方面划分一个事物的方法。而"一"
[单位] 是不可分割的，因为每一类事物中的基本的东西（τὸ πρῶτον
ἑκάστων）是不可分割的。但是，并非每个"一"都是在相同的意义
上不可分割的，例如"脚"（ὁ ποὺς）与 [算术上的]"单位"（μονάς），
后者在每一方面都是不可分割的，而前者则必须列入那些在知觉上不可
分的事物之中，正如我们已经说过的②；因为也许每一个联结的事物都
是可分的。

　　*计量永远类似于被计量的事物，对大小的度量是一个大小，特别
是对长度的度量是一个长度，对宽度的度量是一个宽度，对联结的声音
的度量是一个联结的声音，对重量的度量是一个重量，对诸单位的计量

① 此处古希腊文本尚有"καὶ ἡ πλευρά"（"以及边"）字样，罗斯本译出，"勒布丛书"
　 则认为系注解篡入正文应删去，本译文取罗斯之说。
② 参看1052ᵇ53，1053ᵃ5。

是一个单位。（因为我们必须如此地陈述这件事，而不说对诸数目的计量是一个数；的确我们应当这样说，如果我们要使用对应的语词形式的话，但这个说法并不真的对应——这就像一个人设想对诸单位的计量是

30 诸单位＊而不是一个单位；数目是诸单位的一个复数［形式］。）

由于同样的理由，我们也说知识和感觉知觉是事物的尺度，因为我们通过它们而得以认识某个事物；然而实际上它们是度量它们自己而不是度量别的事物。但是我们的经验是：好像别的某个人度量我们，而

35 我们知道我们的高度是＊通过他在多大数量上把度量的肘尺①应用于我

1053ᵇ 们。普罗泰哥拉说，"人是万物的尺度"，他似乎是说，＊"这个人知道"或"这个人感觉"，而这是由于他们具有相应的知识或知觉。这些东西，我们说都是对客观事物的度量。这样，当其显得说出了某种特别的东西时，他实际上什么也没有说。

显然，"一"［单位］在最严格的意义上，如果我们根据这个词的意

5 义来定义它的话，＊就是一个尺度，而更恰当地说，是量的尺度，其次是质的尺度。有些事物如果在量上不可分的话就会是一；其他事物如果它们在质上不可分的话也就会是一。因此，一就是不可分的东西，或者绝对地或者作为一［是不可分的］。

---

① 肘尺（ὁ πῆχυς），系古希腊度量长度的方法之一，即将从肘关节到中指尖的距离称为一肘。其长度亦因时因地而异，大约为 1.5 英尺，亦有长达 2 英尺者。

第二章

＊关于一的实体和本性，我们必须研究它在两种方式的哪一种中 ＊ 存在。这正是我们在关于问题的讨论中 ① 已经考察过的那个问题：什么是一，我们对它采取什么看法，是否我们必须把一本身看作是一种实体（正如毕达哥拉斯派先这样说，而后柏拉图也这样说），或者毋宁说有某种本性潜伏在它下面，并且一应当被更加可以理解地加以描述，而且更加追随 ＊ 自然哲学家的方式，在这些自然哲学家中一个说一是爱，另一 个说它是气，另外一个说它是不限定（τὸ ἄπειρον）② 。

如果没有共相能是一个实体，正如在讨论实体和存在时已经说过的③，而且存在本身不能是一个实体（在与多分离的一的意义上，因为它［共相］是多所共同的），而仅仅是一个表语，那么，＊ 显然，一也 不能是一个实体，因为存在和一是所有表语中最普遍的。因此，一方面，种（τὰ γένη）不是可以与其他事物分离的某种实在和实体；另一方面，一也不能是一个种，这和存在和实体不能是种的理由是同样的。

再有，这个状况对于所有种类的"一"必定是同样的。＊ 现在，"一"

---

① 参看第三卷第四章，1001ᵃ4—ᵇ25。

② 指恩培多克勒、阿那克西美尼、阿那克西曼德。

③ 第七卷第十三章。

具有与"存在"一样多的意义；所以，由于在质的领域，一是某个确定的性质和某个东西，并且在量的领域也同样如此，因此我们应当一般地研究"一"是什么，正如也应当研究存在是什么，因为说它的本性就是这个事物本身是不够的。但在颜色中，一就是一种颜色，例如，白色，

30 并且，* 于是其他颜色好像是从这个［颜色］和黑色中产生出来的，而黑色就是白色的缺乏，正如黑暗是光明的缺乏。因此，如果诸存在的事物都是颜色，那么存在的事物就将是一个数目，但是，是什么的［数目］呢？显然是颜色的［数目］。并且，"一"将是某一个颜色，例如白色。

35 与此相似，* 如果诸存在的事物都是音调（μέλη），那么就会有一个数目，然而是一个四分音的数目，它们的实体不会是一个数；而"一"会

1054ᵃ 是某种东西，它的实体不是"一"，* 而是一个四分音。在联结的语音的场合也是一样，诸存在的事物将会是一定数目的音素，而"一"就是一个发音的音素。如果诸存在的事物都是直线的图形，它们就会是许多

5 图形，而"一"就是一个三角形。这个同样的论证适用于所有其他 * 种类的事物。因此，由于在属性中，在质、量和运动中以及在所有场合，都有数目和"一"，而数目是特殊事物的数目，"一"是一个特殊的事物，但它的实体并不就是"一"，对于实体也必定是这样的；因为在所有相似的场合，都是同样的。

10 　　* 这样，就很清楚，在每一个种类中，"一"是一个事物（τις φύσις），而没有一个场合它的本性仅仅是"一"。但是正如在颜色的场合，我们要寻求的"一本身"就是一种颜色，那么在实体的场合也是一样，"一本身"就是一个实体。这意味着"一"的意义与"存在"的意义大体上是一样的，这从以下事实可以清楚看到：它的意义与诸范畴

15 一一对应，而且它不是在 * 任何范畴之内构成的（例如它既不是在"一个事物是什么"，也不是在质中构成的，而是与它们相关，正像存在那样）；在"一个人"中并没有比在"人"中表达什么更多的东西（正如存在并没有什么在某一事物或质或量之外的东西）；"是一"就是一个特殊的东西。

第三章

*"一"与"多"（τὰ πολλὰ）在几种方式中对立，其中之一是"统 1054ª20
一"与"多样"（τὸ καὶ τὸ πλῆθος）作为不可分与可分（ἀδιαίρετον καὶ
διαιρετόν）的对立，因为那被分割的和可分的东西叫作"多样"，而那
不可分的和未分割的东西叫作"统一体"。由于对立有四种，而现在这
一对对立中的一个是用于缺乏的含义，*它们必定是相反者（ἐναντία）， 25
而且既不是矛盾（ἀντίφασις）也不是那在说法上相关的东西（τὰ πρός
τι）①。"统一"是由它的相反的方面——不可分的由可分的——来加以描
述的说明，因为"多样"，亦即可分的，比不可分的更容易被感知，所
以由于感知的条件，在定义中多样先于不可分的。

*正如在关于相反者的区分中我们已经列举的②，相同（τὸ ταὐτὸ）③、 30
相似（ὅμοιον）和相等（ἴσον）都属于一，不同、不相似、不相等则
属于多样。

"相同"有多种意义：（1）我们有时说"一"作为数目是相同的。

---

① 相反和缺乏两者并非彼此相斥的，因为相反是形式和它的完全缺乏之间的关系。
参看本书第四卷，1004ᵇ27、1005ᵇ26。

② 参看本书第四卷（Γ）第二章。

③ 或译"同一"。

283

再有(2)，我们说一个事物是相同的，如果它在定义上和数目上都是一。

35、1054ᵇ 例如，* 你在形式和质料上都与你自己是一个。再有（3），如果 * 第一实体的定义是一个，例如相等的直线是相同的，相等的与等角的四边形是相同的，以及还有许多的例子；但是在这些中间，相等性（ἡ ἰσότης）就是统一性（ἑνότης/Unity）。

事物是相似的，（1）它们即使不是绝对地一样或者在它们的实体的

5 构成方面不可区分，* 它们作为形式则是一样的，例如较大的正方形与较小的［正方形］是相似的，以及不相等的直线都是相似的。这些都是相似而不是绝对地一样。(2) 另一些事物是相似的，如果它们具有相同的形式，但容许有程度上的不同，而它们没有程度上的不同。(3)

10 如果诸事物具有一种相同的属性，而且在形式方面是同样的，* 例如白色，或者强一点或者弱一点，我们说它们是相似的，因为它们的形式是一个。(4) 另一些事物被叫作相似，如果它们共同具有的性质比起它们的差异更多些——或者是一般的性质或者是突出的性质；例如就白色而言，锌与银相似，就黄色与红色来说，黄金与火相似。

15 这样，很明显，"不同"与"不相似"也有多种意义。(1) *"不同"在一种意义上是相同的对立面，所以每一个事物对每一个其他事物，或者是相同或者不相同。(2) 在另一种意义上，诸事物都是不相同的，除非它们的质料和定义都是一个，所以，你和你的邻居是不同的。(3) 第三种意义的［不同］，是数学中的。因此每一事物对于每一个另外的事物都说成是相同或不同，但只是在事物是一和存在的情况下；因为［不同］并不是与"相同"矛盾的，* 因此它不是表述非存在的事物（"并

20 非相同"是表述非存在的事物的），它是表述所有存在的事物的。因为无论什么由于本性而存在并且是一的事物，对于别的任何事物都或者是一或者不是一。

"不同"和"相同"就是这样对立着的，但是差异（διαφορὰ）与不同（ἑτερότης）不是一样的。"不同"于某个别的事物不必要在一个

25 特殊方面是不同的（* 由于每一个存在的事物或是"不同"或是"相同"），

284

但是"差异"于某事物是在某个特殊方面的差异，所以在它们的差异之
处必须是同一类的事物；那就是相同的种或属。因为每个有差异的事物
或者在种的方面或者在属的方面有差异，如果诸事物没有共同的质料而　　30
且不是彼此互相产生的，就是在种的方面的差异，例如，属于不同范畴
的事物。＊如果它们具有相同的种（种是指同一事物对于有差异的两事
物就它们的实体方面给予同样的表述）那就是在属的方面的差异。

　　对立的东西（τὰ ἐναντία）是有差异的，而且对立（ἡ ἐναντίωσις）
就是一种差异。我们正确地设置了这个假定，它已由导论说明了。因为
它们全都被看作是有差异的，它们都不仅仅是不同，＊有些是在种上不　　35
同的，而另一些是在谓语的相同的系列中的不同，＊因而是在同一个种　　1055ᵃ
之中，或者在种上是相同的。我们已经在别的地方区分过，① 在种上什
么种类的事物是相同的或不同的。

―――――――――――――

　　①　第五卷。

第四章

^{1055ᵃ3} *因为有差异的事物能在较大或较小的程度上彼此间相互差异，这
₅ 就有某个最大的差异（μεγίστη διαφορά），*我们把它叫作对立（ἐναντί
ωσιν）。它是最大的差异，已由归纳说明了。在种上有差异的事物，没
有途径彼此相通，而是有着较大距离和是不可比较的。在属上有差异
的事物，对立是生成由之发生的极端；最大的距离是极端之间的距离，
₁₀ *因此对立的距离也是最大的。

但是肯定地在每一类事物中，最大的就是完成的。因为最大的是不
能被超过的，而完成的是在它之外找不到别的东西。因为实现的^①差异
就是目的（正如其他的达到其目的的事物被叫作是完成的），在目的之
₁₅ 外没有别的；因为在每一个事物中都包含着最终的东西，*因此，没有
什么东西在目的之外，完成的东西不要求什么别的东西。由此可见，对
立是完全的差异就是很清楚的了。并且叫作对立有多种意义，完成的意
义的变动将相应地同样适用于对立的意义的变动。

₂₀ 这样，很明显，一个事物不能有*多于一的对立（因为既不能有任
何比极端更加极端的东西，也不能在一个差异中有多于两个极端），而

---

① 此处的"实现的"、"完成的"以及"完全的"在古希腊文中是同一个字 τέλειος，中
译文按汉语表达习惯，在不同场合分别用不同的词来表达。

286

一般说来，如果对立是差异，则差异存在于两者之间，完全的差异也是如此。

对立的其他定义也都必定是真的。因为（1）完全的差异为最大的差异，*由于（a）我们不能在它之外发现什么，不论事物是在种上有差异还是在属上有差异（因为我们已经表明，对于在种之外的事物来说，是无差异可言的，这是它们之间的最大差异），以及（b）在同一个种之中最有差异的是对立（因为完全的差异是在同一个种之间的最大差异）。（2）在同一个*质料受体之中的诸事物（τὰ ἐν τῷ αὐτῷ δεκτικῷ）之间的最大差异是对立（因为质料对于这些对立是相同的）。（3）具有相同能力的诸事物中最有差异的是对立（因为一门科学处理一类事物，在这些事物中完全的差异是最大的）。

具有和缺失（ἕξις καὶ στέρησίς）是基本的对立：不是每一种缺失（因为缺失有多种意义），*而是已经完成的任何一种［缺失］。其他的对立是由此而被叫作对立的，有的是因为具有这些［对立］，有的是因为产生或倾向于产生它们，有的是因为获得或丧失它们或其他的对立。现在，如果对立（ἀντίκειται）的种类是矛盾和缺失及*反对与关系（ἀντίφασις καὶ στέρησις καὶ ἐναντιότης καὶ τὰ πρός τι），而且矛盾是它们的基本形式，并且在矛盾之间没有什么中介物，但在反对之间则可能有［中介物］，那么，显然矛盾就不是与反对一样的。而缺失是一种矛盾，因为或者是那整个地不能具有某种属性的东西，*或者是那自然地会具有某种属性，但并没有具有的东西，才会遭受缺失，或者是绝对地或者是在某种特别的方式中遭受缺失。我们已经说过：它具有多种意义，我们已在别的地方作出了区别。① 所以，缺失就是一种矛盾或无能力（它是与接受的质料一起被规定的或者相伴随的）。因此，尽管在矛盾中没有中介物，但在缺失中却有一个［中介物］。*因为每一个事物或者是相等的，或者不是相等的；但是并非每一个事物或者是相等的或者是非

25

30

35

1055^{b}

5

10

① 参看第五卷第二十二章。

相等的。如果它是的话，那就只有在容许相等的情况下才如此。这样，如果质料的生成来自对立，那么它或者来自形式和具有这个形式，或者来自某个形式或形状的缺失。显然，所有对立就会是缺失。但是，* 也

15　许并非所有的缺失都是对立。这是因为遭受缺失的可以在多种意义上遭受它；因为只有变化由之而发生的极端才是对立。

这也可以由归纳（διὰ τῆς ἐπαγωγῆς）来说明。每一个对立包含着缺失作为它的诸对立面之一，但并非以同一个方式：不相等包含着相

20　等的缺失，* 不相似包含着相似 [的缺失]，恶包含着善 [的缺失]。其差异正如我们已经说过的：在一种情况下，反之就是缺失，在另一种情况下则它的缺失是在某个时间或某个部分（例如在某个年龄或某个重要部分），或者是整个的。所以在有些情况下有一个中介物（有既不好也不坏的人），而在另一些情况下又没有 [中介物]，如，一个事物必定或者是奇数或者是 * 偶数。再有，有些有确定的基质，而另一些则没有。

25　因此很明显，一对对立面的一方总具有缺失的意义；但是如果这对于基本的或发生的诸对立（例如一和多）是真的，那么也就足够了，因为其他的可以归结为它们。

第五章

　　* 由于一个事物有一个相反者，我们可以提出这样的问题：在什么 　1055ᵇ30
意义上一是与多相对立的，以及相等与大及与小［相对立］。因为如果
我们永远使用"究竟"一词（τò πóτερον）于对立［命题］中的话，例
如，"究竟它是白的还是黑的"，或者"究竟它是白的还是不是白的"（但
是我们并不问"究竟它是一个人还是白色的"），除非我们是从 * 某个假 　35
设出发并进行询问，例如，"究竟是克列昂来了还是苏格拉底来了"。这
并非是在任何一类事物中必然具有的，而是从［对立的情况下］引申出
来的，因为只有相反的东西才不能同时出现。它也在这里被用于"两人
中的哪一个来了"的问题；* 因为如果两者都是可能的，那么这个问题 　1056ᵃ
就会是可笑的了。但是，即使如此，它也同样地落入相反之中，即落入
"一"与"多"之中，例如，"究竟是两个都来了还是一个来了"。这样，
如果"究竟是……"的问题永远是与相反者相联系的，而且我们能够问： 　5
"究竟它是大些 * 还是小些还是相等的"。什么是"大些"、"小些"与"相
等"之间的对立呢？相反既不是对仅仅一个相反，也不是与两者相反；
因为它为什么应当与大些相反而不与小些相反呢？再有，相反是与不相
等相反。因此它将是与多于一的东西相反；但是，如果"不相等"的意
思同时对于这两者（"大些"、"小些"）都是一样的，那么［相等］就会 　10

289

是与这两者相反了（＊这个困难支持了那些说不相等是一个"二"的人们）。① 但结果是一个事物与两个东西相反；这是不可能的。

再有，很明显，"相等"是处于"大些"和"小些"之间的，但是，对立没有被看出是有中介物的，而且从它的定义，它也不能够是这样的。因为如果是某个中介的话，它就不是完全的对立②，但是毋宁说它＊永远有某个中介物在它自己和别的什么东西之间。

这样，就剩下了相反对或者是作为否定，或者是作为缺失。现在与两个之一相反对就不能是这样的，因为与"大些"相反对，并不更甚于与"小些"相反对。因此，它是对两者的缺失的否定。由于这个缘故，我们说"究竟是……"是与两者有关的，而不是相对于两个中的一个（例如"究竟它是大些还是相等"，或者"究竟它是相等的还是＊小些的"）；这里永远有三种情况。但是，它并不是出自必然的缺失，因为并非每一个不大或不小的事物都是相等的，而仅仅在本性上会有这些属性的事物才是这样的。

这样，相等就是那既不大也不小，但在本性上［可以］是或大或小的。并且它是相反对于这两者而作为一个缺失的否定的，因此它也是一个中介。那既不＊好也不坏的东西也是相反对于这两者的，但是它没有一个名称，因为［它们之中的］第一个都有多种意义，而且没有一个承受的东西（ἐν τὸ δεκτικόν）。但是那既不白也不黑的东西，更需要一个名称，尽管即使是这个情况也没有一个单一的名称，但是这个缺失的否定所表述的那些颜色是有一定限度的，因为它必定是灰色或＊淡黄色或某个其他这样的东西。因此，那些人的批评是错误的，他们以为所有的词都是同样使用的，从而那既不是鞋也不是手的东西将是在鞋与手之间的中介物，因为那既不好也不坏的是好与坏之间的中介物，——好像在所有情况下都必定有一个中介物。＊但是，事情却并非必定如此。因为在一种情况下是相反的联结的否定，在它们之间有一个中介和一个自然

① 这是一个柏拉图派的学说，参看第十四卷，1087ᵇ7。
② 参看1055ᵃ16。

的间隙；* 但在其他情况下，则没有差异，因为联结的否定应用于在种　　1056^b
上不同的事物，因而基质不是一个。

第六章

1056^b3　　*关于一和多可以提出同样的问题。因为如果多是绝对地与一相
　5　反，*那么就会出现一些不可能的结果。(1)"一"将会是少（τò γὰρ ἑν
ὀλίγον ἢ ὀλίγα ἔσται)^①，因为多也与少相反。(2)"二"将会是多，因为"两
倍"就是"多倍"，而"两倍"是从"二"引申出来的。因此"一"将是少；
因为在什么关系中二能是多呢，如果不是在与一的关系中的话？因而，
　10　一就必定是少了，因为不能有比一更少的东西。*(3)如果"大［量］"
和"小［量］"（τò μακρòν καὶ βρχὺ）是关于繁多的话，正如"长"和"短"
是关于长度，而且无论什么东西是"大［量］"的，也就是"多"，而"多"
也就是"大［量］"的（的确，除非在容易限定的连续体中有某种区别），
那么，"少"将会是繁多了。因此，"一"将会是繁多，如果它是"少"
　15　的话，但如果"二"是"多"的话，这是必然得出的结论。*然而，也
许尽管"多"在一种意义上意味着"大［量］"，还是有一个区别。例
如水就被说成"大［量］"，而不叫作"多"，然而对于可分割的事物来

---

　　①　这里的古希腊原文使用了"少"的单数（ὀλίγον）和复数形式（ὀλίγα）（英译为
little or few，可参考），是为了解决"少"的多数形式用来表述"一"的困难。但古
希腊文的"多"的单数（πολύ）与复数（πολλά）形式，则真的着眼于对于不可数的
对象和可数对象的使用上的差别（相当于英语中的 much 与 many）。

说，都可以说成是多；在一种意义上，如果是繁多的话，它包含着或者绝对地或者相对地过度的意思（同样，"少"是包含着不足的繁多）；而在另一种意义上，在数目的意义上，它（"多"）仅仅是与"一"相反对的。* 因为我们说"一"或"多"，正好像我们说"一"与"许多个一"或"白的东西"与"（许多）白的东西"，或者把已经度量过的许多东西与度量［单位］加以比较一样。各种"多倍"也是以这样的方式来述说的。每个数都是多，因为它包含着"许多个一"，还因为每个数都由"一"来度量，并与一相对立，而不是与"少"相对立。* 在这种意义下，甚至"二"也是"多"（πολλὰ/Many），但不是在繁多的意义上；然而繁多（πλῆθος/Plurality）或者相对地或者绝对地包含着过度，所以它"二"是第一个繁多。然而"二"是绝对的少，因为它是包含着不足的第一个繁多（由此阿那克萨哥拉就此所说的："所有事物都在一起，在繁多性及在小的方面都是不确定的"就是不正确的了。* 他应当说"在少的方面"（καὶ ὀλιγότητι）来替换"在小的方面"（καὶ μικρότητι），因为事物"在少的方面"不可能是无限的），由于"少"不是如某些人所说是由"一"构成的，而是由"二"构成的。

在数目的领域，"一"是与"多"相对的，正如度量相对于可度量的事物；并且这些是相对的东西，并非是由于本性而成为相对的。* 我们已经在别的地方区分过相对的两种意义①：或者是作为反对者，或者是作为知识相对于可知的东西。一个东西被说成相对的，* 因为有别的东西相对于它。没有什么东西阻碍一比某些事物少，例如少于二；因为如果它是较少的，它并不因此就是少的。繁多在一种意义上是数的一个种，因为数是可以由一来度量的繁多。并且在某种意义上一和数目是相对立的，然而不是作为 * 反对，而是如我们所说的那样，"一"相对于某些东西；因为它们是作为度量和可度量的东西互相对立。因而并非任何是一的东西都是一个数。例如，如果一个事物是不可分的，［就不是

20

25

30

35

1057ᵃ1

5

---

① 第五卷第十五章，1021ᵃ26—30。

一个数]。但是，尽管知识与可知的东西被说成与此相似，但它是不一样的。因为一方面知识可以被看作尺度，而另一方面，可知的东西可被看作是 * 可度量的东西，但结果是：所有知识都是可知的，但并非所有可知的东西都是知识，因为在一种意义上知识是由可知的东西来度量的。——繁多既不是与少相反对（与"少"真正相反对的是"多"，作为过量的繁多相对于一个已被超过的繁多），也不是任何意义上与"一"相反对；它们在一种意义上（* 如已经说过的）是作为一个可分的与另一个不可分的东西的对立，在另一种意义上则是相对的（正如知识相对于可知的东西），如果繁多是一个数目，而"一"是一个尺度的话。

10

15

第七章

　　* 因为在对立面之间可能有一个中介物，而且在有些情况下确实 1057ª18
有，中介物必定是由对立面而来。* 因为（1）所有的中介物以及中介 20
物处于其间的那些事物，是在同一个种之中。中介物，我们指的是进行
变化的东西首先必须变成的东西。例如，如果以最小的程度从最高音变
为最低音，我们将首先变为居间的声音；而在颜色的场合，如果我们 * 25
从白变为黑，在我们到达黑色之前，我们将首先到达红色和灰色；在其
他场合也与此相似。但是从一个种变为另一个种，除了偶然的情况外，
则是不可能的。例如，从颜色变为形状。因此，中介物本身以及它们作
为中介的那些事物，必定是在同一个种之中。

　　* 但是，（2）所有中介都是处于某种对立之间的，因为变化仅仅能 30
够由于这些事物并由于它们的本性而得以进行。因此，在并非对立的事
物之间就不能有中介；因为如果有的话，就会在并非对立的事物之间也
有变化了。在对立中，矛盾没有中介（因为矛盾的意思是这样的：* 一 35
个对立，它的一方或另一方必须应用于无论什么事物，亦即它没有中
介）。至于其他的对立，有的是相对的，有的是缺失的，有的是相反的。
那些相对的对立并非相反，就没有中介；其原因是它们并不是在同一个
种之中。什么是 * 知识和可知的事物之间的中介呢？但是在大和小之间 1057ᵇ

有［中介］。

（3）如果中介是在同一个种之中，正如已经说过的，并且是相反者之间的中介，那么，它们必定是由这些相反者构成的。因为或者有一个同样的种，或者没有。如果（a）*有那样一个种，它是先于对立面的，那构成相反的种差将是先于种的对立了，因为种是由属和种差构成的。例如，如果白色和黑色是相反的，而一个是穿透性颜色，另一个是压缩性颜色①。这些差异，*穿透的和压缩的，就是在先的，因而在先的意义上彼此相反。但是具有相反的种差的种是更加真实的相反，而其余的中介都是来自属和种差。例如，所有的在白与黑之间的颜色，都必定被说成是出自一个种（*即颜色这个种）和某种种差。但这些种差都不会是根本的对立，否则每一种颜色都将是白色或者黑色了。因此，它们是不同的，它们处于根本的对立之间；而根本的对立是"穿透性的"和"压缩性的"之间的差异。

因此（b）我们必须首先研究*那些不是在一个种之中的对立，研究它们的中介是由什么构成的。因为在同一个种之中的事物必定或者是这个种中的非组合的事物构成的，或者［它们本身］就是非组合的。这样，诸对立并非是彼此组合的，因而都是本原（ἀρχαί）；但是中介则或者全部是组合的，或者没有一个是组合的。从诸对立中某些东西被产生出来，以致能有一个它的对立面的变化*快于对另一个对立面的变化；因为它将会有比一个对立面较少的性质而又有比另一个对立面更多些的性质。因此这个也将是对立面之间的中介。所有其他中介因而也是组合的，因为那具有比一个事物较多些的性质，比另一事物较少些的性质，是由这些被比较而说成是比之多些和比之少些的事物以某种方式组合而成的。由于没有其他事物先于*诸对立面并与中介同质，所有的中介必定是由对立面组合而成的。所以，较低的类，包括对立面及其中介也将是由基本的对立面组合而成的。这样，显然，中介物是（1）全都在同

---

① 这是柏拉图的定义，参看《蒂迈欧篇》,67D,E。

一个种之中，以及（2）在对立面之间，以及（3）全都是由对立面组合
而成的。

第八章

1057^b35   ＊那在种上不同的事物是某种东西的不同，因而必定适用于两者。例如，一个动物［与另一个动物］在属上不同，［一定是］两者都是动

1058^a   物。因此，在属上不同的东西必定是在同一个种之中。我们所说的种指的是一个同一的事物，它表述这两者，而且，它不是＊由于偶然的方式而具有差异，不管被当作是质料或者是另外的东西。因为不仅共同的性质必须属于两者，例如它们两者都是动物，而且这个动物性本身在特殊性上又必须是不同的，例如在一种情况下是马的性质，在另一种情况下

5   是人的性质，因此，这个共性在属上是＊彼此不同的。这样，根据它们的本性或者是这样一种动物，或者是另一样的动物，例如一个是马，另一个是人。因此这个差异必定是在种之中的不同（因为我说的"种的差异"是指一种不同，它使种自身成为不同的）。

10   因而，这将是一种对立，从归纳来看，这也是明显的。①＊所有的事物都由相反者使之区分开来，而且我们已经表明②，对立是在相同的种之中。因为对立是完全的差异，而在种上的差异总是与某些事物在某些事物方面的差异；因此，对于这两者来说，这是同一个种。（因此所

---

①   但亚里士多德并未用归纳予以证明。
②   参看本卷第四章。

有在属上有差异而不是在种上有差异的对立都在表语的同一条线上①，* 15
并且在最高程度上彼此相异；因为它们的差异是完全的，而且在同一时
间它们并不相互产生。）因此差异是对立的形式。

因此，"在属上有差异"的意思是：在相同的种之中，包含着对立
而又是不可分的（所有在属上相同的事物都不具有对立，而且是不可分
的）；* 在到达不可分的东西之前，对立产生于差异中和在中介中。因而 20
很明显，对于所谓的种而言，在一个种之中的属，没有属在属上是更相
同的或更相异的（这是恰当的，因为质料是由否定来揭示的，②而种是
被称为种的东西的质料；但不是在我们说到种的意义上或者赫拉克里德
的部族③的意义上，而是在我们说的 * 在自然的种的意义上），也不是 25
指那些不是在同一个种之中的事物，而是它在种上不同于那样的事物，
并且在属上不同于在一个种中的事物。因为在属上不同的事物的差异必
定是一个对立；而这仅仅属于在同一个种中的事物。

---

① 参看 1054ᵇ35 以及第一卷，986ᵃ23。
② "否定"意即通过除去形式，因为形式是具体事物的特征。
③ 意即"种族"，参看第五卷第二十八章，1024ᵃ31—36，ᵇ5—9。

第九章

1058ª29、30　　　＊人们可能会提出问题：为什么女人在属上并非不同于男人，＊而女性和男性是相反的而且它们的差异是一个对立。并且为什么一个雌性的和一个雄性的动物在属上是并无差别的，尽管这个差异是由于动物自身的本性而属于它的，而不是像白或者黑那样的差异。"雄性"和"雌性"

35　两者都是属于作为动物的东西。这个问题与另一个问题几乎是一样的，＊即为什么一种对立使事物在属上不同，而另一种［对立］则并不如此，例如"有足的"和"有翅的"属于前一种，而"白"和"黑"属于后一种。也许是因为前一种都是关于种的特殊的属性，而后一种则较弱。并

1058ᵇ　且由于＊一个因素是定义，而另一个是质料。那些在定义上的对立造成在属上的一个差异，而那些在具体事物中当作质料的对立则不造成这种差异。因此，一个人的白色或黑色并不产生这种差异，在一个白人和一

5　个黑人之间也没有属上的差别，＊即使给他们的每一个人一个名称也不产生这种差异。因为人在这里是从他们的质料方面来加以考虑的，而质料并不造成差异；也由于这个缘故，［个别的］人也不是人的一个属，尽管这个人和那个人的肉和骨是不同的。具体的事物是不同的，但并非属的不同，因为在定义中没有对立。这是＊最终的不可分的东西。卡里

10　亚是定义加上质料。白人也是一样，因为卡里亚是白色的；作为偶性，

现在这个人是白色的。再有，一个铜圈和一个木圈在属上并无不同；而一个铜的三角形与一个木的圆圈在属上不同，不是因为它们的质料而是因为在定义中＊有一种对立。但是当其在一种特殊方式上"不同"时，难道质料不造成事物在属上的不同吗？也许在一种意义上它造成这种差异，否则，为什么这匹马与这个人在属上不同呢，尽管它们的定义包含着质料？无疑地，这是因为在定义中有一种对立。因为当在白人和黑马之间也有一种对立时，而且它是＊在属上的对立，它并不是依据一者之白与另一者之黑，因为即使两者都是白的，它们也仍然在属上是不同的。但是，雄性和雌性，当它们是"动物"的特有属性时，则不是由于其本质而是由于其质料及身体。这就是为什么同一个种子，由于某种方式的作用成为雌性或雄性。这样，我们已经陈述了什么是"在属上的不同"的意思，＊以及为什么有些事物在属上有差异，而另一些事物则不如此。

15

20

25

301

第十章

1058^b26　　*由于对立是在形式上的不同，而可消灭的与不可消灭的是对立（因为缺失是确定的无能力），可消灭的必定是在种类上不同于不可消灭的。

30　　但是迄今我们所说的仅仅是关于普遍*词项本身，因而可能显得任何可消灭的事物与不可消灭的事物应当在形式上不同是不必要的，正如在白与黑的情况中一样。因为，同一个事物在同一个时间可能是这两者，如果它们是普遍词项的话，例如，"人"可以是白的，又是黑的，而且如果它是一个特殊事物的话，也还可以是这两者，因为同一个人可

35　以是白的又是黑的，尽管不是在同一个时间。*然而白是与黑对立的。

但是尽管有些对立（例如，那些我们刚刚列举过的，以及许多其他

1059^a　的）能够作为偶性属于某些事物，另一些对立*则不能。这一点适用于"可消灭的"及"不可消灭的"。因为没有什么东西是偶然地可消灭的。那是偶然的东西也许可以不发生，但是"可消灭的东西"是一种出自必

5　然性而出现的东西，否则同一个东西就会是可消灭的*又是不可消灭的了，如果可消灭的东西能够不出现于它自己之中的话。因此，可消灭的东西必定或者是本质，或者是出现于每一个可消灭的事物的本质之中。相同的论证也适用于不可坏灭的事物，因为两者都是由于必然性而出现

于事物之中的。因此就其一个是可消灭的而另一个是不可坏灭的来说，而且基于这个理由，* 它们是对立的。因此，它们必定在种上是不同的。　　10

　　这样，很显然，不可能有像有些人所主张的那种形式，因为那样就会有一个人，一方面是可消灭的，另一方面又是不可消灭的。然而"形式"又被说成在属上是与特殊的事物一样的，而不仅仅是与它们分有共同的谓词。但是在种上不同的事物比起在属上不同的事物来说是有更大的差异的。

第十一卷（K）

第一章

　　＊智慧是一门关于第一原理的科学，这从导论性诸章^①的论述已经

20　是很清楚的了。在那里我们已经对其他人＊关于第一原理的论述提出
了反驳。但是人们会问：究竟智慧是被看作一门科学呢，还是几门科学
呢？如果它被看作是一门科学，那么它就可能被反对，说一门科学总是
处理对立的，但诸原理都不是对立；如果它不是一门科学，那么它会等
同于何种科学呢？^②

　　还有，检验证明的第一原理是一门科学的任务呢，还是多于一门科

25　学的任务呢？如果＊是一门科学的任务，为什么是属于这一门科学而不
属于任何别的科学？如果是更多的科学的任务，那么这些科学必定被说
成是什么种类的科学呢？^③

　　还有，智慧是研究所有的实体呢或者不是？如果不是研究所有的实
体，那么很难说它是研究什么种类的实体；如果作为一门科学而研究所
有的实体，那么一门科学怎么能包容几种题材就是不清楚的了。^④

---

① 参看第一卷第三至十章。
② 参看第三卷，996ª18—ᵇ26。
③ 参看第三卷，996ᵇ26—997ª15。
④ 参看第三卷，997ª15—25。

306

还有，它仅仅处理实体呢，还是也处理 * 它们的属性？如果在［处理］属性的情况下，证明是可能的，那么在［处理］实体的情况下就是不可能的了。但是，如果这两门科学是不同的，那么它们各自是什么呢，哪一门是智慧呢？如果我们把它看作是证明性的，那么属性的科学就是智慧，但是如果作为处理那是原初的东西，那么实体的科学就拥有这个头衔了。①

但是，我们寻求的科学也必须不被设想为处理诸原因的（在《物理学》中我们已经谈到了诸原因）②。* 因为（A）它并不处理目的因（τὸ ἕνεκεν），因为那是善（τὸ ἀγαθόν）［的本性］，而这是属于实践的领域以及属于那些在运动中的事物，而且它首先引起运动（因为目的［τὸ τέλος］是这样的）；但是，在不运动的事物的领域，没有首先推动它们的东西。③ 而且（B）一般来说，很难说我们现在正在寻求的科学究竟是处理可感觉的实体，* 还是不是［处理］它们，而是处理某些其他的东西。如果是处理某些其他的东西，那么，它必定处理"形式"或者处理数学的对象。现在（a）显然地，"形式"并不存在。（然而，甚至我们假定它们，仍然难说为什么同样的规则不能应用于其他的具有"形式"的事物，如同应用于 * 数学对象那样。我的意思是他们设定数学对象作为在"形式"和感性事物之间的居间者（μεταξύ），作为在"形式"和在这个世界中的事物之外的第三类东西；但是并没有"第三人"④ 或"马"在［它们］本身（αὐτόν）⑤ 和特殊的事物之外。如果另一方面，情况不像他们所说的那样，* 那么必须设想数学处理什么种类的事物呢？肯定不是处理在这个世界中的事物；因为这些事物中没有什么种类的事物是数学所要求的。）（b）我们现在寻求的科学也不是处理数学对象的，因

30

35

1059ᵇ

5

10

① 参看第三卷,997ᵃ25—34。
② 即指质料的、形式的、动力的和目的因（见《物理学》,ii·3）。
③ 参看第三卷,996ᵃ21—ᵇ1。
④ 这里的"第三人"指在感性的人与人的"形式"之外的第三类像数学对象那样的东西。
⑤ 即指"形式"、理念。

为它们都不能分离地存在，但是它也不是处理可感觉的实体的，因为它们是可消灭的。①

15 　　一般来说，人们可以提出这样的问题：*讨论数学对象的题材的诸困难属于什么种类的科学呢？既不属于物理学（因为物理学家的整个研究是关于在其本身具有一个运动和静止的本源的事物的）；也不属于研究证明和科学知识（ἐπιστήμης）的科学，因为恰好是 * 这类事物自身

20 构成它的研究主题。这样剩下来的就是我们设立于我们面前的哲学，它处理这些主题。

　　人们可以讨论这个问题，即我们所寻求的科学是否应当被说成是处理本原（有人称之为元素）的；所有人都设想这些［本原］是呈现于组

25 合的事物中的。但是可以认为 * 我们寻求的科学尤其应当处理共相(τῶν καθόλου)；因为每一个定义和每一门科学都是处理共相而不是处理最后的东西（τῶν ἐσχάτων）②，所以在这种情况下，它必定是处理基原的种（τῶν πρώτων γενῶν）。这些将会是存在和一（τό ὂν καὶ τὸ ἕν）；因为

30 这些会首先被假设为包含所有存在的事物，而且是最具有本原的本性的，* 因为它们在本性上是第一（πρῶτα）的；由于如果它们消灭，则所有其他事物也与它们一起被摧毁了；因为每一事物存在并且是一（πᾶν γὰρ ὂν καὶ ἕν）。但是，如果存在和一被看作是种，它们必定是可以表述它们的差异的，然而没有种是可以表述任何它的差异的，从这一点

35 看来，它们似乎既不应当被看作是种也不应当作看作是本原。再有，* 如果较简单的比之不那么简单的更加是本原，而且种的最低的成员比种更简单（因为它们是不可分的，而种划分为许多的和不同的属），那么属比起种来说会似乎是本原。但是就属随着种的消解而消解，种就更像

1060ᵃ 是本原；*因为那在其消解中包含另外的东西的消解的就是本原③。这一些以及这一类的其他［问题］就是包含着困难的主题。

---

① 参看第三卷，997ᵃ34—998ᵃ19。

② 参看第三卷，998ᵇ15。

③ 参看第三卷，998ᵃ20—999ᵃ23。

第二章

    * 再有，我们必须假设某些与个别事物相分离的东西呢，还是它就1060ª3
是我们寻求的科学所处理的这些东西呢？但是这些东西在数目上是无
限的。* 然而与个别相分离的事物是种和属；但是我们现在寻求的科学5
所处理的却不是这些东西。为什么这是不可能的，其理由已经陈述过
了。① 的确，一般说来很难说究竟人们必须假设在可感觉的实体（亦即
在这个世界中的实体）之外有一个分离的实体，还是这些都是真实的事
物而 * 智慧就是关于它们的。因为我们似乎在寻求另一种实体，而这是10
我们的问题，亦即看看是否有某事物，它能由其自身而分离存在，并且
不属于任何可感觉的事物。——还有，是否有另一个实体与可感觉的实
体相分离并与之相对应，可感觉的实体的那些种类必须假设有与它们
的这个对应。* 为什么人们假定人或马就有它，更甚于其他的动物或者15
甚至所有无生命的事物呢？另一方面，设置另外的和永恒的实体，在
数目上与可感觉的和可消灭的实体相等，这似乎会落入所有合理性之
外。——但是如果我们现在寻求的本原是与具体事物不可分离的，* 那20
么如果不是质料还会是什么呢？然而，这并不存在于现实中，而是存在

---

    ①   参看 1059ª24—38。

309

于潜能中。似乎形式或形状（τὸ εἶδος καὶ ἡ μορφή）是比这个更为重要的一个本原；但是形式是可消灭的，所以根本没有永恒的实体能分离地
25 和独立地存在。但这却是悖谬的；因为这样的一个本原和实体似乎是存在的，* 而且差不多所有最精细的思想家都把它作为某种存在的东西来加以寻求；因为如果没有某个永恒的、分立的和持久的东西，怎么会有秩序（τάξις）呢？①

再有，如果有那样一种本性的实体或本原作为我们现在所正在寻求的，而且如果这是对于所有事物来说的一种东西，对于永恒的和可消灭
30 的事物都是一样的，那就很难说，在这个世界上如果 * 有一个相同的本原，为什么有些属于这个本原的事物是永恒的，而另一些不是永恒的；这是一个悖谬。但是，如果有一个可消亡的事物的本原和另一个永恒事物的本原，我们仍将处于相似的困难之中：可消亡的事物是否与永恒的事物的本原一样是永恒的；因为如果本原是永恒的，为什么处于这个本原
35 之下的事物并不也都是永恒的呢？但是，如果它是可消亡的，* 那么就有另一个本原来对待它，以及有另外一个来对待那个本原，而这将进展至无限。②

另一方面，如果我们要建立那被认作是最不变的本原，存在与一，
1060ᵇ 首先，* 如果这些中的每一个并不指出一个"这个"或者单个的实体，它们将怎么是可分离的和独立的呢？然而，我们期望永恒的和基始的本原是这样的。但是，如果它们的每一个表示一个"这个"或单个的实体，
5 那么所有存在的事物就都是实体了；* 因为"存在"是表述所有事物的（而一也是表述有些事物的）；但是所有存在的事物都是实体，那是假的。再有，那些人说第一本原是一，而这就是实体，并且以一和质料产
10 生数作为第一个产物，并且断言数是实体，他们③ 怎么能是对的呢？ * 我们要怎么来思考"二"，以及其他的由单位组成的数的每一个，都当

---

① 参看第三卷，999ᵇ24—ᵃ24。
② 参看第三卷，1000ᵃ5—1001ᵃ3。
③ 指毕达哥拉斯派及柏拉图。

作是一呢？在这一点上，他们既没有说任何东西，也不容易说出任何东西。但是如果我们要假定线或来自线的东西（我指的是基始的面）是本原，那么，至少这些都不是可分离的实体，而是截段和分割（τομαì καì διαιρέσεις/Sections and divisions）——*前者是面的，后者是体的，而点是线的截段和分割；再说，它们都是这些同样事物的限度；并且所有这些都在其他事物之中而并不是可以分离的。再者，我们怎么假设有一个一和点的实体呢？每一个实体由于一个生成的过程而成为存在，但是一个点却并不是如此；因为点是一个分割。①

*一个进一步的困难由于以下事实而出现：所有知识都是关于共相的和是"这样的"，但是实体不是一个共相，而是一个"这个"——一个分离的事物，所以如果有关于第一本原的知识，问题就出现了：我们怎样来假设第一本原是实体呢？②

再有，有任何事物在具体事物之外（具体事物是指质料以及那与它联结在一起的东西）呢，还是没有呢？*如果没有，我们就会遇到反驳说，所有在质料中的事物都是可消亡的。但是如果有某种那样的东西，它必定是形式或形状。现在就难于决定在何种情况下这个分离的存在，而在何种情况下它并不如此；因为在有的情况下，形式显然不是可分离的，例如在一座房子的情况下。③

再有，这些本原是在种类上是相同的，还是在数目上是相同的呢？如果它们是在数目上相同，*那么所有事物就都将是相同的了。④

---

① 参看第三卷，1001^a4—1002^b11。
② 参看第三卷，1003^a5—17。
③ 参看第三卷，999^a24—$^b24$。
④ 参看第三卷，999^b24—1000^a4。

第三章

1060^b31   * 由于哲学家的科学是关于普遍地作为存在的存在，而不是关于它的一个部分，而且"存在"具有许多意义而不仅在一种意义上被使用，由此可知如果这个字含糊地加以使用并且由于与其多种用法毫无共同之处，"存在"就不属于一门科学（因为一个含糊的语词的意义并 * 不形成一种）；但是如果这个字的使用有某种共同的东西，那么"存在"就归属于某一门科学。这个语词似乎在我们说过的那种方式中被使用，如像"医疗的"和"健康的"。因为这些词中的每一个我们也在许多意义上使用。* 语词是由于某类相关而在这种方式中被使用的，在一种场合是对于医疗科学，在另一个场合是对于健康，在又一个场合是对于别的某个东西，但在每一个场合都是对于一个同一的概念。因为一场讨论和一把小刀都被称为"医疗的"，因为前者是从 * 医疗科学出发来进行的，而后者则是对它有用的。一个事物也是在类似的方式中被叫作"健康的"：一个事物是它是健康的标志，另一个则因为是健康的产物。在其他场合这也是真的。这样，每一个存在的事物被说成是"存在"，以这种相同的方式；每一个存在的事物被说成是"存在"，因为它是作为存在的存在的一个属性，或者是它的一个永久性的，或者是它的一个暂时性的状态，或者是它的一个运动，或者 * 是别的什么这类的东西。并

且由于每一个存在的事物可以涉及某种单个而共同的东西，诸对立面的
每一个也可能涉及存在基本的差异和诸对立面，无论存在的基本差异是
多和一，或者是相似和不相似，或者是某些其他差异；* 让这些作为已   15
经讨论过的。① 无论那存在的东西涉及"存在"还是"一"，都不造成
什么差别。因为即使它们不是一样的而是不同的，至少它们是可以转换
的；由于那是"一"的东西也以某种方式是"存在"，而那存在的东西
也是"一"。

　　但是由于每一对对立由一门并且是相同的科学来加以考察，* 而在   20
每一对中，一方是另一方的缺失——尽管人们可能认为有些对立产生了
问题，它们怎么能是缺失地相互关联的呢？亦即那些具有一个中介物
的，例如不公正和公正——在所有这样的场合，人们可以主张缺失并不
是关于整个的定义，而是关于最低的属。例如，如果公正的人是"由于
某种永久的状态*而服从法律的"②，那么不公正的人在某一种情况下都   25
将不是否定他的整个定义，而可以仅仅是"在某方面不顺从法律"，而
且在这方面缺失将附着于他；而在其他情况下也与此相似。

　　正如数学家用抽象的方法研究对象（因为在 * 开始他的研究之前，   30
他除去所有可感觉的性质，例如重和轻，硬及其对立面，以及还有热
和冷及其他可感觉对立面，而只留下量和连续［有时在一个维度，有
时在两个维度，有时在三个维度］，以及它们的作为量的 * 和连续的属   35
性，并且并不在任何别的方面考虑它们；有时检验有些事物的相对位置
和这些的属性，* 有时研究它们之间的可通约性和不可通约性以及有时   1061ᵇ
研究它们之间的比例；但是我们主张关于所有这些事物有一门和同样的
科学——几何学），——对于"存在"来说这也同样是如此。因为就其
为存在来说，它的属性，以及 * 在作为存在之中的对立，不是其他科学   5
的任务而是哲学的任务来研究它们；因为人们会把对于不是作为"存在"
的事物，而是对于作为分有运动的事物的研究归之于物理学；而辩证法

────────────

①　参看残篇 1478ᵇ35—1479ª5, 1497ª32—1498ᵇ43。

②　参看柏拉图：《申辩篇》、《克力同篇》。

与论辩术（ἡ διαλεκτικὴ καὶ ἡ σοφιστικὴ/Dialectic and sophistic）处理
存在的事物的属性，但不是作为"存在"的事物，而且也不是处理"存
10 在"本身（* 就其为"存在"而言）；因此，剩下来的就是由哲学家来研
究我们所称呼的这些事物（就其是"存在"而言）。因为所有存在的事
物由于某种单一和共同的东西都被说成"存在"，尽管这个词有许多意
义，"对立"也是同样的情况（因为它们都涉及"存在"的基源的对立
15 和差异），而这一类的事物能 * 属于同一门科学，我们在开始叙述的困
难① 显得是被解决了。——我的意思是何以能有一门关于那是多和在种
上不同事物的科学的问题。

---

① 1059ᵃ20—23，参看第四卷第二章，在 1059ᵃ29—34 提出的问题也曾经被偶然地
回答。

第四章

    * 因为甚至数学家也仅仅在特殊的应用中使用共同的公理，那么考1061^b18
察数学的原理必定也是第一哲学（πρώτης φιλοσοφίας）的任务。* 相等20
的减去相等的，其余下部分是相等的，这对于所有量都是共同的，但数
学家只研究分离出来的它的特有的题材的一个特殊部分，例如，线或角
或数或某些其他种类的量——然而，不是作为"存在"而是就它们的每
一个 * 是在一个或两个或三个维度中是连续的［来进行研究］；但是哲25
学并不研究它们中的每一个具有某些属性或其他属性这样的特殊的主
题，而是思考就每个特殊事物存在着的"存在"。——物理学与数学的
地位相同；因为物理学研究存在的事物的属性和原理，* 是关于作为运30
动的事物而不是作为"存在"的事物（我们曾经说过，至于第一科学
［πρώτην ἐπιστήμην］处理这些事物仅仅着眼于支持这些事物的东西是存
在的，而不是关于别的任何事物）。因此，我们应当把物理学和数学两
者都看作是智慧的一部分。①

---

    ①   参看第四卷，1005^a19—^b2；第十一卷，1059^a23—26。

第五章

　　* 有一个在事物中的原理，关于它我们不会被 * 欺骗，相反地，而是必须经常地认识到这个真理，亦即同一事物不能在同一时间 * 既存在又不存在，或者允许任何其他相似的对立的对子①。关于这样的事情，没有完全意义上的（ἁπλῶς）证明，尽管有对于它的证明（πρὸς τόνδε δὲ ἔστιν）②，因为不可能从一个比这个真理本身更加确定的原理来安排

5　　论证的了，然而，* 如果要有充分意义上的证明，这却是必要的。③ 但是要想证明维护相反的意思的人是错误的，必须从他那里得到承认将与以下原理同一的（而不是将似乎是同一的）看法，即同一的事物不能够

10　　在一个同一的时间既是又不是；因为只有那样 * 他的论题才能对那个断言对于同一主题能够真正地作出相反的陈述的人加以证明。这样，那些在论证中要把彼此相互联结起来的人，必须在某种程度上了解彼与此；因为如果这种状况并未发生，他们怎么在论证中把它们联结起来呢？ 因

15　　此，每一个语词必须是可以理解的并且 * 指示某种东西，而且不是指示

---

　　① 参看第四卷，1005ᵇ8—34。

　　② 此处中译文系按古希腊文本原文，英译本都作"although there is a proof a dhomi-nem"（尽管有从各人爱好出发的证明）。本句中的"完全意义上的证明"，按古希腊文 ἁπλῶς 亦可译为"绝对的"或"严格意义的"。

　　③ 参看第四卷，1006ᵃ5—18。

许多事物而是仅仅指示一个事物；如果它表示多于一的事物，就必须说明这个词是应用于这些之中的哪一个。这样，谁说"这是又不是"就否认了他所肯定的，以致这个词所表示的，他却说它不表示；而这是不可能的。因此，如果"这是"表示某事物，那么人们就不能够真的断定它的矛盾（τὴν ἀντίφασιν）①。

　　* 还有，如果一个语词表示某事物而且这是真的断定的②，那么这个联系就必定是必然的；而那必然地是的东西应当不是，这是不可能的；因此，对同一主题真的作出对立的肯定和否定是不可能的。③ 还有，如果肯定并不比否定更真些，那么他说"人"* 将不比他说"非人"* 更正确些了。也还会似乎是这样的：在说这个人不是一匹马时，比起说他不是一个人，或者更对些或者并不差一些，以至于人们说那同一个人是一匹马也会是对的了；因为已经假定作出同样真的对立的陈述是可能的。于是由此得出同一个人是一个人也是一匹马，* 或者是任何其他的动物的结论。④

　　这样，当其对这些事物没有充分意义的证明时，有一种证明，它足以反对人们作出这样的假设。如果人们曾以这个方式询问赫拉克利特本人，人们可能迫使他承认，对于同一事物，对立的陈述不能是真的。但是，事实上，* 他采取了这个意见而没有理解他的陈述包含着什么⑤。但是无论在什么情况下，如果他所说的是真的，那么甚至这个 * 本身也将不是真的——亦即同一事物能在一个并且相同的时间既是又不是。因为当这个 [复杂的] 陈述被分离开，那么肯定就并不比否定更真，在同样的方式中——那联合的 * 或复杂的陈述有如一个单个的肯定——把整个看作是一个肯定也并不比否定更真。⑥ 还有，如果不可能真的肯定任何

20

25

30

35

1062ᵇ

5

---

①　参看第四卷,1006ᵃ18—1007ᵃ20。

②　亦即那个词所断定的东西。

③　参看第四卷,1006ᵇ28—34。

④　参看第四卷,1007ᵇ18—1008ᵃ2。

⑤　参看第四卷,1005ᵇ23—26。

⑥　参看第四卷,1008ᵃ6—7。

事物，那么这个［说法］本身就是假的——即断定没有真的肯定。[①] 但
10　　是如果一个真的陈述存在，＊那些提出这样的反驳的人所说的［意见］
并且彻底地摧毁理性的谈论，就显得是被拒斥了。

---

① 参看第四卷,1012^{b}13—18。

第六章

　　* 普罗塔哥拉的说法很像我们提到的观点；因为他说人是万物的尺度①（πάντων εἶναι χρημάτων μέτρον ἄνθρωπον），他的意思简单说来就是，对于每个人显得是的东西 * 就是确定不移的（τοῦτο καὶ εἶναι παγίως）。 15
如果是这样的话，那么就会得出同一事物既是又不是，是坏又好，而且所有其他对立陈述的内容也都是真的，因为一个事物经常是对有的人显得是美丽的，而对另一些人则显得是与美丽相反的，而那对每个人显得是的，就是尺度。* 这个困难可以从考虑这个意见的来源而获得解决。 20
它似乎在有的场合是来自自然哲学家的学说，而在另一些场合是来自这个事实：所有人对于同一事物并没有相同的看法，而是一个特殊事物对有些人显得是愉快的，而对另一些人则是与愉快相反的。②

　　没有事物是从无变为存在的，* 而是每一事物来自那存在的东西，25
这是差不多所有［自然哲学家的］关于自然的共同信条。于是，由于白不能变为存在，如果完全的白而毫无非白存在于前，那么那变为白的东西必定是来自那非白的东西；所以它必定来自那不是它的东西［他们这样论证］，除非 * 同一个东西［在开始时］曾是白的和非白的。但是解 30

---

①　残篇1。
②　参看第四卷，1009ᵃ6—16，22—30。

决这个困难并不难;因为我们曾在我们关于物理学的著作中说过①,在什么意义上那变为存在的事物是从那不是它的事物而变为存在的,而在什么意义上是来自那是它的事物。②

但是要同样地倾向于争论双方的意见和想象（ταῖς δόξαις καὶ ταῖς φαντασίαις）那就太天真了;因为显然 * 它们中的一个必定是错误的。而且从发生在感觉中的东西来看也是明显的;因为 * 同一事物并不对一些人显得甜而对另一些人则显得与甜相反,除非在一个场合区分上述味道的感觉器官已经反常和受伤了。如果情况是这样,那么一方必须作为尺度,而另一方则必定 * 不是。我说对于好和坏,以及美和丑,以及所有其他这样的性质都是同样的。由于坚持我们所反对的观点,犹如坚持一事物呈现在这样的人面前（他将他手指按在眼睛下面使得对象呈现为两个而不是一个）必然是两个（因为它显得是这个数目）而又是一个 *（对于那些不干扰他的眼睛的人来说,一个对象呈现为一个）。③

一般来说,把这个世界上的事物被观察为是变化的而不保持同一状态这个事实,作为我们关于真理的判断的基础,那是荒谬的。因为在追求真理时,人们必须从永远处于同一状态而不遭受变化的事物开始。* 这样的事物是天体;因为这些事物并不在一个时候表现为一种本性,在另一个时候又表现为另一种本性,而是明显地总是一样的而不分有任何变化。④

还有,如果有运动,那么也有某种被推动的东西,而且每一事物都是从某物变动并变动为某物;由此得出:那被推动的东西,必须首先是在那它由之被推动的东西之中,* 不在它自身中,它必定被变动为另外的事物,而在其中变为存在,但是,两个矛盾的东西对于这些的每一个在同一时间都不能是真的。

---

① 《物理学》,第一卷第 7—9 章,《论生灭》第一卷,317ᵇ14—319ᵇ5。
② 参看第四卷,1009ᵃ30—36。
③ 参看第四卷,1010ᵇ1—26,1011ᵃ31—34。
④ 参看第四卷,1010ᵃ25—32。

如果这个世界上的事物在量的方面连续地流动和变动——如果人们假定这一点，尽管这并不是真的——为什么它们在质的方面应当不是同样的呢？因为 * 对于同一事物作出矛盾的断定，似乎是极大地出自认为物体的量是并非保持同样的这种信念（这是我们的论敌所主张的），例如，他们以为说同一事物既是又不是四肘长是合理的。但是实体依赖于质，而这属于确定的本性，然而量则是属于非确定的本性①。 25

还有，当医生让人食用某种 * 特殊的食物时，为什么他们食用它呢？"这是面包"在什么方面比"这不是面包"更真些呢？而且一个人吃它与否将不造成什么差别了。但是，事实上，他们食用那些让他吃的食物，假定他们认识关于它的真理而且它就是面包。然而他们将不会这样，如果在可感觉的事物中没有固定的恒常的本性，而是所有的本性都永远 * 变动和流动的话。② 30 35

再有，如果我们总是变化着而不保持同一的话，那么如果事物对于我们就同对于病人一样并不显得是一样的，那有什么奇怪呢？（* 因为他们并不像他们健康时那样处于同样的条件，可感觉的性质对于他们也并不显得是一样的；然而无论如何，可感觉的事物本身并不因为病人的状况而分有任何变化。尽管它们在病人那里产生出不同的而不是同一的感觉。* 如果上述③ 变化发生的话，那么对于健康的人来说同样的事必定也会发生。）但是，如果我们并不变化，而保持同一，那么某种东西将会是保持恒常的。④ 1063ᵇ 5

至于对于那些用推论提出所说到的困难的那些人，不容易把困难解决得让他们满意，除非是他们将设置某种东西 * 而不再要求对于它的理由；因为只有这样，所有推论和所有证明才是完善的；如果他们不设置任何东西，那么他们就摧毁了讨论和所有的推理。因此，与那样的人就 10

---

① 参看第四卷,1010ᵃ22—25。
② 参看第四卷,1008ᵇ12—27。
③ 参看 1063ᵃ35。
④ 参看第四卷,1009ᵃ38—ᵇ33。

没有推理可言。但是至于对那些被传统的困难所困惑的人，就易于满足他们并且驱散他们的困惑的原因。从我们已经说过的来看，这是很明显的。①

15　　＊因此，从这些论证可见这是很显然的：对于同一事物在同一时间不能真的作出矛盾的陈述（ἀντικειμένας φάσεις），② 也不能作出相反的陈述（τὰ ἐναντία），因为每一个反对（ἐναντιότητα）都依赖于缺失。如果我们把反对的定义还原为它们的本原时 ③，这就是明显的了。

20　　相似的，在反对之间没有中间物＊能够表述由对立面中的一个来加以表述的同一个主体。如果主体是白的，那么我们说它既不黑也不白就是错的，因为这样就会得出它是又不是白的；因为我们放在一起的两个语词 ④ 中的第二个，对于它就将是真的了，而这是白的矛盾面。⑤

25　　于是，我们接受赫拉克利特的观点或阿那克萨哥拉的观点，＊都不会是对的。如果我们接受的话，就会得出：反对者将会表述同一主体；因为当阿那克萨哥拉说在任何事物中都有任何事物的一个部分（ἐν παντὶ παντὸς εἶναι μοῖραν）时，他是说没有什么事物是甜的更甚于它是苦的，而对于任何其他的一对相反者也是如此。因为在每一事物
30　中每一事物都呈现，不仅潜在地而且＊现实地和分离地呈现。相似地，所有陈述不能是假的也不能全都是真的，这既是由于许多其他的从这个立场会引出的困难，也由于如果所有的都是假，那就甚至连这一点本身也不能说了，而如果所有的都是真的，那么说所有的都是假的也
35　将不是＊假的了。⑥

---

①　见于 1062ᵇ20— 1063ᵇ7。

②　参看第四卷，1009ᵃ16— 22，1011ᵃ3 — 16。

③　参看第四卷，1011ᵇ15— 22。

④　亦即“不黑”和“不白”。

⑤　参看第四卷，1011ᵇ23— 1012ᵃ24。

⑥　参看第四卷，1012ᵃ24—ᵇ18。

第七章

  * 每一门知识寻求每一个它的对象的某些原理和原因——例如，* 1063^b36
医药、体操和每一门其他生产的和数学的知识。因为这些科学的每一门 1064^a
都为自己划出事物的某一类并研究这个事物，作为关于某个存在着的和
真实的事物——但不是作为 [一般的] 真实的事物（ὡς ὑπάρχον καὶ ὄν,
οὐχ ᾗ ὄν），研究作为真实事物的^①是另一门与这些科学不同的知识。我
们说到的各门知识，* 每一门都这样或那样地得到在事物的某个类中的 5
"什么"，并试图证明其他的或多或少精密的真理。有的通过知觉获得
这个"什么"，其他的则通过假设；所以从这一类的归纳可以清楚地看
出没有实体或"什么"的证明（ὅτι τῆς οὐσίας καὶ τοῦ τί ἐστιν οὐκ ἔστιν
ἀπόδειξις）。

  * 有一门关于自然的知识，显然，它既不同于实践的也不同于生产 10
的科学。因为在生产科学的场合，运动的本原是在生产者之中而不是在
生产之中，或者是一门技艺或者是某种其他的能力。相似地，在实践科
学中运动不是在那所做的事中而毋宁说是 * 在做这事的人中。但是自然 15

---

  ① 这里的"作为真实的事物"，即指一般地"存在"（τὸ ὄν），它区别于"某个存在的
    和真实的事物"。在亚里士多德看来，前者是哲学研究的对象，它区别于后者，后
    者乃是其他具体科学研究的对象。

哲学家的科学所处理的事物，则在它们自身中有一个运动本原。那么，从这些事实可以清楚地看出，自然的科学必定既不是实践的也不是生产的，而是理论的（因为它必须属于这些种类中的一个）。并且由于每一门科学必须以＊某种方式认识"什么"并把这个作为一个原理来使用，我们必定不能不注意观察自然哲学家应当怎样定义事物，和他应当怎样陈述实体的定义——不论是类似于"塌鼻"还是更类似于"凹性"。"塌鼻"的定义包含着事物的质料，而"凹性"的定义是独立于质料的；＊因为塌鼻性见之于一个鼻子，所以我们寻求它的定义不会消去这个鼻子，因为是塌鼻的东西就是一个凹的鼻子。这样，显然地肉的定义和眼的定义以及躯体的其他部分的定义也必定总是不消去质料而加以陈述的。

由于有一门科学［研究］作为存在的存在［而且它是分离地存在］，我们必须考虑究竟这是＊与物理学相似的呢，还是毋宁说是不同的呢？物理学处理那些有一个运动源泉在它们自身之中的事物；数学是理论的而且是一门处理静止状态的事物，但是它的对象不能够分离地存在。因此关于那能够分离地存在而且是不运动的事物会有一门与这两者都不同的科学，如果有这种性质＊（我是指可分离的和不运动的）的实体的话，正如我们将试图证明有这种东西。① 如果在这个世界上有这样的一类事物，这里必定肯定的是神性的东西（τò θεῖον/the Divine），而且这＊必定是第一的和最根本的本原。这样，显然地有三类理论的科学——物理学、数学、神学（φυσική, μαθηματική, θεολογική），理论科学类是最好的，而这些科学本身最后说到的② 又是最好的；因为它处理＊最高的存在物，而每种科学则是由于它研究的专门对象而被称为较好的或较差的。

人们可能会提出这个问题：究竟作为存在的存在的科学应当被看作是普遍的呢，还是不是［普遍的呢］？每一门数学科学处理事物的某一个确定的类，但是普遍的数学同样地适用于所有事物。现在如果＊诸自

---

① 参看第五卷第六、七章。
② 即指"神学"。

然实体（φύσις καì οὐσία）是存在事物的首要的［事物］，那么物理学就会是第一的科学；但是如果有另一类实在和实体（φύσις καì οὐσία），它是分离的和不动的，那么关于它的科学必定不同于并优先于物理学，而且它是普遍的，因为它是在先的。①

---

① 参看第六卷第一章；第十一卷，1059ᵃ26—29。

第八章

1064^b15 　　* 由于"存在"一般说来（τὸ ἁπλῶς ὄν）具有几种意义，其一是"出于偶然的存在"（ὁ κατὰ συμβεβηκὸς），我们必须考虑在这种意义上的存在。显然，传统科学中没有一个（οὐδεμία τῶν παραδεδομένων

ἐπιστημῶν）是致力于对偶然的研究的。因为建筑术并不考虑对于那些使用 * 这所房子的人来说会发生些什么事（例如他们会在其中度过痛苦的一生，还是并非如此），织布的或制鞋的或制造糖果的技艺也是一样的；这些科学中的每一个仅仅考虑那特别属于它的东西，亦即它的特有的目的。至于这样的论证："当一个有教养的人变成有学问的，他将是同时成为 * 这二者的，而不会在以前已成为这两者了；并且那现在是的东西，并非总是已经是的，必须是已经变为是的；因此，他必定是同时已经变成为有教养的和有学问的"，——这在已被承认的科学中没有一个予以考虑，而只有诡辩术才考虑它；因为只有它从事于偶然的东西的研究，所以当柏拉图说① 智者把他们的时间花在非存在上时是并非错误的。

　　* 一门关于偶然的科学甚至是不可能的，如果我们试图看看偶然的

---

　　① 参看柏拉图：《智者篇》，254A。

东西真的是什么，就将会是很清楚的。我们说每一个事物或者总是如此和出于必然性（必然性不是在强力的意义上，而是我们诉诸证明的东西），* 或者对于绝大部分是如此，或者既不是总是如此和出于必然性，35 也不是对于绝大部分，而仅仅是它碰巧出现；例如在酷暑的气候里，狗日时可能会冷，但这个的出现并非总是如此和出于必然性，也不是对于 * 绝大多数如此，尽管它有时会发生。这样，偶然的东西就是那发生的 1065ᵃ 东西，但不是总是如此也不是出于必然性，也不是对绝大多数如此。现在我们说明了偶然的东西是什么，并且很显然为什么没有这样一种事物的科学；因为所有科学都是关于那 * 总是如此的东西，或者对于绝大多 5 数是如此的，但是偶然的东西不属于这些类中的任何一个。

显然地，没有偶然的东西的原因和原理，不像是本质的东西具有原因和原理的那同一类的事物；因为如果它们有的话，那么每一个事物都将是必然的了。如果 B 存在时 A 存在，而且当 C 存在时 B 存在，并且如果 C 存在不是由于碰巧而是由于 * 必然性，那么 C 是其原因的事 10 物也将由于必然性而存在了。这样一直到被叫作最后的原因的东西（但这个被假定是偶然的）。因此，所有事物都将是由于必然性，并且一个事物的或者出现或者不出现的机遇和可能性都被完全地从事件的行列中被排除了。如果原因被假设为不是存在的而是将要变成的，* 同样的后 15 果也会得出；每一个事物都将由于必然性而出现。因为如果 A 出现，明天的日蚀也出现，而如果 B 出现则会有 A，并且如果 C 出现则会有 B；在这种方式中，如果我们从现在与明天之间的有限的时间中抽出去时间，我们将在某个时间到达已经存在着的条件。* 因此，由于这个存在，20 每一个在此之后的事物将会由于必然性而出现，所以所有事物都是由于必然性而出现的。

至于在是真的意义上的"存在"或者由于偶然的存在，前者决定于在思想中的联结而且是思想的一种属性（这是为什么它是一个本原的理由，不是在这个意义上的"存在"的本原，而是那被寻求的、外在的并且能够分离存在的东西的本原）；而后者则不是必然的而是不确

327

25　定的 *（我的意思是偶然的）；关于这样的事物，其原因是无规则的和
　　不限定的。①

　　　　目的因，存在于由于自然而发生的事件中或者是作为思想的结果
　　中。当这些事件中的一个② 由于偶然而发生，那是"侥幸"。因为一个
30　事物存在，或者是由于它自己的本性或者由于偶然；③* 原因也是这样，
　　侥幸是一个偶然的原因在这样的事件中起作用，在这样的事件中我们确
　　定的一个目的通常都是与目标相一致来实现的。因而侥幸与思想关系
　　着相同的领域；因为目标不能没有思想而存在。那些产生侥幸的原因可
　　以发生是不确定的；因而侥幸对于人的目标是隐晦的而且是一个由于偶
35　然的原因，但在严格的意义上，* 它不是什么事物的原因④。当结果是好
1065ᵇ　的或坏的时就是好运或恶运；* 而当其后果的规模巨大时则是昌盛或不
　　幸。⑤

　　　　由于没有偶然的事物是先于本质的事物的，偶然的原因也不会是在
　　先的。这样，如果侥幸或自发性是物质世界的一个原因的话，理性和自
　　然则是在它之前的原因。⑥

---

① 参看第六卷第二章到第四章。
② 参看《物理学》，ii.197ᵃ5—14。
③ 参看《物理学》，ii.197ᵃ25—27。
④ 参看《物理学》，ii.197ᵃ5—14。
⑤ 参看《物理学》，ii.197ᵃ25—27。
⑥ 参看《物理学》，ii.197ᵃ5—13。

第九章

    * 有些事物仅仅是现实的，有的是潜在的，有的则是潜在的和现实 1065^b5
的，它们是什么样的存在，亦即在一个场合是一种特殊的实在，在另一
场合则由一个特殊的量加以标志，如此等等。^① 没有在事物之外的运动；
因为变化总是与存在的范围相一致的，而没有什么东西是这［范畴］共
同的而不在一个范畴之中。但是每一个范畴在两种方式中以任其一种 * 10
属于所有它的主词（例如，"这一个"——因为它的一类是"正面形式"，
而另一面是"缺失"；至于"质"，一类是"白"而另一类是"黑"；至于
量，一类是"完全"，另一类是"不完全"；以及关于空间运动，一类是
"向上"，另一类是"向下"，或者一类是"轻"，另一类是"重"）；所以
有与存在一样多的种类的运动和变化。* 在每一类事物中都有在潜在的 15
和完全现实的之间的差别，我把作为潜在的东西的实现称之为运动。我
们所说的是真的，从以下事实看是很清楚明白的。当"可以建筑的"（在
它是我们用"可以建筑的"表示的意义上^②）实际地存在时，它就是在
被建筑，而这就是建筑的过程。对于学习、治疗、走、* 跳、变老、成 20

---

    ①   参看《物理学》，iii.200^b26—28。

    ②   亦即，不是作为一些材料，而是作为可以造成一座建筑的材料。

熟等等也是如此。① 当完全现实本身存在时，运动就发生，既不更早些也不更迟些。② 这样，那潜在地存在的东西的完全实现，当它是完全地真实和实在，不是作为它本身，而是作为可运动的东西，那就是运动。所谓"作为"，我的意思是指：青铜潜在地是一座雕像，但是无论如何，*

25　青铜作为青铜，它的完全的实现不是运动。因为是青铜和是某种特殊的潜能不是同一件事。如果它在它的定义中绝对地是相同的话，那么青铜的完全的实现将会是一个运动了，但是它并不是相同的。（这在反对的场合是清楚的；因为能够是健康的和能够是生病的并不是一样的——因

30　为如果它们是一样的，* 健康和疾病也将是一样的了——但是，那变为健康或疾病的基质，无论它是潮湿或血液，则是一个并且是同样的。）由于它不是一样的，正像颜色和可见的东西不是一样的，它是潜在的东

35　西，并且是作为潜在的东西的完全实现，那才是运动。它 ③ 就是这个，

1066ᵃ　并且当 * 完全现实本身存在时，运动就发生，既不早些也不迟些，这是明显的。* 因为每一个事物能够有时是现实的，有时又不是现实的，例如作为可以建筑的东西；作为可以建筑的实现就是建筑。因为现实或者是这个——建筑的活动——或者是房屋。但是当房屋存在时，它就不再

5　是可以建筑的东西了；* 可以建筑的是那正在用于建筑的。这样，现实必定是建筑的活动，而这就是一种运动。同样的考察也适用于所有其他运动。

　　我们所说的是正确的，这从所有其他人对运动的谈论，以及从不

10　容易以其他方式来定义它的事实来看，是很清楚的。因为首先人们不能 * 把它放入任何其他的类。这从人们所说的看来是很清楚的，有人把它叫作相异（ἑτερότητα/Otherness）和不相等和非存在 ④；然而，这些之中没有一个必然地是被推动的，而且进一步说，变化并非到达这些或从

① 参看《物理学》，iii.200ᵇ32—201ᵃ19。
② 参看《物理学》，iii.201ᵇ6—7。
③ 指"运动"。
④ 指毕达哥拉斯派和柏拉图主义者；参看《智者篇》256D，《蒂迈欧篇》57E 及其以下。

这些出发，也不是到达它们的对立面和从它们的对立面出发。人们为什么把运动放入这些类中的理由，是它被认为是某种不确定的东西，* 以及在两个"对立栏"之一中的诸本原^① 都是不确定的，因为它们都是缺失的。因为它们中没有一个是一个"这个"或一个"这样的"，或者在任何一个范畴之中。运动被认为是不确定的理由，是它既不能归类于事物的潜能也不能归类于它们的现实；因为既不是那能够是某个量的东西，也不是那实际是某个量的东西，由于 * 必然性而被推动，而运动被认为是一个现实但是未完成；理由是潜能（它的实现是运动）是未完成的。因此很难把握运动是什么；因为它必须归类为或者缺失或者潜能或者绝对的现实，但是显然这些之中没有一个是可能的。因此，* 剩下来的就是它必定是为我们所说的——既是现实又是所解释的非^② 现实（καὶ ἐνέργειαν καὶ μὴ ἐνέργειαν τὴν εἰρημένην）——，它难以看到，但却能够存在。^③

显然地，运动是处于能运动的东西之中，因为它是由于那能够引起运动的东西的作用，而使这个得以完全实现。而那能引起运动的东西的实现无非是可以运动。因为它必定是两者的完全的实现。* 一个东西能够引起运动，因为它具有潜能，但是只有当它作用时它才运动；但是它是对于可运动的东西它才是能够施加作用的，所以，两者的实现是一个，正如像有一个同样的间隙从一到二如同从二到一，并且像向上的一步和向下的一步同是一步，但是它们的存在不是一；在推动者和被推动者的场合，情况也与此相似。^④

---

① 参看第一卷 986ᵃ23 的脚注。
② 此处涉及古希腊文抄本，有分歧，耶格尔校订本认为此处有 μὴ 字，而罗斯校订本则主张无 μὴ 字。按耶格尔读法，文意较顺，中译文取此说。
③ 关于 1065ᵇ22—1066ᵃ27，参看《物理学》，ii.201ᵃ27—202ᵃ3。
④ 参看《物理学》，iii.202ᵃ13—21。

第十章

1066ᵃ35　　＊无限或者是（1）那不能被穿越的东西，因为被穿越不是它的本性（这相当于"声音是看不见的"的意思），或者是（2）那仅仅容许无穷尽的（endless）穿越，或者（3）几乎不容许穿越，或者是（4）尽管

1066ᵇ　它会自然地容许穿越或限制，但并未这样做；＊还有，一个事物在增加或减少方面，或者在这两个方面，可以是无限的。无限不能是分离的、独立的事物。由于如果它既不是一个空间大小也不是个繁多，而且无限性本身是它的本质，并不是它的一个偶性，它将是不可分的；因为可分

5　的或者是大小或者是繁多。＊但是如果不可分，它就不是无限，除非像声音是不可见的；但人们并不是指的这个，我们也不是考察这一类的无限，而是考察作为不可穿越的无限①。还有，一个无限怎么能由于它自身而存在呢？除非是数和大小也由于它们自身而存在，——因为无限性是这些的一种属性。② 还有，如果无限是别的某种东西的一种偶性，作

10　为无限定就不能是在事物中的一个元素，＊正像不可见不是在言词中的一个元素一样，尽管声音是不可见的③。很显然，无限不能现实地存在。

---

① 参看《物理学》，iv.204ᵃ3—14。

② 参看《物理学》，iv.204ᵃ17—19。

③ 参看《物理学》，iv.204ᵃ14—17。

因为这样它的任何可以被取出的部分就将是无限了（因为"是无限"和"无限"是相同的，如果无限是实体而不是表述一个主体的话）。因此，它或者是不可分的，或者如果 * 它是可分为部分的话，它就是可分为许多无限了；但是同一事物不能是许多无限（如像空气的部分是空气，所以无限的一部分会是无限，如果无限是一个实体和一个本原的话），因此，它必定是不能分为部分的和不可分的。但是，现实的无限不能是不可分的；因为它必须是一个确定的量。因此，无限性偶然地属于它的主体。但是，* 如果是这样的话，那么（如同我们说过的①），它就不能是一个本原，而是属于某个东西（空气或者偶数）的一个偶性了。②

这个研究是普遍的；但是无限不在可感觉的事物中，从以下的论证，这是明显的。如果一个物体的定义是"由平面所限定的东西"，就不能是一个无限的物体，无论是可感觉的还是可理解的；* 也不是一个分离的和无限的数，因为数目或者那有一个数目的东西是可数的。③ 具体地说，从以下论证，这个真理是显然的。无限既不能是组合的，也不能是简单的。因为（a）它不能是一个组合的物体，因为元素在多少方面是被限定的。因为对立必须是相等的而且它们中必须没有一个是无限的；因为如果 * 两个有形体的对立面之一在潜能方面毕竟比另一个差些，那么有限的就将被那无限的摧毁。而且每一个都应当是无限的也是不可能的。因为物体是在各个方面上都具有延展性的，而无限的是无限制地延展，因此，如果无限的是一个物体，那么它将在任何方向都是无限的。（b）无限的物体也不能是一和简单的，* 也不是如有的人所说的④某种与元素分离开的东西，它们是从这些元素产生出这些东西来的⑤（由于没有这样的与元素相分离的物体；因为每一事物都能被分解为构成它的东西，* 而除了简单物体外，没有观察到那样的分析的产物），

15

20

25

30

35

1067ᵃ

---

① 参看第十卷第九章。
② 参看《物理学》，iii.204ᵃ20—32。
③ 参看《物理学》，iii.204ᵃ34—ᵇ8。
④ 指阿那克西曼德。
⑤ 参看《物理学》，iii.204ᵇ10—24。

也不是火，也不是任何其他的元素。因为除了它们中的任何一个怎么能
是无限的这个问题之外，"全部"（τò ἄπαν/the All）即使是有限的，既
不能是也不能变成它们中的一个，如像赫拉克利特说的①所有事物有时
都变为 * 火。同样的论证适用于这个就像适用于"一"（τò ἕν）一样，
自然哲学家在元素之外设置了这个"一"。②因为每个事物从对立面变
向对立面，例如从热变冷。③

还有，一个可感觉的物体在某个地点，而全体和部分具有相同的特
定的地点，例如整个地球和地球的部分。因此，如果（a）无限的物体
是同质的，它将是不能运动的或者将是永远运动着的。但这是 * 不可
能的；因为为什么它应当静止，或者运动，向下，向上，或者在任何地
方，而不是任何别的地方呢？例如，如果有一个冷的东西，它是无限的
物体的一部分，还会在什么地方运动或静止呢？一个同质的物体的特定
的地点是无限的。那么这个冷的东西将会占据这整个地点吗？怎样来占
据呢？（这是不可能的。）那么，什么是它的静止和它的运动呢？它或
者将静止于任何地方，于是它不能运动；或者它将在任何地方 * 运动，
于是它不能是静止的。但是（b）如果"全部"具有不相同的部分，那
么各部分的特定地点也将是不相同的，并且首先全部物体（τò σῶμα τοῦ
πανίός/the body of the all）除了由于接触之外，不是一，而其次，各部
分在种类的多样性上将或者是有限的或者是无限的。它们不能是有限
的；因为那样的话，一类的东西将在量上是无限的，而另一类东西则
将不是（如果"全部"是无限的话），例如，火或水会是无限的。* 但
是这样一种无限的元素将会解体为相反的元素。④但是如果各部分是无
限的和简单的，它们的地点也是无限的，并将有一个无限数目的元素；
而如果这是不可能的，并且地点是有限的，那么"全部"也必定是有

---

① 残篇 30、64、66、90。
② 关于这个论证，参看 1066ᵇ35—1067ᵃ1。
③ 参看《物理学》，iii.204ᵇ32—205ᵃ7。
④ 参看《物理学》，iii.205ᵃ10—25，又参看 1066ᵇ28—34。

限制的。①

　　总之，不能是一个无限的体并且又是一个对于体的特定的地点，如
果每个可感觉的体具有重或＊轻的话。因为它必须移向中间或者向上，　25
而无限的东西——不论是全部还是它的一半——都不能做到；因为你将
怎样分开它呢？而且无限的东西的部分怎么会一部分向下而一部分向上
呢？或者一部分处于极端而一部分在中间呢？再有，每一个可感觉的
体是在一个地点，而有六种地点②，但这些都不能存在于一个＊无限的　30
体之中。总之，如果不能有一个无限的地点，就不能有一个无限的体；
［而且不能有一个无限的地点］，因为那在一个地点中的东西总是在某个
地方，而这意味着或者上或者下或者在一个其他的方向，而这些的每一
个都是一个限制。③

　　无限的东西不同于是一个单个的事物，无论是在距离中或在运动中
或在时间中来显示，而是在这些事物中，在后的＊被叫做无限是由于它　35
对在先的关系；例如一个运动被叫作无限的，是由于空间运动（或者交
替，或者生长）所包含的距离，而一个时间被叫作无限的是由于占有它
的运动。④

---

① 参看《物理学》，iii.205ᵃ29—32。
② 即指上、下、左、右、前、后。
③ 参看《物理学》，iii.205ᵇ24—206ᵃ7。
④ 参看《物理学》，iii.207ᵇ21—25。

第十一章

1067ᵇ 　　* 变化的事物，有的是在偶然的意义上变化，如像一个"有教养的人"可以被说成是在行走，而其他的东西不加限制地被说成是在变化，因为有些事物在它们本身中变化着。例如事物在其部分中变化；身体变得健康，因为眼睛变得健康了。但是，有些事物由于它们自己的本性而

5 * 直接地被推动，这是本质上可以运动的。同样的区别在推动者的场合也可以见到；因为它引起运动或者是在一种偶然的意义上，或者是关于它本身的一部分，或者是本质的。有一些事物直接地引起运动；有一些事物是被推动的，它在其中被推动的时间，以及它由之被推动和被推动

10 成为的东西也是如此。① 但是，形式、性质和 * 地点（它们是运动事物的运动的终点），都是不能运动的，例如知识和热；并非热是一个运动，而是发热才是运动②。不是偶然的变化并不见于所有事物中，而是在对立面之间，以及在它们的诸中介之间，以及在矛盾之间。我们可以用归纳来使我们自己信服这一点。③

15 　　* 那变化的东西或从正面变为正面，或从负面变为负面，或从正面

---

① 参看《物理学》，V.224ᵃ21—ᵇ1。

② 参看《物理学》，V.224ᵇ11—16。

③ 参看《物理学》，V.224ᵇ28—30。

变为负面，或从负面变为正面。（我用"正面"指由一个肯定的语词来
表达的东西。）因此，必定有三种变化；* 从负面变为负面不是变化（因　20
为诸语词既不是对立也不是矛盾），因为这里没有对立（άντίθεσις）；从
负面到正面（这是负面的矛盾面）的变化是生成——绝对的变化是绝对
的生成，部分的变化是部分的生成；从正面到负面的变化是毁灭——绝
对的变化是绝对的毁灭，* 部分的变化是部分的毁灭。这样，如果"那　25
不是的东西"①具有几种意义的话②，并且运动既不能附着于那包含着放
在一起或分开的意义上③的事物，也不能附着于那包含着潜能并且与那
在充分意义上的东西相反④的事物（不白或不好的东西可以是偶然地运
动的，因为那不白的东西可以是一个人；但是那根本不是任何特殊事物
的东西就绝不能够被 * 推动）。那不是的东西就不能被推动（并且如果　30
是这样的话，生成就不能是运动；因为那不是的东西被产生出来了；由
于即使我们完全承认它的生成是偶然的，然而说"非存在"可以表述那
被绝对地生成出来的东西却是真的）⑤。与此相似，静止不能属于那不是
的东西。于是，这些 * 后果变得令人惊愕，并且每一个被推动的事物是　35
在一个地点中，但是，那不是的东西不是在一个地点中，因为否则它
就会在某个地方了。毁灭也不是一个运动；因为运动的反面是运动或静　1068ª
止，* 但毁灭的反面是生成。由于每一个运动都是一个变化，而变化的
种类就是上述的三种，⑥ 并且其中的处于生成和毁灭的方式中的不是运
动，这些都是从一事物向它的矛盾面的变化。由此得出：只有从正面到　5
正面的变化是运动。* 正面或者是对立或者是中介（因为甚至缺失也必
须被看作是对立），而且由一个肯定的词项来表述，例如，"裸着的"或

---

①　亦即"不存在"。
②　参看第六卷,1026ª33—ᵇ2,1027ᵇ18—19。
③　亦即"那不是的东西"（"非存在"）在"是假的判断"的意义上。
④　亦即一个事物不是实际存在而是潜在存在是不能被推动的。
⑤　亦即即使非存在、缺失（它是生成的起点），能够仅仅作为原始质料的一个偶性而
存在，非存在仍然是绝对生成的起点（即一个实体的生成而非一个性质的生成）。
⑥　见 1067ᵇ19。

"无齿的"① 或 "黑色的"。

第十二章

　　*如果诸范畴被归类为实体、性质、地点、作用和被作用、关系、
量，那么就必定有三种*运动——质的、量的、地点的。没有属于实
体的运动（因为没有与实体相反的东西），也没有属于关系的运动（因
为这是可能的：如果处于关系中的两个事物中的一个变化，那个相对
于另一事物曾经是真的相对语词就不再是真的，尽管这另一个根本没
有变化——所以它们的运动是偶然的），也没有作用者和被作用者或者
推动者和被推动者的运动，因为没有*运动的运动，也没有生成的生
成，一般来说，也没有变化的变化。因为在两种意义下可以有运动的运
动；（1）运动可以是被推动的主体，如像一个人被推动因为他从白变黑
了，——所以这种表现的运动也可以是加热或变冷或者变化它的位置或
增加。*但这是不可能的；因为变化不是一个主体。或者（2）某些其他
主体可以由于变为存在的某个其他的形式而被变化，如像一个人从患病
变为健康。但这仅仅是偶然地可能；因为每一个运动都是从某事物变为
别的某事物；并且对于生成和毁灭*也是如此，除了这些是变化为在一
种意义上的对立面①，而另外的，即运动，是变化为在另一种意义上的

10

15

20

25

---

　　①　即矛盾的对立面。

339

对立面①。因而一个事物由健康变为生病的同时，也从这个变化本身变为另一个。这样，很显然，如果它已变得生病了，那么它将已经变为其他的变化，无论它是什么（因为它不能保持静止②）；还有，在任何情况下，这都不是任何的偶然变化；它也必定是从某事物 * 变为别的什么事物。因此，它将是对立的变化，亦即变为健康的，但这不是偶然的，例如，有一个从记忆到遗忘的变化，由于它们所属的主体的变化，因为有时变为有知识，有时又变为无知。

还有，这个过程将进展至无限，如果有变化的变化和生成的生成的话。* 如果后者为真则前者必然为真；例如，如果简单的生成 * 曾经一度生成，那么那生成为某物的东西也一度曾经生成；因此，那简单地生成为某物的东西还未曾存在，但曾经生成的某种东西生成为某物则已经存在过了。并且这是一度曾经生成的，所以在那个时候它还未曾生成为别的某物。现在由于无限数目的词项，这里没有第一个，* 在这个系列中的第一个将不存在，因而没有随后的词项将存在。这样就没有东西能够生成或者运动或者变化。还有，那能够有一种运动的东西也能够有相反的运动和静止，而它生成的东西也能停止存在。因此，那是生成的东西当它曾经完成为生成之时，就是停止存在；因为它不能在它正在生成为生成时就立即停止存在，也不能在它已经生成之后，[立即停止存在]；因为那正在 * 停止存在的东西必须存在。还有，必定有一个质料在下面支撑那生成和变化的东西。那么，这将是什么呢？——什么是那成为运动或者生成的东西呢？如像身体和灵魂是那经受交替的东西那样。再有，什么是那个它们运动进入的东西呢？必定是某事物从某事物到某事物的运动或生成。那么这个条件怎么能够被实现呢？不能有学习的学习，* 因而也没有生成的生成。③

---

① 即反对的对立面。

② 按罗斯的读法，此处无否定词（耶格尔亦同意此看法），即为"尽管它可以处于静止状态"，但文意不顺，故罗斯在脚注中说："这是可能的，虽然被正在讨论的理论所排除。"中译文采用"勒布丛书"的读法，认定按上下文意义，此处应有否定词。

③ 对于 1067ᵇ14—1068ᵇ15，参看《物理学》，V.225ᵃ3—226ᵃ16。

由于没有实体的运动或者关系的运动或者主动和被动的运动，剩下的是，运动是关于质和量和地点的；因为这一些之中的每一个都容许有相反者。我用质不是指那在实体中的东西（因为甚至差异也是一种质），而是被动的质，一个事物由于它而 * 被说成是被施予作用或者不可能被施予作用①。不能运动的或者是那整个地不能被推动。或者是那在长时间内很困难地被推动或者开始得很慢，或者是那由于本性而被推动并且能够被推动，但是在其时其地以及它应自然地被推动时却没有被推动。在种种不能运动的情况中我仅仅把这个描述为处于静止中；因为静止是与运动相反的，* 所以它必定是在运动的接受者中的缺失。②

那在基原的意义上在一个地方的诸事物，是在地点上在一起的，而那在不同的地点的诸事物是分离的。事物的接触是它们的极端在地点上在一起。地点上居中，是一个变化的事物，诸事物的极端根据它的本性连续地变化，在它到达它正在变化要达到的极点之前所自然地达到地方；那就是两者之间③。*那在一条直线上处于最大距离的是在地点上相反。那先后相继的是在开端之后（次序由位置或形式或某个其他方法所决定），并且没有任何同类的东西处于它与它所后续的东西之间，例如，在一条线的场合中的诸线段，在一个单位的场合中的诸单位，或者在房子的场合的房子。（没有东西阻碍某个其他种类的事物处于它们之间。）* 因为那相继的继续着某个事物并且是某个在后的事物；*"一"并不相继于"二"之后，第一天也不相继于一个月的第二天。它们作为相继的东西的接触是邻近的。（因为所有变化都是在对立者之间，而这些对立者或者是反对或者是矛盾，并且在矛盾之间没有中间词项，显然，那在中间的是在反对之间的。）* 连续是邻近的一种。我把两个事物叫作连续的，当其每一个的限度（它们用它来接触并由它而保持在一起）变为

20

25

30

35

1069ᵃ

5

---

① 参看《物理学》，V.226ᵃ23—29。

② 参看《物理学》，V.226ᵇ10—16。

③ 参看《物理学》，V.226ᵇ21—25。此处的"两者之间"古希腊原文为 μεταξύ，即"中介"，英译有作 intermediate 者（勒布译文），罗斯译作 between，可参考。

一个和同样的，所以很清楚连续是见之于这种事物，一个统一体由于它们的接触而自然地从它们产生。很清楚，相继是这些概念中的第一个
10 （因为相继并不必然地相接触，但是相接触的 * 是相继的；而如果一个事物是连续的，它必相接触，但如果它接触，它并不必然就是连续的；而在一个事物中，没有接触就没有有机的统一）；因此，一个点与一个单位并不一样；因为接触属于点，而不属于单位，单位只有相继；有某个东西在前者的两个之间，但不是在后者的两个之间。①

---

① 参看《物理学》，V.226ᵇ32—227ᵃ31。

第十二卷（Λ）

第一章

1069ª18   * 我们的研究是关于实体的；因为我们研究的是关于实体的本原和

20   原因。因为如果把宇宙看作一个整体，* 那么实体就是［它的］第一部分（πρῶτον μέρος/First part）；而如果我们把这个整体看作是由于依次相继的，那么实体也是第一的，接下来是质，再次是量。同时，后面这些甚至不是绝对意义上的存在，而是存在物的各种质和各种运动，——否则的话，"非白"、"非直"也将是"存在"了。然而无论如何我们说它们也"是"，例如，"它是不白的"。还有，没有其他范畴是分离地存

25   在的。* 而且那些早期哲学家在实际上也证实了这一点；因为他们寻求的是实体的本原、元素和原因。现在有人① 提出共相（τὰ καθόλου/Universals）更加是实体（因为种是共相，由于他们的研究是逻辑性的（λογικῶς），他们说它们更加是本原和实体）。但是古代思想家把实

30   体看作是特殊的事物，例如火和土，而不是 * 共同的事物（τὸ κοινόν σῶμα）。

有三类实体，一类是可感觉的（或者是永恒的或者是可消灭的；后者例如植物与动物，这是普遍承认的），我们必须掌握这一类的元素，

---

① 指柏拉图派。

344

不论是一还是多；另一类是不运动的，而且有人说它是分离地存在的，有人把它划分为两类，* 另外的人则将形式与数学对象结合成为单独的 35一类，还有些人认为只有数学对象是这种性质的。① 前两类实体是 * 物 1069ᵇ理学的对象（因为它们包含运动），后一类属于其他的科学，如果没有关于它们的共同的原理的话。

可感觉的实体是可变化的。现在，如果变化从对立面或者从对立面的中介进行，但不是从 * 所有的对立面（因为语音并不是白色的②），5而是从对立进行，那么必定有某种东西支撑在那变为对立的东西的下面，因为诸对立并未变化。

① 主张这三种看法的分别是柏拉图、色诺克拉底和斯彪西波。
② 罗斯在此处插入了一句用方括号括起来的话"[但它并不因此就变为白色的]"。这并非古希腊文本所有；窜入正文，不妥，但可供参考。

第二章

1069^b7   * 再有①，有些东西持续着，而对立并未持续存在。因此，在对立之外，有某个第三种东西，即质料。现在，如果变化有四种，那么相

10   应的变化是：或什么东西的变化，* 或质的变化，或量的变化，或地点的变化。一个东西的变化是简单的产生和毁灭，量的变化是增加和减少，性质的变化是交替，地点的变化是移动，各种变化就是在各自的场

15   合下变为其对立面。这样，必定是能够容纳这［对立的］两者的质料进行变化。* 并且由于"是"（τò ὄν）有双重意义，每一个事物都是从潜在的"是"变为现实的"是"，例如，从潜在的白变为现实的白。关于增加和减少也是如此。因此，不仅能够偶然地从"不是"产生出一个东

20   西，而且每一事物也都是从 * 已存在的（但它是潜在的而不是现实的）东西产生出来的。这就是阿那克萨哥拉的"一"（τò ἕν），因为他说"万物都在一起"②，以及恩培多克勒与阿那克西曼德的"混合物"（τò μῖγμα/ Mixture），以及德谟克利特所说的："所有的事物都是潜在地在一起的，

25   但不是现实地在一起的。"因此，他们似乎都触及质料。所有变化的事

---

①   关于划分出第二章的开始处，贝克尔本系从此处起是；而不少抄本是从1069^b3—4的"可感觉的实体……"处起。也许后一种处理更为合理。

②   阿那克萨哥拉：残篇1。

346

物都有质料，＊但是，是不同的质料；在永恒的事物中，如像那些不能产生但能由于位移而运动的事物具有质料，但不是生成的质料，而是从一个地方到另一个地方运动的质料。

　　人们可能提出这样的问题：从何种"非存在"中生成得以发生；因为"非存在"有三种意义①。如果一个事物通过潜在性而存在，但还不能说一切事物者通过潜在性而存在，但并非由于偶然，而是不同的事物出自不同的东西。说"所有事物都在一起"也是不能令人满意的，＊因为它们在质料上是不同的，不然的话，为什么它们生成无限量的事物而不是一种事物呢？因为理性是一个（ὁ γὰρ νοῦς εἷς），所以如果质料也是一个的话，那么曾是处于潜能中的质料必定变成在现实中的东西。②这样，原因和本原都是三个，两个是一组对立，其一是定义和形式，另一个是缺失，第三个是质料。③

30

---

① 即，1. 存在范畴的否定；2. 虚假；3. 未实现的潜能，参看第十四卷第二章，1089ᵃ25—32。
② 亦即变成一个无区别的统一体。
③ 在《物理学》Ⅰ.6,7,曾作此分类，但它与《形而上学》主要部分似乎无关。

第三章

　　* 在此之后，我们要知道质料和形式都不是生成的，我说的是终极
的质料和形式（τὰ ἔσχατα）。因为一个变化的事物都是某个事物被某个
1070^a　事物作用使之变化 * 并变为某个事物。由于其作用而事物得以变化的东
西是第一的推动者（τοῦ πρώτου κινοῦντος）①；那变化的东西是质料；而
［通过变化］所变成的东西是形式（ὃ δέ, ἡ ὕλη, εἰς ὃ δέ, τὸ εἶδος）。这样，
如果不仅铜变成圆的而且也有圆的东西和铜产生出来。那么这个过程将
会进行到无限；因此，必须有一个终点。

5　　　在此之后，我们要知道每一个 * 实体从具有相同名称的事物中产生
出来。实体包括自然的事物与其他的事物。因为事物产生或者是由于技
艺，或者是由于自然，或者是由于机遇，或者是出于自发性。因此，技
艺是在其他事物中［产生的］本源，而自然是在主体自身中的［产生的］
本源（因为人生人），而其余的原因则是这些的缺失。

10　　　有三类实体。（1）质料。它在表现上 * 是一个"这个"（τόδε τι）（因
为所有的互相接触而不是联结在一起的事物，都是质料和基原〈例如火、
肉、头；因为这些都是质料，而且最后的质料是完全意义上的实体的质

―――――――――――

①　此处按古希腊原文应为"第一的推动者"；罗斯和勒布版均作"immediate mover"
（直接的推动者），托马斯本则作"第一的［亦即直接的］推动者"，可参考。

料〉①）。(2) 自然物②。它是一个"这个"并且是变化朝向它进行的一个持久状态。(3) 还有第三种是两个的结合而作为特殊的个体的，例如苏格拉底和卡里亚。因此，在有的时候，"这一个"不是在组合的实体之外存在的（例如一所房子的形式，* 除非是作为［建房的］技艺；也没 15 有这些形式的产生和消灭；但是在另一种意义上没有质料的房屋和健康以及所有作为技艺的东西存在而又不存在）。但是，如果它是这样的，那么就是在自然物的情况下是如此。因而，柏拉图说有与自然物一样多的形式，他的确是不错的，* 如果有这样的形式的话。〈但是，那样一 20 些事物没有形式，例如……〉③

　　* 动力因是作为在结果之先存在的事物，而在定义意义上的原因则是与其结果同时的。因为一个人是健康的，那么健康也是存在的了，而一个铜球的形状与铜球是同时存在的。我们必须探讨是否有任何形式在以后保存下来。* 因为在有的情况下，没有什么阻碍这个。例如，灵魂 25 就可能是这类的东西。（不是所有灵魂而是理性；因为大概灵魂全部保存下来是不可能的。）很明显，理念就没有理由必须存在。因为人生人，作为个体的人产生出某一个人；在技艺方面也是一样，因为医疗的技艺就是 * 健康的公式（ἡ γὰρ ἰατρικὴ τέχνη ὁ λόγος τῆς ὑγιείας ἐστίν）。 30

---

① 尖括号中的这些话，是将1070ª19—20行移至此处。这是按亚历山大的意思，见罗斯英译本。勒布本亦采用此意见。托马斯本则不采用这意见。耶格尔亦不采用这个意见。

② 即指"形式"。

③ 此处尖括号内的文字，即系移往1070ª12—13处方括号内那段话的开始部分。

第四章

1070ª31 　　* 不同事物的原因和本原在一种意义上都是不同的，但在另一种意义上，如果一般地和类比地说，那么它们对于所有事物都是相同的。因为人们可能会提出这样的问题，即实体的和关系的本原和元素是相同的

35 还是不同的，* 而且对于其他诸范畴的每一个，也都同样如此。但是，认为它们对于所有的事物都是一样的，那是荒谬的。因为如果是那样的

1070ᵇ 话，各种关系与实体就将是出于相同的东西了。* 这个东西是什么呢？因为在实体和其他可以表述的诸范畴之间没有什么共同的东西；但是，元素是先于它作为其元素的事物的。再有，实体不是关系的一个元素，

5 诸关系也不是实体的一个元素。再有，所有事物怎么能 * 有相同的元素呢？因为没有一个元素能够与由元素构成的东西是一样的，例如 B 或者 A 不能与 BA 是一样的（因而，任何可认知的东西，例如"一"和"存在"，也不能是一个元素；因为这些适用于任何情况，甚至适用于组合的事物）；因此没有元素能够是实体和关系；但它是必然的。因此，所有事物的元素都不是相同的。

10 　　* 或者，正如我们倾向于说，在一种意义上它们是 [相同的]，在另一种意义上它们又不是，例如，也许可感觉物体的元素是热作为形式，而在另一种意义上是冷（它是相应的缺失）；并且作为质料，它直

350

接地或它自己潜在地具有这些属性；而实体既包含这些也包含由这些构
成的事物（这些是它们的本原），或者任何由热和冷产生出来的东西，*   15
例如肌肉或骨头；因为产物必定不同于元素。这样，这些事物有相同的
元素和本原（尽管特定的不同的事物有特定的不同的元素）；但是所有
事物没有在这种意义上的相同的元素，而仅仅是在类比的意义上如此；
这就是说，人们可以说有三个本原——形式、缺失以及质料。但这些的   20
每一个对于 * 每一类事物都是不同的；例如，在颜色的情况下它们是白、
黑和面，而在白天和夜晚的场合，它们是淡、浓和空气。

由于不仅呈现于事物中的元素是原因，而且某些外在的东西也是如
此，例如，动力因。明显地，虽然"本原"和"元素"是不同的，但都
是原因，并且"本原"被划分为这样两类①；而产生运动或静止的，* 发   25
生作用的东西，是一个本原和一个实体。因此，类比地来说，有三个元
素以及四个原因和本原；但是元素在不同事物中是不同的。最接近的运
动因，对于不同事物也是不同的。健康、疾病、身体；运动的原因是医
疗技艺。形式，一个特殊种类的无秩序，砖块；运动的原因是建筑术。
* 由于在这个自然事物的场合中的运动原因，对于人来说，是人，而在   30
思想产物的场合，则是形式和它的对立面，在一种意义上，有三种原
因，在另一种意义上有四个原因。因为在一种意义上，医疗技艺就是健
康，而建筑术则是房屋的形式，而且人生人②；还有，在这些之外，* 有   35
一个作为所有事物中的第一个，它推动所有事物。

---

① 指的是元素和不是元素这两类本原。
② 就是说，动力因与形式因是等同的。

第五章

1070ᵇ36　　　* 有些事物能分离地存在而有些事物则不能，* 前者就是实体。因
1071ᵃ　　此所有事物都有相同的原因①，因为没有实体，属性和运动就并不存在。
　　　还有，这些原因也许就是灵魂和身体，或者理性、愿望和身体。②

5　　　　然而，还有另一种方式，相同的事物在类比上都是本原，例如，*
现实与潜能；但是这些"本原"不仅对于不同的事物是不同的，而且也
以不同的方式应用于它们。因为在有些情况下，同一事物有时是现实
的存在，有时是潜在的存在；例如，葡萄酒，或者肌肉，或者人（而这
些③ 又属于已经说过的原因④；因为形式现实地存在，如果它是分离的，
而且形式与质料的结合，以及 [质料] 与缺失 [的结合]，也是如此，
10　　例如 * 黑暗与疾病；而质料则潜在地存在，因为它是生成这两者的潜
能。）但是，它在现实的和潜能的区分上还有另外的意义。它不是同样
的质料，它也不是同样的形式，而是不同的，如像人的原因是（1）它
15　　的元素，火和土作为质料，以及（2）特别的形式；(3) 某些 * 其他外

---

　　① 就是说，实体的原因是所有事物的原因。
　　② 亚里士多德在这里着重考虑的是人和运动，它们是最真实意义上的实体。
　　③ 即现实与潜能。
　　④ 即划分为现实与潜能与以前划分为质料、形式和缺失，具有确定的关系。

352

在的东西，例如，父亲，以及(4) 在此之外，太阳及黄道①，它既不是人的质料也不是人的形式，也不是人的缺失，也不是与他同类的东西，而是引起运动的原因。

再有，我们必定观察到，某些原因是可以被普遍地陈述的，而有些则不能。所有事物的第一个本原是一个现实的第一个"这个"，而另外的是潜在的这个。因此，这些本原 * 不是普遍的，因为个别事物的来源 (ἀρχὴ) 是一个个别的事物。一般的人是人的［创生的］来源 (ἀρχή / Originative principle)②，但是没有一般的人③，而是柏勒乌(Πηλεὺς/Pele-us）是阿基里斯的来源④，你的父亲是你的来源，这个 B 是这个 BA 的来源，尽管 B 一般地是不加限定的 BA 的来源。

再有，如果实体的原因是所有事物的原因，然而，如我们所说⑤，不同的事物具有不同的原因和元素；* 事物的原因不是在同一个类之中，例如肤色和声音的原因，实体和量的原因，除了在一种类比的意义之外，都是不同的。事物的原因在同一个属之中的也都是不同的，不是在属上［不同］，而是在这样的意义上：不同的诸个体的原因都是不同的。你的质料形式和运动的原因是不同于我的，而在它们的普遍定义方面，它们又都是相同的。至于追问什么是 * 实体、关系和性质的本原和元素，究竟它们是相同的还是不同的。——显然，当原因的名字在几种意义上被使用时，每一个的原因都是相同的，但是当这些原因被加以区别时，那么诸原因就不是相同的而是相异的了，除非是在以下的意义上所有的原因都是相同的。(1) 它们是在这种意义上是相同的或类似的，即质料、形式、缺失和运动的原因对所有事物都是一样的；以及（2）实体的 * 诸原因被处理为所有事物的原因，即当实体被消去，则所有事物

20

25

30

35

---

① 太阳在黄道上运行，夏天接近地球，引起生成；而在冬天远离地球，引起坏灭。

② 此处的古希腊文原字 αρχη 意为本原、来源，罗斯的译文，在此处依据具体语境译作 Originative principle（创生的来源），可参考。

③ 此处原文为"没有［那样的］一个人"，即没有"一般的人"。

④ 按希腊神话，柏勒乌是阿基里斯的父亲。

⑤ 见 1070^{b}17。

都被消去；还有（3），那在完全现实方面（ἐντελεχείᾳ）是第一的，就是所有事物的原因。但是，在另一种意义上，有着不同的第一原因，亦即所有的对立既不是发生意义上的也不是多种意义上的；* 还有，特殊的质料的原因都是不同的。

1071ᵃ

这样，我们陈述了可感知事物的本原是什么，以及它们有哪些，以及在什么意义上它们是相同的，而在什么意义上它们是不同的。

第六章

    * 由于我们已经看到① 有三种实体，两种是自然的，一种是不运动   1071^b3
的，现在我们必须讨论后一种，并表明必定有某种实体是永恒的，* 不   5
运动的。因为实体是存在事物中的第一的，如果它们全都是可消灭的，
那么所有事物都是可消灭的了。但是，运动不能够是被产生的或者是可
消灭的，因为它永远存在；时间也不能被产生或被消灭。因为如果没有
时间就不能有先、后。正如时间是连续的，所以运动也是连续的，* 因   10
为时间或者与运动是同一件事，或者是运动的一种属性。并且除了在空
间中的运动外，就没有连续的运动，而在空间运动中，只有圆周的运动
是连续的。②

    但是，如果有某种事物，它能够移动别的事物或者作用于它们，但
是并没有实际上这样做，那就必然地不会有运动；因为那具有一种潜
能的，可以不实现它。这样，即使我们设想永恒的实体，* 正如相信   15
形式的人所作的那样，也不会得到什么，除非在它们之中有某种本原
（ἀρχὴ），它能引起变化。而且，甚至这也是不够的，即使在形式之外
有另一个实体也是不够的；因为除了它实际地起作用之外，也不会有运

---

① 参看本卷第一章，1069^a30。
② 这些论述在《物理学》Viii . 8, 9 中予以证明。

动。再有，如果它的本质是潜能（δύναμις /Potentiality），即使它起作用，也仍将是不够的；因为将不会有永恒的运动，由于那潜在地存在的东西可能不会是［现实的］存在的。因此，必须有 * 一个这类的本原，它的
20　本质是现实性。还有，这些实体① 必须是没有质料的；因为它们必须是永恒的，如果有任何事物是永恒的话。因此，它们必须是现实。

　　然而，这里有一个困难，因为据认为：每个实际起作用的事物都具有潜能，但是并非每一个具有潜能的事物都实际地起作用；所以潜能是
25　在先的。* 但是，如果这样的话，那就没有事物是实在的，因为任何事物都可以是能够存在的但是并未存在。然而，如果我们接受宇宙学家的说法，它从黑夜中产生出一切事物② ，或者接受自然学家（οἱ φνσικοί/
Physicists）的学说："万物都曾在一起"③ ，那么也有同样的不可能性。
30　因为如果没有实际存在的原因，那么怎么会有运动呢？木头肯定不会 *
自己运动，木匠的技艺必须作用于它；人的经血和土地也不会使自己运动，而是精子必须作用于经血，以及种子作用于土地。

　　这就是为什么有人假定永恒的现实性，例如留基波④ 与柏拉图⑤ ；因为他们说永远有运动。但是，为什么有以及这个运动是什么，他们并没有说。如果这个世界在这种方式或那种方式中运动，他们也没有告诉
35　我们它之所以如此的原因。因为没有事物 * 是胡乱地运动的，而是永远必须有某个东西［来推动它］，例如一个事物在一种方式中由于本性而运动，在另一种方式中则被强力或者心灵或者其他的东西推动。（而且，进一步说，何种运动是第一的？这一点造成巨大差异。）⑥ 柏拉图又一次

---

① 亚里士多德在这里考虑的不仅是"第一推动者"（神或心灵），而且也包括天体的推动者。参看本卷第八章。
② 参看赫西俄德：《工作与时日》19。《神谱》116 等。这里的所谓宇宙学家，古希腊文原文是 οἱ θεολόγοι 原意为神学家，这个词泛指一切谈论神的诗人及用神话探讨宇宙起源等问题的人，如赫西俄德或奥尔弗斯。
③ 见阿那克萨哥拉：残篇 14。
④ 参看《论天》，iii. 300ᵇ8。
⑤ 参看《蒂迈欧篇》，30A。
⑥ 此处的括号，参照罗斯译文的处理。

地甚至不能解释 * 他有时认为是运动的源泉的，亦即那本身运动的东西，① 究竟是什么；因为根据他的看法，灵魂是在后的，并且与天是同年龄的。② 这样，设想潜能先于现实，在一种意义上是对的，而在另一种意义上则是不对的；我们必须说明为什么③。* 现实在先已经由阿那克萨哥拉验证过了（因为"理性"是现实性），也被恩培多克勒在他的爱与斗的学说中验证过了。

　　因此，混沌或黑夜并不持续地存在于无限的时间之中，但是相同的事物已经永远存在（或者通过一种变化的循环，或者依据某种其他的规律），因为现实是先于潜能的。这样，如果有一个经常的循环，* 必定有某种东西④ 保持在同一方式中的永恒的活动，并且如果有产生和坏灭，必定有某种别的东西⑤ 永远在不同的方式中活动。这个事物必定是在一种方式中根据其本性活动，而在另一种方式中则依据别的什么东西，——因此，或者是一个第三者的作用，或者是第一个的作用。现在，它必定是由于第一个的作用。因为，这个又引起第二个作用者 * 和第三个作用者两者的运动。因此，说是由于第一个作用者是较好的，因为它是永恒的齐一性的原因，而别的什么东西则是变动的原因，显然，这两者在一起就是永恒的变动的原因。这就是运动实际上表明的特征。因此，为什么需要寻求别的什么本原呢？

1072ª

5

10

15

---

① 参看《菲德洛斯》245C；《法律篇》894E。
② 参看《蒂迈欧篇》30—34。
③ 参看 1071ᵇ22—26。
④ 指恒星。
⑤ 即指太阳。参看《论生灭》，ii，336ª23 及其以下。

第七章

1072ᵃ19　　　* 由于（1）这是对问题的一个可能的解释，（2）如果它不是真的，

20　　那么世界就会是从 * 黑夜和"万物混存"中演化出来，以及从非存在
中产生出来了；这些困难可以当作是已被解决了。于是，有某些永远被
推动的事物具有不停顿的运动，它是在一个圆周中的运动；这不仅在
理论上而且在事实上都是明显的。因此，"终极天"（ὁ πρῶτος οὐρανός/
Ultimate heaven)①必定是永恒的。并且也有某个事物推动它。因为那被

25　　推动的而又运动的，乃是居间的，* 有某个事物它运动而不是被推动的，
它是永恒的，既是实体又是现实性。愿望的对象和思想的对象就在这种
方式中运动；它们运动而无须被推动。愿望的和思想的诸原初对象都是
相同的。因为明显的善（τὸ φαινόμενον καλόν）是欲望的对象，而真正
的善是理性希望的原初对象。但是，愿望是意见的后果，而不是意见是

30　　愿望的后果；* 因为思维是出发点。思想是被思想的对象所推动，而两
栏对立②中的一栏本身就是思想的对象，而在这一栏中，首先是实体，

---

① 罗斯英译文译作"第一层天"，指宇宙的外层天空，是恒星所在之处。
② 亚里士多德本人承认划分为两栏的对立，类似于毕达哥拉斯派的主张（参看第一
　　卷第五章），其中一栏是积极面，包括存在、一、实体等，另一栏是消极面，包括非
　　存在、多、非实体等，消极面的诸词项只有与积极面相关联才可以理解。参看第
　　四卷第二章，1004ᵇ27—1005ᵃ5。

而在实体中，首先是简单的和现实地存在的东西。（"一"和"简单的"不是一样的；因为"一"意味着一种量度，而"简单的"意味着事物本身具有某种状态。）但是，善的，以及＊那本身是可愿望的，都在这同一栏中，而那在一类中是第一的东西永远是最好的，或者类似于最好的。①

＊一个终极的原因可以存在于不运动的实在之中，由它的意义的区分显示了出来。因为终极因乃是（a）一个行动是为了某些存在物的善而予以完成的，以及（b）一个行动的目的指向的某个事物。它们之中的后者存在于不运动的实在中，尽管前者并不如此。终极因是作为一个被爱的对象而引起运动的，而其他事物运动是由于它们自身被推动。这样，如果一个事物是被推动的，＊它就能是与它当下的状况不同的别的状况。因此，如果它的现实是空间运动的原初形式，那么就其容易变化来说，在这个方面它可以是别的状况——在地点方面，尽管不是在实体方面。但是，由于有某种事物，它推动别的事物，但它自己却是不动的，它是现实地存在着，它就绝不会是与它当下的状况不同的。因为在空间中的运动（φορὰ/Spatial motion）是变化中的第一种，而圆周运动是空间运动中的第一种；而且这是＊自身不动的推动者所产生的。所以它是必然地存在，而它作为必然的，它就是善，并从而是本源。因为必然的东西具有所有这些意义：那是必然的东西是强制的，因为它与自然的冲动相反；没有它，善就是不可能的；它不能是别样的，而只能绝对地如此。

所以，天以及自然世界都依靠这样的本源。＊它是一种犹如我们享有的最好的生命，但我们只是短暂地享有它（因为它永远处于这种状态，

1072ᵇ

35

5

10

15

---

① 最后这半句话的意思是，当其没有严格意义上的"最好"的时候，可以是类似于最好的。这一段关于愿望对象与思想对象的原初形式等同的论证不是很清晰的。大体上说：愿望的对象是善，对立表的积极一面是思想对象，其第一个词项（它必定是思想的原初形式）是简单的现实的实体，但是作为愿望对象的善，是在这个对立表的同一栏中，因此这个表的第一个词项（即思想的原初对象）必定是愿望的原初对象。

我们则不能 [永远处于这种状态]，因为它的现实也就是愉悦 [ἡδονὴ]）。（因此之故①，醒着、感知和思维是最愉悦的，而希望和记忆则由于这些而是最愉悦的。）思维本身是关于那本身是最好的东西，而那最高意义上的思维是关于最高意义上的最好的东西。②* 思想（ὁ νοῦς）思考它自身，因为它分有思维的对象；因为它由于理解和思维的活动而成为思维的对象，所以思想与思想的对象是相同的。因为那能接受思想的（亦即本质的）对象就是思想。当它拥有 [它的对象] 时，它就实际地起作用（ἐνεργεῖ）。③ 因此，拥有而不是接受性④ 是思想似乎包含的神圣因素，而沉思的活动则是最愉悦的和最好的。那么，* 如果神永远处于善的状态（我们只是有时处于这种状态），这就足以促使我们惊异；如果神处于更好的状态，就更加令人惊异了。而神是处于一种更好的状态，并且生命也是属于神的；因为思想的现实就是生命，而神就是那种现实；神的依据自身的现实，就是最好和永久的生命。因此，我们说神是一个活着的、永恒的、最好的存在物，以致生命和连续的寿命和 * 永恒都属于神，因为这就是神。

那些人像毕达哥拉斯派和斯彪西波一样地设想：最高程度的美和善不是呈现于开端的，因为植物和动物的开端都是原因，但是美和完善（τέλειον）都是在这些的结果之中⑤，他们的意见是错误的。* 因为种子来自其他个体，这些个体是在先的和完善的，而 * 第一个事物不是种子而是完善的存在物：例如，必须说在精子之前有一个人——不是人由精子产生出来，而是精子由另一个人产生出来。

这样，从已经说过的就很明显：有一个实体是永恒的、不动的，而

---

① 亦即因为它们是活动和现实性。

② 因为第一推动者是纯粹的现实，而且是生命的最高形式，因此亚里士多德将它与活动的最高形式——纯粹思维等同起来。

③ 在实现中思想的主体与对象是同一的。

④ 此处古希腊原文为："是这个而不是那个"，罗斯与勒布的译文均意译为"是拥有而不是接受性"，或"是现实而不是潜能"，托马斯本英译为"是后者而不是前者"，均可参考。

⑤ 意即动物、植物是比种子更美和更完善的。

且是与感性事物相分离的。* 还已经表明：这个实体不能有任何大小而　5
是没有部分的和不可分的（因为它通过无限的时间而引起运动，但是没
有有限的事物具有无限的力量；并且每个大小或者是无限的或者是有限
的，由于以上的原因，它不能 * 有有限的大小，而且它不能有无限的大　10
小，因为根本就没有无限的大小）。但是也已经表明：它是并非被动的
和是不变动的；因为所有其他变化都后于① 地点的变化。

　　因此，为什么这些事物具有这种方式就是明显的了。②

---

　① "后于"即不能没有它。
　② 勒布本、托马斯本以及耶格尔校订的牛津古典文本古希腊原文均将这一句分在
　　第 7 章末。罗斯英译本第 1 版（牛津，1908）亦如是处理。但罗斯译本第 2 版（牛
　　津，1924）将此句移至第八章作为首句，可供参考。

第八章

　　* 我们必须不要忽略这样一个问题：我们是否必须设置那样的一个
15　　实体还是比一多的实体？ * 如果是后者的话，那么是多少呢？我们还必
　　须提到关于其他人所表达的意见，即他们并没有清楚地陈述关于实体的
　　数目的问题。理念论没有特别讨论这个主题；因为那些谈论理念的人说
20　　理念是数，而他们有时说数目 * 是无限的，有时又说限于数目 10。① 但
　　是，至于为什么应当恰好是这么多数目的理由，则没有任何具有严格论
　　证的说明。无论如何，我们必须讨论这个主题，从我们已经说过的预先
　　的假定以及区分来开始。本原（ἡ ἀρχὴ）或原初的存在（τὸ πρῶτον τῶν
25　　ὄντων）无论就其自身还是偶然地都是不运动的，* 但它却产生出原初
　　的、永恒的和单个的运动。但是，因为那被推动的事物必须是被某种东
　　西推动，而第一推动者必须是本身不动的，而且永恒的运动必须被永恒
　　的东西推动，单个的运动必须被单个的东西推动，并且因为我们看到在
30　　宇宙的简单的空间运动之外（我们说它是 * 原初的和不动的实体所引起
　　的），还有其他的永恒的空间运动，即行星的运动（因为一个物体在圆
　　周上的运动是永恒的和不停息的；我们已经在关于物理学的著作中证明

---

① 　这是指柏拉图（参看《物理学》iii. 6, 206ᵇ32），毕达哥拉斯派亦持有此看法。

了这些问题①），这样，这些空间运动中的每一种也必须由一个本身不动和永恒的实体所引起。因为这些星球②*作为一种实体其本性是永恒的，那推动者是永恒的而且是先于被推动者的，那先于一个实体的，必定是一个实体。这样，很显然，必定有这样的许多实体，其本性是永恒的，自身是不动的，并且是没有大小的；*其理由在前面已经说过了。

35

1073ᵇ

这样，这些［推动者］都是实体，而且作为星球的空间运动，按照同一个次序，其中之一是第一个，另一个是第二个，就是明显的了。至于这些运动的数目，我们现在到了必须借助数学科学（它非常接近于哲学）的一个分支，*即天文学，来加以研究的问题。因为这门科学的对象是可感觉的，但又是永恒的实体；而其他的数学科学，亦即算术及几何，则不处理任何实体。运动比处于运动中的物体的数目更多些，这对于即使是略为注意这个问题的人也是明显的；因为*每一个行星都有比一种运动更多些的运动。但是，关于这些运动的实际数目，为了提供对这个问题的某些概念，我们现在将引用某些数学家所说的，使得我们的心灵得以掌握某些确定的数目。而对于其余的，部分地我们必须自己作研究，部分地要向其他的研究者学习。*但是，如果那些研究这个主题的人形成了一种意见，与我们现在所陈述的相反，那么我们必须对两方面的意见加以评估，并采取比较确切的意见。

5

10

15

欧多克索斯（Εὔδοξος/Eudoxus）③主张：太阳和月球的运动，在各自的运动中包含三个球体：第一个是固定的星球④；第二个*在黄道带中间作圆周运动⑤；而第三个在倾斜于跨越黄道带的宽度的圆周上运动⑥；但是月球运动的圆周比起太阳运动的圆周有更大的倾斜角度。他并且主

20

---

① 参看《物理学》，viii. 8，9；《论天》，Ⅰ. 2，Ⅱ. 3—8。

② 在这里，"星球"一词，既指恒星也指行星。

③ 欧多克索斯是克尼达斯（Cnidus）人，生活时期约为公元前408—前355年。他是柏拉图的学生和著名的数学家。

④ 并非与"恒星"等同，但是有相同的运动。

⑤ 即在黄道中沿它自己的赤道运动。

⑥ 它的赤道的平面倾斜向黄道平面，这个星球带动太阳（或月球）固定在它赤道的一个点上。

25　张：行星的运动在每一场合包含四个星球，其中第一个与第二个 * 与前
面所说的是相同的（因为固定星球的球体，是推动所有其他球体的，而
那位于这个下面的星球，它在平分黄道带的圆周上运动，对于所有行星
都是共同的）；所有行星［涉及］的第三个星球的两极在平分黄道带的
30　圆周上；而第四个星球则在向第三个星球的 * 赤道倾斜的圆周上运行。
在第三个星球的场合，当其他行星都有自己的特殊的两极时，金星和水
星的两极则是一样的。

　　卡利普斯（Κάλλιππος/Callippus）① 设置的星球的位置与欧多克索斯
所作的是一样的（即关于它们的间隔次序），但是关于它们的数目，他
35　分配给木星和 * 土星与欧多克索斯分配的同样数目的星球，他认为对于
太阳和月球还应当增加两个星球，如果要解释［观察到的］现象的话；
另外对于其余的每一个行星，都还应再增加一个星球。

1074ª　　但是，如果所有的星球结合起来来 * 解释［观察到的］现象的话，
那么，对于每一个行星都必须有外加的星球（在数目上比那些在上面提
到过的少一个），它反作用于那些已经提到过的星球，并把恒星的最外
层的星球（它在每个情况下都位于所说的恒星的下面②）带回原来的位
5　置。因为只有这样，* 所有力量的作用才能产生诸行星的运动。因此，
由于行星本身得以被推动的星球，对于木星和土星是八个，对于其他的
行星是二十五个，而且由于这些行星中唯一不需要被反作用的是那些推
动最低的行星的，反作用的星球对于最初的两个行星是六个，* 而对于
10　其余的四个则是十六个；因而星球的总数，包括推动行星的星球以及反
作用于这些行星的星球，一共是五十五个。如果我们不探究我们已经说
过的月球和太阳的附加的运动，星球的总数就将是四十七个。③

————————

①　卡利普斯是苏兹库（Cyzicus）人，鼎盛年为公元前 330 年。辛普里丘说，当卡利
普斯访问雅典时，在亚里士多德的帮助下，他校正和阐述了欧多克索斯的理论。
②　亦即向内，宇宙被设想为一个围绕地球的同心圆的系统，亚里士多德企图建立一
个星球之间的力学关系。
③　或者亚里士多德在他的计算中出现了疏忽，或者我们应当把 ἑπτά（七）读作
ἐννέα（九）（据 Sosigenes），这就会得出 49，而它似乎是正确的总数。

这样，让我采用星球的这个数目，*因而不动的实体及本原① 也许　　15
也是这么多；至于必然的论断则留待更强的思想家去作吧。但是，如
果能够没有空间的运动（它并不有助于一个星球的运动），而且更进一
步，如果每一个存在和每一个实体都免于变化，并由于*自身的缘故而　　20
保持在最佳状态，就必须被看作是一个目的。除了我们已经说过的那些
存在物外，就不能有别的存在物，而我们说的那些就是实体的数目，因
为，如果还有别的，它们作为运动的目的，将会引起变化。但是，在我
们说过的那些之外，不能有其他的运动。并且从思考被推动的物体来推
论出这一点，也是合理的；*因为如果每一个推动的事物都是为了那被　　25
推动的事物缘故而存在，并且每一个运动都是为了某个被推动的事物，
那么，就没有运动能够是为了它自身的缘故或为了某个其他的运动而存
在，而是所有的运动都必须是为了星球的缘故而存在了。因为如果有一
个运动是为了另一个运动的缘故，那么后者又将是为了别的什么东西的
缘故，并且由于这个系列不能是*无限的，那么，每个运动的目的将是　　30
一个在天空中运动的神圣的物体。

（显然，这里只有一个天空，因为如果有许多天空的话，正如有许
多人一样，那么前一个的本原在种类上将是一，而在数目上则是多。但
是，在数目是多的所有事物都具有质料；因为一个相同的定义，例如*　　35
人的定义，适用于许多个体，而苏格拉底是一个。② 但是，原初的本质
[τὸ δὲ τί ἦν εἶναι τὸ πρῶτον/the primary essence] 没有质料，因为它是完
全的现实。因此，不动的推动者在定义和数目两方面都是一；所以，那
永恒地和连续地在运动中的东西，也是如此，因此，只有一个天空。）③

*我们的祖先在遥远的时代以神话的形式给后代留下了传统，即这　　1074ᵇ
些天体都是神，而且神灵围绕着整个自然。他们的传统的其余部分以神

---

① 即星球的推动者。
② 亦即，定义对于所有人是共同的，所以必定是质料给予了苏格拉底的独特性。
③ 这一段文字似乎是一个较早的片段，嵌入了亚里士多德较晚时写的这一章之中
了。（因为 1074ᵇ3 又回头涉及 1074ᵃ30 处）将本段放在括号文中，系罗斯的处理。

5　话学的形式在后来又添加进去，以着眼于说服大众，以及 * 着眼于法律的和功利的方面。他们说这些神是人的形状或者像其他动物，并且他们说了一些其他的由此而来的事物以及与我们说过的相似的东西。但是，如果人们把第一点与这些添加分开，并单独地采用它——即他们认为原

10　初的实体是神，人们必须把这看作是富有灵感的说法，* 并且反映出也许当每一种技艺和哲学曾经一度发展到极度而又重新消亡时，他们的这些信念则作为以前的知识的遗物而被保留下来。只有在这个意义下，我们的祖先的以及最初的思想家们的这些看法对于我们来说，才是可以理解的。

第九章

　　* 关于心灵的各方面包含着一些问题。它［心灵］被认为是所有现^{1074^b15}
象中最神圣的。但是，如果它是这样的，那么它怎么是这样的，则存在
一些困难。如果它不思维任何东西，那么它的高贵之处何在呢？它就像
一个睡着的人一样。如果它思维，它的决定性的东西却是别的事物，因
为那是它的 * 实体的东西不是思想［的活动］而是潜能，^① 因而它不能 20
是最好的实体；因为它是通过思想而引出自己的荣誉的。再有，它的实
体是心灵呢还是思想呢？它思维什么呢？或者是它思考它自己，或者是
思考别的什么东西。如果是别的什么东西，那么它或者永远思考相同的
东西，或者是不同的东西。那么，它造成任何差异还是没有差异，究竟
是它思考好的东西还是思考偶然的东西？ * 或者它思考某些东西会是 25
荒谬的吗？显然，它思考那最神圣和最宝贵的东西，并且它是不变化
的；因为变化会变得更坏，而且这类事物已包含某种运动。^② 因此，首
先，如果它不是思想活动而是潜能，那么，设想它的思想活动的持续是
费力的就是合理的了。其次，很明显，* 会有别的东西是比心灵更卓越 30

---

① 亦即，如果它的思想决定于别的某种东西，那么心灵就仅仅是一种潜能，而并非
　　如第七章所说的最高的规定。
② 根据假设，心灵是不动的。

的，即那思考着的东西。因为思考及思想活动两者甚至都将从属于一个思考最坏的东西的思考者。所以，如果要避免这种情况（因为甚至不看到某些东西比看到更好），思想的活动就不能是最好的事物。因此，它思想自身，如果它是最好的话，而且思想的思想就是思想（καὶ ἔστιν ἡ νόησις νοήσεως νόησις/and the thinking of thinking is thinking）。

35　　　* 但是，显然地，知识、感知和意见以及理解总是有别的什么东西［作为它的对象］①，而仅仅从属地是关于它自身。再有，如果思想与被思想是不同的，那么善属于思想是就什么而言呢？因为思想的活动与思

1075ª　想的对象不是一件事，* 在有些情况下，知识是对象；在生产性科学的情况下，略去质料不计，实体亦即本质是对象；而在理论科学中，定义和思考的活动是对象。这样，由于思想和思想的对象，在没有质料的情

5　　况下，是并非不同的，思想和它的对象将是相同的，* 亦即思想与思想的对象就是一个。

　　这里仍然还留下一个问题：思想的对象是否是组合的？因为，如果是，思想将会在从整体中的这一部分通向另一部分时发生变化，［回答是，］② 所有不具有质料的东西都是不可分的。如像人的心灵，或者毋宁说组合物③的心灵是在某个时间之中。（因为它不拥有在此时或在彼时的善，它的至善是某种与之不同的东西，并且只是在时间的整体时期

10　中达到的。）④* 所以，那有其自身作为对象的思想活动贯通全部的生命时间。

---

①　［　］内文字系罗斯译文的意释补充，为原文所无，可资参考。
②　［　］内文字是罗斯及勒布英译本所加，非原文所有。
③　亦即由质料和形式组成的事物。它与纯形式的神的心灵，成了明显的对比。
④　这就是说，人的心灵作为可以达到愉悦的最高智力活动，是在它的生命的限度以内的，而神的心灵则是永远愉悦的。

第十章

* 我们还必须考虑整个的自然界（ή τοῦ ὅλου φύσις）^① 在两种方式中   1075ᵃ11
的哪一种中包含着善和最高的善，是否作为分离的和独立的东西，还是
作为部分的有秩序的排列。也许同时在两种方式，正如一支军队那样；
它的善既在于它的秩序，也在于它的首领，而且更多的 * 是后者；因为   15
他不依靠命令，而是命令要依靠于他。所有的事物，包括鱼类、鸟类和
植物，都是以某种方式被安排在一起的，但并不是以同一种方式；而且
所有事物并非是彼此之间没有关系的，而是有着确实的联系。因为所
有事物被排列在一起都是朝向一个［目的］，但是正像在一个家庭中一
样，对于自由人来说，* 只有最少的自由随便行动，所有的或大多数的   20
行动，对于他们来说，都是事先规定了的，而奴隶和野兽则极少公共的
责任，大部分是随便行动的；因为每一类事物的本性就是这样地由不同
的原则构成。^② 我们的意思是，例如所有事物都必定至少要被分解［为

---

① 罗斯及勒布本的英译本，此处均意译作"宇宙"，可参考。
② 亚里士多德认为自由人相当于天体，它们的运动是由必然性所固定的，奴隶则相
当于人类，每个阶级按照其本性行动，原则就是"在高级的人中产生对于责任的
服从；而在低级的人中则产生任性"。

其元素]①，还有其他的这样的功能，即所有的事物都在其中对整体的善作出贡献。

25 　　* 我们一定不要忽略于观察：对于那些主张和我们的看法不同观点的人们，面临着怎样多的不可能和荒谬的结果，以及那些精细的思想家们的看法是什么，以及什么看法产生最少的困难。所有人都主张所有的事物都来自对立，但是他们说"所有事物"以及说"来自对立"都是不30 对的②，他们对于对立真的出现于其中的事物怎样 * 从对立中产生出来的解释也是不对的；因为对立不能够彼此作用。然而对于我们来说，这个问题由于有一个第三因素③ 已经满意地得到了解决。但是，这些思想家将两个对立面之一作为质料，例如，这样做的人把不等作为质料，而相对于相等，或者把多作为质料而相对于一④。但是，这被同样的方式所排斥；因为一个质料支撑于一对对立中则不与任何东西对立。再有，35 ［按照他们的看法］，* 所有事物，除了"一"之外，都将分有"恶"，因为恶是这两元素中的一个。但是，别的学派⑤ 甚至并不把善和恶当作本原。然而在所有事物中，善是最高程度的本原，那些主张它是本原的1075ᵇ 人是对的，但是善怎样是一个本原，* 他们却没有说——无论是作为目的，或是作为推动者或是作为形式。

　　恩培多克勒也有一个奇怪的观点，因为他将善与友爱等同，但这是一个既作为推动者（因为它把事物结合在一起）又作为质料（因为它是5 混合物一部分）的本原。现在，即使发生了同一 * 事物是本原，它既作为质料又作为推动者，但是这两个本原的本质仍然不是同样的。在哪方面友爱是一个本原呢？并且说争斗应当是不可坏灭的，这也是荒谬的；恶的本性恰恰是争斗。

―――――――――――

① 因为有一个永恒的实体，它不是从对立中产生出来的（参看本卷第六章），并且不仅有事物从对立中产生，也有从其质中产生的（参看本卷第二章）。
② 亦即为了存在物的高级形式可以从元素的新的组合中产生出来。
③ 即指基质。
④ 指柏拉图主义者的主张。
⑤ 指毕达哥拉斯派和斯彪西波（参看本卷第七章1072ᵇ31）。

阿那克萨哥拉把善作为一个运动的本原，因为心灵推动诸事物，但是为了某个目的而推动它们的必定是某个与它不同的东西——除非按照我们的方式来陈述这个状况；*因为按照我们的看法，医疗技艺在一种意义上是健康。没有设定善（亦即心灵）的对立面，这也是荒谬的。但是，所有那引起谈论对立的人都没有运用这些对立，除非我们把他们的看法加以系统化，并且他们之中没有人解释为什么有的事物是可消灭的，而其他事物是不可消灭的；因为他们使所有存在的事物都来自同一本原。还有，*有的人使存在的事物来自非存在；而另一些人，为了避免这种必然性，使所有事物为一。再有，没有一个人解释为什么必定永远有生成，以及什么是生成的原因。

再有，那些设置两个本原的人必定设置另一个更优先的本原，而那些相信形式的人也必定如此；因为为什么使得［特殊事物］分有了形式，以及为什么它分有形式呢？*并且所有其他的看法都必然地面临这样的后果：必定有某个与智慧或最高知识相对立的东西。但是，按照我们的看法则不会有这种情况；因为对于原初的东西是没有对立的，因为所有对立的东西都包含质料，而有质料的东西，是潜在地存在着的。并且与任何知识对立的感知，导致一个与知识对象相对立的对象；①但是原初的东西是没有对立的。

*还有，如果在可感觉事物之外没有其他的东西存在，那么就会没有本原，没有秩序，没有生成，没有天体，但是每一个本原却将依据于另一个在它之前的本原，如像神学家和所有自然哲学家所考虑的那

10

15

20

25

---

① 这里古希腊原文为：ἡ δὲ ἐναντία ἄγνοια εἰς τὸ ἐναντίον，其语意含混费解，历来的研究者对此争论甚多，有疑其为窜入的文字者，有疑其文字有错误者。现在的中译文采取罗斯英译文的处理，但它系意译，由译者解释的成分甚多。Hippocrates G. Apostle 的英译文较忠实于原文。他译作"这些对立以及无知（它是与知识相对立的）会是对立的对象"。但其中的"它是与知识相对立的"仍属译者本人的解释非原文所有。Richard Hope 的英译文，译作"无知可以是一个对立，并且导致诸对立"是直译原文，但的确费解。这段话也许可以作如下的解释：如果有一个与哲学相反的无知，那么就得有一个与本原，即哲学的对象（它是"第一级的本原"），相反的对象，但本原是没有对立的。

样。但是，如果形式或数是存在的，那么它们不是任何事物的原因；或者即使不是如此，至少也不是运动的原因。再有，具有大小的物体，亦即连续体，怎么能从没有大小的东西中产生出来呢？无论作为运动的原因或形式的原因，数都不能产生出 * 连续体。并且还有，不会有任何的对立在本质上也是产生或运动的本原；因为那将使得它的不存在是可能的。① 或者至少它的活动会后于它的潜能。因此，实在的世界（τὰ ὄντα）将不是永恒的。但是，它是［永恒的］；那么，这些前提中的一个就必定被否定。我们已经说过必须怎样做到这一点②。再有，凭借什么，数目或者 * 灵魂和身体，或者一般地说事物和形式都是一──关于这一点没有人告诉我们任何东西；也没有人能够告诉我们，除非他们像我们所说的那样地说，是推动者使得它们的每一个成为一的。那些说③数学的数是第一的，并进而在另一类［实体］之后产生出一类实体，而且给予 * 每一个以不同的本原，把这个宇宙的实体造成仅仅是不相关的事（因为一个实体的存在或不存在并不影响其他的实体），而且他们给了我们许多的治理的原则，但是这个世界却拒绝糟糕的治理。

"许多人的统治是不好的，让一个人治理吧！"④

---

① 因为对立必定包含质料,而质料蕴涵着潜能和偶然性。

② 参看 $1071^{b}19,20$。

③ 指斯彪西波；参看 $Z.1028^{b}21$；$N.1090^{b}13—20$。

④ 引自荷马:《伊利亚特》, ii. 204。

第十三卷（M）

第一章

1076ᵃ8

10　　*我们已经说明了什么是可感觉事物的实体，在关于物理学研究的著作中讨论了质料，① 随后，*又讨论了作为现实的实体。② 现在，我们研究的是：在可感觉的实体之外，究竟有还是没有任何不动的和永恒的东西；如果有的话，它是什么。我们必须首先考虑其他的人说了些什么，这样，如果有任何东西他们说得不对，我们就可以避免同样的错

15　　误；而如果在他们与我们之间有任何共同的看法，*我们也将不会为这一点对自己感到烦恼；因为人们必须满足于某些事物他［比别人］说得更好些，而另一些也并不更差些。

　　对这个问题有两种意见。有人说数学对象，如数或线等等，是实体，而且还有［人主张］理念是实体。因为（1）有些人认为它们是两

20　　个不同的种——*理念和数学的数；而（2）有些人认为这两者都有一样的本性；而（3）另一些人则说数学实体是唯一的实体。③ 我们必须首先考虑④ 数学对象而不把任何其他的性质附加给它们（例如，实际上它们

---

① 参看《物理学》，第 i 卷。
② 参看本书第七、八、九卷。
③ 这是相应地指：1. 柏拉图；2. 色诺克拉底；3. 毕达哥拉斯派与斯彪西波。
④ 本卷第二、三章。

374

究竟是不是理念，以及它们究竟是不是 * 存在事物的本原和实体），而 25
只是考虑：作为数学对象，它们存在还是不存在，如果它们存在，是在
什么意义上如此；在此之后，我们必须单独地以一般的方式来考虑理念
本身①，而且仅仅就我们接受的处理它们的方式；因为很多问题已经由
于发表的著作而成为熟知的了。再有，我们的研究的较大部分都必须 * 30
触及已经提到的这种探究，即存在的事物的实体和本原究竟是不是数和
理念；因为在讨论是理念之后，这是留下来的第三个问题。

如果数学的对象存在，它们必须存在于或者可感觉的对象中，像某
些人所说的，或者在可感觉的对象之外（这也是 * 有些人所说的）；或 35
者如果不存在于这些方式中，那么它们就或者不存在，或者它们仅仅在
某个特别的意义上 [存在]，所以我们的讨论将不是它们是否存在，而
是它如何存在。

---

① 本卷第四、五章。

第二章

1076ᵃ38 　　＊关于数学对象存在于可感觉的对象中的不可能性，同时所说的这个理论是一个杜撰的理论，这在我们关于问题的讨论 ① 中已经说过了。

1076ᵇ 我们已经指出：＊两个固体物同时在同一个地方是不可能的，而且根据同一理论其他的能力和特性也应当存在于可感觉的事物中，而没有一个是分离地存在的。这一点我们已经说过了。但是还有，根据这个理论，

5 很明显，＊无论什么物体加以分割都是不可能的，因为它们将在一个平面上被分割，而平面又将是在一条线上被分割，线又将是在一个点上被分割，所以，如果点不能被分割，那么线也不能被分割，而如果线不能被分割而其余的［平面和立体］也将不能被分割。这样，或者可感觉的事物是这样的不可分割的实在，或者它本身不是这样的，而有不可分割

10 的实在在它之中。＊这造成什么差别呢？结果会是一样的：如果可感觉的实在被分割了，它们也将被分割；或者甚至可感觉事物不能被分割。

　　但是，这样的实在也不可能会是分离地存在的。因为如果在可感觉物体之外，有其他的物体，而且它们是不同于并且先于可感觉的物体

15 的，那么，很明显，在平面之外，＊也必定有不同的并且分离的平面以

---

　　① 　参看第三卷,998ᵃ7—19。

及点和线；因为这是同样的道理。但是，如果这些存在的话，那么在数学物体之外，又必定有其他的分离地存在着的平面、线和点。(①因为非合成的东西先于合成的东西。而且如果有不可感觉的物体先于 * 可感觉的物体，那么根据同样的道理，那些自身存在的平面必定先于那些存在于不运动的物体中的平面。因此，这些面和线就将是和那些与分离的物体在一起的面和线不同的了；因为后者是与数学物体同时在一起的，而前者先于数学物体。)②再者，*因此根据同样的论证，将会有线属于这些面，而且将必定有另外的线和点先于它们，而且将必定有其他的点先于这些在先于的线中的点，尽管不会有比这些更先的其他的了。现在，（1）这个堆砌显得是荒谬的；因为只有一类物体 * 在可感觉的物体之外，但却有三组平面在可感觉的平面之外——那些在可感觉的平面之外存在的平面和那些在数学物体中的平面，以及那些存在于数学物体之外的平面；又有四组线和五组点。那么数学科学将处理这些中间的哪一种呢？肯定不是处理在不运动的物体中的 * 平面、线和点；因为科学总是处理那在先的东西。并且（2）这个同样的论证也适用于数；因为将会有不同的一组单位在每一组点之外，并且也在每一组实在之外，在可感觉的对象之外和在可知的对象之外；以致将会有无数种类的数学上的数。

  再有，*怎样能够解决在我们讨论困难时所列举的那些问题呢？③因为天文学的对象在可感觉的事物之外存在，正如几何学的对象一样；但是怎么可能有一个分离的天和它的部分，或任何别的具有运动的事物呢？同样的，*光学和声学的对象，因为将会有声音或视力在可感觉的

---

① 此处括号系罗斯所采用（耶格尔的牛津版古希腊文本亦采用），贝克尔校订古希腊文本则无此括号。罗斯意在表示括号中的文字，似乎打断了行文思路，或系窜入者；但事实上如此处理则未必妥当，存此一说供读者参考。（朱利亚·安娜斯的本卷新译文亦沿此例；但乔纳森·巴恩斯校订牛津亚里士多德全集本则不用此说。）

② 同上。

③ 参看第三卷第二章，997^b12—34。

和个别的［声音和视力］之外存在；因而显然也将有其他的感觉和其他的感觉对象在这之外存在，（为什么它们之中的一个是这样，而另一个却不是呢？）但如果是这样的话，那么就会有分离的动物存在，如果有［分离的］感觉存在的话。

10   再有，有些数学家陈述的普通命题＊超越于这些实体。这样，就将有另外的中介的实体与理念及中介体①的分离———一个既不是数也不是点，不是空间大小，不是时间的实体。而如果这是不可能的，那么很明显，前面所说的那些与可感觉事物相分离的存在也是不可能的。

15   一般说来，＊如果人们设想数学对象是那样地作为分离的对象而存在的话，其结论就既与真理相反，也与通常的看法相反。因为如果它们以这种方式存在，它们就必须先于可感觉的大小，但是事实上它们必定是后于［可感觉的］大小的；因为不完全的空间大小在产生的次序上是
20   在先的，而在实体的次序上＊则是在后的，正像无生命的东西对于有生命的东西的情况即是如此。

再有，由于什么以及在什么时候，数学上的大小会是一呢？因为在我们可感觉的世界中的事物是由于灵魂的缘故，或由于一部分灵魂的缘故，或者由于别的什么东西，而成为一的，这是很合理的。如果不是这样的话，就会被分割为是多的。但是，哪些事物是可分的和有数量的，什么是它们成为一并有结合在一起的原因呢？

再者，数学对象生成的方式表明我们是对的。因为首先产生的维度
25   ＊是长度，然后是宽度，最后是深度，然后这个过程就完成了。这样，如果在生成的次序上在后的，在实体性的次序上在先的话，那么立体将先于面和线了。而且在这样的方式下，它也将是更完善和完整的，即它能成为有生命的。但是，另一方面，一条线或一个面怎么能成为有生命的呢？＊这个设想完全超出了我们的感觉。
30

再有，立体（σῶμα/Solid）是一种实体；因为它在一种意义上已经

①   "中介体"（μεταξù）是柏拉图派用以表示数学对象的特殊术语，它被认为是理念和可感觉事物的中介。

具有完全性。但是，线怎么能是实体呢？它既不是作为形式或一种形状，如同灵魂也许是那样的，也不是作为质料，像物体那样；因为显然没有什么东西能由线或面 * 或点构成，而如果这些东西已经是一种质料性的实体的话，那么事物能够那样构成就是明显的了。

  * 即使承认它们在定义上是在先的，然而并非所有在定义上在先的事物也在实体性上在先。实体性上在先的事物，当其［与其他事物］分离时，有着［比其他事物的］在存在上的优势，而定义上在先的事物，则其他事物的定义是由它的定义组合而成的；这两种性质不是同时存在的。* 因为如果属性（例如"移动的"或"白的"），并不在它们的实体之外存在，那么"白色的"将是在定义上先于"白色的人"，但不是在实体性上［在先］；因为它不能分离地存在，而总是与具体的整体（我指的是"白色的人"）相联结而存在。因此很清楚，既不是由于 * 抽去的结果在先，也不是由于增加的结果在后，因为，由于增加［一个限定的因素］到"白色的"上面，"白色的人"才能被述说。

  这样，我们充分地表明了：(1)［数学对象］并不比物体更加是实体，(2) 也不是在存在方面先于可感觉的事物，而是仅仅在定义方面先于可感觉的事物，而且 (3) 它们在任何情况下都不能分离地存在。但是，对于它们来说，* 存在于可感觉的事物中也是不可能的。[①] 很明显，它们或者根本不存在，或者它们只在某种方式中存在。因此，没有限定，它们就不存在；因为"存在"具有许多意义。

35

1077^b

5

10

15

---

① 参看 1076^{a}38—^{b}11。

第三章

1077ᵇ17

  * 正如数学中的一般命题并不是处理在大小和数之外分离地存在的

20 对象，而是关于大小和数的，* 然而不是作为具有大小和可被分割的东西①。显然，也可能有一些关于可感觉的大小的命题和证明，然而不是作为可感觉的［大小］，而是作为拥有某种确定的性质。② 因为，如同有许多关于事物的命题，仅仅把这些事物看作是在运动中的，而抛开每

25 个这样的事物是什么以及它们的种种偶性，* 并且这并非意味着应当有一个运动的东西在可感觉的东西之外，或者在可感觉的事物中有一个不同的运动的东西。所以，在运动的东西的场合，也将有关于它的命题和科学，然而它处理它们不是作为运动，而仅仅作为物体，或者仅仅作为

30 平面，或者仅仅作为线，或者作为可分割的东西，* 或者作为具有位置而不可分割的东西，或者仅仅作为不可分割的东西。这样，由于不加限制地说不仅可分离的事物存在，而且不可分离的事物也存在（例如可运动的东西存在），这是真的；不加限制地说数学对象存在，而且有着数学家加之于它们的特性，这也是真的。并且，正如不加限制地说其他

---

  ① 参看第六卷，1026ᵃ25，第十三卷，1077ᵃ9。

  ② 就是说，正如一般数学从不同种类的数学对象的差别中抽象出来，几何学也从可感觉的大小的性质中抽象出来，而仅仅注意其空间关系。

科学也是处理如此这般的题材——不是关于它的偶性（例如不是关于
*"白色的"，如果健康的事物是白色的，而且这门科学是以健康作为它 35
的题材的话），而是关于那是每门 * 科学的主题的东西——如果它处理 1078ª
它的对象是作为健康的东西，那［主题］就是健康的东西，如果处理的
对象是人，那［主题］就是人，对于几何学来说也是如此。如果它的题
材碰巧是可感觉的事物（尽管它并不把它们作为可感觉的事物来处理），
数学科学也将不会由于这个原因而是可感觉事物的科学。——另一方面，
* 也不是与可感觉的事物相分离而存在的其他事物的科学。许多性质由 5
于事物的本性而附着于事物，正如它们拥有每一个这样的特性。例如有
作为雌性和雄性的动物的特别属性（然而并没有与动物相分离的"雌性"
和"雄性"）；所以也有仅仅作为长度和平面而属于事物的属性。并且与 10
我们处理的在定义上在先和 * 比较简单的事物成比例，相应地我们的知
识也具有较大的准确性，亦即简明性。因此，一门从空间大小抽象出来
的科学就比［实际的］考察大小要更加准确；一门科学如果是从运动中
抽象出来的，也会更加精确，但是如果它考察运动，如果它处理的是原
初的运动就会有最大的精确性，因为它是最简单的，而平稳一致的运动
（ἡ ὁμαλή/Uniform movement）就是这样的运动。

　　同样的道理适用于和声学和光学；* 因为它们都不研究作为视力的 15
对象和作为音响的对象，而是研究作为线和数的对象；① 然而后者都是
前者的固有属性。力学也同样如此。因此，如果一个人设置一个对象，
把它与其偶性相分离，而把它作为这样的对象来研究，他将不会由此而
被认为是错误的。这正像一个人在地上画一条线而说 * 它是一尺长而实 20
际上不是一尺长。② 因为错误并没有包含在前提中。

　　每一个问题都最好以这种方式加以研究，即把不是分离的存在的
东西作为分离的存在的东西来考虑，如像算术学家或几何学家所做的

---

① 亚里士多德认为：光学研究线而和声学研究数，因而这些科学是从属于几何学和
　　算术的（参看《后分析篇》75ᵇ15）。
② 这里的"一尺长"，希腊原文为"一脚长"（ποδιαίαν，即 one foot）。

那样。人作为人是一个不可分的事物；而算术学家设定一个不可分的事物，然后考虑是否有任何＊属性属于作为不可分事物的人。几何学家考察人，既不是作为人，也不是作为不可分的事物，而是作为一个坚固的物体（στερεόν/Solid）。因为很明显，即使他偶然地不是不可分的，那些也会是属于他的性质，甚至离开这些属性①也能够属于他。这样，几何学家这样说是对的，他们谈论＊存在的事物［以及它们的主题］的确存在；因为存在有两种方式：一种是完全现实的存在，另一种是作为质料的存在。

由于善和美是不同的（因为前者总是包含在实践活动中，而美则在不运动的事物中），那些断言数学科学对于美或善没有说什么的人②是错误的。因为这些科学谈论＊和证明了许多关于它们的东西；如果它们没有明显地提到它们，但却证明了那些是它们的结果或它们的定义的属性，就说它们没有告诉我们任何关于美和善的东西，这不是真的。美的主要形式是＊秩序和对称和确定性，这些都是数学科学在最高程度上加以证明的东西。由于这些（例如秩序和确定性）都显然是许多事物的原因，很明显这些科学必定也处理＊这种意义上的原因（亦即美）。但是，我们将在别处③更清楚地来谈这个问题。

---

① 即指不可分性与人性。

② 这显然是指阿里斯提卜（Aristippus）。参看第三卷，996ª32。

③ 这个诺言在本书中显然没有实现。亚里士多德是否在他写的某个论数学的著作中讨论了美的问题，在学者中是争论颇多的。

第四章

  * 关于数学对象就说这么多。我们已经说了它们存在并且在何种意 1078^b7
义上它们存在①，以及在什么意义上它们是在先的和在什么意义上不是
在先的。② 现在，关于理念，我们必须首先检验 * 理念学说本身，而不 10
以任何方式把它与数的本性联系起来，而以那些首先主张理念存在的
人③ 所本来了解的形式来处理它。理念学说的支持者们被引导到它，是
由于关于事物的真理问题。他们接受了赫拉克利特的说法，即把所有
可感觉的事物都描述为永远流逝着，* 以致知识或思想要有一个对象的 15
话，必须有某种其他的常住的实在在那些可感觉的事物之外；因为不可
能存在一种流动状态中的事物的知识。但是当苏格拉底专注于伦理和美
德时，并且与它们相联系他首先提出了普遍的定义的问题（因为自然哲
学家 * 德谟克利特仅仅在很小的程度上触及这个主题，而且勉强定义了 20
热和冷；而毕达哥拉斯派在此之前已经处理了少数事物，他们把一些事
物——例如机会、正义和婚姻——的定义与数相联系）。对于苏格拉底
来说试图寻求一个事物是什么，这是很自然的，因为他寻求逻辑的推

---

  ① 见本卷第二、三章。
  ② 参看 1077^a17—20,24—^b11。
  ③ 指柏拉图。

383

25　论，而所有逻辑的推论的出发点就是一个事物是什么。*因为那时还没有辩证的力量使得人们离开一个事物是什么来思考对立，和研究是否有一门科学是研究对立的。有两件事情可以公正地归之于苏格拉底——

30　归纳论证和普遍定义，这两者都是关于科学的出发点的。*但是，苏格拉底并没有把普遍当作是分离的，也没有把定义看作是那样的；但是他们①使它们成为分离的，并把这样的存在物叫作理念。因此，按照他们的看法，差不多以同样的论证得出了所有普遍述说的东西都有理念。这

35　就差不多好像一个人希望计算某些事物，*而当它们是很少的时候，他

1079ᵃ　就认为不能计算它们，而使得它们增多，然后才来计算它们。因为人们可以说，*形式比特殊的可感觉的事物数目更多，然而正是在寻求这些事物的原因时，他们从事物引向了形式。因为对于每一个事物就有一个具有相同名称的东西，而且它是与实体相分离的，其他场合则有一统率多，无论是对于这个世界还是对于永恒的事物都是如此。

5　　　再有，*那些证明形式存在的方式，没有一个是显得清楚的，因为从有一些没有必然的推论会得出，从有一些［证明］则他们认为没有形式的事物也有了形式。因为根据从科学出发的论证，凡属有关于它们的

10　科学的所有事物都将有形式，而根据［一统率多］的论证，就得有*甚至是关于否定的东西的形式；而根据思想有一个对象的论证，当个体的对象消逝时就将有可以消逝的事物的形式，因为我们有关于它们的想象；再有，就最精确的论证来说，有的导致关系的理念，而他们说关系不是独立的类；而其他的［论证］则引入了"第三人"。②

　　　一般来说，这些关于形式的论证摧毁了事物，而事物的存在则是相

15　信形式的人*比对理念的存在更加关心的；因为它得出：不是"不定的二"而是数是第一位的，而先于数的是相对的，而这个［相对］又先于

---

①　指柏拉图主义者。

②　参看第七卷，1039ᵃ2；《斥诡辩篇》，178ᵇ36—179ᵃ10；以及柏拉图《巴门尼德篇》，132A，B，D—133A。

绝对。① 追随主张形式理论的人的所有其他论证，都导致与这个理论的原理相抵触。

再有，按照那些主张＊理念存在的人的假设，就将不仅有实体的理念，而且也有许多其他事物的理念（因为不仅有关于实体的一个名称，而且也有关于非实体的名称，而且也将有种种不仅是关于实体的科学），还有其他的无数这样的问题随之而来。由于必然性以及按照＊关于理念的意见，如果形式能被分有，那么就必定只有实体的理念，因为它们不是偶然地被分有的，而是每个形式必定是作为某种不是表述一个主体的东西而被分有的。我所说的是，例如，如果有某个事物分有"一倍本身"，它也分有了"永恒"，但这是偶然地分有的，因为＊"一倍"碰巧是永恒的。因此，形式将是实体，但是同一个名称表示物质世界中的实体以及理念世界中的实体，否则说有某种事物与诸特殊的事物相分离，即一统率多，是什么意思呢？并且，如果理念与分有它的事物有相同的形式，那么一定有某种东西是共同的：因为，为什么＊"二"在可变灭的二以及许多永恒的二②的场合是一个并且是相同的，而在"二本身"以及一个特殊的二的场合会不是如此呢？＊但是，如果它们没有相同的形式，那么它们就仅仅只有名称是共同的，这正像一个人把卡利亚和一块木头都叫作"人"，而看不到它们之间有任何共同之处。

但是，如果我们假设在其他方面，共同的定义适用于形式（例如＊"平面图形"），而定义的其他部分适用于圆本身，但是"它是什么"必须加上去，那么我们应当考虑是否这并非是完全地无意义的。因为这应当加到什么东西上呢？加到圆心上呢还是平面上呢？还是加到[定义的]所有部分上呢？因为在本质中的所有元素都是理念。例如"动物"和"两

20

25

30

35

1079ᵇ

5

---

① 即相对的一般来说是比较更一般些，因而也（根据柏拉图派的原则）先于数，同样地，数先于"不定的二"，因此相对的先于"不定的二"，而后者被认为是"绝对的"。

② 亦即抽象的、永恒的二。关于它，我们可以说：2 + 2 = 4 之类，也就是说它们是"中介体"，它们像理念一样是永恒的，但又像可感觉的事物是多。

10   足的"①。此外，很明显，必定会有＊那样一个"本身"，正像"平面"一样，
必定具有一种确定的特性，它像种一样，属于它的所有的形式。

_____

① 即人的本质。

第五章^①

*最重要的是人们也许会问形式对于世界上的可感觉的事物，无论是对于永恒的事物还是对于有生灭的事物，究竟贡献了什么呢？因为它们既不引起运动，*也不引起这些事物中的任何变化。但是，它们也无助于对于别的事物的认识（因为它们甚至不是这些事物的实体，否则它们就会在这些事物之中了），或者关于这些事物的存在的认识，如果它们不是在分有它们的个别事物之中的话；尽管如果它们是在这些事物之中，它们也许会被认为是原因，正如白色是一个白色事物之为白的原因，因为它混合在这个事物里面了。*但是，这个论证（首先由阿那克萨哥拉提出，后来又被欧多克索斯在他的讨论中使用，以及还被某些其他人使用）非常容易被推翻，很容易收集到许多荒谬的事例来反对这样一种看法。

但是还有，所有其他事物都不能来自形式，在"来自"的任何通常意义下都是如此。*至于说它们是范式（τò παραδείγματα/Patterns）而其他事物分有它们，则是空话和诗的比喻而已。因为究竟是什么按照理念的模型来塑造事物呢？并且任何事物既能存在，又能变为存在而无须

1079^b12

---

① 这一章在文字上几乎相当于第一卷第九章中的 991^a9—991^b9。

387

30 从别的某个事物来复制，所以无论苏格拉底存在与否，一个像＊苏格拉底的人可以成为存在的。很显然，即使苏格拉底是永恒的，也可以是这样的。而且一个事物将有几个模型，因而有几个形式；例如"动物"和"两足的"，以及还有"人本身"，都将是人的形式。再有，形式不仅是可感觉事物的模型，而且也是形式本身的模型；就是说，种是一个种的

35 诸多形式的模型；＊因此同一个事物将同时是模型和复制品。

再有，实体以及它是其实体的事物应当分离地存在，似乎是不可能

1080ᵃ 的；＊所以，理念作为事物的实体怎么能够分离地存在呢？

在《斐多篇》中，这个情况是以这样的方式陈述的——形式是存在和生成两者的原因。然而即使形式存在，事物仍然并不生成为存在的，

5 除非有某种事物产生运动；而且＊许多其他事物生成为存在（例如一座房子或一个指环），他们却说没有它们的形式。因此，很明显，甚至那些他们说有理念的事物，也能由于产生它们刚才说的那些事物的原因而

10 存在，和生成为存在，而并非由于形式。关于理念，可以以这种方式，或者以＊更为抽象和精确的论证，收集许多像这样一些我们已经考虑到的反对意见。

第六章

    * 现在这些问题已经解决了，我们最好再次考虑关于数的后果，这1080ᵃ12
是那些说数是分离的实体和事物第一原因的人们所面临的问题。* 如果15
数是一种自然物，没有别的什么东西作为它的实体，而仅仅是数本身，
像有些人所主张的那样；那么，或者（1）必定有某个数是第一的，而
某个其他的数随之而来。如此等等，每个数都是非常不同的。——而且
这直接地应用于单位，并且任何给定单位都不能结合于任何其他给定的
单位。* 或者（2）它们全部是直接连续的，而任何单位能结合于任何20
其他单位，如数学的数被认为的那样；因为在数学数中，没有一个单位
以任何方式不同于其他的单位。或者（3）某些单位必定是可结合的，
而另外的则是不能的。例如，2 是首先在 1 之后的，然后是 3，* 其他25
数也是如此。而在所有数中的单位都是可以结合的，例如，在第一个 2
中的单位是彼此可以结合的，在第一个 3 中的单位是可以彼此结合的，
其余的数也是如此。但是，在 "2 本身" 中的单位与 "3 本身" 中的单
位是不可结合的。同样地，* 在其他连续下去的数的场合也是如此。所30
以，当数学上的数是那样地被计算的——在 1 之后是 2（它由前一个 1
之外的另一个 1 构成）和 3（它由这两个 1 之外的另一个 1 构成），以
及同样地适用于其他的数。理念数则是这样计算的——在 1 之后，另一

个不同的 2，它不包含第一个 1，然后是第一个 3，它不包含 2，然后同

35 样的是 * 数的系列中的其他的数。或者（4）一类数必定像我们所说的第一种，另一种则像数学家所说的，而第三类就是最后说到的那一种。

1080ᵇ 　　再有，这些种类的数必定或者是与 * 事物相分离的，或者是不分离的，而是在可感觉的对象之中（然而不是在我们首先考虑的那种方式中，而是在这种意义上，即可感觉的对象是由数构成的，数呈现在它们之中），或者有些是有些不是，或者全都是。

5 　　* 这些必然地是数能够存在的仅有的方式。那些人说 1 是所有事物的始基、实体和元素，以及数是从 1 和别的什么东西形成的，[他们中的] 几乎每一个人都以这些方式中的一种来描述数；只是没有人说所有

10 的单位都是不可结合的。这种情况的发生 * 是极其合理的；因为在那些已经说过的方式之外，没有别的方式。有人①说两类的数都存在，那种有在前和在后的是理念，而数学数不同于理念和不同于可感觉的事物，

15 并且这两种都与可感觉事物相分离。另一些人②则说只有 * 数学数存在，它是实在的、第一位的东西，并且与可感觉的事物分离。毕达哥拉斯派也相信一种数，即数学数；只是他们说它不是分离的，而且可感觉的实

20 体是由它构成的。因为他们从数构成整个宇宙——* 只是并非由抽象单位构成的数；他们设想单位具有空间的大小。但是，第一个 1 为何能被构成从而具有大小，他们好像不能说什么。

　　另一些人③说，只有第一类的数（即理念数）存在，而有些人④说数学数与这一类是一样的。

25 　　关于线、面和体的情况是相似的。* 因为有人认为这些是数学对象，与那些在理念之后的东西是不同的，⑤ 还有那些表达不同看法的人，有些人以适合于数学的方式谈论数学的对象——亦即那些不制造理念数也

---

① 指柏拉图。
② 指斯彪西波。
③ 指某些不知名的柏拉图主义者。
④ 指克塞诺克拉底。
⑤ 这是指柏拉图。参看第一卷第九章，992ᵇ13—18。

不谈理念存在的人①；还有人谈论数学对象，但不是以数学的方式来谈

论：因为他们说既非每一个空间大小可分割为许多的大小，也不是 * 任　　30

何两个单位都造成 2。② 所有的说 1 是指诸事物的一个元素和本原的人，

除了毕达哥拉斯派之外，都假定数由抽象的单位构成；但是他们假设数

具有大小，正如在前面已说过的 ③。由此可以清楚地看出：数可以在怎

样多的方式中加以描述，* 并且我们已说过了所有的方式；以及所有这　　35

些看法都是不可能的，但是有一些也许比其他的更加不可能。

---

① 这是指斯彪西波。

② 这是指克塞诺克拉底。

③ 参看 1080^{b}20。

第七章

　　* 这样，首先让我们研究单位是可结合的还是 * 不可结合的，如果不可结合，我们可以两种方式中的哪一种来区分。因为这可能是任何单位与任何别的单位都是不可结合的，而且也可能是那些在"2 本身"中的单位与在"3 本身"中的单位是不可结合的，并且一般地，在每一个 * 理念数中的单位与其他的理念数中的单位都是不可能结合的。现在，(1) 如果单位是可结合的并且没有差别，那么我们就得出数学的数是唯一的一类数，而且理念不能是数。因为人本身或动物本身或任何其他的形式将会是什么种类的数呢？每一个事物有一个理念，例如一个 * 人本身的理念，另外一个动物的理念；但是相似的和无区别的数是无限多的，以致任何特殊的 3 不能是比其他别的 3 更加的是人本身。但是，如果理念不是数，那么它们就根本不能存在。因为理念来自什么本原呢？数是从 1 和不定的 2 来的，* 而且这个本原和元素被说成是数的本原和元素，但理念不能被排列在数之前或数之后。但是，(2) 如果这些单位是不可结合的，而且这个"不可结合的"是在这样的意义上，即任何一个与另外的任何一个都是不可结合的，那么，这类的数不可能是数学的数；因为数学的数由 * 没有差别的单位组成，而事实证明它有能够结合的特性。它也不能是理念数。因为第一个 2 将不能是 1 和不定的 2 的产

物并且继之以依次相续的数，如人们所说的"2，3，4，……"。这是因为在第一个 2 中的单位是同时生成的，无论是以这个学说的创始人① 主张的方式，从不相等产生出来（因为当它们被弄成相等时就产生出来了），或者是以其他方式［生成］。——因为如果我们把 * 一个单位看作 25先于另一个，它也将先于它们所构成的 2；因为每当一个事物在先而另一个事物在后时，那么它们的合成物将先于一个而后于另一个。

再有，因为 1 本身是第一的，* 然后才有特殊的 1，它又是紧接在 30 1 本身之后而是其余的［数］中的第一个，然后才有第三个，它是紧接在第二个之后，并且是紧接在第一个 1 之后，所以，当我们计算单位时，单位将会先于那些它们据以命名的数；例如，在 3 存在之前就将有一个第三个单位在 2 之中，以及一个第四个单位在 3 之中，* 以及一个 35第五个，出现在这些数存在之前。现在，［这些思想家中］没有人说过单位在这种方式中是不可结合的，但是按照他们的原理，它们应该是这样，即使在这种方式中也是合理的，虽然 * 在实际上是不可能的。如果 1081ᵇ既有一个第一的单位又有一个第一的 1，那么单位是在先的又是在后的就是合理的了；对于 2 也与此相似，如果有一个第一的 2 的话。在第一之后，* 有一个第二，这是合理的甚至是必然的。而且有一个第二，就 5有第三，至于其他相继的［数］也与此相似。（不可能同时说一个单位在理念 1 之后第一个出现，和另一个单位是第二个出现，并且不定的 2 [dyad] 也是在它之后的第一个。）但是，他们造出了一个第一个单位或者 1，但却没有一个第二和一个第三，而且造成了一个第一个不定的 2，* 但也没有一个第二和一个第三。 10

这也很明显，如果所有单位都是不可结合的，那么有一个 2 本身和一个 3 本身也是不可能的；对于其他的数也是一样，无论单位是无差别的，还是每一个都不同于其他的每一个。数必须是以相加来计算，例如 *2 是把另一个 1 加于 1，3 是把 1 加于 2，以及 4 同样是如此。但是， 15

---

① 指柏拉图。

20 如果这样的话，数就不能像他们产生出它们那样地被产生出来，即从 2
和 1 产生出来；因为 2 成了 3 的一部分，而 3 成了 4 的一部分，* 并且
这个情况以同样的方式发生于以下的数。但是，［他们］从第一个 2 和
不定的 2 产生出 4——两个 2 不同于 2 本身①（否则的话，2 本身将会是
25 它的一部分了，即由另一个 2 与之相加）。同样地，2 将由 1 本身与另
一个 1 构成。* 但是，如果是这样的话，那么另外的因素就不能是一个
不定的 2；因为它产生出一个单位而不是一个确定的 2。

再有，在 3 本身及 2 本身之外，怎么能有众多的 3 和众多的 2 呢？
30 并且它们怎样地由在先的和在后的单位构成呢？因为这全是 * 荒谬的和
臆想的，并且有一个第一个 2 然后有一个 3 本身是不可能的。但是，如
果 1 和不定的 2 是元素的话，就必定会有。但如果结果是不可能的，那
么这些作为发生的本原也是不可能的。

这样，如果单位是有差别的，每一个都不同于另一个，这些结果以
35 及其他的与此相似的 * 结果就必然地随之而来。但是，（3）如果那些在
不同的数之中的 ［单位］ 是有差别的，而只有那些在相同的数中的 ［单
1082ª 位］ 是彼此无差别的，即使如此，随之而来的困难也并不更少些。* 例
如，在 10 本身中有 10 个单位，而这个 10 既是由它们构成的，也是由
两个 5 构成的。但是，由于 10 本身不是任何碰巧发生的数，也不是由
5 任何偶然的 5（也不是任何偶然的单位）组成的，* 在这个 10 中的单位
必定是不同的。因为如果它们并非不同，那么 10 所包含的 5 也将并非
是不同的。但是由于它们是不同的，那么诸单位也将是不同的，但是如
果它们是不同的，那么，就会没有其他 ［在 10 中的］ 5，而仅仅这两个
10 ［5］呢？还是会有其他的［5］呢？如果没有，那是荒谬的;* 但是如果有，
什么种类的 10 将会由它们构成呢？因为没有其他的 10 在这个 10 之中，
而只有 10 本身。但是，按照他们的观点，实际上必然是：4 应当不是由
任何偶然的 2 构成的；因为不定的 2，如他们所说，接受确定的 2 并造

---

① 不定的 2 由于作用于（加倍于）理念的 2,产生出两个 2。这两个 2 就不同于理
念的 2。

成两个2；因为它的特性就是把它所接受的增大一倍。

  * 再有，至于2作为一个实在又离开它的两个单位，3作为实在而 15
又离开它的三个单位，这怎么是可能的呢？或者是由于一个分有另一
个，像"白色的人"不同于"白色的"和"人"（因为它分有这些），或
者当一个是另一个的属差，例如"人"* 不同于"动物"和"两足的"。 20

  再有，有些事物是一是由于接触，有的是由于混合，有的是由于位
置；但所有这些都不适用于构成2或3的单位。两个人并不是离开这两
者的统一体，对于单位也必定是这样，它们是不可分割的，也不会造成
什么差别；* 因为点也是不可分割的，然而它们的一对并不是任何离开 25
2的东西。

  但是，我们也不要忘记这样的结果，它是随着有在先的和在后的2
而来的，而且对其他的数也同样如此。因为假设在4之中的两个2是同
时发生的；然而，这些"4"* 是先于那些在8之中的"4"。而且正如2 30
产生出它们，它们也产生出在8本身中的4。因此，如果第一个2是一
个理念，那么这两个2也将是某种理念。这同样的考虑也适用于单位；
因为在第一个2中的单位产生出在4中的四个［单位］，* 所以所有单 35
位成了理念，而一个理念将是由诸理念构成的了。因此，很显然，那些
恰好是理念的事物也会是合成的，例如，人们可以说诸动物 * 是由诸动 1082ᵇ
物合成的，如果有它们的各种理念的话。

  总的说来，以任何方式造成单位的差别都是荒谬的和杜撰的（所谓
"杜撰的"我是指作出一种强制的陈述来适合一个人的假设）。* 在单位 5
与单位之间我们看不到在量上和质上的差别，而且数必定是相对的和不
相等的（所有种类的数，特别是由抽象的单位构成的数），所以一个数
既不大于也不小于［另一个数］，那就是等于它；而关于数我们假定那
相等的并且完全无差异的就是一样的，否则的话，即使是在10本身中
的那些2* 将会不是无差别的，尽管它们是相等的；因为那些断定它们 10
是无差别的人能够给出什么理由呢？

  再有，如果任何一个单位和另一个单位造成2，2本身的一个单位

与 3 本身的一个单位造成由有差别的单位构成的 2，那么它将是先于还
15 是后于 3 呢？宁可说它似乎 * 必定是在先的；因为诸单位之一是与 3 同
时存在的，而另一个则是与 2 同时存在的，并且我们从我们这方面假设
一般地 1 和 1（无论它们是相等的还是不相当的）就是 2，例如好的或
坏的，或者一个人和一座房子；但是那些主张这种观点的人说即使两个
单位也不是 2。

20   * 如果 3 本身的数不大于 2，这就会令人吃惊了；而如果它大于 2
的话，那么显然在它之中也有一个数与 2 相等，所以这就不是与 2 本身
有差别的，但这是不可能的，如果有一个第一的和第二的数的话。①

25   理念也将不是数，在这一点上那些宣称 * 如果有理念那么单位必定
有差别的人是对的。这在前面已经说过了②。因为形式是唯一的；但是
如果单位不是有差别的话，那么许多的 2 和许多的 3 也将不是有差别的
了。因此，当我们这样计算："1、2……"时，他们必定说这并不是对
30 给定的数用增加的办法来进行；* 因为如果是那样进行的，那么数将不
是从不定的 2 产生出来，一个数也不能是理念；因为那样的话，一个理
念将会在另一个之中，而且所有的形式将会是一个形式的诸部分了。所
以，从他们的假设来看，他们的陈述是对的，但是整个说来，他们是错
35 的；因为他们的理论引起混乱。他们实际上将说：这是一个问题，究竟
* 当我们计算并且说 "1、2、3" 时，我们是以增加还是以分离的部分
来计算呢？但是，我们用这两者；因此从这个问题推论到如此重大的一
个本质差异是荒谬的。

---

① 即如果在数之间有种类的差别的话。

② 见 1081ª5—17。

第八章

　　* 最好首先确定一个数以及一个单位的种差是什么，如果它有种差的话。单位必定是在量上或质上不同的，而这些似乎都是不可能的。但是，数作为数在量上是不同的。* 并且如果单位也在量上有差别，那么一个数将与另一个数有大差别，尽管在单位的数目上是相等的。再有，那些首先的单位是较大些还是较小些呢，而后来的单位是增大了呢还是减少了呢？所有这些都是不合理的。但是，它们也不能在质上不同。* 因为没有属性能附着于它们（的确，他们说质适用于数，但只是在量之后）。再有，无论从 1 还是从不定的 2，质都不能出现在它们那里；因为前者没有质而后者则提供量，这个实在① 使得事物成为多的原因。如果实际上事实是 * 另外的状况的话，他们应当在开始时就陈述这一点，并且确定单位的差异（如果可能的话）为什么必定存在。否则他们用它所指的是什么呢？

　　这样，很明显，如果理念是数，那么单位既不是全部能结合的，也不是 * 在两种方式中的任何一种中都是不能彼此结合的。某些其他人谈论数的方式也是不对的，这些人就是那些不认为有理念的人，无论

5

10

15

20

----

① 指"不定的 2"。

是绝对地否认或是作为一种数［来否认］。他们只认为数学的对象存在

25 而且数是首先存在的事物，并且，1 本身是它们的起点。这是荒谬的；
* 如他们所说，应当有一个 1 是许多 1 的最先的，但没有一个 2 是许多
2 的最先的，也没有一个 3 是许多 3 的最先的；同样的推论适用于所有
的［数］。但是，如果关于数的事实是这样的，而人们假定数学的数是

30 唯一存在的，那么 1 就不是起点。（因为这样 1 必定不同于 * 其他的单
位；而如果是这样，就必定也有一个 2 是许多 2 中的第一个，以及对其
他相继的数也是同样的。）但是，如果这个 1 是起点，那么关于数的真
理就宁可是柏拉图通常所说的那样，而且必定有第一个 2 和 3 了，而且

35 数必定不是彼此可以结合的。* 但是另一方面，如果人们作这样的假设，
那么正如我们已说过的，许多不可能的结果就会产生。但是情况必定或

1083ᵇ 者是这样，或者是别样的，所以如果都不是，那么 * 数就不能分离地
存在。

从这一点看，很明显，第三种说法①是最坏的一种考虑——理念数
5 与数学数是同一种数。这一种学说必定是两个错误的产物。（1）* 数学
数不能以这种方式存在，持这种看法的人必须设置自己的假设来加以解
释；（2）他也必须承认把数看作是形式的理论所面临的后果。

毕达哥拉斯派在一种意义下比上述理论的困难少一些，但在另一种
10 意义下则有其自身的困难。* 因为不把数看作可以分离存在，免去了许
多不可能的后果；但是物体应当由数构成，而且这应当是数学的数，则
是不可能的。因为说空间大小是不可分割的，这不是真的；即使完全承
15 认这个看法，* 然而单位无论如何是没有大小的；而且一个空间大小怎
么能由不可分的东西构成呢？但是，至少是算术数是由单位构成的，而
毕达哥拉斯派说事物是数——至少他们把他们的理论应用于物体好像后
者是由那些数造成的。

20 所以，这是必然的，即如果 * 数是独立存在的真实事物，那它应当

---

① 即克塞诺克拉底的主张。参看 1080ᵇ22。

存在于以上所说诸方式中的一种之中①，并且如果它不能存在于这些方式中的任何一种之中，那么显然，数没有那种使得它分离存在的人给它设置的特性。

再有，每个单位都来自大和小并使之相等②，还是一个是来自小，* 另一个是来自大呢？（1）如果是后者，每个事物并不来自所有的元素，因而单位将不是无差别的；因为一个之中是大，另一个之中是小，这是在本性上有矛盾的存在物。再有，它与 3 本身中的单位又是怎样的呢？其中之一是一个奇数单位。但是，也许是由于这个原因他们给予 1 本身 * 在奇数中的中间地位。（2）但是，如果两个单位中的每一个都由相等化了的大和小两者组成，那么 2 作为一个单个事物怎么能由大和小组成呢？或者它将怎样区别于单位呢？再有，单位是先于 2 的；因为当单位消失时，2 也就消失了。那么它必定是一个理念的理念，因为它是先于一个 * 理念的，而且它［单位］必定先于它［这个理念］而生成。那么从何而来呢？不是从不定的 2，因为它的职能就是加倍。

再有，数必定是无限的或者有限的；由于他们把数弄成是分离的，* 以至于这些属性中的任何一种属于数都是不可能的。很明显，它不能是无限的；因为无限的数既不是奇数也不是偶数，但是数的产生总是或是奇数或者是偶数；在一种方式中，当 1 作用于 * 一个偶然，就产生奇数；在另一种方式中，为 2 作用时，从 1 得出的数就将加倍；在另一种方式中，为奇数作用时就产生另外的偶数。再有，如果每个理念是某个事物的理念，而且许多数是许多理念，无限数本身将是某事物（或者是某种可感觉的事物，或者是别的某个东西）的理念。然而无论是就［他们的］假设，或者就他们的论证来说，这是不可能的，* 尽管他们是以这种方式来安排理念的。

但是，如果数是有限的，它的限度是什么？关于这一点，不仅应当陈述事实，也应当陈述理由。但是，如果数仅仅进展到 10，像有些

25

30

35

1084ª

5

10

---

① 见 1080ª15—ᵇ36。

② 亚里士多德是指理念数 2 中的两个单位。

人说的那样^①，首先，形式将会很快就用光了，例如，如果 3 是人本身，
什么数是马本身呢？*诸数（它们是一些事物本身）的系列进展到 10，
那么它必定是在这个限度中的一个数；因为正是这些是实体和理念。然
而它们仍然会用光；因为各种形式的动物会在数目上超过它们。与此同
时，也很清楚，如果在这种方式中，这个 3 是人本身，那么其他许多 3
也是如此（因为那些处于同一数目中的东西都是相似的）。*所以将有
无限数量的人；如果每个 3 都是一个理念，每一个这样的数就会是人本
身，如果不是的话，它们^②至少也会是人。并且如果较小的数是较大的
数的一部分（作为那样一类的数，在同一个数中的单位是可以结合的），
这样，如果 4 本身是某事物的理念，例如是"马"的或者"白"的理念，
那么人将会是马的一部分了，*如果人是 2 的话。说应当有一个 10 的
理念，但没有 11 的理念，也没有后续的数的理念，这也是荒谬的。再
有，既有一些事物，也产生出一些事物，都是没有形式的；那么为什么
却没有它们的形式呢？由此可以得出：形式不是原因。再有，进展到 10
的数比*10 本身更加实在，而且是形式，这也是荒谬的，尽管前者不是
作为单个事物产生出来的，而后者则是。但是，他们试图以进展到 10
的数是完善的来作解释。至少他们在 10 以内来生成、导出东西，例如
虚空、比例、奇数，等等。因为有些事物，例如运动和静止，好和坏，
他们归之于*创生的本原（ταῖς ἀρχαῖς/Principles, first principles, or
orginative princi ples），而其他的归之于数。这就是为什么他们把奇数与
1 等同；因为如果奇数包含 3，那么 5 怎么会是奇数呢？^③再有，空间大
小以及所有*这样的事物都不在确定的数之外来解释；例如，第 1 条线，
不可分的^④，然后是 2，等等，一直到 10。

再有，如果数能分离地存在，人们会问：哪个是在先的——是 1 呢

---

① 这包括柏拉图（参看《物理学》，206^b32），也许还有斯彪西波。

② 指那些是 3 的数。

③ 这就是说，在考察奇数的奇数性时，他们把"奇"与 1 等同（1 是出现于所有数中
的一个本原），而不与 3 等同（根据他们的理论，3 不出现于其他的数中）。

④ 参看第一卷 992^a22。

3 呢还是 2？就数是组合的而言，1 是在先的，* 但是就普遍和形式在 5
先而言，数是在先的；因为每个单位都是数的部分而且是作为它们的质
料的，而数则作为形式起作用。在一种意义上，直角先于锐角，因为它
是决定的，而且由于它的定义；但在一种意义上，锐角在先，因为它是
一个部分，而且直角被分割为锐角。这样，作为质料，锐角以及元素和
* 单位是在先的，但是就形式而言，以及从定义中表达的实体而言，直 10
角以及由质料和形式组成的整体是在先的；因为具体事物更接近于形式
和在定义中表达的东西，尽管在生成上它是在后的。那么，1 怎么是起
点呢？他们说，因为它是不可分割的；但是普遍以及特殊 * 和元素都是
不可分的。但是，它们在不同的方式中都是起点，一种是在定义上，另 15
一种是在时间上。那么，1 在哪种方式上是起点呢？正如已经说过的，
直角被认为是先于锐角的，而锐角又是先于直角的，而每一个都是 1，
因而他们① 在两种方式中都把 1 作为起点。但这是不可能的。因为普遍
之为 1，是作为形式与实体，* 而元素之为 1，则是作为部分或作为质料。 20
因为这两者中的每一个在一种意义上都是 1，——实际上，两个单位中
的每一个都是潜在的存在的（至少如果数是一个统一体，而不是像一堆
东西，亦即如果不同的数包含着不同的单位，如像他们说的那样），但
不是在完全的现实中存在。他们陷入错误的原因乃是：他们同时从数学
的观点 * 以及从普遍定义出发指导他们的研究，所以（1）从前者，他 25
们把统一体（它们的本原）当作一个点；因为单位是一个没有位置的点。
他们把最小的部分聚集而成事物，正如某些其他人② 所作的那样。因此
单位成为数的质料，而同时又先于 2；但它又是在后的，*2 被作为一个 30
整体，一个统一体和一个形式。但是（2）因为它们是在寻求普遍，他
们把（能够表达一个数的）统一体在这种意义下当作也是数的一部分。
但是这些特性不能在同一时间属于同一事物。

　　如果 1 本身必须是统一的（因为除了它是起点之外，与别的 1 没有

---

① 指柏拉图主义者。

② 指原子论者。

35　什么不同之处），而 2 是可分的，但单位是不可分的，* 单位必定比 2
更像 1 本身。但是，如果单位像它，它必定是更像单位而不是更像 2 了；
因此，在 2 之中的每一个单位必定先于 2。但是，他们否认这一点，至

1085ª　少 * 他们首先产生出 2。再有，如果 2 本身是一个统一体，而且 3 本身
也是一个统一体，两者都是从一个 2 来的，那么，这个 2 是从什么地方
产生出来的呢？

第九章

　　＊由于在数中没有接触，只有相续，亦即在单位之间没有什么东　1085ª3
西，例如，＊在那些在 2 和在 3 之中的单位之间（没有什么东西）。人　5
们会问：这些相继的是否是 1 本身呢？以及后续于它的第一个是 2 呢还
是 2 之中的两个单位中的一个单位呢？

　　关于后于数的事物的类，即线、面和体，也会遭遇相似的困
难。——因为有些人①从“大和小”的属构造出这些 1 来；＊例如，线　10
来自“长和短”，面来自“宽和窄”，体来自“深和浅”；它们都是“大
和小”的属。至于相当于 1 的那些事物的创生本原（ἀρχή/Originative
principle）②，不同的人以不同方式提出了设想，而在这些［设想］中，
我们可以看到无数的不可能性、＊虚构以及与所有合理思想的矛盾。因　15
为，（1）［它们］都显得是彼此相互割裂的，除非本原是以这样的方式
相互包含着，以致“宽和窄”也是“大和小”；但如果是这样，面就会
是线，而体就会是面了。还有，角和圆形以及＊这样的事物将怎样加以　20
解释呢？（2）至于数也遭遇了同样的情况。因为这些［长和短］都是
空间大小的属性，但是空间大小（τὸ μέγεθος/Magnitude）并非由它构

---

　　①　这也许包括柏拉图在内。
　　②　亦即那对于几何形式的东西，相当于（根据柏拉图的学说）原始的 1 之于数。

成，正如长并不由直和曲构成，体并不由平滑和粗糙构成一样。

[① 所有这些看法都有一个共同的困难，它发生在当一个人设置普遍时，关于一个种之下的属的问题，* 亦即在特殊的动物之中的是动物本身呢，还是不同于动物本身的某种东西？的确，如果普遍不是与可感觉的事物相分离的，这将不会出现困难；但是，如果这个 1 以及数都是可分离的，如像那些表达这种观念的人所说的那样，那么就不容易解决这个困难，如果人们在"不可能"的意义上来使用"不容易"这个词组的话。* 因为当我们理解在 2 之中的统一体（或者一般地在数之中的统一体）② 时，难道我们理解了一个事物本身或者某个别的东西吗?]

于是，有人从这类质料中生成空间大小，另外一些人③ 则从点（他们认为点不是 1，而是某种像 1 的东西）以及从其他质料（类似繁多，但不等同于繁多）来生成空间大小；然而关于这个看法，* 同样的问题也会出现。因为如果质料是 1，线、面、体也将是同样的；因为从相同的元素会产生出一个相同的 * 事物。但是，如果质料是多于一的，对于线是一个，对于面是第二个，对于体又是另一个，那么，它们或者是相互蕴含的或者不是，所以即使如此，同样的结果也会随之而来；因为或者面将不包含线，或者它将是一条线。

再有，* 数怎么能由一和多构成呢？他们并没有试图解释；但是不论他们怎样说，对于那些从一和不定的二造成数的人④ 的同样的困难也会出现。因为一种观点从普遍地表述的多（而不是一个特殊的多）来产生数，另一个观点则从一个特殊的多（即第一个多）来产生数；* 因为二被说成是"第一个多"。因此，这在实际上没有差别，而同样的困难会随之而来——它是彼此混合，还是排列、还是掺和、还是产生呢？如此等等。最重要的是人们会提出一个问题："如果每个单位是一，它从

---

① 把这一段文字放在括号中是罗斯处理，而非希腊文原文所有，可供参考。
② 把这一段文字放在括号中是罗斯处理，而非希腊文原文所有，可供参考。
③ 也许是指斯彪西波。
④ 大约是指柏拉图和克塞诺克拉底。

什么产生出来呢?"肯定地,每一个不是一本身,那么它必定是来自一
*本身和多或者多的一部分。说单位是一个多,这是不可能的,因为它　15
是不可分的;而从多的一部分来产生它,包含着许多其他的困难。因为
(a)每一个部分必须是不可分的(否则它将是多,而单位将是可分的
了),并且元素将不是*一和多;因为每个单位并不来自多和一。再有　20
(b)持有这种观点的人不过是造出了另一个数,因为他的不可分的多是
一个数。再有,关于这个理论我们还必须询问:这数是无限的还是有限
的。因为它似乎是首先有*一个多,这个多本身是有限的,从它以及从　25
一产生出有限数的单位;而且还有另一个多,即多本身和无限的多,那
么与一合作时,作为元素的是哪一种多呢? 人们可以相似地来询问关于
点、亦即作为元素他们从它造出空间大小的那个点。因为肯定地,这不
是一而仅仅是点;那么,无论如何让他们说*每一个其他点是从什么而　30
得以形成。确定地不会是从某个距离加上点本身,也不能有一个距离的
不可分的部分作为元素,而单位被说成是从它们而得以造成为多的不可
分的部分;因为数由不可分的部分构成,但是空间大小却不是这样。①

　　所有这些反驳以及其他的这类反驳,*使得数和空间大小不能离开　35
事物而存在成为很明显的了。再有,关于数在不同说法之间的不和谐,
*标志着那些给种种理论带来混乱的所谓的各种事实本身是不正确的。　1086ᵃ
因为那些把数字对象弄成与可感觉的事物相分离而单独存在的人②,在
看到关于形式的困难和它的虚构性时,便抛弃了*理念数而设置了数　5
学的数。但是,那些希望同时把形式也弄成数的人却未看到:数学的数
怎么能离开理念而存在呢? ③ 如果一个人仅仅假设这些本原,并且主张
理念数与数学数是等同的——在字面上,因为在事实上*数学数已经　10
被摧毁了;因为他们陈述的假设是特别为了它们自身的而不是为了数学

①　点不能为了它的一个元素而有一个距离,因为这将摧毁点的简单性;也不能有一
　　个距离的部分,因为任何一个距离的部分必定是一个距离。
②　指斯彪西波。
③　指克塞诺克拉底。

数的。但是，那首先主张形式存在和形式是数，以及数学对象存在的人①，自然地把这二者分裂了。因此，这表明了他们全都在某些方面是对的，而在总体上是不对的，并且他们自己确认了这一点，因为他们的

15　陈述并不一致，* 而是互相冲突的。原因就是他们的假设和他们的原理是错误的，而要从错误的东西出发说出正确的东西是困难的。按照埃比卡尔谟的说法："它一旦被说出，它就显得是错的。"②

关于数，我们已经提出的问题和我们已经达到的结论已相当充分了

20　（因为那些已经信服的人可能由于 * 更长的讨论而更加信服，一个尚未信服的人则不会变得更接近于信服）。关于第一本原、第一原因和元素，那些仅仅讨论可感觉实体的人所表达的观点，已经部分地在我们的论自

25　然的著作③ 中说过了，而部分地则不属于目前的研究；但是 * 那些断定在可感觉的事物之外有另外的实体的观点，必须在我们说过的那些人之后来加以考虑。由于有些人说理念和数就是那样的实体，它们的元素就是真实事物的元素和本原，关于这些，我们必须加以研究：究竟他们说的什么，以及他们是在什么意义上说的。

30　那些仅仅设置数 * 并且是数学数的人④，必须在后面考虑。⑤ 但是，关于那些相信理念的人，我们可以同时研究他们的思考方式和他们陷入的困难。因为他们把理念同时弄成既是普遍的，又把它们当作是分离的

35　和个别的。这是不可能的，已经在前面讨论过了。⑥* 那些把他们的实体描述为普遍的人，为什么把这两种特性联结于一个事物之中，其原因是他们没有把实体与可感觉的事物等同起来。他们认为在可感觉世界中

1086ᵇ　的特殊事物处于一种流动状态，* 而没有常住的东西；但是普遍的东西是与这些分离的，并且是某种不同的东西。苏格拉底通过他的定义给了

---

①　指柏拉图。

②　残篇14，参看第尔士：《前苏格拉底哲学家》。

③　见《物理学》，I.4—6；《论天》，III.3—4；《论生灭》，I.1。

④　指毕达哥拉斯派及斯彪西波。

⑤　见第十四卷第二章，1090ᵃ7—15；第十四卷第三章，1090ᵃ20—ᵇ19。

⑥　见第三卷第六章，1003ᵃ7—17。

这种学说以推动，正如我们在我们早先的讨论中所说的^①，但他并没有把普遍与个别相分离；在这一点上，即在不把它们分离这一点上，他想的是对的。* 从结果看，这是很清楚的；因为没有普遍就不获得知识，　5
但是分离却是理念产生困难的原因。然而，他们把它看作是必要的，如果除了可感觉的和在流动中的实体之外存在任何实体的话，那么它们必定是分离的而不会是别的。他们建立 * 起这些普遍的谓词，以致结果是　10
普遍的东西和特殊的东西几乎是同一种事物。在我们已经说过的这个观点中，这本身就是一个困难。

---

① 参看第十三卷第四章，1078^b17—30。

第十章

1086^b14、15 ＊让我们现在谈谈对于相信理念的人以及＊不相信理念的人都出现的某个困难的看法。这在前面，在关于问题的开始部分已经说过。^① 如果我们不假定实体是分离的，而且是个别事物被说成是分离的那种方式，那么我们就将摧毁在我们理解"实体"的那种意义下的实体；但是

20　如果我们设想实体是可分离的，＊那么我们怎样设想它们的元素和它们的本原呢？

如果它们是个别的而不是普遍的，那么（a）真实的事物将会刚好与元素是相同的数目，而且（b）元素将是不可知的。因为（a）让言语中的音节是实体，并且让它的元素是实体的元素；那么必定只有一个

25　BA 而且＊诸音节中只有一个。由于它们都不是普遍的而且在形式上是一样的，而是每一个在数目上都是一并且是一个"这个"，而不是具有共同名称的一类（他们还假定"恰好一个是什么的事物"，^② 在每个场合就是一）。如果这个音节是唯一的，那么组成它们的部分也是唯一的，那就会没有比一多的 A 了，也没有多于一的任何其他元素。根据同样

30　的原理，＊一个相同的音节不能存在于多数中。但是，如果是这样的话，

---

① 第三卷，999^b24—1000^a4，1003^a5—17。

② 亦即理念；参看1079^b6。

就会没有别的事物在元素之外存在，而仅仅只有元素了。（b）再有，元素甚至将是不可知的；因这它们不是普遍，而知识是关于普遍的。这一点从证明和从定义都是清楚的，*因为除非每个三角形的角等于二直角，我们不会作出结论说这个三角形有等于两直角的角，除非每一个人都是一个动物，我们不会说这个人是一个动物。 　35

　　但是，如果本原是普遍的，那么或者*它们构成的实体也是普遍　1087ᵃ
的，或者非实体将先于实体；因为普遍不是一个实体，但是元素或本原是普遍，而元素或本原是先于它是其本原或元素的事物的。

　　*当它们让理念由元素构成，而同时宣称在具有相同形式的实体之　5
外存在着理念，它是一个单个的分离的实在时，所有这些困难就自然地随之而来。但是，如果例如在言语的音节的场合，A 和 B 完全可以是许多，而且不需要在许多之外的 A 本身和 B 本身，由于这个缘故，就将有*无数的相似的音节。说所有知识都是普遍的，所以事物的本原也　10
必定是普遍的而不是分离的实体，包含着我们提到的困难中的最大困难。然而，这个陈述在一种意义上是真的，尽管在另一种意义上它又不是真的。*因为知识就像动词"知道"（τὸ ἐπίστασθαι/To know）意味　15
着两件事，一个是潜能的，而另一个是现实的。潜能作为质料，是普遍的，不确定的，它是关于普遍和不确定的；但是现实是确定的，是关于一个确定的对象的，——是一个"这个"，是关于一个"这个"的。只是偶然地视力看到了普遍的颜色，*因为它看到的这个（个别的）颜色　20
是一个颜色；语法学家研究的对象，这个个别的 A 是一个 A。因为如果本原必定是普遍的，正如在证明中的情形一样①；而如果是这样的话，就会没有事物能分离地存在了——亦即没有实体了。但是显然，在一种意义上知识是普遍的，*而在另一种意义上，它不是［普遍的］。 　25

────────────

① 在亚里士多德看来，在最具有证明力量的三段论第一格中，其前提假设，公理、定义等都必须是全称的，亦即是普遍的。

第十四卷（N）

第一章

1087ª29　　*关于这一类实体，我们说过的必定是足够了。所有的［哲学家］
30*都把对立作为他们的本原，在自然事物中以及不运动的实体中都是如
此。但是，由于不能有任何事物先于所有事物的本原，所以本原不可
能是本原而又是别的什么事物的一种属性。其荒谬性正好像说："白的"
35是本原，不是作为任何白的东西，而是作为"白的"，*然而它又属于
一个潜在的主体，因为它作为别的东西而是白的；因为那样的话，那个
东西将先于它了。但是，每一事物成为存在都来自属于潜在于其下的主
1087ᵇ体的对立；那么，这个主体尤其要表现在对立的场合。*所以，所有对
立总是属于一个潜伏于其下的主体的，而没有是分离存在的，然而实体
是没有对立的。这一点似乎是明显的，而且是由论证所确认的。这样，
就没有对立是充分意义上的本原，而是别的事物是本原了。

5　　有人①使对立之一*成为质料。有人②使"不相等"作为一的质料(他
们认为不相等是多的本性)。另外的人③使多作为一的质料。前者从不
相等的二，即大和小中产生出数，而后者则从多产生出数。但在这两种

---

　　① 指柏拉图主义者。
　　② 指柏拉图。
　　③ 也许是指斯彪西波。

412

情况下数都是从作为它的实体的一中产生出来的，因为那位谈论不相等和一为 * 元素，而不相等是由大和小构成的二的哲学家，把不相等，或大和小当作是一，而并没有作出区分，说它们在定义上是一而在数目上则不是。

但是，他们也没有正确地描述本原（他们称之为元素），因为有人①说大和小与一一起成为三，* 是数的元素；那个二是质料，而一是形式；另外的人②谈论"多和少"，因为"大和小"更适合于空间大小的特性；还有其他的人③则谈论对于它们共同的普遍的特性——"那超过的和被超过的"。就其任何后果而言，这些不同说法中没有一个造成什么差别，* 它们仅仅影响到逻辑的困难。因为他们本人提供的证明是逻辑的，除了这个论证使得超过的和被超过的（而不是大和小）成为本原之外，逻辑的一致性要求数从元素而来应当先于 2 从元素而来，* 因为在这两种情况下都有着更大的普遍性。④ 但是，现在他们肯定一个，而不肯定另一个。另外的人把"不同"和"其他"与一相对立⑤，还有其他的人把"多"与"一"相对立。⑥ 但是，如果像他们设想的那样，事物是来自对立，而且设想一没有对立或者如果有对立的话，那它就是"多"（不相等与相等对立，异与同对立，* 其他与事物本身相对立），那么，那些把一与多相对立的人就是似乎最有理的了，尽管他们的看法不是恰当的，因为按照他们的看法，一将会是少了；因为多是与少相对立的，而许多是相对于少许而言的。

"一"明显地是指一个度量。在每个场合都有别的什么东西是它的主体，* 例如在音阶中的一个四分音，在空间大小方面，一个指尖，一

---

① 这包括柏拉图在内。
② 不能确定的柏拉图主义者。
③ 也许指某些毕达哥拉斯派。
④ 这半句话（"因为……普遍性"）罗斯本与勒布本均译作："因为'超过与被超过'比'大和小'有更大普遍性，所以数也比 2 有更大普遍性。"是一种带有自己的解释的意译，可供参考。
⑤ 也许指某些毕达哥拉斯派。
⑥ 也许指斯彪西波。

只脚或其他的这类东西，在韵律中的一个节拍或者一个音节；相似地，在重量中则是一个确定的重量；以及以同样方式在所有场合之中，* 在各种质中是一种质，在各种量中是一种量（度量是不可分割的，在前者是在种类上，而后者则是对于感觉而言）；这意味着一本身不是任何事物的实体。这是合理的；因为"一"的含义是 * 某个繁多的度量，而"数目"意味着一个度量了的繁多和诸度量的一个繁多。（这样，一不是一个数就是合理的了；因为尺度并非诸度量，而是尺度和一这两者都是起点。）尺度必须总得是某一个同样的东西并能应用于所有的场合。例如，如果［计算的］是马，那么尺度就是一匹马，而如果［计算的］是人，尺度就是一个人。* 如果是［计算］一个人、一匹马、一位神，那么尺度也许是"有生命的事物"，而他们的数目将是几个有生命的事物的数目。如果事物是"人"、"白"和"行走"，就很难有一个数目，因为他们各自属于在数目上是一并且是相同的主体，然而这些的数目将是一个"诸种类"的数目，或者某些这类普通名词的数目。

* 把不等看作是一，把二看作是大和小的不确定的复合物的那些人，持有的看法远非确切和可能。因为（1）这些是数和大小的属性和偶性，而不是它们的基质。——"多"和"少"是数的性质，"大"和"小"是空间大小的性质，正像 * 偶和奇、平滑和粗糙、直和曲都是属性一样。再有（2）在这个错误之外，大和小，以及诸如此类的东西，必定是相对于某事物的，但那相对的东西绝不是一类实在或实体，它是后于质和量的。* 正如我们已经说过的，相对是量的一种性质，而不是它的质料，因为具有自己的独特本性的某物必须对于一般的相对和它的部分和种类都起到作为质料的作用。因为没有事物或是大的或小的，多或少，或者一般说来，相对于别的什么事物，而它不作为别的事物而具有自己的本性是多或少，或者是相对的。相对的东西绝不 * 是一个实体或一个真实事物表现于这个事实，即只有它没有自己的生成或坏灭或运动，在量的方面没有增加和减少，在质的方面没有改变，在地点方面没有位移，在实体方面没有绝对的生成和坏灭。在相对方面没有特别的

左栏行号：1088^a、5、10、15、20、25、30

变化；因为，由于没有变化，一个事物才将会是一会儿大些，* 一会儿 35

小些或者相等，如果与之比较的东西在量上有所变化的话。* 并且（3） 1088ᵇ

每一事物因而每一实体的质料，必定在潜能上也是那种性质；但是相对

既不是潜在的实体，也不是现实的实体。那么把非实体弄成在实体之中

或先于实体的元素，就是荒谬的，或毋宁说是不可能的；因为所有范畴

都是在 [实体之] 后的。再有（4）* 元素是不表述它是其元素的事物的； 5

但是多和少则表述数（分离的或集合的两种状况均可），而长和短则表

述线，而宽和窄两者都适用于面。那么，如果有一个繁多，那就有一个

词，即少，总是可以表述它的，例如 2（它不能是许多，因为如果是许 10

多，那么 1 就是少了），* 也还有一个绝对地是多的数，例如 10 就是多

（如果没有比 10 大的数的话）或者 10000。那么，数怎么能以这种方式

由多和少构成呢？或者两者都应当是表述它的，或者一个也不是表述它

的；但事实上只有它们中的一个是 [表述它的]。

第二章

　　　　　* 我们必须一般地研究这个问题：永恒的事物是否能够 * 由元素组成呢？如果是，则它们将有质料，因为每一个由元素组成的事物都是构成的，一个事物必须以构成它的东西而得以生成，无论它是永远存在的还是会变为存在的；而且每一个事物变为它所变为的存在，都是从某些潜在地是它的事物而来的(因为它不能从没有这种能力的东西变为存在，

20　　它也不能由那样的元素构成)。由于潜在的东西能够或者 * 被现实化或者不 [被现实化]，所以，无论数或任何别的包含质料的事物永远存在是如何的真实，它却可以不存在。就像一个事物在一天以后，或者在任何数量的年代之后，如果这个事物可以不存在，那么某些事物甚至可以在无限度地长的时间以后也会如此。因此，它们不可能是永恒的，因为

25　　可以不存在的事物不是永恒的。这是我们曾经有机会 * 在别的著作中讨论过的。① 如果我们现在所说的是普遍地真的，即没有实体是永恒的，除非它是现实性，并且元素都是实体的质料，那么就没有永恒的实体能够有构成它的元素呈现在它之中。

　　　　有的人② 把与一一起起作用的元素描述为"不定的二"，而反对"不

---

① 参看本书第九卷 1050^b7 及其以下；《论天》，第一卷第十二章。
② 也许是指克塞诺克拉底。

相等"，* 合理地考虑到了它的不可能的后果。但是，他们仅仅去掉了   30
这个理论使得不相等和相对成为元素而面临的困难，但与这个观点无关
的所有困难还必定面对着他们，无论它是他们从元素造成的理念数 * 还   35
是数学数。

    有许多理由使他们被引入迷途而 * 走向这些原因，但是主要的一个   1089ᵃ
理由是他们处理这个问题的老式的方法。他们假定所有存在的事物都会
是一（即存在本身），除非人们能拒绝并勉力对付巴门尼德的格言：

        因为这一点是不能被证明的：不存在的事物是存在的。

    * 他们认为必须证明不存在的是存在的；因为只有从这种方式——   5
从存在的以及从别的某种事物——才会可能有许多存在的事物。

    但是（1），如果"存在"有许多意义（因为它的意思有时是实体，
有时是某一种质，有时是某个量，而在其他时候是其他范畴），那么，
如果非存在被假定为不存在的话，所有存在的事物是什么种类的"一"
呢？* 是实体是一，还是性质（以及相似的其他范畴），还是全部范畴   10
在一起是一呢？在什么场合，"这个"和"这样"以及"这许多"，以及
其他范畴（它们指明某种意义的存在）将会是"一"呢？一个产生出来
的事物 ① 应当考虑它是存在事物的原因，有时是一个"这个"，有时是
"那样"，有时是"如此之多"，有时是一个"地点"，这也是奇怪的，甚
至是不可能的。

    *（2）事物是什么种类的非存在与存在构成的呢？因为由于"存在"   15
有许多意义，"非存在"也有许多意义；"不是一个人"的意思指不是某
个实体，"不是直的"的意思指不是某种性质，"不是三肘长"指不是某
量。那么，什么样的存在和非存在，由于它们的联合而使得存在的事物
变多了呢？* 他 ② 用"非存在"意指错误和那一类的事物，从非存在出   20

---

   ① 即"非存在"。
   ② 指柏拉图,参看《智者篇》,237A,240。

发，与存在一起，产生出许多事物。由此之故，他们通常说①，我们必
须设想某些是错误的东西，正如几何学家设想一条并非一脚长的线为
25 一脚长。但是，这不能是这样的。几何学家并不假设任何是假的事物 *
（这个前提不在逻辑推论之中）②，存在的事物由之生成和在坏灭后复归
于它的非存在，也不是这种非存在。非存在在不同的场合具有与范畴同
样多的意思，而且此外还用以指错误的东西和潜在的东西；正是从最后
这个意义上的非存在才发生了生成。一个人从不是人但潜在地是人变为
30 [人的] 存在，* 而白色从不是白色但潜在地是白色变为 [白色的] 存在，
并且无论是一个事物还是许多事物变为存在都是与此相似的。

问题显然是：在实体意义上的存在，怎么能是多；因为被生成的事
35 物都是数、线和体。现在问怎么能有许多在"什么"意义上的存在，*
1089ᵇ 而不是质或量怎么是许多，这是奇怪的。因为肯定地，不定的二或"大
和小"并不是为什么应当有两种颜色、或许多 * 颜色、或味道、或形状
的理由；因为是的话，这些也将是数和单位了。但是，如果他们进行了
关于这个问题的研究，他们也会看到在实体中的多的原因了；因为原因
5 是相同的或类似的。这个偏离也解释了为什么那些 * 寻求存在和一的对
立（存在的事物从它们和存在和一产生出来）的人，提出相对和不相
等——但这不是这些的对立或矛盾，而恰好是一类存在，正像"什么"
范畴及质也是 [一类存在]。

他们也应当寻求相对能够是多而不是一的方式。但是，现在他们研
10 究 * 在第一个 1 之后怎么能有许多单位，而不是在不相等之外怎么能有
许多种类的不相等。然而他们运用它们，并且谈论大和小、多和少（由
此产生出数），长和短（由此产生出线），宽和窄（由此产生出面），深
15 和浅（由此产生出体）；而且他们甚至谈到更多类型的相对，* 什么是这
些事物成为多的原因呢？

那么，正如我们所说，对于每一个事物预先假设那潜在地是它的东

---

① 大约是指有些柏拉图派人士。
② 亦即一个几何学的证明的正确性是不依靠图形的大小。

西，就是必要的了。并且持这种看法的人进一步宣称那潜在地是的东西是一个"这个"和一个实体，而在它本身不是存在——亦即它是相对的，就好像他说过的质。但是，这不是潜在的一或存在，也不是一或存在的否定。* 它只是诸存在物中的某一个。并且由于他询问怎么能有许多存在的事物，那么如我们所说，更加必须不仅问关于在相同范畴中的事物（怎么能有许多实体或许多质），而且问存在的事物怎么是多；因为它们中的一些是实体，一些是特性，一些是关系。在实体之外的范畴中还有另一个 * 包含着多的存在的问题。由于它们都不是与基质相分离的，质和量是多正因为它们的基质变成为多和是多，然而应当有对于每一个范畴的质料；只是它不能是与实体相分离的。但是，在是一个"这个"的场合，可以解释"这个"怎么是许多事物，* 如果一个事物不是既被当作一个"这个"，又被当作一个一般的事物①的话。在这些考虑中出现的较大的困难是，在现实中怎么能有许多实体而不是一个［实体］。

进一步说，即使"这个"和量不是等同的，我们也并没有被告知存在的事物怎样和为什么是多，而只是被告知量怎样是多。因为所有的"数"意味着一个量，* 而"单位"也是如此，如果它不意味着一个度量或者是在量上不可分的话。这样，如果量和"什么"范畴是不同的，它也没有说明 * 这个"什么"为什么和怎样地是多。如果它们是等同的，那么许多的不一致之处就出现在持有这种看法的人的前面。

人们也可以固定他们的注意力于这个关于数的问题：从什么地方我们找到理由相信它们存在。对于相信理念的人，他们 * 为存在的事物提供了某种原因，由于每个数都是一个理念，而这个理念以这样或那样的方式是其他事物存在的原因；我们将承认他们这个假设。但是对于那些不持有这个看法的人，因为他看到内在于理念学说的困难（并且他不是由于这个原因而设置数），他却设置了 * 数学的数，为什么我们必须相信他的陈述，说那样的数存在以及那样的数对其他事物有什么用处呢？

① 亚里士多德认为这是柏拉图主义者对于理念的看法。

那个说它存在的人，既没有主张它是任何事物的原因（它宁可说是一个自身存在的事物），它也没有被观察到是任何事物的原因，因为算术学家们的定理全部都将 * 适用于可感觉的事物，如像我们以前曾经说过的。①

---

① 参看第十三卷第三章，特别是 1077ᵇ17—22。

第三章

　* 至于那些假定理念存在并且是数的人，按照他们的假定（与他们
从一些具体事例中抽出一个［普遍词项］一致），每一个［普遍词项］
都是一个统一体，他们至少企图以一种方式说明数为什么是存在的。然
而，由于这些考虑既不是必然的，也不是可能的，* 人们无论如何不应
当由于这些理由而断言数的存在。

　　至于毕达哥拉斯派，因为他们看到了数的许多属性适用于可感觉的
物体，从而他们把实际的事物弄成是数，——但不是分离的，而是他们
使得实际事物由数构成。为什么呢？因为数的属性适用于音阶，* 适用
于天体，以及适用许多其他场合①。断定只有数学数存在的人②，根据他
们的假定，不能说出任何像这样的东西；所以事情被说成是：各种科学
不能有可感觉的事物作为它们的对象。但是，我们说它们能够有，正如
我们在前面说过的。③ 很明显，数学对象并不是分离的；* 如果它们是
分离的，那么它们的属性将不能适用于物体了。在这一点上毕达哥拉斯
派是不会遭到反驳的；但是关于从数产生出物理物体，有轻和重的事物

---

① 参看第一卷，989ᵇ29—990ª29。

② 指斯彪西波。

③ 参看第十三卷第三章。

由既不轻也不重的事物构成，他们似乎在谈论一个不同的天体和不同的
35 物体，*而不是这个可感觉的世界。但是，那些使数分离的人①，假定它
既存在又是分离的，因为［他们认为］公理不是对于可感觉的事物的，
1090ᵇ 而数学的陈述是真的并且使灵魂愉悦；*关于数学上的空间大小也与此
相似。于是很明显，对立的理论②将说出对立的意见，而刚才提出的困
难必须由持这些观点的人加以解决，即如果数根本不出现在任何可感觉
的事物中，为什么它们的属性适用于可感觉的事物呢？

5   * 因为点是线的限度和极限，线是面的［限度和极限］，而面是
体的［限度和极限］，有一些人就认为必定有这类的实在（φύσεις/En-
tites）。因此我们也必须检验这个论证并看看它是否极其脆弱。因为（1）
极限（τὰ ἔσχατα/Extremes）不是实体，而毋宁说所有这些事物都是限
10 度（πέρατα/Limits）。* 因为即使是行走以及一般地运动，也有一个限度，
以致根据他们的理论，这也将是一个"这个"和真实的客体了。但这是
荒谬的。但是（2），即使它们是，那么，它们将全都属于这个世界中的
可感觉事物了；因为论证正是应用于它们的，那么它们为什么应当是分
离的呢？

15   再有，如果我们不是太容易满足的话，我们可以就所有的数*以及
数学的对象提出这个问题：它们彼此之间没有贡献，生成在前的对生成
在后的也没有什么贡献；因为如果数不存在，然而对于那些主张只有数
学对象存在的人③来说，空间大小会存在，而如果空间大小不存在，灵
20 魂和感性物体会存在。但是观察到的事实证明：自然界并非一系列事件，
* 像一出坏的悲剧那样。至于理念的信奉者们，这个反驳不触及他们，
因为他们从质料和数产生出空间大小，线出自数2，面无疑地出自3，体
出自4，——或者它们还使用其他的数，这并不造成什么差别。但是这
25 些大小*会是理念吗？或者什么是它们存在的方式，以及它们对事物有

---

① 柏拉图主义者。
② 亦即毕达哥拉斯派的理论，见前面1090ᵃ20—25。
③ 指斯彪西波。

何贡献呢？这些东西什么贡献也没有，正如数学对象什么贡献也没有一样。甚至任何［数学］定理也不适用于它们，除非我们想改变数学对象并发明我们自己的理论。* 但是，设定任何任意的假设和编织一个长长的结论，是并不困难的。所以这些人在试图将数学对象与理念弄在一起时，是错误的。然而那些首先设置两类数（即理念数和数学数）的人，关于数学数如何存在及在什么地方存在，根本没有说什么，也不能说出什么来。* 他们把它置于理念数和可感觉的数之间。但是，如果（1）它来自大和小，那么它将是与理念数一样的(因为他①从其他的什么大和小构成空间的大小呢？)，* 并且如果（2）他的意思是某些其他元素，他会把他的元素弄成相当多。并且如果两类数中的每一类的本原都是一个 1，那么 1 就将是这些的共同的东西，我们就必须问：一怎么是这些许多的事物，而同时在他们看来 * 除了从一和不定的二之外，数就不能产生出来。

　　所有这些都是不合理的，而且既与它们自身相冲突也与可能性相冲突，而我们似乎在西蒙尼德的"长长的故事"② 中看到了它，因为我们求助于长故事就像奴隶们说的故事一样，当他们没有令人满意的东西可说之时。而且这些元素——* 大和小——似乎都喊叫着反对给予它们的粗暴对待，因为它们除了由一加倍之外，不能以任何方式产生数。

　　使得永恒的事物也有生成，这也是荒谬的，或者毋宁说这是一件不可能的事。没有必要怀疑毕达哥拉斯派是否赋予它们以生成；* 因为他们明白地说，当 1 构造出来之后（他们未能表明究竟是从平面或表面或者从种子或者从元素构造出来），最邻近的未限定的部分立即被约束并被限度所限定。③ 但是，由于他们是在构造一个世界并且愿意说物理的语言，尽管我们可以对他们的物理理论作出一些考察是公正的。不过，让它们离开 * 我们当前的研究吧，因为我们正在研究在不变化的事物中起作用的本原，所以正是这一种数的生成是我们必须研究的。

---

① 　指柏拉图。
② 　也许是指克奥的西蒙尼德，参看残篇，189（Bergk）。
③ 　参看《物理学》，Ⅲ.4；Ⅳ.6。

第四章

1091ᵃ23　　*他们说，没有奇数的产生，显然这意味着有偶数的产生；而且有

25　人把偶数作为是首先从不相等（大和小）产生的，*当着这些不相等被相等化的时候。这样，不相等在它们被相等化之前必定应用于它们。如果它们永远是相等化的，它们在以前将不曾是不相等的；因为没有什么东西在永远是如此的事物之前。因此，很显然，他们从理论分析方面没有提出数的产生［的说明］。①

30　　　*有一个困难（也是对任何不认为它是困难的人的非难）包含在这个问题之中；元素与本原怎样地与善和美相关。困难就是：是否任何元素是像我们所说的善本身和至善那样一种东西，或者并非如此，而是这些在产生上是比元素在后的。那些谈论神的故事的人②似乎与某些当今

35　的思想家一致，*他们作出否定的回答，并且说善和美出现在事物的本性中，只是在自然有了某种进展的时候。（他们这样做是避免一种真正

1091ᵇ　的困难，*像有些使一作为本原的人就面临这种困难。然而这个困难不

---

① 　参看《论天》i.279ᵇ32—280ᵃ10。

② 　此处希腊原文为 θεολόγος，罗斯直译其字面为 "theologians"（"神学家"），勒布本译作 mythologists（神话学家），朱利亚斯·安娜斯译作 "The people who tell the stories about the gods" 较为切合。诸说可供参考。

是来自因为他们将善作为他们的本原，而是因为他们使一成为本原——
而且是在元素意义上的本原——并且因为他们使数来自一。）先前的诗
人们同意这一点，即他们所说的：* 进行统治和治理的，并非那些在时 5
间上最先的，例如黑夜和天①，或者混沌②或者海洋③，而是宙斯。④ 然
而使得这些诗人这样说，仅仅是因为他们认为世界的统治者是变化的。
有些人的著作是混合的，即不是把每一件事情都用神话来说明，例如，
费雷居德（Φνρεκύδης /Pherecydes）和另一些人 * 把原初的创生的本原
看作是善，玛吉（oi Μάγοι/Μagi）⑤ 和后来一些哲学家，例如恩培多
克勒（他把爱作为元素）和阿那克萨哥拉（他把心灵作为本原）也都是
如此。在断定不变的实体存在的人们中，有人说一本身就是善本身，但
他们认为它的实体主要地在于它的统一。

　　* 那么，这就是问题——两种说法中哪一种是对的。如果那个是第 15
一的、永恒的和最自足的东西不具有这个自足性和自我保持性作为基本
的善，那就会令人吃惊了。但是，的确除了它的本性是善以外，没有别
的理由使它能够是不可毁灭的或自足的。所以说，* 一个本原具有这个 20
性质是合理的，是真的。但是，说这个本原是一，或者如果不是这样，
就是一个元素而且是数的一个元素，则是不可能的。因为这将包含严重
的困难。(为了避免这个困难，有的人抛弃了这个理论⑥ 而同意一是一个
本原和元素仅仅是数学数的［本原和原素]）。* 因为所有的单位成了某 25
种善，因而将有许许多多善。此外，如果形式是数，那么所有形式就是
各类的善，但是让一个人假设他所喜欢的任何事物的理念，如果这些理
念都仅仅是善的观念，那么理念就将不是实体；但是如果理念也都是实
体的理念，那么所有动物和 * 植物以及分有理念的所有事物都将是善了。 30

---

　　①　指斯彪西波，参看第十二卷 1072^{b}31。
　　②　这是指奥尔弗斯教派的宇宙生成说。
　　③　参看赫西俄德：《神谱》，116。
　　④　参看荷马：《伊利亚特》，XIV.201。
　　⑤　玛吉是琐罗亚斯德教（波斯的拜火教）的祭司等级。
　　⑥　指斯彪西波。

不仅这些荒谬之处随之而来，而且还会出现相反的元素（不论它是多，还是不相等亦即大和小）是恶本身。（因此，一位思想家① 避免将善与一联在一起，理由是：因为生成来自对立，恶将必然是多的本性；* 另外的人② 则说不相等是恶的本性。）这将得出：除了一即一本身之外，所有事物都分有恶，而且数在一种比空间大小更加纯粹的形式中分有它，* 而且恶是善在其中被实现的空间，③ 并且它分有并希望那倾向于摧毁它的东西（对立倾向于相互摧毁）。还有，如果像我们说的④ 质料是那潜在地是每个事物的东西（例如实际的火的质料就是那潜在地是火的东西），* 那么恶将恰好是潜在的善。

这样，所有这些反驳都随之而来，部分地是因为他们把一个本原作为一个元素，部分地是他们造成了对立的本原，部分地是他们把一作为一个本原，部分地是因为他们把数当作第一实体，并且像形式一样分离地存在。

---

① 指斯彪西波。
② 指柏拉图与克塞诺克拉底。
③ 参看柏拉图：《蒂迈欧篇》,52A，B。
④ 1088^{b}1。

第五章

*这样，如果不把善置于本原之列和*把善以这种方式置于本原之
列，这两者同等地是不可能的。那么，很明显，本原并没有被正确地描
述，第一实体也没有［被正确地描述］。有的人把宇宙的本原比作动物
和植物，理由是更完全的总是来自不确定的和不完全的。这也是不正确
的。这使得他^① 说这对于实在的本原也是真的，*所以一本身甚至不是 15
一个存在的事物。［这是不正确的］，因为甚至在这个动物和植物的世界
上，产生它们的本原也是完全的；因为是人生出人，而精子并非是原
初的。

这也是荒谬的：从地点自发地与数学的体一起产生出地点（因为地
点对于个别事物是特殊的，并由此它们在地点上是分离的；*但是，数 20
学对象不在任何地方），并且说它们必定在某个地点，但却不说地点是
什么。

那些人说存在的事物来自元素，并且第一个存在的事物就是数。应
当首先区分一个事物来自另一个事物的种种意义，然后说在什么意义上
数来自它的本原。

_____

① 指斯彪西波。

25 　　它是由于混合吗？但是（1）并非每一个事物都是＊混合的，而且（2）那由它产生的东西是不同于它的诸元素。根据这个看法，一将不会保持为分离的或者一个有区别的实在；但是它们要求它是那样的。

　　它是由于并列，像一个音节那样的吗？但是，那样的话（1）元素必定具有位置，而且（2）当人们思考一和多时，他将分别地思考它们；所以数将是这样的：一个单位和多，或者一和不相等。

30 　　再有，来自某事物的意思是，＊在一种意义上，这些事物仍然能够在产品中被发现，而在另一种意义上，则不能；那么在哪种意义上数来自这些元素呢？只有被产生出来的事物能够来自元素（这些元素呈现在这种事物之中），那么，难道数来自它的元素如同来自种子一样吗？但是，没有什么事物能来自那不可分割的东西。难道他来自它的对立物，而它的对立物没有持续吗？但是，所有以这种方式产生的东西也来自某

35 种别的＊持续存在的东西。① 这样，由于有一个人② 设置 1 为多的对立

1092ᵇ 物，＊而另一个人③ 设置它为不相等的对立物，把 1 当作相等，数必定被当作来自对立物。那么，有某些别的东西是持续存在的，从它以及从一个对立物，复合物就会产生出来，或者已经产生出来。再有，为什么在这个世界中，其他的来自对立事物或者具有对立的事物都坏灭（即使

5 当所有对立都用来产生出它们），＊而数却不坏灭呢？关于这一点，什么也没有说。然而，无论出现还是不出现在复合物中，对立都摧毁它，例如"争斗"摧毁"混合物"④（然而它应当不，因为它不是对于那是对立的东西）。⑤

　　再一次地它根本没有确定在何种方式下数是实体和存在的原因，

10 究竟是（1）作为界限（如像＊点是空间大小的界限）。这是欧瑞图斯

---

① 参看第十二卷 1069ᵇ3—9,《物理学》I.7。
② 指斯彪西波。
③ 指柏拉图。
④ 参看恩培多克勒残篇 17。
⑤ 此处从 1092ª17—1092ᵇ8 似乎主要涉及斯彪西波。

(Εὔρυτος/Eurytus)① 用以确定一个事物的数是什么的方法（例如，这是人的数，那是马的数），即用小卵石摹仿活的事物② 的形状，就像人们把数放在一个三角形或一个四方形的形状之中一样，还是（2）由于和谐是一个数的比例，* 所以人和别的每一个事物也都是如此。但是，属性——白的、甜的和热的——怎么是数呢？显然，并非数是本原和形式的原因；因为比例是本质，而数是质料。例如肉或骨的本质是数，仅仅是在这个方式下："三份火和两份土"③。并且一个数，无论是什么数，永远是某事物的一个数，* 或者是火或土的份数，或者是单位的份数；但是本质则是有如此之多的一种事物与如此之多的另一种事物在混合物之中；而这已不再是一个数，而是数的一个混合的比例，无论这些东西是有形体的，还是任何另外一类的东西。

这样，数，无论是一般的数还是由单位构成的数，既不是作为生成事物的原因，也不是质料，也不是事物的比例和形式。* 当然，它也不是终极因。

① 欧瑞图斯是费罗劳（Philolaus）的学生，他的鼎盛年在公元前4世纪早期。
② 欧瑞图斯在这里也许是在较宽泛的意义上（"活的东西"）来使用 φυτά（复数形式的"植物"、"能生长的东西"）这个字。柏拉图有时也这样用。亚里士多德在这里的意思，用通常的"植物"的意义，是难以解释的。
③ 参看恩培多克勒，残篇96。

第六章

　　＊人们也可以提出这个问题：善（τò εὖ /the good）从数的以下事实中得到了什么，即一个混合物是由数表达的，不论是一个容易计算的数① 或者是一个奇数②。因为事实上蜂蜜水将不再是有益于健康的，如果它是以3乘3的比例混合的话。③ 但是，如果它不是按特殊的比例混合，＊而以它在数字上可以表示的方式更好地稀释，但是更强些，那它

30　将更为有益。再有，混合物的比例是以数的关系来表示的，而不是仅仅以数字来表示，例如它是3相对于2，而不是3乘2。因为在乘法中因

1093ª　子必须是同类的；ABΓ的积必须以A来度量，＊ΔEZ则由 Δ 来度量，所以相同因子的所有乘积必须由那个因子来度量。因此，火的数不可能是

---

① 亦即是一个简单的比率。
② 很难看出其确切意义。如果一个比率是有理数,其中之一必定是奇数。亚历山大认为,那是像 1：3 这样的比率。奇数是与善相联系的。
③ 这个混合比例是毕达哥拉斯派的说法,亚里士多德对此进行了批评。

BEΓZ，* 而水的数也不是 2 乘 3。①

如果所有事物必须分有数，那么必然得出许多事物都是一样的，而一个数必定属于一个事物又属于另一事物。数是原因吗？从而事物的存在是由于它的数吗？或者这并不是确定的呢？例如，太阳的 * 运动有一个数，再有，月球的运动（是的，还有每一个动物的生命和鼎盛年）也有一个数，那么为什么这些数中不应当有些是平方，有些是立方，有些是相等，有些是成倍的呢？没有什么理由它们应当不是；所有事物都将在这个限度中活动，因为所有事物都被假定为分有数。并且 * 也假定不同的事物能够归入相同的数。因此，如果相同的数曾属于某些事物，这些事物将会彼此是一样的，因为它们将是相同种类的数；例如，太阳与月球会是一样的，然而为什么这些数是原因？有七个元音，有七根竖琴的弦，昴星团（αἱ πλειάδες/Pleiades）是七颗星，动物在七岁时 * 换牙（无论如何有些是如此；有些则并非如此），攻打特比斯（Θήβας/Thebes）的勇士是七个。是因为数是这样的数，因而这些勇士是七个，或者昴星团中有七颗星吗？肯定地有七位勇士，因为有七座门或者其他的原因，而且我们数出昴星团是七颗星。然而，人们数出大熊星是十二颗星时，其他人数出的却是更多颗的星。* 的确，他们甚至说［双辅音］Ξ，Ψ，和 Z 都是和声，并且因为有三个和声，双辅音也是三个②。他们忽略了可以有无数这样的字母的事实，因为可以有一个符号表示 Γ 和 P 在一起。如果他们说这是因为这些字母中的每一个都等于两个其他的字母，而没有别的字母是这样的，那么这有一个解

5

10

15

20

---

① 这段文字十分费解，因为亚里士多德先后用了 ABΓ 和 △ EZ 以及 2 乘 3 为表达方式，而未作进一步明确说明。罗斯的解释是将 ABΓ 等同于 $1×2×3$，将 △ EZ 等同于 $4×5×7$；因此，如果火是 BFΓZ，亦即 $2×5×3×7$，而水又是 $2×3$，那就是不可能的了。因为它们将有共同的因素：$2×3$。罗斯此说，可供参考。但是罗斯将 Z 等同于 7，则不知何故，因为 Z 乃第六个字母，按其他字母等同的数目，它应当是 6，而不是 7。

② Ξ，Ψ，Z 是希腊字母中的双辅音，发音如同 ksi、psi、zeta。根据亚历山大的解释，Z 与四音程、Ξ 与五音程、Ψ 与八音程相联系。

25 释：在口中有三个部位①，而一个字母应用"ς"（"Sigma"）于每一个部
位，由于这个原因 * 所以只有三个双辅音，而不是因为和声是三个；因
为事实上和声是多于三个的，而双辅音则不能更多。这些人像老式的研
究荷马的学者，他们看到了小的相似而忽略了大的方面，有人仍然说着

30 许多这样的情况，例如中间的那些音符以九和八来表示②，而"荷马的" *

1093ᵇ 史诗的诗句有十七个音节，它在数目上等于它们的和，而诗的音步的划
分，* 在诗句的前面一半是九个音节，而在后一半为八个音节。并且他
们说从 A 到 Ω 的距离③ 等于从笛子的最低音符到最高音符，而且这个

5 音符的数目等于整个宇宙系统的和谐。* 然而，可以设想没有人会感到
困难，不论是陈述这样的类比还是在永恒的事物中发现它们，因为它们
甚至可以在可坏灭的事物中被发现。

然而，数的著名特性，和它们的对立物，以及一般的数学的关系，

10 正如那些使得它们是自然世界的原因的人描述它们的那样，* 如果从这
个方式来观察它们的话，似乎都消失了；因为它们中没有一个是我们归
之于本原的任何意义下的原因④。然而有一种意义，他们使它很显然，
就是善是属于数的，而且奇数、直、平方，某些数的潜能，都在美的一

15 栏。因为季节是与某一类的数相联系的；* 以及他们从数学理论中引出
的其他相符的例子全都具有这个意义⑤。但是，这些似乎是巧合；因为
它们都是偶然的（尽管那符合的事物全都彼此适合），但是，是由于类
比的一种 ［巧合］。因为在存在的每一范畴中都有一种类比的东西；在

20 长度中是直，* 在表面是平，而且也许有如在数中的奇数，和在颜色中
的白色。

再有，并非理念数是音乐现象以及类似的东西的原因（因
为相同的理念数在种类上不同，由于它们的单位在种类上不

---

① 即颚、唇、齿。
② 指 μέδη（第 4 弦）及 παραμέδη（第五弦），它们的比率可以表示为 8∶6 和 9∶6。
③ A、Ω 是希腊字母，是它们的第一个字母及最后一个字母。
④ 参看第五卷第一、二章。
⑤ 即在事物中可以发现数的关系，但均非任何事物发生的原因。

同）；所以至少由于这个原因我们没有必要假定理念。

　　那么这些都是这个理论的后果，* 而且还有更多的可以收集到一起。　　25
关于数的产生，他们有许多麻烦，而且他们无法加以系统化。这似乎指
明了数学的对象，不是像有些人说的那样，是与可感觉的事物相分离
的，并且它们并不是本原。

术语索引

A

Abstraction ἀφαιρεσις 抽象（抽去质料）。36ᵇ3，23，61ᵃ29；不同于加进982ᵃ27，30ᵃ33，77ᵇ10。

Accident（Accidental）συμβεβηκός 偶然，偶性，属性。Δ.30，E.2，3，k.8，7ᵃ15，22ᵃ16，13ᵇ34-14ᵃ21，15ᵇ17，17ᵃ7，27ᵇ33；不可知的偶然 26ᵇ3，64ᵃ30，65ᵃ4；它的质料原因 27ᵃ13；偶性的两重性 31ᵇ22；由于偶然而相同 37ᵇ6；没有事物可以偶然地消失 59ᵃ1；与本质的不同的偶然 65ᵃ6。

Action ἐργόν（πρᾶξις）活动（行为，实践）。981ᵃ17，988ᵇ6，993ᵇ22，38ᵃ33，45ᵃ34，48ᵇ23；与现实不同的活动 48ᵇ21。

Activity ποιεῖν 主动（作用）。与被动相对 21ᵃ15，46ᵃ18；主动者与被动者 20ᵇ31，49ᵃ6，66ᵃ27-67ᵇ13。

Actuality ἐνέργεια 现实，实现。47ᵃ30-ᵇ2，Θ.6-9，K.9；现实区别于潜能 3ᵃ1，7ᵃ28，69ᵇ16，71ᵃ6，ᵇ22；与不同质料的区别 43ᵃ12；联系实体、形式、定义、本质来讨论现实 42ᵇ10，43ᵃ18，25，28，31，50ᵃ16，ᵇ2，51ᵇ31，71ᵃ8；与潜能实际上的同一 45ᵃ21；联系完全实现（ευτελέχεια 隐得来希）来讨论 47ᵃ30，50ᵃ23；与知识相异的现实 48ᵇ28；联系活动来讨论实现 50ᵃ23；神的现实性欢乐 72ᵇ16；现实的与个别的同义 14ᵃ21。

Affection（Modification，Attribute）πάθος 感受、演变，属性。它的各种意义 Δ.21；与实体不同的属性 983ᵇ10，985ᵇ11，38ᵃ28，71ᵃ1；联系状态来讨论属性 986ᵃ17，20ᵃ19；联系偶性来讨论属性 47ᵃ2，989ᵇ3；联系运动来讨论属性 71ᵃ1；属性不同于基质 49ᵃ29；本质的、固有的属性（πάθή οἰκεία）4ᵇ6，58ᵃ37，ᵇ22，78ᵃ5，16；关于属性的变化 69ᵇ12。

All πᾶν，πάντα 全部（所有）。与全体（total）一致的全部 24ᵃ8；大全、一切、万物（the All，τὸ ἅπαν）67ᵃ3，15，22。

Alteration ἀλλοίωειν 改换，变换。989ᵃ27，

42ᵃ36，69ᵇ12，88ᵃ32。

Always ἀεί 永远。E.2。

Analogy ἀνάλογος 类比（类推）。16ᵇ32，18ᵃ13，43ᵃ5，48ᵃ37，ᵇ7，70ᵃ32，70ᵇ17，71ᵃ4，26，89ᵃ3，93ᵇ19。

Antithesis ἀντίθεσις 反题 55ᵇ32，56ᵃ3。

Appearance φαντασία φαινόμενα 现象。Γ.5，6，980ᵇ26，70ᵃ10（参看，形象〔image，φάυτασμα〕）。

Architecture οἰκοδομική（ἀρχιτέκτων）建筑房屋，建筑术。26ᵇ5-10，27ᵃ2，27，33ᵃ7-22，29，46ᵃ27，50ᵃ32，61ᵃ1，65ᵇ16-66ᵃ7。

Arithmetic ἀριθμητική 算术。982ᵃ18，5ᵃ18，5ᵃ31，61ᵇ3，73ᵇ6，90ᵃ14；算术数 ἀριθμητικός ἀριθμός 83ᵇ16。

Art（Technic）τέχνη 技艺（技术、艺术）。980ᵇ28；由经验得到技艺 981ᵃ3；与科学不同 981ᵇ26；与经验不同 981ᵃ25，ᵇ8，31；由于自然、技艺、自发性而有的生成 Z.7-9，70ᵃ6，17；由于理性、技艺、能力而有的生成 25ᵇ23；等同于形式 34ᵃ24，70ᵃ15；来自学习的技艺 46ᵇ37，47ᵃ33；与自然不同 32ᵃ12，70ᵃ6，17；建筑技术 13ᵃ14。

Assertion φάσις 断定。与确认（κατάφασις）同义的断定 8ᵃ4-ᵇ1，62ᵃ24；不同于确认、与接触相联系 51ᵇ24。

Astronomy ἀστρολογία 天文学 989ᵇ33，997ᵇ16，35，998ᵃ6，53ᵃ10，73ᵇ5，77ᵃ2。

Attribute πάθος，συμβεβηκὸς，ὑπαρχόντος 属性 39ᵃ1，与实体不同

995ᵇ20，3ᵃ25。

Axiom ἀξίωμα 公理。996ᵇ26-997ᵃ14，5ᵃ20，ᵇ34，61ᵇ19，62ᵃ30，ᵇ25，90ᵃ36；公理作为终极之规律，亦为理论之出发点 Γ.3，K.5。

B

Beautiful τὸ καλόν 美的。与善同义的美 13ᵃ22，78ᵃ31-ᵇ5，91ᵃ31；与善不同的美 78ᵃ31；一个本原性原理 72ᵇ32。

Being（ens，entity，reality，existence）τὸ ὄν（οὐσία）是，在，存在 Δ7，Z.3，19ᵃ5，28ᵃ10，30ᵃ21，42ᵇ26，45ᵇ32，61ᵃ8，78ᵃ30，89ᵃ6；存在不是一个种 998ᵇ22，45ᵇ6，存在与统一 I.2，986ᵇ15，998ᵇ22，33，1ᵃ5，3ᵃ22，40ᵇ16，45ᵇ6，53ᵇ25；作为存在的存在（being as being，τὸ ὄν ᾖ ὄν），作为一般的、无限定的存在，不同于特殊的存在 Γ.1-2，E.1，60ᵇ31；偶然的存在 Δ.7，E.2，3，K.8；作为真的是 E.4，Θ.10，65ᵃ21；充分意义上的存在 27ᵇ31，51ᵇ1；第一存在，实体 28ᵃ14，30；一事物的存在 29ᵃ22，52ᵇ11，75ᵇ5；存在不是诸事物之实体 1ᵃ5，40ᵇ18；完全的实在不同于质料的实在 78ᵃ30；非存在是非存在（non-being，μὴ ὄν）3ᵇ10；诡辩术的主题 26ᵇ14；作为假的非存在 E.4，Θ.10；生成的源泉 62ᵇ26，69ᵇ18；三类存在 69ᵇ27；存在与非存在的多种含义 89ᵃ7；它的真实性的证明（柏拉

图式的）89ᵃ1。

C

Category κατηγορία 范畴。4ᵃ29，17ᵃ23，
24ᵇ13，26ᵃ36，27ᵃ31，28ᵃ13，33，
29ᵇ23，34ᵇ10，51ᵃ35，55ᵃ1，58ᵃ14，
70ᵇ1，88ᵃ30，89ᵃ27，ᵇ24。

Cause αἴτια 原因。Δ.2，13ᵃ16，ᵇ9，
26ᵃ16；哲学研究第一原因 981ᵇ28，
哲学研究所有的原因吗？995ᵇ6，
996ᵃ18；原始的原因 983ᵃ25，3ᵃ31，
近因 44ᵇ1；四种原因 983ᵃ26，
70ᵇ26；形式因等于目的因 44ᵇ1；
等于动力因 70ᵇ26；原因在数目上
不是无限的 a.2，74ᵃ29；偶然事物
之原因是偶然的 27ᵃ8，65ᵃ6；可生
成的并非出自被生成的 E.3。（参
看目的，本质，终极因，形式，公
式，质料，动因，原理）。

Change μεταβολή 变化、变动。由于某
物而变成某物 984ᵃ22，69ᵇ36；从
对立物到对立物或中介物 11ᵇ34，
57ᵃ21，31，69ᵇ3；相反者不变化
69ᵇ7；联系非存在，基质，质料，
潜能来讨论变化 10ᵃ15，42ᵃ33，
69ᵇ14，24；四类变化 42ᵃ32，69ᵇ9，
72ᵇ8；可变化的实体 69ᵇ3。

Complete (perfect) τέλειον 完全，完
成。Δ.16，23ᵃ34，55ᵃ11，论由不
完全进展到完全（完善）72ᵇ34，
92ᵃ13。

Combination σύνθεσις 联结、组合（合
题）。14ᵇ36，43ᵃ6，45ᵇ11。

Compound σύνθετος 复合的、复合物。

23ᵃ31，ᵇ1，29ᵇ23，43ᵃ30，57ᵇ28，
59ᵇ23，75ᵇ8，86ᵇ15。

Concords συμφωνία 和谐、和音。93ᵃ20。

Concrete, the σύνολος 具体物（综合
的东西）。995ᵇ35，999ᵃ33，29ᵃ5，
35ᵇ20，37ᵃ26，30，77ᵇ9。

Contact διαθιγή 接触。2ᵃ34，14ᵇ22，
42ᵇ14，68ᵇ28，70ᵃ10，82ᵇ20，
85ᵃ3；联系直观（θιγεῖν）来讨论接
触 51ᵇ24，72ᵇ21。

Contemplation θεωρία 默想、沉思。
72ᵇ24。

Contiguous ἑξῆς 邻近，其次。69ᵃ1。

Continuous συνεχής 连续的、延续的。
延续的定义 69ᵃ5；由于本性、技
艺、强力而有的延续 16ᵃ4，23ᵃ34，
40ᵇ15；在一、二、三维中的延续
61ᵃ33；不同于形式的延续 16ᵇ9。

Contradiction ἀντίφασις 矛盾。矛盾律
Γ.3-6，K.5，6；矛盾没有中介物 Γ.7，
55ᵇ1，69ᵃ3；与缺乏、相反不同之
矛盾 55ᵇ1。

Contrary ἐναντίος 相反。Ι.4，5，7，
13ᵇ12，18ᵃ25，54ᵃ25，ᵇ13，58ᵇ26，
92ᵃ2；相反被认为乃存在的原理
986ᵃ22，ᵇ1，4ᵇ30，75ᵇ28，87ᵃ30；
关于它们的知识为一门学问所研究
996ᵃ20，61ᵃ19，78ᵇ26；可归结为一
个原理 4ᵃ1，ᵇ27；相反不同于差异、
相异、矛盾、缺失 4ᵃ20，54ᵃ32，
55ᵇ1；两对立面之一方经常是缺
失的，4ᵇ27，11ᵇ18，55ᵃ14，27，
61ᵃ20，63ᵇ17；相反的东西是不相
容的 11ᵇ7，63ᵇ26；与否定相联系来

考察 12ᵃ9；实体中的相反者 18ᵇ3；诸相反者有相同形式 32ᵃ2；不是相反者产生的、由相反者复合而成的，彼此相互影响 44ᵇ25，57ᵃ22，69ᵇ7，75ᵃ30；对立等于最大的、完全的差异 55ᵃ4，16，58ᵃ11；一个事物有一个对立 55ᵃ19；相对的对立物 56ᵇ36；由对立物构成的中介物 I.7；由对立造成的种的差异 I.9；存在中的原始对立 61ᵃ12，ᵇ5，13；可感知的对立 61ᵃ32；在地点中的对立 68ᵇ29；对立与反对不同 69ᵇ4；对立物包含质料 75ᵇ22，87ᵇ1。

Counter-earth ἀντίχθωνονa 对地。986ᵃ12。

Coupled terms συνδεδυασμένα λόγοι 复合词。30ᵇ16，31ᵃ6，43ᵃ4。

D

Definition ὁρισμός 定义、界说。Z.10，11，H.6，31ᵃ2，43ᵃ21；讨论的出发点 12ᵃ22，ᵇ7；联系本质来讨论定义 30ᵃ7，31ᵃ11，44ᵃ22，定义不是具体的可感知的 36ᵃ2，39ᵇ28；定义是普遍的 36ᵃ28；为什么定义只有一个 Z.12，H.6；由划分作出的定义 37ᵇ28；科学的定义 39ᵇ32；没有理念是可定义的 40ᵃ8；与数相联系来讨论定义 43ᵇ34，45ᵃ7（参看"公式"）。

Demonstration（proof）ἀποδείξις 证明。992ᵇ31；证明的诸原理 993ᵇ28，996ᵇ26，5ᵇ9，11，13，18，22，62ᵃ3；并非每一件事物都可证明 997ᵃ7，6ᵃ8，11ᵃ13；本质是不可证明的 25ᵇ14，64ᵃ9；感性事物是不可证明的 39ᵇ28；必然真理的证明 39ᵇ31；绝对的证明和从个人爱好出发的证明 62ᵃ2；证明的科学 997ᵃ5-30；反证 6ᵃ12，20。

Desire（appetite）ὄρεξις 愿望（欲望）。48ᵃ11，71ᵃ3，72ᵃ25-35。

Destructible, destructions τό φθρτόν 可坏灭的事物，坏灭 994ᵇ6，0ᵃ5-1ᵃ2，2ᵃ29，42ᵃ30，43ᵇ15，44ᵇ36，59ᵃ1，67ᵇ24，69ᵃ31，ᵇ11，70ᵃ25。

Dialectic διαλεκτική 辩证法。987ᵇ32，995ᵇ23，4ᵇ17，23，25，78ᵃ25。

Differentia, difference διαθορά 差异。985ᵇ13，998ᵃ23，4ᵃ13，20ᵃ33，35，ᵇ2，15，42ᵃ16；差异的意义 18ᵃ12；差异与相异及对立之不同 4ᵃ20，54ᵃ23，55ᵃ4，16，58ᵃ11；反对，先于相反的差异 16ᵃ25，57ᵇ6，11；种属的差异 18ᵃ26，54ᵃ28，58ᵃ7；用差异来定义 42ᵇ32，43ᵃ19；什么造成差异 I.9；质料并不造成差异 58ᵇ6；第一差异 61ᵇ14；数与单位的差异 M.8；德谟克利特的三种差异 985ᵇ13，42ᵃ12。

Disposition διάθεσις 安排，配置。Δ.19，20，22ᵇ10。

Divine, the τό θεῖον 神圣的事物（神祇）。26ᵃ20，64ᵃ37；神不嫉妒 982ᵃ32；神将宇宙封闭 74ᵃ3；可见的神圣的物体 M.6-8；最神圣的知识 983ᵃ5。

Division διαιρέσεις 划分。数学的划分 994ᵇ23，2ᵃ19，2ᵇ3，10，48ᵇ16，

60^{b}14，19；逻辑划分 37^{b}28。

Dyad, indefinite δυὰς ἀορίστος 不限定的两。987^{b}26，33，988^{a}13，81^{a}14，22，^{b}21，32，82^{a}13，^{b}30，83^{b}36，85^{b}7，88^{b}7，88^{b}28，89^{a}35，91^{a}5；理念的两 36^{b}14，81^{a}23，^{b}27，82^{b}9，12，20，22；第一个数 999^{a}8，85^{b}10，88^{b}9。

E

Element στοιχεῖον 元素，要素。Δ.3，M.10，989^{a}4，992^{b}19，1^{a}18，59^{a}23，88^{b}4；元素是否仅为潜在的 2^{b}33；与本原、原因相联系来讨论元素 41^{b}31，70^{b}25，87^{a}2，91^{a}31；（恩培多克勒）的四元素 984^{a}8，985^{a}32，998^{a}30；理念的要素 987^{b}19。

End τὸ τέλος 目的。与终极因同义 994^{b}9，16，13^{a}33，59^{a}37，74^{a}30；联系形状讨论目的 23^{a}34；联系现实讨论目的 51^{a}15。

Equal τὸ ἴσον 相等。21^{a}12，56^{a}22，82^{b}7；怎样与大和小相对立 I.5；与一同义（柏拉图）87^{b}5。

Equivocal ὁμωνύμος 同词异义（双关语）。3^{a}34，30^{a}32-^{b}3，35^{b}25，46^{a}6，60^{b}33，86^{b}27。

Eristic ἐριστικός 争辩的。12^{a}19。

Error ἀπάτη 谬误。不同于无知 52^{a}2。

Essence τὸ τί ἔστν, τὸ τί ἦν εἶναι 本质。Z.4-6，8，993^{a}18，994^{a}17，25^{a}29，38^{a}14，45^{a}3；联系定义讨论本质 30^{a}7；联系形式讨论本质 33^{b}5。

Eternal τὸ ἀΐδιον 永恒。987^{b}16，15^{b}14，50^{a}7，51^{a}20；永恒的感性实体 69^{a}31，^{b}25；一个永恒实体的必然性 Λ.6；时间是永恒的 71^{b}7；永恒的事物是否组合成的 88^{b}14；非生成的永恒 91^{a}12。

Even ἄρτιον 偶数。（毕达哥拉斯学派）986^{a}18，990^{a}9，（柏拉图派的）91^{a}24。

Evil τό κακόν 恶。没有与特殊坏的事物分开的恶 51^{a}17；没有恶处于永恒事物中 51^{a}27；恶被说成第一原理 75^{a}35，91^{b}34；争斗引起的恶（恩培多克勒）984^{b}32。

Excess and defect ὑπαρχή καί ἔλλειψις 过度与不足 992^{b}6，4^{b}12，42^{a}25，35，52^{b}30，57^{a}13，87^{b}18。

Experience ἐμπείρια 经验。980^{b}28；联系科学、技艺讨论经验 981^{a}1，^{b}31；经验等于个别事实的知识 981^{a}15。

F

Falsity ψεῦδος 假。假的定义 11^{b}25；假的意义 Δ.29；在假的意义下的非存在 E.4。Θ.10；假不同于不可能性 47^{b}14；假作为一个第一原理（柏拉图）89^{a}20。

Female Sex θῆλην 雌性（阴性）。联系质料来讨论雌性 24^{a}35；并非一个种 I.9；雌（雄）性为动物由于自己的本性 30^{b}26，31^{a}4。

Final Cause τὸ οὗ ἕνεκα 终极因。983^{a}31，994^{b}9，13^{a}21，33，^{b}26，

识出自感觉 980^{a}28；不同于技艺 981^{b}26；理论的、生产的、实用的知识 982^{a}1，^{b}9，993^{b}20，25^{b}21，46^{b}2；纯粹的、应用的、优先的、辅助的知识 982^{a}15，30，^{b}4，27，98610；知识的最高对象 982^{b}1，986^{b}13；最神圣的知识 983^{a}5；知识是关于原因的 983^{a}25，993^{b}23，994^{b}29，25^{a}6；不是关于可感知的及偶然的东西 Z.15，987^{a}34，26^{b}3，27^{a}20，64^{b}30，65^{a}5，77^{a}35；对立的知识是一门学问 996^{a}20，61^{a}19，78^{b}26；知识是关于种和形式的 998^{b}7，31^{b}6，35^{a}8；知识不同于感觉 999^{b}3；共相的知识、个别的知识 994^{b}21，3^{a}14，59^{b}26，60^{b}20，86^{b}6，87^{a}15；一门科学对应于一个属 3^{b}10，55^{a}31；不同于意见 8^{b}28，30，39^{a}33；知识在先 18^{b}30，推论的知识 25^{b}6，知识不是关于质料的 36^{a}8；与公式相联系来讨论知识 28^{a}32，46^{b}7，59^{b}26；与现实性不同 48^{b}15；知识怎样为对象的尺度 57^{a}9；知识的两种意义 87^{a}15。

L

Like ὅμοιος 相像。相像的定义 Δ.17，18^{a}5，21^{a}11，54^{a}3；持认识由相像而来之说 0^{b}5。

Limit πέρας 限定、界限。它的意义 Δ.17；物体的限度 2^{b}10，60^{b}16；（毕达哥拉斯派的限度）987^{a}15，990^{a}8，4^{a}33。

Line γραμμή 线。2^{a}5，16^{b}26，36^{b}12，43^{a}33；可感知的线 998^{a}1；并非由点构成 1^{b}18；不可见的线 992^{a}22，84^{b}1。

Logic ἀναλυτική 逻辑（名学、分析法）。5^{b}4。

Love ἔρως［性］爱。（巴门尼德）984^{b}24，988^{a}34。

Luck τύχη 运气（机遇）。981^{a}5，984^{b}14，32^{a}29，65^{a}30；由自然、技艺、自发性、机遇而得以生成 Z.7，49^{a}3，70^{a}6。

M

Magi μάγοι 波斯贤人，魔术家、星相术士。91^{b}10。

Making ποίησις 制造。不同于生成 32^{a}26；不同于思考 32^{a}15。

Male and female ἄρρην καὶ θῆλυν 雄性与雌性（男性与女性）。I.9，998^{a}5，78^{a}8。

Many πολλά 多。不同于一 I.3，6，87^{b}28，不同于许多（Much）56^{a}15；一的质料 75^{a}33；多与少（柏拉图的）87^{b}16。

Mathematics μαθηματικά 数学。981^{b}24，985^{b}24，992^{a}32，996^{a}29，4^{a}9，26^{a}7，9，12，19，61^{a}28，^{b}32，64^{a}32，77^{b}18，78^{a}33；数学对象异于可感知对象 989^{b}32，990^{a}15，36^{a}4；不同于理念 B.6，28^{a}20，76^{a}20，83^{a}23，90^{a}27；一个种的多 2^{b}14；数学对象是否为实体 M.1-3，42^{a}11，69^{a}35；数学语言 995^{a}6，80^{a}26；数学的诸部分 4^{a}7；数学科学不同于制造科学

64^{a}1；数学数 M.6，76^{a}20，86^{a}5。

Matter ὕλη 质料。H.3，4，983^{b}7-
984^{a}18，998^{b}23，15^{a}8，17^{a}3，42^{a}25，
58^{b}6，14；质料的定义 29^{a}20；与
基质（substratum）同义 983^{a}29，
985^{b}10，998^{a}12，992^{b}1，22^{a}18，
24^{b}8，42^{a}26，32，^{b}9，61^{b}22，
70^{a}11；质料为本原 983^{b}7，986^{a}17，
46^{a}23；不同于公式、形式、完全
的实现、现实 986^{b}20，29^{a}5，35^{a}8，
38^{b}1，71^{a}21，74^{a}34，76^{a}9，78^{a}30，
84^{b}9；联系雌性讨论质料 24^{a}35；
属为种的质料 24^{b}8，38^{a}6；联系运
动讨论质料 26^{a}3；质料为偶然的
原因 27^{a}13，质料是否为实体 Z.3，
42^{a}27，49^{a}36，77^{a}36；解释生成与
变化，质料是必要的 32^{a}17，42^{a}32，
44^{b}27，69^{b}3；质料的部分不同于
定义的部分 Z.10，11；质料本身不
可知 36^{a}8，可感质料不同于可知质
料 36^{a}9，^{b}36，45^{a}34；质料的无限
37^{a}27，49^{b}1；联系潜能讨论质料
39^{b}29，42^{a}27，^{b}10，49^{a}23，50^{a}15，
60^{a}21，69^{b}14，70^{a}12，71^{a}10，
88^{b}1，92^{a}3；质料是不可消灭的
42^{a}30；为了地点运动，生成及其他
的质料 42^{a}34，^{b}6，69^{b}26；现实与
它相伴而变动 43^{a}12；最接近的质
料 44^{a}18；不同于基质 44^{b}9；最接
近的质料等于形状 45^{b}18；数学对
象的质料 992^{b}2，59^{a}16；不同事物
有不同的质料 69^{b}25；质料在现象
上是个别的 70^{a}10；质料包含对立
面 75^{b}22，87^{b}1。

Measure μετρός 尺度，计量。统一
体的定义 52^{b}18，87^{a}33；严格的、
与被计量事物同质的、不可分的
52^{b}36，53^{a}25，88^{a}2；知识何以是
一种尺度 57^{a}9；人是万物的尺度
53^{a}36，62^{a}14，19，63^{a}4。

Memory μνήμη 记忆。980^{a}29。

Middle μεταξύ 中间。排中律（exclud-
ed middle，οὐδέν μεταξύ）Γ.9。

Mind νοῦς 心灵。Δ.7，9，90^{a}26；在
自然中的心灵 984^{a}15；人的心灵
993^{a}11，75^{a}7；不同于技艺、潜
能 25^{b}32；心灵的由于接触而起
作用 72^{b}21；事物中的最神圣的
74^{b}14；（阿那克萨哥拉的）984^{b}16，
989^{b}15，17，69^{b}31；（巴门尼德的）
9^{a}23。

Mixture τὸ μίγμα 混合。989^{b}2，42^{b}29，
82^{a}21，92^{a}24。

Motion κίνησις 运动。联系感觉、质
料讨论运动 989^{b}32，26^{a}3，36^{a}29；
不同于静止（rest）4^{a}29，10^{a}36，
12^{b}23，25^{b}21，49^{a}8；联系主动性、
活动性来讨论运动 20^{b}20，22^{a}7，
^{b}5，23^{a}18；联系自然本性来讨论
运动 25^{b}20；与活动不同 48^{b}18；
与现实性不同 48^{b}28；永恒的运动
49^{b}35，71^{a}7，33；简单的、连续的、
不停的、统一的运动 53^{a}9，71^{b}10，
72^{a}21，78^{a}13。

Motion，Spatial κίνησις φορά 空间的运
动。69^{b}12，26，72^{a}5；变化的第一
种 72^{b}8，73^{a}12；简单的空间运动
73^{a}29，行星的运动 Λ.8。

Motive Cause αἰτία κίνησεως 动因。Λ.3，
4，983ᵃ30，984ᵃ27，988ᵇ27，996ᵇ7，
13ᵇ9，24，70ᵃ21；动因的必然性
991ᵇ5，80ᵃ4；动因先于运动物体
10ᵇ37，70ᵃ21；不动的第一推动者
Λ.7，12ᵇ31；火是一个动因 984ᵇ6；
自身推动者（柏拉图的）72ᵃ1。

Multilated κολοβός 截割。Δ.27。

Myth μῦθος 神话。982ᵇ18，983ᵇ29，
995ᵃ4，0ᵃ9，19，71ᵃ27，74ᵇ，1，4，
75ᵇ26，91ᵃ34。

N

Nature φύσις 自然，本性。它的定义
Δ.4；与习惯、自发性、机遇不
同 981ᵇ4，32ᵃ12，65ᵃ27，70ᵃ30，
71ᵇ35；与生成不同 989ᵃ15；不是现
实的全部 5ᵃ34；与质料同义 14ᵇ33，
24ᵃ4；与强力不同 15ᵃ15，52ᵃ23，
71ᵇ35；等于那在自身中包含其运动
本原者 14ᵇ18，25ᵃ20，49ᵃ8，70ᵃ8；
由于自然不同于对于我们是自然
的 29ᵇ7；不同于技艺 32ᵃ12，70ᵃ7，
17；与形式、完全实现、正面状态
同义 32ᵃ24，44ᵃ9，70ᵃ11；在可坏
灭的事物中的唯一的实体 43ᵇ23；
不同于潜能 49ᵇ8；自然的对象、物
体、实体 14ᵇ19，32，28ᵇ10，42ᵃ7，
70ᵃ5，90ᵃ32；不同于非自然的
33ᵇ33。

Necessity ἀνάγκη 必然。定义 6ᵇ31；它
的意义 26ᵇ28，64ᵇ33；必然的，它
的意义 Δ.5，72ᵇ11；不同于经常
的、偶然的 25ᵃ15，18，20，26ᵇ28，

64ᵇ33；必然的真理是证明的对象
39ᵇ31。

Negation ἀπόφασις 否定。与缺失不
同 4ᵃ12；与对立相联系讨论否定
12ᵃ9；缺失的否定 56ᵃ17，29；否定
的理念 990ᵇ13，79ᵃ9。

Non-rational Potency δυνάμεις ἄλογοι
非理性的潜能。46ᵇ2，48ᵃ4，50ᵇ33。

Number ἀριθμός 数。M.6-9，N.1-
3，5，6，20ᵃ13，57ᵃ3；数的比例
985ᵇ32，991ᵇ13，17，19，993ᵃ17，
1ᵇ30，53ᵃ16，61ᵇ1，92ᵇ14，31；
认为数被十所限制 986ᵃ8，73ᵃ20，
84ᵃ12；数的要素、属性和生成
986ᵃ17，4ᵇ18，84ᵃ28，87ᵇ14，
89ᵇ12，90ᵃ21，91ᵃ23，28；数作
为本原、实体 985ᵇ26，986ᵃ17，
987ᵃ19，ᵇ24，1ᵃ25，ᵇ26，36ᵇ12，
76ᵃ31，80ᵃ13，83ᵃ23，90ᵃ3，21，
92ᵇ16；26；素数 987ᵇ34；可感的
数不同于可知的理念数 990ᵃ32，
90ᵇ35；联系理念来讨论数 991ᵃ9，
76ᵇ20，80ᵇ12，81ᵇ7，21，83ᵇ3，
86ᵃ4，88ᵃ34，90ᵃ16，ᵇ33，91ᵃ26；
它的统一存在于何处？992ᵃ1，
44ᵃ2，45ᵃ7；数值的统一 999ᵇ26，
33，16ᵃ31，18ᵃ13，33ᵇ31，39ᵃ28，
54ᵃ34，60ᵇ29，87ᵇ12；统一体是数
的起源和度量 16ᵇ18，52ᵃ24；性质，
数的属差 M.6-8，20ᵇ3；与定义相
联系来讨论数 43ᵇ34，45ᵃ7；可添
加的数不同于不可添加的数 M.6-8；
数学的数和算术的数 86ᵃ20，80ᵃ21，
31，ᵇ13，83ᵃ3，16，86ᵃ5，90ᵇ34，

对（关系）。Δ.15，56^{b}34，89^{b}7，14；关系的理念990^{b}16，79^{a}12；不同于绝对990^{b}20；诸范畴中之最少实质性者88^{a}22，30。

S

Same τό αὐτο 同（相同）。995^{b}21，21^{a}11；它的种种意义 Δ.9，54^{a}32；在种上相同18^{b}7，49^{b}18，29，58^{a}18；由于偶然而相同37^{b}6。

Science ἐπιστήμη 科学。（参看"知识"）。

Sensation αἴσθησις 感觉。（αἴσθημα 具体的感觉）10^{b}32，63^{b}4；（αἴσθησις 抽象的感觉）视觉是我们最宝贵的感觉980^{a}23，感觉是所有认识的源泉980^{a}28；不同于智慧981^{b}10；不同于知识999^{b}3；感觉不是一种物理变换9^{b}13；特殊感觉总是真的10^{b}2；感觉的对抗10^{b}4，11^{a}25；联系直觉讨论感觉36^{a}6。

Sensible αἰσθητός 可感觉的。987^{a}33，997^{b}12，10^{a}3，42^{a}25，69^{a}30，^{b}3，78^{a}16；不同于数学的东西989^{b}31，990^{a}15；没有可感觉的事物的知识 Z.15，987^{a}34；不同于可知的、理念的990^{a}31，999^{b}2，36^{a}3，10，45^{a}34，90^{b}35；有不可感觉的实体吗？997^{a}34，2^{b}12，59^{b}39；联系运动讨论可感觉的989^{b}32，36^{b}29；可感觉的对立61^{a}32。

Sense-organ αἰσθητήριον 感（觉器）官。63^{a}2。

Separable χωριστόν 可分离的。17^{b}25，25^{a}28，26^{a}9，28^{a}34，40^{a}9，59^{b}13，

60^{a}8，78^{b}30，86^{a}33；在公式中的可分离的东西，不同于不加限定的可分离的东西42^{a}29；在现实中的可分离的东西，不同于在知识中的可分离的东西48^{b}15。

Separate χωρίζω 分离（动词）。989^{b}3，40^{a}28，78^{b}31，86^{b}4。

Seven ἑπτά 七（毕达哥拉斯派的）。93^{a}13。

Shape μορφή 形状。联系目的讨论形状23^{a}34；联系公式讨论形状42^{a}28；联系现实讨论形状43^{a}25，28，31；等于最接近的质料45^{b}18；联系形式（form）来讨论形状999^{b}17，15^{a}6，17^{a}25，33^{b}5，44^{b}22，52^{a}22，60^{a}22，^{b}26。

Sight ὄψις 视觉。最宝贵的感觉980^{a}23。

Simple τὸ ἁπλοῦν 单纯、简单。联系必要讨论简单15^{b}12；联系本原讨论简单59^{b}35；不同于一72^{a}32；简单物体984^{a}6；简单概念，简单实体27^{b}27，41^{b}9，72^{a}32；简单运动53^{a}9，73^{a}29；简单生成69^{b}10，88^{a}33。

Snub σιμός 凹鼻。Z.5，25^{b}30-34，30^{b}15-33，64^{a}20-28。

Solid στερεός 立体、体。是否为实体997^{a}26，77^{a}32；理想的立体992^{a}13，85^{a}8，90^{b}7；几何学家把人看作一个立体78^{a}27。

Sophistic σοφιστικός 诡辩的。4^{b}18，61^{b}9；与非存在相关26^{b}14；诡辩的反驳32^{a}2，49^{b}33。

Sophists σοφισταί 智者。996^{a}32，4^{b}17，

26ª15。

Soul ψυχή 灵魂。灵魂的研究一部分属
于物理学范围 26ª5；灵魂是活的事
物的实体 35ᵇ14，43ª35；等于本质
36ª2，43ᵇ2；不同于无灵魂的事物
46ª26；不同于理性，并非全部的灵
魂都能幸免于死亡 70ª26。

Species εἶδος，类，属。998ᵇ7；属是不
可分的 998ᵇ29,34ª8；在属上为一
999ª2，16ᵇ31，18ᵇ7，49ᵇ18，29，
58ª18；属为种的部分 999ª4，23ᵇ18，
25；在属中之异 I.8,9,18ᵇ1,54ᵇ28；
种为属之部分 23ᵇ24；种是属的质
料 24ᵇ8，38ª6；属由种与属差组成
38ª26，57ᵇ7。

Spheres of Stars σφαίραι ἄστρων 星球。
（复）Λ.8。

Spontaneity αὐτόμτον 自发性。联系机遇
来讨论，不同于自然、技术 984ᵇ14，
32ª13，ᵇ13，43ª10，ᵇ4，70ª7。

Stars ἄστρα 星辰（复）。Λ.8。它们的
本性 73ª34。

Strife τὸ νεῖκος 争斗（恩培多克勒）。
0ª27。

Substance οὐσία 实体。Z 与 H；它的
种种意义 Δ.8，Λ.1；等于终极的
主体 983ᵇ10，2ª3，7ª31，17ᵇ13，
19ª5，29ª8，38ᵇ15，42ª26；不同于
属性、偶性 983ᵇ10，985ᵇ10，7ª31，
38ᵇ28，71ª1；质料的实体 985ᵇ10，
992ᵇ1，42ª9，44ª15，49ᵇ36，
77ª36；数是实体吗？987ª19，
1ᵇ26，36ᵇ12，76ª31；可感觉的实
体 997ª34，42ª35，69ª30，ᵇ3；等

于形式 987ᵇ21，993ª18，32ᵇ1，
35ᵇ22，37ª29，38ª14，41ᵇ9，50ª2；
有不可感觉的实体吗？997ª34，
59ª39，共相不是实体 Z.ᵇ13，3ª7，
53ᵇ16，60ᵇ21，69ª26-30，87ª2；基
原的存在 28ª14，30；在公式、认
识、时间上在先 28ª34；它的四个
概念 28ᵇ33；质料是否为实体 Z.
3，42ª27，49ª36，77ª36；与个别
的同义 30ª19；基原的实体 32ᵇ1；
等于质料、形式与具体事物 35ª1，
70ᵇ13，不同于具体事物 35ᵇ22，
37ª29；不同于属 42ª21，53ᵇ21；存
在不是事物的实体 40ᵇ18；统一体
不是实体 I.2，40ᵇ18；实体为一本
原与原因 41ª9，ᵇ30，43ª2；一般承
认的实体 42ª6；自然的实体 42ª8，
70ª5；数学对象作为实体 M.1-3，
42ª11，69ª35；联系现实与完全实
现来讨论实体 42ᵇ10，43ª23，35，
44ª9，52ª2，72ª25；实体上在先
49ᵇ11，50ª4，77ᵇ1；非组合成的实
体 51ᵇ27，具体的实体 54ᵇ4；永恒
的，不能动的实体 Λ.6；为什么有
许多实体？89ᵇ31。

Substratum ὑποκείμενον 基质（底层）。
定义 28ᵇ36；两种含义 38ᵇ5，49ª28
（?）与质料同义 983ª30，985ᵇ10，
992ᵇ1，22ª18，70ª11；最接近的、终极
的基质 16ᵇ20，23，17ᵇ24，24ª10；
不同于质料 44ᵇ9。

Successive ἐξῆς, ἐφεξῆς 相继的，相续
的。定义 68ᵇ31；不同于等同 5ª11；
在数目上相续 85ª4。

Syllogism συλλογισμός 三段论。从什么开始 34ᵃ21，78ᵇ24；基本的三段论 14ᵇ2。

T

Ten δεχάς 十。十为数目系列的限制 986ᵃ8，73ᵃ20，84ᵃ12，十项原理（毕达哥拉斯派的）986ᵃ22。

Theology θεολογική 神学。26ᵃ19，64ᵇ3。

Teoretical Knowledge θεορητική 理论知识。E.1，993ᵇ20。

Tinking νοήσις 思维、思考。不同于制造 32ᵇ15；联系公式讨论思考 52ᵃ29，ᵇ1，75ᵃ3；不同于思想的能力 Λ.7，9；不同于愿望 72ᵃ26；它的基本对象 72ᵃ27。

Third Man τρίτος ἄνθρωπος 第三人。990ᵇ17，59ᵇ8。

This τόδε τι 这个。17ᵇ25（参看"个别"）

Thought νοῦς 思想。（参看"心灵"）

Time χρόνος 时间。与量相伴随 20ᵃ29；时间上在先 28ᵇ32，38ᵇ27，49ᵇ11；时间是永恒的 71ᵇ7。

Total πᾶν 全体。不同于整体（whole ὅλος）、所有（All，πάντα）24ᵃ1，8。

Truth ἀληθής 真理。993ᵃ30，ᵇ20，9ᵃ1，ᵇ2；定义 Θ.10，11ᵇ25；绝对的、相对的真理 11ᵇ3；存在作为真理 E.4，Θ.10，65ᵃ21。

Two δύο 二。参看"两"（Dyad）

U

Unequal τὸ ἄνισον 不等。87ᵇ5，88ᵇ32，89ᵇ6-15，91ᵇ35；不等性 1ᵇ23。

Unit μονός 单位。定义 16ᵇ25，89ᵇ35；没有位置的点 84ᵇ26；按特性说是相同的，可增加的 M.6-8，991ᵇ24；按特性说是不相同的，不可增加的 M.6-8，992ᵃ3；单位的属差 83ᵃ1；单一的数 80ᵇ19，30，82ᵇ5。

Universal καθόλου 共相。42ᵃ15，89ᵃ33；定义 23ᵇ29，38ᵇ11；共相并非实体 Z.13，3ᵇ7，53ᵇ16，60ᵇ21，69ᵇ26-30，87ᵃ1；第一本原是否为共相 M.10，3ᵃ7，60ᵇ19，69ᵃ26-30，71ᵃ20；共相为知识的对象 3ᵃ14，36ᵃ28，59ᵇ26，60ᵇ20，87ᵃ15；本质的共相（καθαυτά）17ᵃ35；公式上在先 18ᵇ32；不同于属 28ᵃ34。

Universe οὐρανός（κοσμός）宇宙，天（世界）。它不是无联结的 76ᵃ1。

Unlike ἀνόμοια 不相似。它的意义 18ᵃ9。

V

Void κένον 虚空。48ᵇ9；（德谟克利特的）985ᵇ5，9ᵃ28。

W

What τί 什么。25ᵇ31，26ᵃ36，28ᵃ16，30ᵃ17 "什么"的部分 22ᵃ27；三段论的起点 34ᵃ31，78ᵇ24。

Whole ὅλος 整体。13ᵇ22，52ᵃ22；它的种种意义 Δ.26；不同于全部 24ᵃ1。

Wisdom σοφία 智慧。哲学为爱智之学 A.1；它处理什么原理 A.2，K.1，2，995ᵇ12，996ᵇ9；它处理第一原因 981ᵇ28。

人名地名索引

A

Achilles Ἀχιλλεύς 阿基里斯 71ᵃ2。

Aegina Αἴγινα 爱琴海 15ᵃ25，25ᵃ15。

Alcmaeon Ἀλκμαίον 阿尔克迈昂 I.5，986ᵃ26。

Anaxagoras Ἀναξαγόρας 阿那克萨哥拉 984ᵃ11-16，ᵇ18，985ᵃ18-21，988ᵃ17，28，989ᵃ30-ᵇ21，991ᵃ16，9ᵃ27，12ᵃ26，63ᵇ25-30，69ᵇ21，32，72ᵃ5，75ᵇ8，79ᵇ20，91ᵇ11；引用阿那克萨哥拉 7ᵇ25，9ᵇ25，56ᵇ28；涉及他 984ᵃ5，28ᵇ5，69ᵇ31。

Anaximander Ἀναξίμανδρος 阿那克西曼德 69ᵇ22；涉及他 988ᵃ30，989ᵃ14，52ᵇ10，53ᵇ16，66ᵇ35。

Anaximenes Ἀναξιμένης 阿那克西美尼 984ᵃ5；涉及他 988ᵃ30，989ᵃ13，996ᵃ9，53ᵇ16。

Antisthenes Ἀντισθένης 安提斯泰尼 24ᵇ32；他的学派 43ᵇ24。

Archytas Ἀρχύτας 阿尔克塔 43ᵃ21。

Aristippus Ἀρίστιππος 亚里斯提卜 996ᵃ32；涉及他 78ᵃ33。

Aristotle Ἀρισοτέλης 亚里士多德；涉及《后分析篇》25ᵃ34，37ᵇ8，涉及《物理学》983ᵃ33，985ᵃ12，986ᵇ30，988ᵃ22，993ᵃ11，42ᵃ8（?），49ᵇ36，59ᵃ34，62ᵇ31（?），73ᵃ5（?），32（?），76ᵃ9，86ᵃ23；涉及《论天》986ᵃ12（?），989ᵃ24（?），73ᵃ5（?），ᵃ32（?），86ᵃ23（?）88ᵇ24（?）；涉及《论生灭》989ᵃ24（?）42ᵃ8（?）62ᵇ31（?），86ᵃ23（?）；参照《形而上学》A 卷 995ᵇ5，996ᵇ8，14，997ᵃ4，59ᵃ19；B 卷 993ᵃ26，4ᵃ32，53ᵇ10，76ᵇ1，77ᵃ1，86ᵃ34（?），ᵇ15，Γ 卷 45ᵃ32（?）；Δ 卷 26ᵃ34，28ᵃ4，11，46ᵃ5，49ᵇ4，52ᵃ15，55ᵃ2，ᵇ7，56ᵇ35；E 卷 25ᵃ4（?），Z 卷 42ᵃ4，18，20，43ᵇ16，45ᵃ7（?），ᵇ32（?），49ᵇ27，53ᵇ17，H 卷 37ᵃ20（?），39ᵃ22；Θ 卷 17ᵇ9，21ᵃ20，27ᵇ29，88ᵇ24（?）；K 卷 25ᵃ34（?）Λ 卷 27ᵃ19，37ᵃ13（?），64ᵃ36，78ᵇ5（?）；M 卷 37ᵃ13（?），42ᵃ22（?），90ᵃ15，28；N 卷 37ᵃ13（?），42ᵃ22（?），78ᵇ5（?），86ᵇ30；涉及《尼各马可伦理学》981ᵇ25；涉及佚失著作 986ᵃ12（?），4ᵃ2，ᵇ36，54ᵃ30。

P

Parmenides Παρμενίδης 巴门尼德
984^{b}3，986^{b}18-987^{a}2，1^{a}32；引文
984^{a}25，9^{b}21，89^{a}3；涉及他 4^{b}32。

Pauson Παύσωνος 鲍松 50^{a}20。

Pherecydes Φερεκύδης 费雷居德 91^{b}9。

Phrynis Φρῦνις 费瑞尼斯 993^{b}16。

Plato Πλάτων 柏拉图 A.6，988^{a}26，
990^{a}30，A.9，996^{a}6，1^{a}9，10^{a}12，
19^{a}4，26^{a}14，28^{a}19，53^{b}13，
64^{b}29，71^{b}32-72^{a}3，83^{a}32；涉及
他 Z.14，M，N，995^{b}16，997^{b}1，
998^{b}9，1^{b}19，2^{a}11，^{b}12，31^{a}30，
33^{b}27，34^{a}2，44^{a}8，50^{b}35，51^{a}19，
59^{a}10，^{b}3，60^{b}6，69^{a}26，70^{a}27，
71^{b}15，73^{a}17，75^{b}19，27；引用
他的著作：《小希匹阿斯篇》25^{a}6，
《法律篇》72^{a}1（?），《斐多篇》
991^{b}3，80^{a}2，《菲德洛篇》72^{a}1（?），
《智者篇》26^{b}14，30^{a}25，64^{b}29，
89^{a}20；《泰阿泰德篇》10^{b}12，《蒂
迈欧篇》19^{a}4（?），71^{b}32，72^{a}2。

Polus Πῶλος 波鲁斯 981^{a}4。

Protagoras Πρωταγόρας 普罗塔哥拉
Γ.5，6，K.6，998^{a}3，7^{b}22，47^{a}6，
53^{a}35，涉及他 999^{b}3。

Pythagoras Πυθαγόρας 毕达哥拉斯
986^{a}30（?）

Pythagoreans Πυθαγόρειοι 毕达
哥拉斯派 985^{b}23-986^{b}8，987^{a}13-
27，^{b}11，23，31，989^{b}29-990^{a}29，
996^{a}6，1^{a}10，36^{b}18，53^{b}12，72^{b}31，
78^{b}21，80^{b}16，31，83^{b}8-19，90^{a}20-

35，91^{a}13，23，涉及 998^{a}7（?），
2^{a}11，4^{b}31，17^{b}20，28^{b}16，75^{a}36，
^{b}28，76^{a}17。

S

Simonides Σιμωνίδης 西蒙尼德 982^{b}32，
91^{a}7。

Socrates Σωκράτης 苏格拉底 987^{b}1-4，
78^{b}17-31，86^{a}3。

Socrates the younger Σωκράτης ὁ
νεώτερος 青年苏格拉底 Z.11，36^{b}25。

Sophocles Σοφοκλῆς 索福克勒斯 15^{a}30。

Speusippus Σπεύσιππος 斯彪西波 28^{b}21，
71^{b}31；涉及他 69^{a}36，75^{a}36，^{b}37，
76^{a}21，80^{b}14（?），^{b}23，32，21（?），
84^{a}13，85^{a}32，86^{a}2，29，87^{b}6，27，
90^{a}7，25，90^{b}14，91^{a}34，92^{a}11-^{b}8。

T

Thales Θαλῆς 泰勒斯 983^{b}20，984^{a}2，
涉及他 996^{a}9。

Timotheus Τιμόθεος 提摩特俄斯
993^{b}15。

X

Xenocrates Ξενοκράτης 克塞诺克拉
底。涉及他 80^{b}14（?），21（?），
91^{b}35。

Xenophanes Ξενοφάνης 色诺芬尼
986^{b}21-27，10^{a}6。

Z

Zeno Ζήνων 芝诺 1^{b}7。

Zeus Ζεύς 宙斯 73^{b}4，91^{b}6。

附录：希腊语字母及发音参照表

字母	名称	相应的英语字母	相应的英语发音	希腊语词举例
Α α	alpha	A a	drama	δρᾶ-μα（行为）
Β β	beta	B b	bible	βι-βλι-ον（书卷）
Γ γ	gamma	G g, ng	ganglion	γάγ-γλι-ον（神经结）
Δ δ	delta	D d	decalog	δέ-κα（十）
Ε ε	epsilon	E e	epic	ἔ-πος（故事·史诗）
Ζ ζ	zeta	Z z	adze	δώ-νη（带·腰带）
Η η	eta	E e	they	ἤ-δη（看〔过去完成式〕）
Θ θ	theta	Th th	atheist	θε-ός（神）
Ι ι	iota	I i	intrigue	ἐ-πι-πί-πτω（降临）
Κ κ	kappa	K k, C c	crisis	κρί-σις（决定，判断）
Λ λ	lambda	L l	logic	λό-γος（话、逻辑）
Μ μ	mu	M m	meter	μέ-τρον（尺度）
Ν ν	nu	N n	anti	ἀν-τί（反对）
Ξ ξ	xi	X x	axiom	ἀ-ξί-ω-μα（公理）
Ο ο	omicron	O o	obey	ἀ-πό（从）
Π π	pi	P p	poet	ποι-η-τής（诗人）
Ρ ρ	rho	Rh rh，r	catarrh	χα-τάρ-ρο-ος（粘膜炎）
Σ σ	sigma	S s	spore	σπό-ρος（播种）
Τ τ	tau	T t	tone	το-νή（砍割）
Υ υ	upsilon	Y y, u	French u	ἄ-βυσσ-σος（深不可测的）
Φ φ	phi	Ph ph	Philip	Φίλ-ιπ-πος（菲利普）
Χ χ	chi	Ch ch	character	χα-ρα-χτήρ（标记·性格）
Ψ ψ	psi	Ps ps	apse	ἀ-ψίς（环状物）
Ω ω	omega	O o	ocean	ὠ-χε-α-νός（海洋）

责任编辑：张伟珍

封面设计：周方亚

责任校对：张红霞

图书在版编目（CIP）数据

形而上学 /〔古希腊〕亚里士多德 著；李真 译 . —北京：人民出版社，
  2020.11（2022.1 重印）

ISBN 978 − 7 − 01 − 013717 − 9

I.①形… II.①亚… ②李… III.①亚里士多德（前384～前322）−
  形而上学 IV.① B081.1 ② B502.233

中国版本图书馆 CIP 数据核字（2014）第 148711 号

形而上学
XING'ERSHANGXUE

〔古希腊〕亚里士多德 著 李 真 译

人民出版社 出版发行

（100706 北京市东城区隆福寺街 99 号）

北京中科印刷有限公司印刷 新华书店经销

2020 年 11 月第 1 版 2022 年 1 月北京第 2 次印刷

开本：710 毫米 × 1000 毫米 1/16 印张：30.5

字数：430 千字 印数：2,001–5,000 册

ISBN 978 − 7 − 01 − 013717 − 9 定价：96.00 元

邮购地址 100706 北京市东城区隆福寺街 99 号

人民东方图书销售中心 电话（010）65250042 65289539